Inhalt

Castellers (Menschentürme, s. S. 211) werden auf vielen katalanischen Festen errichtet (Foto: 116bl-sm)

Stadtspaziergänge

Barcelona auf einen Blick

0 1000 m

▷ Blick auf die Stadt beim Landeanflug: vorne Hafen und Strand 39, rechts das alte Fischerviertel Barceloneta (s. S. 69)

Zeichenerklärung

★★★ nicht verpassen
★★ besonders sehenswert
★ wichtig für speziell interessierte Besucher

[A1] Planquadrat im Kartenmaterial. Orte ohne diese Angabe liegen außerhalb unserer Karten. Ihre Lage kann aber wie die aller Ortsmarken mithilfe der begleitenden Web-App angezeigt werden (s. S. 299).

Der Schmetterling ...

... zeigt an, wo man Angebote im Bereich des nachhaltigen Tourismus findet.

Updates zum Buch

www.reise-know-how.de/citytrip-plus/barcelona23

Vorwahlen

- **Spanien:** 0034
- **Deutschland:** 0049
- **Österreich:** 0043
- **Schweiz:** 0041

Straßennamen

Straßennamen werden in diesem Buch gelegentlich wie folgt abgekürzt:
c/ = Carrer (Straße)
Pg. = Passeig (Promenade)

„Football is coming home“, könnte man jetzt auch für den FC Barcelona sagen, denn der Club hat einen topmodernen Fanshop im Herzen der Stadt an den Rambles eröffnet. Auf 1900 m² gibt es alles, was das Barça-Fan-Herz begehrt. Und als spezieller Clou werden Besucher am Eingang von Spielern begrüßt. Nein, nicht in Fleisch und Blut, aber als Hologramm-Projektionen (s. S. 205).

Auch in Barcelona mussten einige Geschäfte in der City schließen, aber neue Shops stießen in die Lücken. Da sich die meisten Neueröffnungen aber speziell an Touristen richten, machte sich der Autor auf die Suche nach Traditionsläden, die teilweise schon einhundert Jahre existieren, und wurde sogar in der Innenstadt fündig: Nicht weit von der Kathedrale entfernt liegt das Kerzengeschäft Pauli Subirá (s. S. 205) und man staunt, in welchen Formen man Kerzen ziehen kann.

Das wohl älteste noch existierende Lebensmittelgeschäft von Barcelona, die Casa Gispert (s. S. 201), steht direkt neben der vielbesuchten Kirche Santa María del Mar. Ein hölzernes Interieur wie dieses findet wie man sonst wohl nur noch im Museum.

Der kleine Feinkostladen Xarcuteria La Pineda (s. S. 202) hat eine kleine Probier-Ecke zum sofortigen Verzehr, ideal für eine kurze Verschnaufpause beim Bummel durchs Barri Gòtic.

Das etwas außerhalb der City stehende Bürogebäude Torre Glòries (s. S. 77) verfügt jetzt über eine Besucherplattform im 30. Stock. Aus 125 Metern Höhe genießen Besucher einen gigantischen Rundblick über ganz Barcelona.

117bl-sm

BARCELONA ENTDECKEN

Willkommen in Barcelona

Wer mit dem Flugzeug nach Barcelona reist, sollte versuchen, einen Fensterplatz auf der rechten Seite zu bekommen. Zumeist schwebt der Flieger kurz vor der Landung schon ziemlich tief über dem Meer direkt an der Stadt vorbei. So genießen ankommende Besucher gleich einen ersten wunderbaren Panoramablick auf die Stadt. Spätestens wenn man die unübersehbaren drei Schornsteine passiert hat, geht es los. Sehr deutlich lassen sich die Neubauten und der Olympiahafen erkennen sowie die beiden riesigen Häuser, die sich klar aus den restlichen Gebäuden herausheben, ebenso wie der goldene Fisch (Peix D'Or, Kunstwerk von Frank Gehry) und das markante, in Form eines Segels halbgerundete Gebäude des W-Hotels. Kurz danach folgt das Häuserensemble und Gassengewirr der Altstadt, davor die neueren Bauten am Hafen. Dann wird auch die gerade ins Landesinnere verlaufende Flaniermeile der Rambles 2 *sichtbar. Wer den Blick weiter nach hinten wandern lässt, entdeckt den schachbrettartigen Aufbau des Stadtteils L'Eixample (s. S. 78) und noch weiter hinten ragt die Kirche Sagrada Família* 64 *hervor. Wenig später passiert das Flugzeug dann den Hausberg Barcelonas, den Montjuïc, und kurz danach erfolgt auch schon die Landung. Mit diesen flüchtigen Impressionen hat der Besucher aber schon die Grundstruktur Barcelonas aufgeschnappt.*

◁ *Vorseite: das zauberhafte Wasserspektakel Font Màgic* 70

Barcelona ist zwar eine Millionenstadt, erschließt sich dem Besucher aber doch ziemlich rasch. Von einem zentralen Punkt, der **Plaça de Catalunya** 1, zweigen die zwei wichtigsten Straßen ab: Zum Hafen und zur Altstadt hinunter führen die weltberühmten **Rambles** 2, auf der entgegengesetzten Seite beginnt der mondäne **Passeig de Gràcia** 46. Entlang dieser beiden Achsen befindet sich ein Großteil der Sehenswürdigkeiten der Stadt.

Natürlich muss jeder Besucher einmal (oder mehrfach) über **Les Rambles** 2 schlendern, weshalb hier immer etwas los ist. Nur die Einheimischen meiden diese Straße, zumindest wenn sie rasch vorankommen wollen. Das nämlich geht dort überhaupt nicht, man muss sich unweigerlich dem allgemeinen Flaniertempo anpassen. Und es gibt ja auch eine Menge zu sehen. Die Rambles seien eine Art Freilufttheater, erzählte mir einmal ein Barceloner, was nicht ganz falsch ist. So reizvoll die Rambles auch sind, hin und wieder sollte man auch einen Blick zur Seite werfen, beispielsweise nach rechts, wenn die Markthalle **La Boqueria** 3 passiert wird. Oder weiter unten nach links, wo die nette Plaça Reial 4 liegt. Die **Kolumbussäule** 33 markiert den Beginn des Hafenviertels. Die Rambla de Mar [K12] führt zum **Hafen** und zum Shoppingcenter Maremagnum (s. S. 202). Im Südwesten erhebt sich der **Berg Montjuïc** (s. S. 109) und nordöstlich des Hafens befindet sich das **alte Fischerviertel Barceloneta** 38.

Links und rechts der Rambles liegen das **Barri Gòtic** (s. S. 29) und das Viertel **El Raval** 27. Im **Barri Gòtic**, der **Alt-**

011bl-sm

stadt, ist noch ein großer Teil des historischen Stadtkerns erhalten – bestehend aus engen Gassen, altehrwürdigen und manchmal auch arg ramponierten Häusern, winzigen Geschäften mit knarzender Tür, aber auch modernen Designershops. Dazwischen finden sich jede Menge Tapasbars. Hier befand sich einst die Keimzelle von Barcelona. Schon die Römer verfügten hier über ein erstes befestigtes Lager. Einen Bummel ohne Stadtplan sollte man nicht scheuen, da man zwar rasch etwas die Orientierung verlieren, aber sich nie wirklich verlaufen kann. Zum einen stehen genügend Wegweiser zu den wichtigsten Sehenswürdigkeiten an den Kreuzungen, zum anderen stößt man irgendwann dann doch auf eine breitere Straße, an der man sich orientieren kann. Und wer die Straße **Carrer d'Avinyó** [K/L11] findet, braucht dieser nur zu folgen; sie führt mit wechselnden Namen durchs gesamte Viertel und bringt den Besucher zur **Kathedrale** 7. Das Gotteshaus ist einer von zwei zentralen Punkten im Barri Gòtic, der andere ist die **Plaça de Sant Jaume** [L11]. Zwischen beiden findet man die wichtigsten Sehenswürdigkeiten der Altstadt auf relativ kleinem Raum.

Die Verlängerung der Rambles über die **Plaça de Cataluna** 1 nach Nordwesten führt in das Viertel **L'Eixample** (s. S. 78). Die Orientierung fällt aufgrund der schachbrettartig angelegten Straßen und Häuser sehr leicht. Hier stehen etliche Prachtbauten, Edelmarken bieten in Luxusshops ihre Waren an

Die Plaça de Catalunya 1 *bildet das Herzstück von Barcelona*

und alles ist eine Spur teurer und vornehmer als andernorts. Die Prunkstücke von L'Eixample sind mehrere interessante Gebäude, die im Stil des **Modernismus** gebaut wurden und noch heute durch ihre außergewöhnlichen Formen auffallen.

Eine dritte kompakte Zone liegt etwas seitlich am **Montjuïc.** Ausgehend von der Plaça d'Espanya (68) nähert man sich dem langsam ansteigenden Hausberg Barcelonas, der 173 Meter hoch ist. Hier befinden sich mehrere Museen sowie das ehemalige **Olympiastadion** (74) und es werden an bestimmten Terminen ganz zauberhafte illuminierte Wasserspiele vor dem nächtlichen Himmel gezeigt (70). Weiterhin stehen hier das Museum der Katalanischen Kunst (69), Pavelló Mies van der Rohe (71), das „spanische Dorf" Poble Espanyol (73) und auch das Museum zu Ehren von Joan Miró, die Fundació Joan Miró (76).

012bl-sm

Die Straße Av. de l'Estadi [D10–E11], die später Av. de Miramar heißt, führt leicht ansteigend an all diesen Sehenswürdigkeiten vorbei bis ganz ans Ende des Berges. Genau dort, wo er steil nach unten abfällt, haben die Stadtväter am Aussichtspunkt Miramar J. Costa Llobera (77) eine Seilbahn errichten lassen. Diese schwebt vom Montjuïc quer über den Hafen bis hinüber zum Stadtstrand (39) vor dem alten Fischerviertel Barceloneta (38).

Sehenswürdigkeiten wie die Kirche **Sagrada Família** (64), der weitläufige **Park Güell** (81), das **Kloster Pedralbes** (85), das **Recinto Modernista de Sant Pau** (63) oder auch das Fußballstadion des FC Barcelona **Camp Nou** (84) befinden sich außerhalb dieser Zonen, können aber wunderbar mit der Metro angefahren werden. Noch bequemer lassen sich diese Punkte mit einem speziell für Touristen eingerichteten Bus ansteuern, dem Bus Turístic (s. S. 235). Dieser fährt auf zwei Linien zum Festpreis alle wichtigen Sehenswürdigkeiten der Stadt an. Zentraler Abfahrtsort ist die Plaça de Catalunya (1).

◁ Sonne pur: Promenade des Stadtstrands (39)

▷ Kolumbus' langer Schatten fällt auf die Rambles (2)

Kurztrip nach Barcelona

Erster Tag: durch die City

Die City von Barcelona ist gar nicht so groß und kann gut an einem Tag erschlossen werden.

Beim Start eines Besuches darf ein Bummel über die **Rambles** ❷ nicht fehlen. Ausgangspunkt ist die weitläufige **Plaça de Catalunya** ❶. Von dort schlendert man die Prachtstraße hinunter Richtung Meer. Unterwegs sollte man unbedingt einen Blick in die Markthalle **La Boqucria** ❸ werfen. Hier werden nicht nur erstklassige Waren angeboten, sondern man kann sich auch in einer der urigen Bars stärken, bevor es weitergeht.

Schräg gegenüber vom **Theater Liceu** ❺ lohnt ein kurzer Schwenk zur **Plaça Reial** ❹. Irgendwann erreicht man aber dann doch das Ende dieser Flaniermeile beim **Monument a Colom** ㉝.

Nun kann man geradeaus über die geschwungene Holzbrücke Rambla del Mar zum Shoppingkomplex **Maremagnum** (s. S. 202) am Hafen gehen oder gleich nach links schwenken und entlang der Hafenkante spazieren. Zurück in die Altstadt ginge es über die breite und meist auch stark befahrene Straße und dann ab in eine der zumeist schmaleren Gassen. So taucht man wieder ein ins **Barri Gòtic.** Dort angelangt, kann man sich nun treiben lassen durch die vielen engen Gassen, dabei Gerüche aufnehmen, einen *vino* in einer Eckbar trinken und sich von der Atmosphäre fesseln lassen. Zumindest entlang der etwas breiteren Straßen sind die wichtigsten Sehenswürdigkeiten ausgeschildert, aber selbst, wenn man sich einmal kurz verläuft, findet man sich doch meist rasch wieder zurecht.

013bl-sm

Zweiter Tag: Sehenswürdigkeiten außerhalb des Zentrums

Auf dem Programm steht heute der Besuch der etwas außerhalb gelegenen Sehenswürdigkeiten. Entweder nutzt man den **Bus Turístic** (s. S. 235), der direkt bis vor den jeweiligen Eingang fährt, oder – günstiger, aber etwas umständlicher – die Metro.

Zunächst geht es zur **Sagrada Família** ㊹. Dieses Bauwerk begann der geniale Baumeister Antoni Gaudí Ende 1883, aber der Bau ist bis heute unvollendet. Durch ihre ungewöhnliche Form entwickelte sich die Kirche zu einem der Symbole der Stadt. Die nächste Sehenswürdigkeit ist der **Park Güell** (81), wo die fließenden Formen der Bauten in die

Landschaft integriert wurden – ebenfalls ein Geniestreich von Antoni Gaudí.

Der weitere Verlauf der Besichtigungstour richtet sich nach persönlichen Interessen: ein Besuch im **Camp Nou** 84, dem Fußballstadion und -museum des FC Barcelona, und/oder ein Besuch der Sehenswürdigkeiten am Berg **Montjuïc** (s. S. 109) bieten sich an. Dort gäbe es zum einen das **Poble Espanyol** 73, wo eine Art „Spanien im Kleinformat" erschaffen wurde, mit Gebäuden und Geschäften aus allen Provinzen des Landes. Außerdem steht hier das Museum zu Ehren von Multitalent Joan Miró, die **Fundació Joan Miró** 76. Sehr interessant ist auch das **Museu Nacional d'Art de Catalunya** 69. Untergebracht in einem prächtigen Palastgebäude, wird hier sakrale Kunst aus ganz Katalonien gezeigt. Und für Sportfans dürfte auch ein Blick in das **Olympiagelände und -stadion**, genannt Anella Olímpica 74, dazugehören, das anlässlich der Olympischen Spiele 1992 errichtet wurde. Gleich nebenan befindet sich das hochinteressante **Sportmuseum Museu Olímpic i de l'Esport** 75.

Zurück ins Zentrum gelangt man per Bus Nr. 150 oder Bus 55. Oder man nimmt die Seilbahn. Dazu muss man bis ans Ende der Straße auf dem Montjuïc (fast bis zum Aussichtspunkt Miramar J. Costa Llobera 77 gehen und von dort mit der Seilbahn quer über den Hafen zum Stadtstrand bei Barceloneta 39 schweben. Dort angekommen, haben Sie sich erst mal eine *Siesta* verdient, am besten gleich am schönen Stadtstrand. Zum Abendessen sollte man dann ein Fischlokal im Fischerviertel Barceloneta testen, das sich unmittelbar an den Strand anschließt.

Barcelona in fünf Tagen

Erster Tag

Zum Einstieg bietet sich ein Bummel über die **Rambles** 2 an. Ausgangspunkt ist der große und zentral gelegene **Plaça de Catalunya** 1 (eigene Metrostation). Dort sollte man erstmal das Geschehen auf sich wirken lassen und sich vor allem nicht von dem Trubel und den Massen abschrecken lassen, was leicht passieren kann. Am besten, man folgt dem auf S. 21 beschriebenen Spaziergang.

Am Nachmittag böte sich eine Erkundung des **Hafenareals** und von **Barceloneta** 38 an. Der auf S. 63 beschriebene Spaziergang bietet dabei eine gute Orientierung. Den Abend könnte man in einem der Restaurants am Hafen ausklingen lassen.

Zweiter Tag

Der heutige Tag soll in die **Altstadt** führen. Ausgangspunkt ist wieder die Plaça de Catalunya 1, von wo es durch die breite Fußgängerzone Portal de l'Àngel [L9/10] zur **Kathedrale** 7 geht. Sollte heute Sonntag sein, dann finden gegen 12 Uhr Sardana-Tänze direkt vor der Kathedrale statt. Danach bietet es sich an, ins Barri Gòtic (s. S. 29) einzutauchen, um die Atmosphäre und Stimmung aufzusaugen. Genügend Bars und Geschäfte warten auf neugierige und durstige Kundschaft und auch ein paar interes-

☒ *Vom Park Güell 81 genießt man einen wunderbaren Blick über die Stadt*

sante Sehenswürdigkeiten lassen sich hier entdecken, wie im Spaziergang auf S. 31 beschrieben.

Zum Abschluss lohnt noch ein Abstecher hinüber in den weitläufigen Parc de la Ciutadella 25, der sich unmittelbar an dieses Altstadtviertel anschließt. Hier kann man sich ein wenig erholen.

Dritter Tag

Barcelona ist bekannt für seine vielen Jugendstil-Häuser, von denen Antoni Gaudí die vielleicht spektakulärsten Exemplare baute. Ein Spaziergang zu diesen herausragenden Bauten startet bei der Plaça de Catalunya 1 und führt dann über den Prachtboulevard Passeig de Gràcia 46, wie im Spaziergang auf S. 103 beschrieben.

Ergänzend lassen sich noch die spektakulären Bauwerke von Gaudí besuchen, wie der Park Güell 81, die Sagrada Família 64.

Wer eine Alternative zu so viel Kultur sucht, kann sich das **Barri de Gràcia** 65 oder das **Barri El Born** ansehen (siehe Spaziergang auf S. 103).

Vierter Tag

Heute könnte ein Ausflug auf dem Programm stehen, beispielsweise nach **Tarragona** (s. S. 160), einer Stadt, die noch sehr stark von ihrer römischen Vergangenheit geprägt ist. Oder man fährt bis nach **Figueres** (s. S. 134) im Norden, wo das spektakuläre Dalí-Museum 92 steht. Man könnte auch nach **Girona** (s. S. 140) mit seiner wunderbaren Altstadt fahren. Oder man unternimmt einen kleinen Ausflug, beispielsweise ins Grüne unterhalb vom Fernsehturm **Torre de Collserola** 89. Wer noch nicht genug hat von Gaudí, kann beispielsweise auch das singuläre und geschichtsträchtige Haus Bellesguard 91 besuchen oder die Krypta in der Colònia Güell 90.

002bl-sm

Auch das Kloster Montserrat (103) ist einen Besuch wert.

Oder man gönnt sich einen **Strandtag** in dem sehr angenehmen Ort **Sitges** (s. S. 153), wo es mehrere gute Restaurants unmittelbar an der Strandmeile gibt.

Fünfter Tag

Der Berg **Montjuïc** (s. S. 109) bietet gleich eine Vielzahl von Sehenswürdigkeiten und Museen und ein Besuch dort kann mit einer spektakulären Fahrt in einer Seilbahn über den Hafen von Barcelona gekrönt werden. Nicht verpassen sollte man auf dem Berg das **Museu d'Art Nacional de Catalunya** (69), das in einem sehr schönen Gebäude ein breites Spektrum von religiöser und weltlicher Kunst zeigt. Ferner befinden sich auf dem Berg weitere Museen zu den Themen Kunst, Sport und zur spanischen Kultur.

Was auch immer besucht wird, am Ende sollte man zum Aussichtspunkt Miramar J. Costa Llobera (77) fahren, etwa 100 m davor halten alle Touristenbusse und auch der Stadtbus Nr. 150, Linie 55 fährt nicht ganz so weit.

Direkt beim **Aussichtspunkt** befindet sich ein Lokal (Miramar, s. S. 190), von dessen Terrasse man einen spektakulären Blick über den Hafen genießt. Gleich nebenan steht zudem die Station der Seilbahn, die über den Hafen bis zum alten **Fischerviertel Barceloneta** (s. S. 62) schwebt. Am dortigen Strand kann man sich erstmal erholen. Wer noch genügend Energie hat, spaziert noch ein Stückchen weiter entlang der **Strandpromenade** bis zum ehemaligen Olympischen Hafen, wo heute eine Vielzahl von Lokalen auf Gäste wartet. Oder man läuft noch ein wenig weiter bis zum Stadtteil **Poblenou** (s. S. 72), der ein völlig anderes Barcelona-Bild zeigt, weit entfernt von dem touristisch geprägten.

Am Strand von Sitges (107) ist im Hochsommer viel los

015bl-hj

Das gibt es nur in Barcelona

- ***Sardana-Tänzer vor der Kathedrale:*** *Die Sardana (s. S. 214) ist ein Tanz, der das Gemeinschaftsgefühl der Katalanen hervorragend veranschaulicht. Jeden Sonntag ab 12 Uhr tanzen Bürger der Stadt zwei Stunden lang vor der Kathedrale* 7.
- ***Einen Strand mitten in der Stadt:*** *Welche Großstadt kann schon von sich behaupten, mitten im Zentrum über einen schönen Strand* 39 *zu verfügen? Barcelona kann das und die Bürger nutzen ihn ausgiebig.*
- ***Eine Seilbahn quer über den Hafen:*** *Die Stadt einmal aus der Vogelperspektive zu betrachten, das kann man sehr gut von der Seilbahn aus tun, die vom Stadtstrand* 39 *bei Barceloneta* 38 *quer über den Hafen hoch zum Berg Montjuïc (s. S. 109) schwebt.*
- ***Das Museu Nacional d'Art de Catalunya*** 69*, kurz MNAC genannt, bietet eine ungewöhnliche Sammlung religiöser Kunstwerke, die überwiegend aus kleinen katalanischen Dorfkirchen stammen. Vor allem die Bildnisse in den winzigen romanischen Kirchen der Pyrenäen sollten vor Dieben und Verfall gerettet werden. Sie wurden daher mühsam von den Wänden entfernt und in dieses Museum überführt, in den jeweiligen Dorfkirchen brachte man originalgetreue Kopien an.*
- ***Einen Vergnügungspark hoch über der Stadt:*** *Der Vergnügungspark Tibidabo* 88 *befindet sich auf einem Berg hoch oberhalb der Stadt. Dort genießt man einen ganz speziellen Fernblick über Barcelona, während man in einem Karussell schwebt.*
- ***Eine historische Altstadt*** *gibt es auch andernorts. Das Barri Gòtic (s. S. 29) und in noch größerem Maße das Barri del Born* 23 *weisen noch so viele historische Häuser auf, dass man sich hier ins Mittelalter zurückversetzt fühlt, vor allem am Abend, wenn Laternen ein schummriges Licht auf die jahrhundertealten Häuser werfen.*

Eine Fahrt mit der Seilbahn verspricht beste Ausblicke auf den Hafen und die Stadt

160bl ©DZ-Media Verlag GmbH, stock.adobe.com

Rund um Les Rambles

Les Rambles 2 ist aus touristischer Sicht die zentrale Straße Barcelonas. Übermäßig viel zu sehen gibt es eigentlich nicht, aber alle, wirklich alle Besucher flanieren hier. Links der Rambles (Blickrichtung Hafen) liegt die Altstadt, das Barri Gòtic. Hier befand sich der historische Kern einer einst sehr kleinen römischen Siedlung. Reste davon sind noch zu finden. Die Rambles stoßen an ihrem Ende auf den Hafen, der heute zu einer eigenen Sehenswürdigkeit geworden ist. Der merkantile und der Kreuzfahrt-Hafen befinden sich etwas außerhalb dieser Zone (rechts, wenn man aufs Wasser schaut), früher befand er sich genau hier, „hinter" der hochaufragenden Kolumbussäule 33. Zumindest nach links gehend kann man heute ganz wunderbar am Hafenbecken entlangspazieren und jederzeit ins Altstadtviertel Barri Gòtic schwenken. Dazu muss man nur einmal die breite und stark befahrene Straße queren und in eine der schmalen Gassen eintauchen.

1 Plaça de Catalunya ★★ [L9]

Dieser etwa 50.000 m² große Platz gilt als das Herz der Stadt und als eine Art Eingangsbereich zu den Rambles 2 und als Bindeglied zwischen der Altstadt mit der Prachtstraße Les Rambles und der Erweiterung, dem Stadtviertel L'Eixample.

Weiterhin steht hier das Großkaufhaus El Corte Inglés (s. S. 202) und hier zweigen wichtige Straßen ab (u. a. *die* Straße überhaupt: Les Rambles 2). Obendrein kreuzen sich unterirdisch auch mehrere Bahnlinien der Metro und der Vorortbahn.

Ende des 19. Jh. platzte die Altstadt aus allen Nähten, eine Erweiterung des Stadtgebietes war dringend notwendig geworden. Im Zuge dessen sollte auch ein größerer Platz entstehen, direkt vor der Altstadt. Hier aber standen damals auch schon Häuser. Diese wurden aufgekauft oder ihre Besitzer wurden gar enteignet. Ab 1902 baute man dann den weitläufigen Platz, der 1927 eingeweiht wurde.

Die Plaça de Catalunya ist umgeben von mehreren eindrucksvollen **Häusern** im neoklassizistischen Stil, in denen vor allem Banken residieren. Im Zentrum befinden sich zwei größere **Springbrunnen**, etliche **Ruhebänke** und auch einige **Grünpflanzen**, die zumindest etwas den Verkehrslärm abfedern. Auffällig ist auch die große sternförmige Figur aus verschiedenfarbigen Fliesen.

Da der Platz **Haltestelle für etliche Buslinien** ist, bewegen sich hier immer sehr viele Menschen. Hier starten auch die Busse der touristischen Linie Bus Turístic (s. S. 235) und hier endet bzw. startet der Flughafenbus (s. S. 230).

› Metro: Catalunya

2 Les Rambles ★★★ [K10]

Diese Straße dürfte zu den bekanntesten von Europa zählen. Les Rambles ist eine etwas über einen Kilometer lange Fußgängerzone, an deren Seiten allerdings Autos und Busse fahren können. Hier ist immer was los. Teilweise spazieren hier Tausende entlang und es ist phasenweise kaum ein Durchkommen, denn hier bummeln wirklich alle: Touristen sowieso, Einheimische, Gaukler, Jongleure, Musiker, aber auch Taschendiebe und und und …

Spaziergang 1: Über die Rambles

Die Rambles ❷ *sind nur etwas über einen Kilometer lang, aber wer gemütlich schlendert und all die hier beschriebenen Pausen einlegt, wird wohl mindestens zwei Stunden für diesen Spaziergang benötigen.*

Ausgangspunkt dieses Spaziergangs ist die zentrale ***Plaça de Catalunya*** ❶, *auch, weil sie gut per Metro und Bus erreicht werden kann. Dort angekommen, sollte man sich erstmal orientieren und sich nicht von den Menschenmassen irritieren lassen.*

Um den Platz stehen mehrere große Gebäude, darunter auch das Warenhaus ***El Corte Inglés*** *(s. S. 202) mit seiner leicht silberfarbenen Fassade und das Großkaufhaus Fnac, etwa dort beginnen die Rambles.*

Rechts und links fließt Verkehr, aber der breite Mittelstreifen ist den Fußgängern vorbehalten. Dort in der Mitte ist es immer sehr voll und jeder Spaziergänger sollte gut auf seine Wertsachen aufpassen, denn im Gewimmel tummeln sich immer wieder auch Taschendiebe. Nun kann man die einmalige Atmosphäre aufnehmen, ganz gemächlich im Menschenstrom mitschwimmen und sollte sich nicht von den Massen abschrecken lassen. Wer es eilig hat, ist hier falsch, denn auf den Rambles kann man nicht flott voranschreiten – Bummeln und Staunen sind angesagt.

Nach wenigen Schritten ist bereits der ***„Brunnen der Wiederkehr"*** *erreicht, wie man den Font de Canaletes übersetzen kann, denn nach einer Legende kehrt derjenige hierher zurück, der aus diesem Brunnen Wasser trinkt. Die Rambles verlaufen hier leicht abschüssig, weshalb man von hier recht gut die Menschenmassen betrachten kann, die sich auf diesem Flanierweg von etwas mehr als einem Kilometer Länge bewegen. Man sieht aber auch die vielen Händler und die Kioske, von denen in den letzten Jahren immer mehr dazugekommen sind. Und mitten im Herzen der Stadt, an der Rambla 124, liegt nun der riesige „Barça Store" mit Fanartikeln des FC Barcelona (s. S. 205).*

Auf der rechten Seite befindet sich im Haus mit der Nummer 115 die ***Reial Acadèmia de Ciències i Arts*** *(Königliche Akademie der Wissenschaften und Künste). An ihrer Fassade befindet sich noch immer eine Uhr, die lange die „Hora oficial" (offizielle Uhrzeit) anzeigte, lange bevor jeder eine eigene Taschenuhr besaß. In diesem Teil der Rambles wandelt sich gerade das Bild der Geschäfte links und rechts an den Häusern, bekannte internationale Marken öffnen hier Läden.*

Rechts folgt die barocke ***Kirche L'Església de Betlem*** *(Bethlehem-Kirche), die 1557 von den Jesuiten geweiht wurde. 1671 brannte das Gotteshaus vollständig aus und wurde zwischen 1681 und 1729 komplett neu und wesentlich größer gebaut. Nachdem die Jesuiten im gleichen Jahrhundert vertrieben wurden, verfiel die Kirche und im Spanischen Bürgerkrieg (1936–1939) nahm sie erneut Schaden, sodass sie heute relativ schmucklos ist, wobei die Fassade zur Rambla noch sehr schön gestaltet ist.*

Auf der linken Seite zweigt die Straße Carrer de la Portaferrissa ab. Genau an

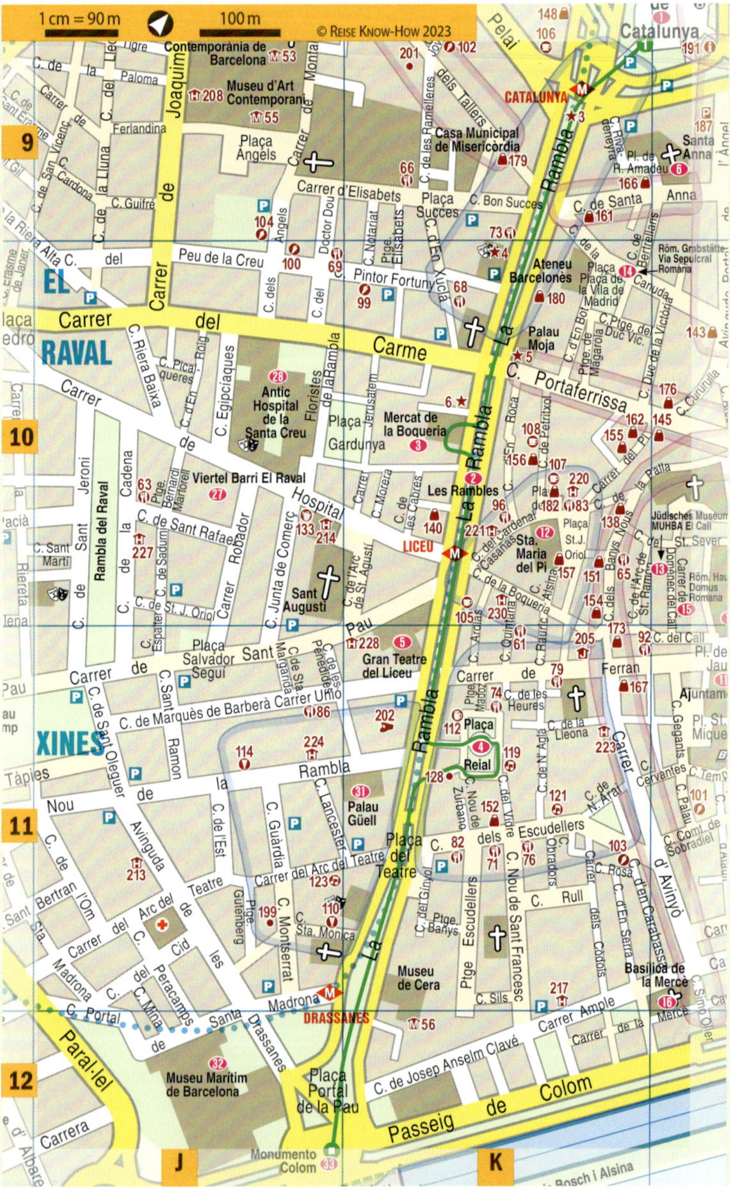

1 cm = 90 m
100 m
© Reise Know-How 2023
Contemporània de Barcelona 53
Museu d'Art Contemporani 208 55
Plaça Àngels
Carrer d'Elisabets
Casa Municipal de Misericòrdia 179
Catalunya
CATALUNYA
Pelai
Santa Anna
Pl. de R. Amadeu
C. de Santa Anna
Peu de la Creu
Pintor Fortuny
Ateneu Barcelonès 180
Plaça de la Vila de Madrid
Röm. Grabstätte, Via Sepulcral Romana
Canuda
EL RAVAL
Carrer del Carme
Palau Moja
C. Portaferrissa
Antic Hospital de la Santa Creu
Plaça Gardunya
Mercat de la Boqueria
La Rambla
Les Rambles
Carrer de l'Hospital
Viertel Barri El Raval
C. de Sant Rafael
Rambla del Raval
LICEU
Sta. Maria del Pi
Plaça St.J. Oriol
Jüdisches Museum MUHBA El Call
St. Sever
Röm. Haus Domus Romana
Sant Agustí
Plaça Salvador Seguí
Carrer de Sant Pau
Gran Teatre del Liceu
Carrer de Ferran
Ajuntament
C. de Marquès de Barberà
Carrer Unió
XINES
Plaça Reial
Rambla del Raval
Palau Güell
Carrer Nou de la Rambla
Plaça del Teatre
Escudellers
Avinguda de les Drassanes
Carrer d'Avinyó
Museu de Cera
Basílica de la Mercè
DRASSANES
C. Portal de Santa Madrona
Museu Marítim de Barcelona
Paral·lel
Plaça Portal de la Pau
C. de Josep Anselm Clavé
Carrer Ample
Passeig de Colom
Monumento Colom
9
10
11
12
J
K

dieser Stelle befand sich im 13. Jh. eines der Stadttore, nachdem das damals noch recht kleine Barcelona erstmals erweitert und die Stadtmauer verlegt wurde. Genau dies zeigt auch das große Wandbild.

Spaziert man weiter die Rambles hinunter, passiert man den Teil, an dem viele Blumenhändler ihre Kioske haben. Rechts erhebt sich dann das prächtige Gebäude **Palau de la Virreina** *(Palast der Vizekönigin, s. S. 25), das sich im 18. Jh. der ehemalige Vizekönig von Peru als Alterssitz bauen ließ. Heute finden hier vor allem Kulturveranstaltungen statt.*

Rechts folgt die berühmteste Markthalle der Stadt, die **Boqueria** ❸. *Natürlich sollte jeder einen Blick hineinwerfen, das Angebot ist überwältigend. Trotz der vielen Touristen kommen immer noch genügend Stadtbewohner, um hier ganz gezielt ihre Einkäufe zu erledigen, allerdings meist vor oder nach den Touristenströmen. Da es hier auch mehrere Lokale gibt (vor allem auf der linken Seite der Markthalle), kann man in der Boqueria auch sehr gut eine* **kleine Pause** *einlegen. Entlang der Rambles finden sich ebenfalls einige Lokale, die erkennbar gezielt die ausländischen Besucher ansprechen wollen.*

Ein kurzes Stück weiter wird das große **Pflastermosaik von Joan Miró** *erreicht. Nicht wenige realisieren es gar nicht und laufen einfach darüber, andere bleiben stehen und bewundern die kräftigen Farben. Miró fertigte diese Arbeit 1976 an der Stelle an, die Pla de l'Os genannt wird und nicht sehr weit entfernt von Mirós Geburtsort (Passatge del Crèdit 4, kleine Gasse beim Ajuntament ⓫) liegt. Das Mosaik hat eine fast runde Form, es dominieren die Farben Rot, Gelb und Blau. Kurz nach dem Pflastermosaik warten wieder mehrere Terrassenlokale an der Rambles auf hungrige und durstige Flaneure. Günstig sind diese Läden alle nicht, aber man sitzt hier sehr nett.*

Rechts folgt das schicke Opernhaus **Gran Teatre del Liceu** ❺, *eine Institution in Barcelona, die auch besichtigt werden kann. Ziemlich genau gegenüber befindet sich auf der linken Seite eines der wenigen historischen Lokale aus einer anderen Zeit, das* **Cafè de la Òpera** *(s. S. 194) das 1929 gegründet wurde und immer noch seinen alten Schick versprüht. Es wird immer noch von der Gründerfamilie geführt. Das Gebäude ist sogar noch älteren Datums und wurde bereits etwa Mitte des 19. Jh. als Lokal betrieben. Die Eingangstür zählt zum Modernismus, sie wird von Holzarbeiten mit floralen Motiven geschmückt. Der Name des Lokals bezieht sich auf das gegenüberliegende Opernhaus Liceu. Das Innere ist geprägt von einer typisch historischen Einrichtung alter Kaffeehäuser, von diesem Stil gibt es nicht mehr viele Häuser, sodass ein Besuch sich auch aus diesem Grund einmal lohnt.*

Schließlich zweigt links die Straße Carrer de Ferran ab, die heute ähnlich wie die Rambles von sehr vielen Touristen besucht wird. Charakteristisch sind die schönen, überhängenden Laternen. Die Straße verbindet die Rambles mit der Plaça de Sant Jaume, wo Rathaus ⓫ und Regionalregierung ❿ ihren Sitz haben.

Mittlerweile haben wir mehr als die Hälfte des Weges über die Rambles zurückgelegt, es folgen weitere Terrassenlokale und dann kommen die Porträtzeichner, die hier ihre Staffelein aufstellen und von jedem Besucher ein zumeist humor-

volles Porträt in wenigen Minuten erstellen können.

Hier ist ein kurzer Abstecher nach links zur nahen ***Plaça Reial*** *(4) möglich. Der Platz zählt zu den schönsten innerstädtischen offenen Plätzen, er ist von etlichen Lokalen umsäumt, die alle eine Terrasse haben. Auch hier kann man ganz entspannt eine Pause einlegen. Wer die Rambles weitergeht, erkennt schon im Hintergrund die hoch aufragende Kolumbussäule (33), wo die Rambles enden.*

017bl-sm

Wer aus dem „Brunnen der Wiederkehr" (s. S. 21) trinkt, kehrt zurück nach Barcelona - sagt die Legende ...

Zeitungskioske öffnen beinahe rund um die Uhr, es werden Blumen oder Vögel verkauft und in den Terrassenlokalen teure Getränke ausgeschenkt. Die lange Straße hat eigentlich nicht viel an Sehenswürdigkeiten zu bieten. Es sind die **Menschen**, die einen Spaziergang hier so reizvoll machen. Jeder guckt und staunt und ist selbst Teil des Spektakels. Menschen hetzen zur Arbeit, Touristen staunen und bummeln. Die, die Zeit haben, genießen ihren (teuren) Kaffee, andere speisen (noch teurer) zu Mittag, Rentner bemeckern gerade das letzte Fußballergebnis und jeder guckt jeden an. Auf den Rambles findet jeden Tag **24 Stunden lang eine Art Volksfest** statt. Am Morgen öffnen die Vogel- und Blumenhändler ihre Stände, am Nachmittag kommen die Touristen, am Abend die Nachtschwärmer, tief in der Nacht die letzten Unverwüstlichen und gegen Morgen das Reinigungspersonal.

Insgesamt unterscheidet man fünf Abschnitte, die alle unterschiedliche Namen tragen.

Rambla de Canaletas ist der erste (von der Plaça de Catalunya (1) kommend in Blickrichtung Meer) und kürzeste Abschnitt. Gleich zu Beginn steht der schmiedeeiserne Brunnen **Font de Canaletes** aus dem 19. Jh. Eine Legende besagt, dass derjenige, der das Wasser aus diesem Brunnen trinkt, eines Tages nach Barcelona zurückkehren wird. Also, liebe Leser, Sie wissen, was zu tun ist! Zurückkehren möchten sicher auch die Fans vom Fußballclub FC Barcelona (s. S. 125), denn traditionell feiern hier die *Culés*, wie sie genannt werden, Meisterschaften und große Siege.

Der nächste Abschnitt der Rambles heißt **Rambla dels Estudis**. Dieser erin-

018bl-sm

nert an eine nicht mehr existierende Universität, die hier von 1402 bis Anfang des 18. Jh. stand. In diesem Bereich verkaufen die Vogelhändler ihre Tiere, weswegen die Zone auch Rambla dels Ocells („Rambla der Vögel") genannt wird. In Hausnummer 115 befindet sich das **Teatre Poliorama**, gebaut 1883 von Josep Domènech i Estapà. In diesem Haus war einst der Sitz der Königlichen Akademie der Wissenschaft (Reial Acadèmia de Ciències i Arts), heute werden hier immer noch Theaterstücke aufgeführt, überwiegend der leichteren Muse. Die noch heute vorhandene Uhr oben an der Fassade zeigte übrigens zwischen den Jahren 1894 und 1962 hochoffiziell die korrekte Zeit für die Provinz Barcelona an. Gegründet wurde die Wissenschaftliche Gesellschaft 1764. Sie ist heute noch aktiv in der Gestaltung und Förderung der katalanischen Kultur. Das schöne Gebäude baute 1883 Josep Domènech i Estapà auf den Überresten eines früheren Jesuitenkollegs. Der Architekt war Mitglied der Gesellschaft und 1914 sogar deren Präsident. Das Haus gilt als ein Vorläufer des Modernismus und hat schon einige von dessen Elementen in seiner Fassade, herausragend sind dort die detailgetreuen Skulpturen, erschaffen von Manuel Fuxà.

Schräg gegenüber an der Carrer de la Portaferrissa steht der **Palau Moja.** Erbaut wurde das Gebäude im Jahr 1774, lange Zeit wohnten hier namhafte Barceloner. Heute sitzt hier eine katalanische Behörde.

Der Name der Rambles wechselt nun zu **Rambla de Sant Josep** oder volkstümlicher *Rambla de les Flores,* weil hier die Blumenhändler mit ihren Kiosken stehen. Auf der rechten Straßenseite befindet sich unter der Hausnummer 99 der **Palau de la Virreina** („Palast der Vizekönigin"). Das Gebäude trägt diesen Namen, da sich ab 1771 der damalige Vizekönig von Peru einen Alterssitz

Auf den Rambles ❷ *kann man staunen, gucken und flanieren*

KURZ & KNAPP

Rambla, Ramblas oder Rambles?
Im allgemeinen Sprachgebrauch hat sich der Begriff **La Rambla** eingebürgert, so werden auch die meisten Adressen offiziell angegeben. Da diese knapp 1200 Meter lange Straße aber insgesamt fünf Teilabschnitte hat, die alle einen eigenen Namen tragen, spricht man im Alltag auch im Plural von **Las Ramblas.** Das aber ist die spanische Version. Da wir hier in Katalonien sind und sowieso alle Angaben nur auf Katalanisch vorfinden, übernimmt der Autor auch hier die katalanische Form: **Les Rambles.**

in Barcelona bauen ließ. Kurz vor der Vollendung verstarb er allerdings, seine Frau kehrte alleine zurück und lebte fortan in dem großen Haus. Der Palast orientiert sich am Stil des französischen Barocks. Heute sitzt hier ein Kulturbüro der Stadt, das vereinzelt auch Ausstellungen organisiert.

★3 [K9] **Font de Canaletes**
★4 [K10] **Teatre Poliorama,** Rambla 115
★5 [K10] **Palau Moja,**
Carrer de la Portaferrissa 1
★6 [K10] **Palau de la Virreina,** Rambla 99

3 Mercat de la Boqueria ★★★ [K10]

Offiziell heißt dieser Markt Mercat de Sant Josep, aber alle nennen die bekannteste Markthalle der Stadt nur La Boqueria („der Schlund").

Nach alten Chroniken wurde hier schon seit Bestehen der Stadt ein Markt abgehalten, erste kleine Handelsaktivitäten reichen bis ins 12. Jh. zurück. Über viele Jahrhunderte fand der Markt unter freiem Himmel statt, um 1840 wurde dann eine Halle errichtet. Bis 1914 wurde diese dann mehrfach umgestaltet und die heutige Form entstand. Typisch ist die Eisenkonstruktion mit der vom Eingang aus sichtbaren schönen Glasmalerei im Zentrum. Innen bieten diverse Verkaufsstände beinahe alles an, was Acker und Meer hergeben: **Trockenfrüchte, Fleisch, Obst, Gemüse etc.** Alles ist im Angebot und vor allem handelt es sich um beste Ware. Auch wenn einige Händler vor allem im vorderen Eingangsbereich ihre Waren fast schon kunstvoll drapiert aufgebaut haben, ist dies kein Markt für Touristen. Noch immer kommen viele Barceloner gezielt hierher, um ihre großen und kleinen Einkäufe zu erledigen.

› **Mercat de la Boqueria,** Rambla 91, Metro: Liceu, Verkauf: Mo.–Sa. 8–20.30 Uhr

Kurz nach dem Passieren der Markthalle liegt auf der rechten Seite unter der Hausnummer 83 ein eindrucksvolles Haus, die **Casa Figueras,** in dem heute das **Schokoladenfachgeschäft Escribà** (s. S. 201) sitzt. Die Außendekoration ist ein schönes Beispiel des Modernismus. Benannt ist das Haus nach Jaume Figueras, einem Industriellen, der es 1902 erbauen ließ. Die Fassade besteht im Wesentlichen aus kleinsten Mosaiksteinchen, die sich zu einem schönen Gesamtbild formen, bei dem die Farbe Grün dominiert. „Antigua Casa Figueras" (Altes Haus Figueras), so steht es im Halbbogen über einem der Schaufenster. Genau an der gerundeten Ecke ist eine Skulptur angebracht, die eine Frau bei der Getreideernte zeigt und eine Anspielung auf Figueras Profession ist, denn der Industrielle betrieb eine Firma, die u. a. Hafer-

EXTRATIPP

Mittagessen in der Boqueria

Vom Haupteingang kommend gleich nach links gehend stößt man rasch auf mehrere **etwas rustikale Lokale.** Dort hockt man etwas eng zusammen, aber das macht fast den Reiz aus. Die Speisen sind generell gut, was auch die Schlangen der Hungrigen bezeugen, die speziell zur Mittagszeit einen Tisch ergattern wollen. Weitere Lokale befinden sich im hinteren Bereich.

Außerdem gibt es in der Markthalle eine Art Kult-Bar, **El Quim de la Boquería.** Dieses Lokal mitten in der Markthalle existiert seit 1987, als Quim Márquez eine winzige Bar mit fünf Hockern und gerade einmal drei Meter kurzem Tresen eröffnete und fantastisches Essen verkaufte. Heute ist die Bar größer geworden, aber die Qualität der Tapas und Tellergerichte ist unverändert gut.

› **El Quim de la Boquería** €-€€, http://elquimdelaboqueria.com, Di.-Sa. ab 7 Uhr

grütze herstellte. Die schön gestalteten Fensterscheiben entwarfen zwei Künstler, die auch die Fenster für den Palau de la Mùsica Catalana 17 entwickelten.

Nur wenige Schritte weiter steht an der Rambla 77 ein weiteres Haus mit dekorativen modernistischen Elementen, die man aber schnell übersieht, da das Haus sehr schlank ist und die schönen Elemente etwas erhöht an der Fassade der ehemaligen **Farmàcia (Apotheke) Genové** zu finden sind. Erbaut wurde das Gebäude im Jahr 1911 von Enric Sagnier i Villavecchia, der als Architekt der wohlhabenden Barceloner in der damaligen Zeit galt. Doktor Genové betrieb unten eine Apotheke und in den drei Stockwerken darüber waren Labor und Wohnraum untergebracht. Man findet ein hübsches blau-weißes Mosaik am ganzen Gebäude, das unterbrochen ist von hellen Seitenstreifen, im Zentrum findet man die katalanische Flagge zwischen den passgenau eingearbeiteten Fenstern. Dieses Mosaik stammt von Lluís Bru, der auch die Mosaikarbeiten am Palau de la Mùsica Catalana 17 und an der Casa Lleó Morera 47 erschuf. Die Apotheke wurde hier bis 1974 betrieben, wechselte dann den Sitz nach L'Hospitalet de Llobregat vor die Tore der Stadt und wird dort als pharmazeutisches Unternehmen weiterbetrieben. Im Haus an der Rambla ist heute ein Bar untergebracht.

019bl-sm

In der Markthalle Boqueria 3 ist das Angebot schier unerschöpflich

4 Plaça Reial ★★ [K11]

Auf der linken Seite der Rambles öffnet sich die Plaça Reial, **einer der schönsten Plätze der Altstadt.** Um 1850 umgestaltet, befand sich hier früher ein Kloster. Der rechteckige, geschlossene Platz hat vier Eingänge, die wie Portale wirken. Der breiteste, der zu den Rambles 2 führt, wird von vierstöckigen Häusern gesäumt, deren unteren Bereich Arkaden schmücken, in denen sich etliche Lokale befinden, die allermeisten mit Terrasse zum Platz. Die Häuser sind mit Skulpturen von spanischen Entdeckern und deren Wappen ausgestattet. Der Platz ist durchgängig mit Palmen und gusseisernen Laternen geschmückt. Zwei dieser Laternen entwarf 1878 der damals noch junge Antoni Gaudí (s. S. 99). In der Mitte steht der Brunnen Font de les Tres Gràcies („Brunnen der drei Grazien“).

› Metro: Liceu

5 Gran Teatre del Liceu ★★ [K11]

Dieses grandiose, 1847 eröffnete Opernhaus fiel 1994 einem Feuer zum Opfer und konnte erst 1999 wieder eröffnet werden – genauso prächtig wie vorher, wie alle versichern. Der Bau ging ursprünglich auf eine Initiative von wohlhabenden Bürgern zurück, die sich das größte und schönste Theater der Stadt wünschten. Nach drei Jahren Bauzeit war es am 4. April 1847 so weit, die ersten Stücke konnten aufgeführt werden. Von außen wirkt das Gebäude bereits eindrucksvoll durch seinen **Fassadenschmuck.** Aber erst im Inneren zeigt sich die Pracht der **luxuriösen Einrichtung.** Das große Theater bietet Platz für etwa 2200 Besucher. Führungen finden tagsüber statt.

› La Rambla 51–59, Metro: Liceu, Tel. 934859900, www.liceubarcelona.cat, geführte Besuche „Visita Prestige“ (mit Be-

020bl-sm

such des Konzertsaals) Mo. bis Fr. zwischen 9.30 und 12.30 stündlich, Dauer: 50 Min., Preis: 16 €. Die kürzere Variante dauert 30 Minuten (Preis: 6 €, wechselnde Zeiten).

Folgt man weiter den Rambles 2, befindet sich etwa auf Höhe der nach links abzweigenden Carrer Casañas [K10] ein riesiges **Pflastermosaik von Joan Miró.** Wer genau hinschaut, entdeckt auch den Stein mit dem Autogramm des Meisters links unten im Bild, wo die blaue Farbe an das Weiße stößt.

An der Hausnummer 82 steht das Gebäude **Casa Bruno Cuadros**, das auch Casa del Drac („Haus des Drachens") genannt wird. Eine Figur dieses mythischen Tieres reckt sich von der Hauswand weg und trägt eine Laterne und einen Regenschirm. Auch an der Hausfassade sind weitere Regenschirme angebracht. Der Name der Straße wechselt erneut, diesmal zu **Rambla dels Caputxins.** Diese Bezeichnung geht auf ein nicht mehr existierendes Kapuzinerkloster zurück.

Rambla de Santa Mònica wird der letzte und breiteste Abschnitt der Les Rambles 2 genannt, bevor diese Straße vor der Kolumbussäule 33 beim Hafen endet. Ursprünglich stand hier einst ein Kloster, das im Bürgerkrieg zerstört wurde. Der Name erinnert an die Patronin des Augustinerordens, die an dieser Stelle das Kloster errichten ließ. In diesem Bereich finden sich immer etliche Porträtzeichner, die viele Kunden unter den zahlreichen Touristen finden.

Die Plaça Reial 4 ist einer der schönsten Plätze im Zentrum

021bl-sm

Durch die engen Gassen des Barri Gòtic

Barri Gòtic

Das „gotische Viertel" umreißt das ursprüngliche Barcelona. Bereits zur Zeit der Römer existierte hier ein erstes Heerlager. Etwa dort, wo sich heute die Plaça de Sant Jaume [L11] befindet, kreuzten sich die beiden wichtigsten Wege der römischen Siedlung. Noch heute kann man Überreste und Fundstücke aus der Römerzeit im Museu d'Història de Barcelona (s. S. 38) besichtigen. Später

EXTRAINFO
Kein Verlaufen in der Altstadt
Man kann sich zwar wegen der vielen kurzen Gassen leicht in der Altstadt verlaufen, aber es gibt auch ein paar längere Straßenzüge, die der Orientierung dienen können. So verläuft eine leicht geschwungene Straße mit wechselndem Namen durchs ganze Barri Gòtic. Vom Hafen kommend heißt sie zunächst Avinyó, wird dann zu Banys Nous und schließlich zur Palla. Wer auf diese Straße stößt, braucht ihr nur zu folgen und landet irgendwann zwangsläufig vor der Kathedrale 7 oder, in Gegenrichtung, am Hafen.

breitete sich die Stadt aus, wurde moderner, avantgardistischer, mutiger. Alle Moden überdauert hat jedoch das gotische Viertel und genau deshalb dürfte es bei allen, Barcelonern wie Touristen, so beliebt sein.

Enge, verwinkelte Gassen verlaufen hier im wahrsten Sinne des Wortes kreuz und quer, enden abrupt oder knicken urplötzlich ab, wobei sie noch enger werden. Die Häuser ragen vier, fünf Stockwerke hoch, selten schafft es ein Sonnenstrahl bis zum Boden. Es war und ist das **Viertel der einfachen Leute.** Allerdings muss man schon genauer hinschauen. In einigen Straßen haben sich modern-stylishe **Tapasbars** breitgemacht, die erkennbar Touristen anlocken wollen, in anderen geht es nachbarschaftlich zu wie eh und je.

Urig ist es noch immer, viele **kleine Geschäfte** haben noch bis weit in die Nacht hinein geöffnet, aber unverkennbar wandelt sich hier das Bild. In einigen Straßenzügen haben moderne Boutiquen die kleinen Tante-Emma-Läden abgelöst, hier wurde das Barri Gòtic „chic". Die Bars sind angesagter geworden, teilweise auch teurer, die Geschäfte stylisher, viele junge Designer wirken hier. Das Barri Gòtic ist noch immer ein bewohntes Viertel, ein lebhafter Mikrokosmos mit einer großen Dichte an kulturellen Sehenswürdigkeiten. So steht hier die Kathedrale 7 der Stadt genauso wie das Museum von Picasso 21, man findet römische Mauerreste und eine Menge Antiquitätenhändler. Und zwischendurch tauchen immer mal wieder kleine, urige Bars auf, in denen sich die Bewohner dieses Viertels treffen.

6 Parròquia de Santa Anna ★ [L9]

Diese kleine Kirche steht ein wenig abseits der üblichen touristischen Laufwege, aber nicht sehr weit von der Kathedrale 7 entfernt in einer ruhigen Querstraße unweit der Plaça de Catalunya 1. Sie existiert seit dem 12. Jh. und ist dem **Orden vom Heiligen Grab von Jerusalem** angeschlossen. Die heute noch bestehende kleine Kirche entstand 1832, erfuhr aber im Spanischen Bürgerkrieg große Zerstörungen. Aus den Anfängen des 12. Jh. ist noch die **romanische Grundstruktur** erkennbar mit quadratischer Apsis und griechischem Kreuz, aus dem 14. Jh. ist noch eine Seitenkapelle auf der linken Seite der Apsis erhalten. Große Teile der Kirche, wie der Kreuzgang, die Kuppel und auch das Dach, sind gotischen Stils. Erstaunlich ruhig ist es hier vor allem im Kreuzgang, wenn man bedenkt, dass der quirlige Plaça de Catalunya keine 100 Meter Luftlinie entfernt liegt. Hier auf dem Platz finden übrigens auch regelmäßig Konzerte statt, oft von

Spaziergang 2: Durch das Barri Gòtic

Ausgangspunkt dieses Spaziergangs, für den etwas mehr als zwei Stunden eingeplant werden sollten, ist die Plaça de Catalunya ❶. Von hier geht man auf der Seite des unübersehbaren Kaufhauses **El Corte Inglés** (s. S. 202) über die breite und stark befahrene Straße in die Fußgängerzone Portal de l'Àngel.

Diese ziemlich breite Straße ist heute für Fußgänger reserviert, links und rechts befinden sich viele Geschäfte großer und bekannter Marken, allerdings auch immer noch die eine oder andere kleinere Perle wie das Süßwarengeschäft **Planelles Donat,** in dem es leckere Turrones gibt (s. S. 202). Aber auch eine Filiale der großen spanischen Kaufhauskette El Corte Inglés, die hier ein schönes, fast schon historisch wirkendes Portal hat und ganz besonders Sport- und Outdoor-Artikel anbietet, findet sich hier.

Unter der Hausnummer 20 steht auf der linken Seite ein schönes Gebäude aus der Zeit des Modernismus, das 1888 erbaute Haus **La Catalana de Gas,** erschaffen vom Architekten Josep Domènech i Estapà. Die Gasanstalt ist hier nicht mehr untergebracht, sondern eine Filiale eines großen schwedischen Modehauses, einige Details sind daher leider verloren gegangen. Die Fassade und der großzügige Balkon im zweiten Stock, flankiert von zwei angedeuteten Türmen links und rechts, sind noch erkennbar. Am Eingang befinden sich zwei kunstvoll gestaltete Laternen. Der Aufgang im Inneren besteht aus einer großzügigen Freitreppe, die heute zum Verkaufsbereich führt. Innen ist teilweise auch noch die Originaleinrichtung erhalten, u. a. steht zwischen den Warenständern der gewaltige eiserne Kamin mit dem Wappen der alten Gasanstalt und auch die historische Deckengestaltung ist noch zu sehen sowie einige Schrankwände. Der weitere Weg führt an einem Zeitungskiosk vorbei, der hier tapfer seit Jahrzehnten steht. Dann gabelt sich der Weg, man folge dem linken Arm der Straße.

Er führt an dem **Hotel Catalonia Catedral** vorbei zum weitläufigen Vorplatz der **Kathedrale** ❼.

Vom Vorplatz der Kathedrale, der Plaça Nova, genießt man einen guten Blick auf die Hauptfassade der Kirche, allerdings halten sich hier auch immer sehr viele Menschen auf. Man gehe nun direkt zum Haupteingang, steigt auf die Stufen der breiten Freitreppe und geht direkt vor dem Eingang nach rechts. Wer möchte, kann natürlich auch die Kathedrale besichtigen, zu bestimmten Zeiten kostet es Eintritt.

Der weitere Weg führt direkt vom Hauptportal nach rechts an der Kathedrale vorbei durch die Carrer de Santa Llúcia.

Dabei wird rechts das Gebäude **Casa de l'Ardiaca** (s. S. 36) passiert, wo früher der Erzdiakon wohnte und wo heute das historische Archiv von Barcelona untergebracht ist. Direkt neben dem Haupteingang findet man einen ungewöhnlichen Briefkasten aus Stein, den 1895 Lluis Domènech i Montaner im Auftrag der Vereinigung der Anwälte erschuf. Er ist geschmückt mit fünf Schwalben als Sinnbild der Freiheit der Justiz und einer

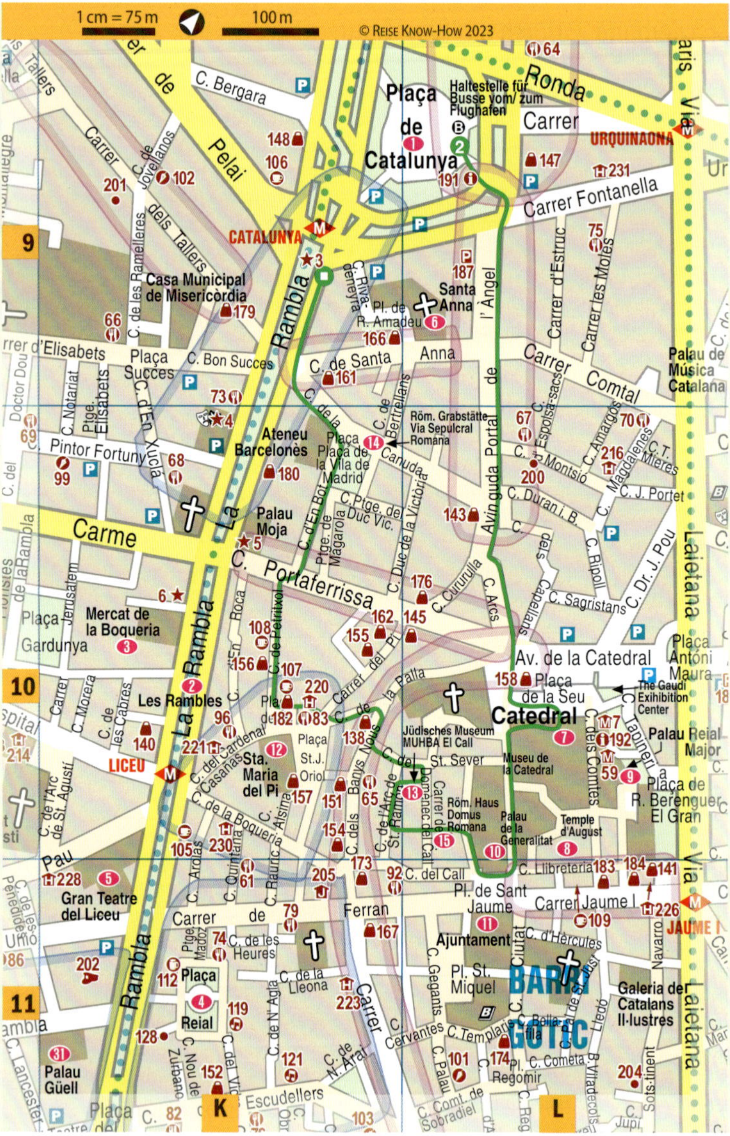

1 cm = 75 m
100 m
© Reise Know-How 2023
Plaça de Catalunya
Haltestelle für Busse vom/ zum Flughafen
Ronda
Carrer
URQUINAONA
C. Bergara
Pelai
Carrer dels Tallers
C. de Jovellanos
CATALUNYA
Carrer Fontanella
Casa Municipal de Misericòrdia
C. de les Ramelleres
Rambla
Santa Anna
Pl. de R. Amadeu
C. de Santa Anna
Carrer d'Estruc
Carrer les Moles
Avinguda Portal de l'Àngel
Carrer Comtal
Palau de Música Catalana
Plaça Succes
C. Bon Succes
Pintor Fortuny
C. d'En Xucla
Ateneu Barcelonès
Plaça Plaça de la Vila de Madrid
Canuda
Röm. Grabstätte Via Sepulcral Romana
C. Montsió
C. J. Portet
C. Duran i. B.
Palau Moja
Carme
La Rambla
C. Portaferrissa
C. Dr. J. Pou
C. Sagristans
Mercat de la Boqueria
Plaça Gardunya
Av. de la Catedral
Plaça de la Seu
Catedral
The Gaudi Exihibition Center
Les Rambles
Jüdisches Museum MUHBA El Call
C. del St. Sever
Museu de la Catedral
Palau Reial Major
LICEU
Sta. Maria del Pi
C. de la Boqueria
Röm. Haus Domus Romana
Palau de la Generalitat
Temple d'August
Plaça de R. Berenguer El Gran
Gran Teatre del Liceu
C. del Call
Pl. de Sant Jaume
Carrer Jaume I
JAUME I
Carrer de Ferran
Ajuntament
C. d'Hèrcules
Plaça Reial
Pl. St. Miquel
BARRI GÒTIC
Galeria de Catalans Il·lustres
Palau Güell
Escudellers
Via Laietana

Schildkröte, die die Langsamkeit der juristischen Bürokratie verdeutlicht.

Dann geht es weiter nach links durch die schmale Gasse Carrer del Bisbe, bei der die ***kunstvoll gefertigte Brücke*** *auffällt, die hoch oben zwei Gebäude verbindet, den Bischofssitz und das Gebäude der katalanischen Regionalregierung. Die Carrer del Bisbe mündet dann in die weitläufige Plaça de Sant Jaume [L11], an der die beiden wichtigen Machtzentren von* ***Ajuntament*** *(11), das Rathaus, und* ***Palau de la Generalitat*** *(10) (katalanische Regionalregierung) stehen.*

Weiter geht es durch die schmale Straße Carrer de Sant Honorat, die links vom Palau de la Generalitat verläuft. Nach knapp 100 m geht es nach links ins ehemalige ***jüdische Viertel,*** *„Call" genannt, in die Carrer de la Fruita. Sogleich werden die Gassen noch schmaler und auch etwas dunkler, da kaum Sonne bis zum Boden dringt (oder, wie es der Schriftsteller Zafón so unnachahmlich ausdrückte: „Die Sonne kommt nur auf Zehenspitzen vorbei."), die Häuser wirken wuchtig und alt. Hier in diesem überschaubaren Bereich lebte die jüdische Gemeinde, die zu ihrer Glanzzeit im 12. und 13. Jh. etwa 3000 bis 4000 Personen zählte. In der Straße c/de la Fruita steht links das Haus* ***Domus Romana*** *(15), in dem Überreste römischer Wohnkultur ausgestellt sind. Dann kreuzt man die Straße c/de Sant Domènec del Call, die seinerzeit die wichtigste Straße im jüdischen Viertel war, weil hier die angesehensten jüdischen Bürger lebten. Weiter geradeaus folgt die Straße Carrer de Marlet, wo wo einst die Synagoge stand. Weiter geht es nach rechts in die c/Sant Ramon del Call und ein kleiner, ruhiger Platz wird erreicht, wo sich neben einem Terrassenlokal auch das* ***jüdische Informationszentrum Centre d'Interpretació del Call*** *(13) befindet, das sehr anschaulich über die frühere jüdische Epoche hier informiert.*

Diesen kleinen Platz muss man nun überqueren und nach links in die c/St. Domènec del Call einbiegen. Diese Straße stößt auf die Carrer Sant Sever (später c/Santa Eulalia), hier muss man weiter nach links gehen. In dieser Gasse befinden sich wieder mehrere kleine Geschäfte, gelegentlich eine Bar und es herrscht eine nette Altstadtatmosphäre. Die Straße stößt auf die etwas breitere und stärker frequentierte c/Banys Nous, der man nach rechts folgt. Schließlich geht man an der noch breiteren c/Palla nach links. Bald wird die schöne Plaça del Pi [K10] mit der Kirche ***Basílica de Santa María del Pi*** *(12) erreicht. Dem Hauptportal genau gegenüber zweigt die schmale Gasse c/de Petritxol ab, der man nun folgt. Dort befinden sich u. a. mehrere Kunstgalerien. Schließlich ist die belebtere Straße c/de Portaferrissa erreicht, wo man nach rechts und dann nach wenigen Metern nach links in die c/d'en Bot schwenkt. Diese führt zur offenen Plaça de la Vila de Madrid, wo eine* ***römische Grabstätte*** *(14) mit mehreren Grabsteinen zu finden sind.*

Zum Abschluss geht es durch die c/Canuda nach links zu den Rambles (2) und dort nach rechts, bis wieder die Plaça de Catalunya (1) erreicht wird, der Ausgangspunkt des Spaziergangs.

022bl-sm

Gitarrenspielern. Kleine Plakate am Eingangsbereich verraten die nächsten Termine.

› Carrer de Santa Anna 29, Metro: Plaça de Catalunya, Eintritt: 2 €, geöffnet: Mo.–Fr. 11–19, Sa./So. 11–14 Uhr

7 La Catedral ★★★ [L10]

Die **Kathedrale** hatte zwei kleinere Vorgängerbauten, die erste Kirche wurde im 10. Jh. stark beschädigt, als die Mauren die Stadt eroberten. Die zweite entstand nach 1046 und war der heiligen Eulàlia gewidmet; sie wurde 1058 fertiggestellt. Die Kathedrale von Barcelona steht also auf historischem Grund. In den 1940er-Jahren wurden dann Reste einer Kirche aus dem 6. Jh. bei Umbauarbeiten der aktuellen Kathedrale entdeckt. Die frühere Kirche erwies sich im ausgehenden 13. Jh. als zu klein. Das Bürgertum wünschte eine größere, repräsentativere Kathedrale. Baubeginn war der 1. Mai 1298, die Arbeiten zogen sich jedoch bis 1448 hin. Aber auch dann war die Kathedrale noch nicht vollendet. Die Fassade und die Kuppel entstanden noch sehr viel später, nämlich erst im 19. Jh.

Beeindruckend ist in jedem Fall schon der Anblick der **Außenfassade** vom Vorplatz aus mit dem gewaltigen Portal und den weit ausladenden Treppen. Im Inneren hat man als Besucher ein Gefühl von Tiefe und Monumentalität, von außen betrachtet wirkt die Kathedrale dagegen eher etwas schlichter, mit Ausnahme der prächtigen Hauptfassade.

Auch die **Dimensionen** im Inneren sind beachtlich: 83 Meter Länge und 25 Meter Höhe misst die dreischiffige Kirche mit einer Apsis und insgesamt 29 Seitenkapellen. Schön gestaltet sind die farbenfrohen Glasmalereien, die Teile der christlichen Geschichte erzählen. Rechts vom Eingang befindet sich in einer Sei-

Fast wie aus der Zeit gefallen: Gasse im Barri Gòtic

Die Fassade der Kathedrale mit gewaltigem Portal

tenkapelle das rußgeschwärzte Kruzifix des Cristo de Lepanto, das als Galionsfigur am Schiff bei der Schlacht von Lepanto angebracht gewesen sein soll (s. S. 66).

Das **Chorgestühl** im mittleren Kirchenschiff schuf der Flame Pere Ça Anglada um 1399 aus Eichenholz. Hier nahmen die Würdenträger Platz, deren eingearbeitete Wappen sich noch immer in den Sitzen finden. Außerdem sind hier sehr lebensnahe allegorische Schnitzereien zu menschlichen Tugenden und Lastern zu sehen. Der hintere Bereich *(Trascoro)* zeigt Szenen aus dem Martyrium der 13-jährigen Eulàlia, die Ende des 3. Jh. starb und deren letzte Ruhestätte ein Sarkophag aus Alabaster in der Krypta darstellt.

Der **Hauptaltar** wurde 1337 geweiht, er besteht aus weißem Marmor und wird von zwei Kapitellen aus der frühen Kapelle des 6. Jh. gestützt.

Der angenehm begrünte **Kreuzgang** verfügt in seinem zentralen Bereich über einen kleinen Brunnen mit Wasserlauf. Dort schwimmen stets genau 13 Gänse. Die Anzahl 13 wurde in Anlehnung an die Santa Eulàlia gewählt, die im Alter von 13 Jahren den Märtyrertod starb.

› https://catedralbcn.org, geöffnet: tägl. 8.30–19.45 Uhr, Eintritt für touristische Besuche Mo.–Fr. 10–18.30, Sa. 10–17, So. 14–17 Uhr, Eintritt: 9 €. Bei Gottesdiensten wird ein Großteil des Innenraums gesperrt. Angepasste Kleidung ist erwünscht und wird am Eingang überprüft. Fahrstuhl zur Dachterrasse (3 €) zu den touristischen Besuchszeiten geöffnet.
› Metro: Jaume I.

Platz vor der Kathedrale

An der kleinen Placita de la Seu direkt an der Kathedrale findet sich, neben der Touristinfo (s. S. 236), das **Museu Diocesà de Barcelona.** Auf mehreren

023bl-sm

EXTRATIPP

Sardana-Tänzer vor der Kathedrale

Auf dem Platz vor der Kathedrale 7 finden regelmäßig Sardana-Tänze (s. S. 214) statt. Eine *cobla* (Musikgruppe) spielt und jeder kann sich einreihen und mitmachen.

› Termine: So. ab 12 Uhr und Sa. ab 18 Uhr (Sa. nicht regelmäßig!), Dauer: ca. 2 Stunden

Stockwerken werden religiöse Gemälde verschiedener Epochen, Skulpturen, Gewänder der Priester und liturgische Gegenstände gezeigt. Angeschlossen ist auch ein Café, ein Ruhepol im sonst quirligen Stadtzentrum.

7 [L10] **Museu Diocesà de Barcelona,** Av. de la Catedral 7, https://museudiocesa.esglesia.barcelona, geöffnet: April–Dez. tägl. 10–20, Jan.–März Mi.–Mo. 10–19, Di. 11–19 Uhr, Eintritt 8 €, ermäßigt 6 €, kombinierter Eintritt mit Kathedrale 15 €

157bl-hj

Auch der Platz vor der Kathedrale 7, die **Plaça Nova,** lohnt einen Blick, verbergen sich hier doch einige schnell zu übersehende historische und dekorative Elemente. Der Platz selbst ist sehr alt. Er wurde schon im Jahr 1358 erwähnt, als hier ein Markt abgehalten wurde. Damals befand sich hier auch noch eines der Stadttore, das einen Durchgang durch die **Stadtmauer aus der Römerzeit** bot. Zwei halbkreisförmige Reste von Türmen sind an der rechten Seite in Höhe der Carrer del Bisbe [I9/10] noch erkennbar. Sie stellten eben jenes Stadttor dar und waren Teil eines Verteidigungskomplexes.

Links ist auch noch angedeutet ein **Überrest des Aquädukts** zu sehen, über den das Wasser damals in die Stadt floss. Direkt davor befindet sich das aus einzelnen Buchstaben kunstvoll gearbeitete Wort „Barcino“ des katalanischen Künstlers Joan Bossa. Einmal nun den Blick in die andere Richtung gewendet, also weg von der Kathedrale, erkennt man am Gebäude Col·legi d’Arquitectes de Catalunya eine **Arbeit von Picasso,** eingefügt in den Hausfries über den Schaufenstern.

Geht man nur wenige Schritte rechts an der Kathedrale vorbei in die c/del Bisbe, so gelangt man zur nach links abzweigenden, kurzen Straße c/de Santa Llúcia. Hier steht das **Gebäude des Erzdiakons (Casa de l’Ardiaca),** in dem heute das **Archiv von Barcelona** untergebracht ist. Man kann den Innenhof des Hauses besichtigen, in dem ein Brunnen steht. Ein Teil der hinteren Wände ist mit schönen Kachelarbeiten geschmückt. Hier steht ebenfalls noch ein Rest der römischen Stadtmauer. Eine Freitreppe führt hoch zur Terrasse im oberen Stockwerk. Unten am Eingangsbereich befindet sich rechts ein steinerner Briefkasten mit modernistischen Elementen, den 1895 Lluís Domènech i Montaner im Auftrag der Vereinigung der Anwälte erschuf. Auf dem Briefkasten sind fünf Schwalben zu sehen. Sie stehen sinnbildlich für die Freiheit der Justiz. Eine Schildkröte unterhalb der Schwalben steht für die Langsamkeit der juristischen Bürokratie.

8 Römische Säulen Temple d'August ★★ [L10]

Ein Kleinod verbirgt sich hier ziemlich versteckt und leicht zu übersehen im Innenhof eines Hauses an einer schmalen Gasse hinter der Kathedrale 7. Es handelt sich bei den Säulen um **eines der ältesten archäologischen Fundstücke der Stadt.** Drei etwa neun Meter hohe Säulen aus der Römerzeit sind hier zu sehen, die zum Tempel des Augustus gehörten und aus der Zeit des 1. Jh. v. Chr. stammen.

Der Tempel bildete 400 Jahre lang den zentralen Teil des römischen Forums in Barcino, danach verlor er an Bedeutung. Eigentlich grenzt es an ein kleines Wunder, dass diese drei Säulen überhaupt so lange erhalten blieben. Sie wurden im 19. Jh. wiederentdeckt. Nun stehen sie hier ein wenig schmucklos auf dem Hof eines Hauses links der Carrer del Paradís 10.

› c/Paradis 10, freier Eintritt, geöffnet: Di.–Sa. 10–19, So. 10–20 Uhr. Am besten erreicht man die schmale Carrer Paradís von der Plaça de Sant Jaume aus, da sie von dort ausgeschildert ist.

EXTRATIPP

Römische Mauern

Einmal ums Eck der Kathedrale 7 stehen noch immer Überreste der ursprünglichen römischen Verteidigungsmauer. Immerhin war die damalige ganze römische Siedlung von einer gewaltigen Mauer umgeben. Diese hatte eine Länge von 1300 m und war bis zu 9 m hoch und 3 m dick. Der noch am besten erhaltene Teil kann an der **Plaça de Ramón Berenguer el Gran** [L10] direkt neben der Kathedrale 7 besichtigt werden. Davor steht ein nicht minder beeindruckendes Reiterstandbild von Ramón Berenguer el Gran, jenem Berenguer, der im 12. Jh. Graf von Barcelona war und fast alle katalanischen Grafschaften in sein Reich integrierte.

Ein weiteres Mauerstück kann in der benachbarten Straße Carrer del Sots-tinent Navarro besichtigt werden, etwa in Höhe der früheren Hausnummer 14. Dieses Gebäude verdeckte die römische Mauer aus dem 4. Jh., sie tauchte erst vor ein paar Jahren bei Abrissarbeiten wieder auf.

9 Palau Reial Major ★ [L10]

Der etwas verschachtelte Gebäudekomplex Palau Reial Major (königlicher Hauptpalast) war der **Sitz des Grafen von Barcelona.** Er besteht aus mehreren Gebäuden, die bei der Plaça Reial 4 stehen, ganz nahe bei der Kathedrale 7. Mitte des 12. Jh. ließ Ramón Berenguer IV. den Palast errichten, wahrscheinlich über den Resten einer Herrscherresi-

◁ Gotische Pracht im Innern der Kathedrale

denz aus römischer Zeit. Zwischen dem 14. und 16. Jh. veränderte man den Palast mehrfach, bis er seine aktuelle Gestalt erhielt. Diese Palastanlage verfügt noch über Teile von älteren ehemaligen Herrscher-Residenzen, dazu zählt auch die Fassade an der Plaça del Rei.

Dort erhebt sich an der linken Ecke der Turm **Mirador del Rei Martí,** des letzten katalanischen Königs (verstorben 1410). Dieser Turm verfügt über fünf übereinanderliegende Galerien mit halbrunden Fensteröffnungen.

Der Gebäudekomplex beherbergt heute zwei Museen. Das **Museu d'Història de Barcelona (MUHBA Plaça de Rei)** zeigt im Kellerbereich Fundstücke aus der Römerzeit und in den oberen Etagen die spätere stadtgeschichtliche Entwicklung Barcelonas. Man fährt zunächst mit einem Fahrstuhl nach unten, zeitgleich läuft eine digitale Zeitanzeige rückwärts bis zum Jahr Null, sodass man gleich gedanklich in die Zeit der Römer eintauchen kann. Unten liegen die Ausgrabungen der Römerzeit. Man steigt dann langsam nach oben und spaziert so durch verschiedene zeitliche und räumliche Ebenen, die die stadtgeschichtliche Entwicklung darstellen.

Zum Schluss landet man dann im ehemaligen Thronsaal Saló de Tinell und der benachbarten Capilla Santa Àgata. Der **Saló de Tinell** wurde zwischen 1359 und 1370 erbaut und hat beachtliche Ausmaße: 33,50 Meter Länge und 18 Meter Breite. Hier wurden große Feierlichkeiten zelebriert, wichtige Würdenträger empfangen und auch die Ständeversammlung Corts traf sich einige Jahre in diesen Räumen. Auch wurde Kolumbus von den spanischen Königen nach der Rückkehr von seiner ersten Reise hier empfangen. Auffällig sind die sechs etwas heruntergezogenen Deckenbögen, die das Dach tragen. Die **Capilla Santa Àgata** entstand im 13. und 14. Jh. als einschiffige Palastkapelle. Sie wirkt recht schlicht, der gotische Altar zeigt die Anbetung der Heiligen Drei Könige.

130bl-hj

Das Museum verlässt man über die Plaça del Rei, einen halbgeschlossenen Innenhof. Dort steht eine **Skulptur** mit dem Namen **Topos V**, entworfen vom Künstler Eduardo Chillida. Es ist eine für Chillida-Verhältnisse bescheidene Eisenkonstruktion, die wie ein Eckstück wirkt und auch selbst etwas in der Ecke steht. Sie ist mehrfach mit dem Buchstaben B (steht für Barcelona) geschmückt.

Angegliedert an den Palast-Komplex ist in der c/dels Comtes 2 der **Palau del Lloctinent** (Palast des Statthalters). Nachdem König Fernando von Aragón und Isabel, Königin von Kastilien, 1469 heirateten, verlor das Königreich Aragón, zu dem damals Barcelona zählte, seine Eigenständigkeit. Seitdem herrschte ein Vizekönig als Statthalter in einem zwischen 1549 und 1557 eigens errichteten Palast mit Steinen aus dem Berg Montjuïc, dem Palau del Lloctinent. Von außen wirkt das rechteckige und vierstöckige Gebäude relativ schlicht, aber der Innenhof und das Treppenhaus zeigen alte Renaissance-Pracht, was vor allem an der kunstvoll geschnitzten Holzdecke zu erkennen ist.

Das benachbarte **Museu Frederic Marès** (s. S. 180) wird durch einen Nebeneingang betreten, ausgestellt ist hier hauptsächlich die private Sammlung des Künstlers Marès. Dieser Bereich liegt sehr schön ruhig in einem größeren Innenhof, der von wuchtigen Mauern umgeben ist und auch über ein kleines Café zum entspannten Verschnaufen verfügt.

› **Museu d'Història de Barcelona (MUHBA),** Plaça del Rei s/n, Tel. 932562100, www.museuhistoria.bcn.es, geöffnet: Di.–Sa. 10–19, So. 10–20 Uhr, Eintritt 7 €, über 65 und Studierende unter 29 Jahren 5 €
› Metro: Jaume I.

⑩ Palau de la Generalitat ★ [L10]

Der Sitz der katalanischen Regierung mit dem Gebäude **Palau de la Generalitat** befindet sich an der Plaça de Sant Jaume. Dieser Platz wurde auf geschichtsträchtigem Grund angelegt, denn schon zu Römerzeiten kreuzten sich genau hier zwei Straßen. Die Herrscher wechselten, der Platz blieb und nun sitzen sich hier der katalanische Präsident und der Bürgermeister von Barcelona gegenüber.

Die Plaça de Sant Jaume verfügt somit über eine gewaltige Symbolkraft, die sich immer wieder in politisch und sozial wichtigen Momenten Bahn bricht. So wurde hier 1931 von Francesc Macià die **Katalanische Republik** ausgerufen, kurz bevor der spanische Bürgerkrieg ausbrach. Nach Francos Tod wurde hier die katalanische Exilregierung empfangen und nicht zuletzt präsentieren die Spieler des FC Barcelona ihre Trophäen auf dem Balkon, wenn sie mal wieder eine Meisterschaft gewonnen haben.

Bereits im 13. Jh. versuchten katalanische Repräsentanten aus Adel, Klerus und Militär während der Herrschaft von Jaime I. (1213–1276), König von Aragón (herrschte damals auch über Katalonien), die katalanischen Interessen vor dem König zu vertreten. Daraus entstand alsbald (1282) eine Institution *(Generalitat),* die vom König sogar verpflichtet wurde, einmal im Jahr zusammenzutreten.

Seit Anfang des 15. Jh. residierte die **Generalitat** in einem eigenen Haus. Dieses Gebäude wurde im Laufe der Zeit

In diesem Gebäude befindet sich das Museu d'Història de Barcelona

mehrfach umgebaut. Es zählt heute zu einem der ältesten Regierungsgebäude Europas. Die Hauptfassade wurde im Renaissancestil gehalten, über dem Balkon befindet sich ein **Relief von Sant Jordi** (heiliger Georg), in dem dargestellt wird, wie er den Drachen tötet.

Das Gebäude kann normalerweise **nicht besichtigt werden**, nur am 23. April, dem Tag des Sant Jordi, wird eine Ausnahme gemacht. Im Innern sind der **Pati dels Tarrongers** bemerkenswert, der Innenhof mit seinen Orangenbäumen sowie die **Capilla de Sant Jordi** (15. Jh.).

An der Außenwand des Palasts befindet sich an der seitlich verlaufenden Carrer del Bisbe (Straße des Bischofs) eine **Skulptur**, die den **heiligen Georg** (Sant Jordi) zeigt. Erschaffen wurde sie im frühen 15. Jh. von Pere Johan. Diese Arbeit zählt zu den ältesten Schmuckelementen des Palastes. Die schmale Straße wird obendrein von einer ungemein malerischen kleinen Brücke überspannt, die sehr alt wirkt, tatsächlich aber erst 1928 entstand. Gebaut wurde sie von Joan Ribió i Beller, einem Gaudí-Schüler, der eine Verbindung zum Gebäude Casa dels Canonges (Domkapitular) schuf.

Im Übrigen ist hier ein **Schädel** eingearbeitet, in dem ein **Dolch** steckt, um den sich einige Gerüchte ranken: Angeblich würde Barcelona dann zerstört werden, wenn man den Dolch herauszöge. Eine andere Version erzählt von einer Art symbolhaften Rache, da die Stadtherren dem Baumeister einen anderen, sehr viel lukrativeren Auftrag nicht gaben und er daher aus Frust ein makabres Zeichen setzen wollte. Und nicht zuletzt sollte man sich beim Passieren der Brücke etwas wünschen, denn angeblich geht dieser Wunsch dann auch in Erfüllung.

EXTRATIPP

Carillon-Konzerte

Regelmäßig finden im Palast ⑩ Carillon-Konzerte statt. Von Montag bis Freitag um 12 und 18 Uhr kann man das Glockenspiel in den Straßen rund um den Palast vernehmen, am ersten Sonntag im Monat (nicht aber im August und September) wird regelmäßig um 12 Uhr ein 60-minütiges Konzert gespielt, dem Besucher kostenlos beiwohnen können.

› **Weitere Informationen:** https://presidencia.gencat.cat/carillo

⑪ Ajuntament ★ [L11]

An der Plaça de Santa Jaume steht auch das **Rathaus** (Ajuntament).

Bereits im 13. Jh. erhielten die Bürger Barcelonas das Recht, sich teilweise selbst zu verwalten. Daraus entstand der **Consell de Cents** („Rat der Einhundert"), heute der Stadtrat von Barcelona. Das Gebäude wird im zentralen Bereich von zwei Skulpturen geschmückt: links von König Jaume I. (13. Jh.) und rechts von Joan Fivaller, einem Ratsherren aus dem 15. Jh.

Der Rat der Einhundert setzte sich aus angesehenen Bürgern zusammen und tagte zunächst an verschiedenen Orten. Das erwies sich auf Dauer als unpraktisch. 1372 erwarb man ein Privathaus an der Plaça de Sant Jaume und ließ einen großen Sitzungssaal einrichten, den **Saló de Cent** (Saal der Hundert). Der heutige Haupteingang entstand erst 1847 durch Josep Mas i Vila, vorher befand er sich an der Carrer de la Ciutat [L11], wo noch heute die gotische Fassade auffällt.

› Metro: Jaume I.

12 Basílica de Santa María del Pi ★ [K10]

Erstmals erwähnt wurde diese Kirche im 10. Jh., aber aus jener Epoche ist nichts übrig geblieben. Um 1322 soll dann mit dem Bau der aktuellen Kirche begonnen worden sein. 1453 wurde sie schließlich geweiht, aber die Bauarbeiten dauerten noch bis ins 16. Jh. Die **einschiffige Basilika** wirkt recht großzügig, ist aber innen relativ schlicht, denn die Wände sind kaum geschmückt. Sie ist 54 m lang, 16,50 m breit und erreicht eine Höhe von 28,50 m. Auch diese Kirche hat eine wuchtige, wehrhafte Außenfassade.

Über dem **Eingangsbereich** mit gotischem Spitzbogen schmückt eine Rosette die Fassade. Sie zählt zu den größten in ganz Europa – sagen zumindest die Barceloner. Die Kirchenfenster stammen teilweise noch aus dem Mittelalter, andere wurden zerstört. Die hinteren **Seitenkapellen** beherbergen wertvolle Gemälde aus dem 17. und 18. Jh. Auch die **Schatzkammer** zeigt wertvolle sakrale Kunstwerke, die teilweise noch aus dem 15. Jh. stammen.

Der **Altar** wurde erst 1967 errichtet und zeigt ein großes Bildnis der Jungfrau Maria. Die Sitzbänke stammen aus dem Jahr 1771, wurden 1868 ausgetauscht und kehrten nach einem Brand in der Kirche (1936) doch wieder zurück.

Der **Glockenturm** misst 54 m. In der Kirche finden regelmäßig Konzerte statt, über die Plakate und Flyer, die in der Altstadt verteilt werden, informieren.

Die Kirche steht an einem der angenehmsten Plätze der Stadt, der **Plaça del Pi**. Ein paar Bars stellen an warmen Tagen Tische und Stühle vor die Tür. Man sitzt dort sehr ruhig und angenehm bei einem Drink und kann den lieben Gott einen guten Mann sein lassen.

Auf der benachbarten **Plaça de Sant Josep Oriol** wird mittels einer sitzenden Skulptur an den katalanischen Autor **Àngel Guimerà** (1845–1924) erinnert. Guimerà gilt als der bedeutendste Dramaturg der katalanischen Sprache. 1904 wurde er sogar für den Nobelpreis nominiert, soll ihn aber auf Druck aus Madrid nicht erhalten haben. Geehrt wurden dann zwei Autoren, ein französischer und ein anderer Spanier, ein Madrilene. Genau an diesem Platz versammeln sich jeden Samstagvormittag Künstler, um ihre Werke zu verkaufen.

› geöffnet: Di.–Sa. 11–18 Uhr, Eintritt: 5 €, 7–16 und über 65 Jahre 4 €, mit Turmführung (Fr./Sa. 13 Uhr) 10/8 €
› Metro: Liceu

Die Basílica de Santa María del Pi

⑬ Jüdisches Museum MUHBA El Call ★★ [L10]

In einem Haus aus dem 14. Jahrhundert wird eine informative Ausstellung über das ehemalige jüdische Leben in Barcelona gezeigt.

Der **Alltag der Juden** spielte sich auf recht engem Raum ab, denn das jüdische Viertel lag zwischen c/l'Arc de Sant Ramon, c/del Call, c/del Bisbe, c/Sant Sever, es war also ein räumlich ziemlich kleines Gebiet, auf dem 3000 bis 4000 Menschen lebten. Der **Friedhof** lag übrigens weit außerhalb an einem Berg, der deswegen bis heute auch Montjuïc (Jüdischer Berg, s. S. 109) genannt wird.

132bl-hj

Hier kann man Landkarten, die die engen Grenzen des Viertels darstellen, das „El Call" genannt wird, bewundern, es werden Beispiele aus dem alltäglichen und religiösen Leben anhand von Festen, der Arbeitssituation und dem doch etwas beengten Leben gegeben. Auch das Ende des „Call" nach einem Angriff auf das Viertel am 5. August 1391 wird behandelt.

In der **Ausstellung** werden einige Originalgegenstände gezeigt, die historischen Hintergründe werden durch Schautafeln erklärt und auch einige gut gemachte audiovisuelle Darstellungen gibt es. Insgesamt ist die Ausstellung, die Teil des Zusammenschlusses „Museu d'Historia de Barcelona" (MUHBA) ist, für am jüdischen Leben Interessierte in Barcelona sehr sehenswert.

› Placeta de Manuel Ribé, Tel. 932562122, www.barcelona.cat/museuhistoria/patrimonis/els-espais-del-muhba/muhba-el-call, geöffnet: Di., Mi. 11–14, So. 11–15, 16–19 Uhr, Eintritt: 2,20 €

⑭ Römische Grabstätte Via Sepulcral Romana ★ [K10]

An einem offenen Platz neben der Carrer de la Canuda öffnet sich ein tiefer liegender Bereich, in dem ein **römischer Friedhof aus dem 1.–3. Jh.** entdeckt wurde. Dieses Bestattungsfeld war, wie zur Zeit der Römer üblich, außerhalb der Stadtmauern angelegt, in diesem Fall entlang der Straße Cardo Maximus, die in Ost-West-Richtung verlief und in etwa dem

◁ *Enge Gasse im ehemaligen jüdischen Viertel*

Verlauf der heutigen Carrer de la Boqueria [K10] entspricht.

Gefunden wurden **85 Gräber von etwa 200 Menschen,** die überwiegend zur unteren oder bestenfalls mittleren sozialen Schicht gehörten. Ergänzend fanden sich Altäre, Stelen und Cupae, halbbogenförmige Grabsteine. All diese Dinge kann man heute besichtigen.

› Plaça de la Vila de Madrid, Tel. 932562100, www.museuhistoria.bcn.cat, Eintritt: 2,20 €, geöffnet: Di. 11–14, So. und Feiertags 11–15, 16–19 Uhr

⑮ Römisches Haus Domus Romana de Sant Honorat ★ [L10]

In diesem Gebäude sind Überreste eines römischen **Wohnhauses mitsamt Garten und Geschäft** aus dem 4. Jh. freigelegt, vielfach geschmuckt mit Mosaiken. Das Gebäude gehörte einer wohlhabenden Familie.

Außerdem gibt es hier sechs **Getreidespeicher** aus einer ganz anderen Epoche zu sehen, nämlich aus dem 13. Jh. Sie wurden von Händlern genutzt, die teilweise auch hier übernachteten. Angelegt ist ein Rundgang, ähnlich wie beim Museum der Geschichte von Barcelona (s. S. 38).

› Carrer de la Fruita 2, Tel. 932562100, www.museuhistoria.bcn.cat, geöffnet: So. 10–14 Uhr, Eintritt: 2 €

⑯ Basílica de la Mercè ★ [L11]

Bei der **Kirche der Schutzpatronin von Barcelona** handelt es sich um ein einschiffiges Gotteshaus, das ursprünglich im 16. Jh. im gotischen Stil gebaut wurde, aber zwischen 1765 und 1775 im Stil des Spätbarock renoviert wurde.

Die Basílica zeigt einen auffälligen Kontrast zwischen der **barocken Fassade,** die zum Platz weist, und dem **Renaissance-Tor** zur Straße Carrer Ample, das von der ehemaligen Kirche Església de Sant Miquel stammt, die 1870 zerstört wurde.

Das **Innere** ist prachtvoll und wuchtig ausgestaltet, das Bildnis der Schutzpatronin wurde im Jahr 1361 von Pere Moragues geschaffen. Die Kuppel der Kirche wurde 1888 erbaut und mit einer Skulptur der Schutzheiligen gekrönt. Diese wurde 1936 zerstört, aber 1956 neu gestaltet.

› Plaça de la Mercè 1, www.basilicadelamerce.es, geöffnet: tägl. 9–13.30, 16.30–20 Uhr

161bl ©Renáta Sedmáková, stock.adobe.com

Das Innere der Basilica de la Mercè ist reich geschmückt

Barri La Ribera

La Ribera ist eines der ältesten Viertel von Barcelona. Der frühere Bezirk der Kleinhandwerker, Händler und einiger Zünfte wirkt noch heute durch seine engen Gassen, in die kaum ein Sonnenstrahl den Boden erreicht, wie aus der Zeit gefallen.

La Ribera ist ein pittoreskes Viertel, aber auch ein lebendiges, in dem heute wieder **Künstler, Kunsthandwerker und Designer** leben und arbeiten, ganz wie früher. Einige der Straßennamen erzählen von den damals hier ausgeübten Berufen wie beispielsweise Mirallers (Glasmacher) oder Sombrerers (Hutmacher). Aber es gab auch eine wohlhabende Seite im Viertel: Reiche Händler bauten sich in der Carrer Montcada [M11] prachtvolle **Stadtpaläste**, die teilweise noch heute existieren. In dieser Straße befindet sich auch das **Museu Picasso** 21, untergebracht in einem dieser Stadtpaläste.

Das lebendige Viertel ist von überschaubarer Größe. Wer ohne Stadtplan in La Ribera eintaucht, wird ständig auf eine weitere, vielleicht noch schmalere Gasse stoßen, die wiederrum neue, **spannende Geschäfte** mit sich bringt. Richtig verlaufen kann man sich eigentlich nicht, denn irgendwann erreicht man sowieso wieder eine breitere, bekanntere Straße.

Neben der Kirche Santa María del Mar 22 befindet sich das Gebiet **El Born** 23. Dort stößt man auf viele Cafés, Restaurants und einige leicht extravagante Geschäfte. Eine Art Hauptachse des Viertels bildet der **Passeig del Born**, von dem eine Reihe sehr interessanter, schmaler Gassen abzweigt, durch die ein Bummel lohnt.

17 Palau de la Música Catalana ★★★ [M10]

Der Palau de la Música Catalana ist ein auffällig verschnörkeltes Gebäude, dessen Gestaltung Lluís Domènech i Montaner durchführte, ein Meister des **Modernismus.** Erbaut wurde es zwischen 1905 und 1908 als Konzertsaal für den Chor Orfeó Català.

Der Palau wurde auf einem relativ kleinen Grundstück errichtet, deshalb befinden sich der Probesaal und der Eingangsbereich unten, während der große Bühnensaal oben untergebracht ist. Das Gebäude wird von einem Stahlskelett getragen, die Außenmauern waren nur teilweise tragend und konnten deshalb sehr dekorativ gestaltet werden. Das ganze Haus ist **außerordentlich reich ausgeschmückt.**

Bereits von außen fallen die Skulpturen am Eckpunkt auf, sie symbolisieren einen Chor, der unter dem Banner des Chores Orfeó català singt. Zudem ist das Gebäude mit vielfarbigen Säulen und Keramiken sowie Büsten bekannter Komponisten (Bach, Wagner, Beethoven u. a.) verziert.

Das setzt sich auch im Inneren fort, bereits die alte Kasse ist sehr hübsch mit Mosaiksteinchen geschmückt. Ebenso fantasievoll sind der Vorraum und die Bar dekoriert. Der **Bühnensaal** (2000 Plätze) ist ungewöhnlich farbenfroh und hell gestaltet, vor allem durch das fein gearbeitete Oberlicht. Zwei Figurengruppen begrenzen die Bühne: Anselm Clavè (links), ein Förderer der Chormusik in Katalonien, Beethoven mit den Walküren (rechts). Der rückwärtige Raum der Bühne wird oben von einer Orgel beherrscht, darunter befindet sich eine Skulptur, die 18 Musen beim Musizieren zeigt.

Spaziergang 3: Durch das Barri La Ribera

Ausgangspunkt dieses Spaziergangs, für den man bei ausführlicher Besichtigung aller hier beschriebenen Sehenswürdigkeiten etwa zwei Stunden benötigt, ist die ***Plaça Urquinaona*** *[L9] an der gleichnamigen Metrostation. Dort muss man zunächst ein kurzes Wegstück die breite und leider auch sehr stark befahrene Straße Via Laietana hinuntergehen. Diese lange Straße verläuft hier leicht abschüssig Richtung Meer, sie verbindet den Erweiterungsteil der Stadt, das Viertel L'Eixample (s. S. 78), mit dem Hafen und dem Meer. Die Straße misst etwa 80 Meter in der Breite und verläuft schnurgerade, was nur möglich ist, da man bei der Konstruktion im frühen 20. Jh. genau 2199 Gebäude niederriss, um Platz für sie zu schaffen. Es gab heftige Proteste dagegen, aber es half nichts, die Arbeiten wurden durchgezogen. Ein Nebeneffekt war, dass man dabei auch römische Mauerreste fand. Heute fließt durch diese Straße starker Verkehr. Man sollte auf der linken Straßenseite laufen und alsbald auch nach links in die Fußgängerzone Carrer Ramon Mas abbiegen, die zum* ***Palau de la Música Catalana*** *⓱ führt.*

Zunächst erkennt man den modernen Teil dieses Musiktheaters, in dem auch die Kasse untergebracht ist, deshalb muss man rechts einschwenken und nach ca. 50 m sieht man dann schon Teile der schönen Fassade unter Glas. Schließlich sollte man an der Querstraße c/Sant Pere Més Alt nach links zur prächtigen Hauptfassade gehen. Nach dem gebührenden Betrachten geht es noch ein Stück diese Straße hoch, dann biegt man nach rechts in die schmale Gasse c/de la Mare de Déu del Pilar ab. Es wird nun gleich ruhiger, die Gasse ist enger und damit auch kühler, da die Sonne hier kaum durchdringt. Kleine Bars und Läden sind hier zu finden, pures Alltagsleben herrscht vor. Man folgt nun der Gasse bis zur breiteren c/de Sant Pere nés Baix, geht hier kurz nach rechts und gleich danach nach links in die Gasse c/de Freixures, der man bis zum Ende folgt. Man landet dann direkt vor der ***Markthalle Santa Caterina*** *⓲ mit ihrem auffällig bunten und geschwungenen Dach. Ein Besuch dieser Markthalle ist empfehlenswert, auch weil es dort wesentlich entspannter zugeht als in der berühmten Markthalle Boqueria* *❸ an den Rambles.*

Weiter geht es direkt hinter der Markthalle nach rechts in die Straße c/d'en Giralt i Pellisser, diese wird dann ebenfalls bis zur Querstraße Carrer dels Carders durchschritten. Dort geht man nach rechts und nach 10 m erneut nach links über einen winzigen Platz (Placeta d'en Marcús). Direkt dahinter beginnt die bekannte Straße Carrer Montcada [M11]. Jetzt muss man nur noch die etwas breitere Straße c/Princesa queren und geht weiter durch die c/Montcada hinein ins historische Altstadtviertel ***El Born*** *㉓. Die Gasse wird jetzt wieder etwas stärker besucht, denn hier befindet sich das Picasso-Museum* *㉑.*

Die Straße zählt mit ihren historischen Gebäuden sowieso zu einer der schönsten Straßen im Viertel. Im Umfeld des Picasso-Museums stößt man auf Galerien sowie Kunst- und Postkartenshops. Schräg gegenüber dem Picasso-Museum ist das

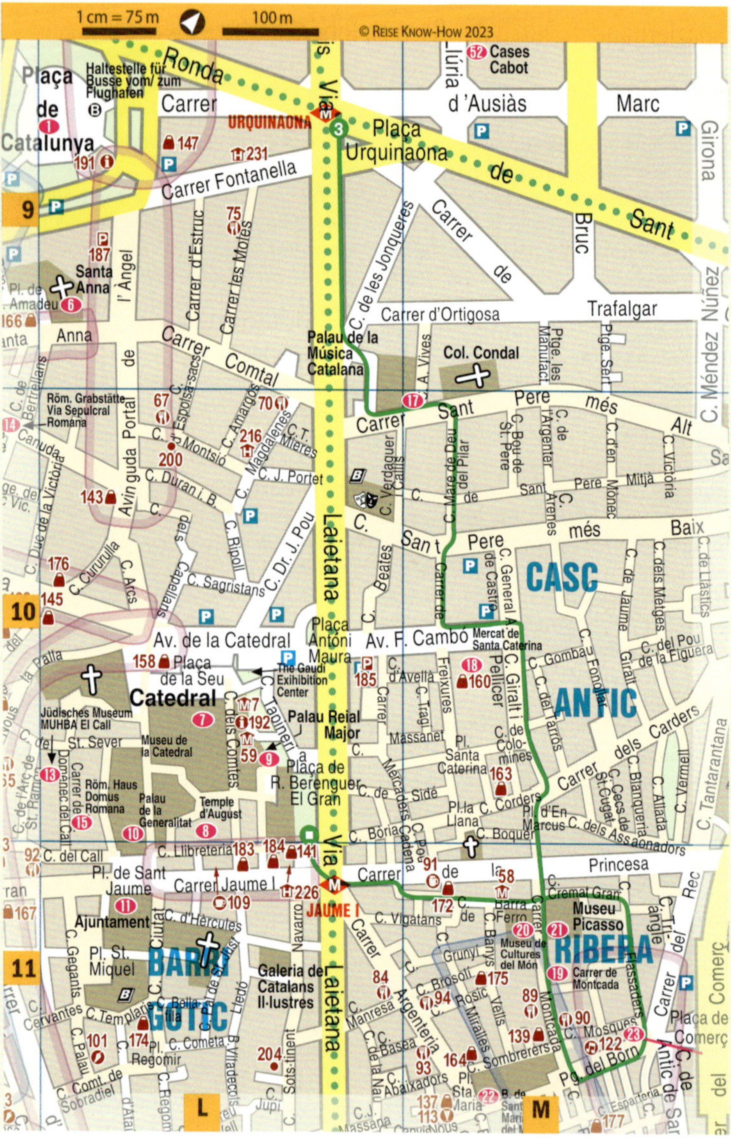

1 cm = 75 m
100 m
© Reise Know-How 2023
Plaça de Catalunya
Haltestelle für Busse vom/ zum Flughafen
Ronda de Sant Pere
Carrer d'Ausiàs Marc
URQUINAONA
Plaça Urquinaona
Cases Cabot
Carrer Fontanella
Girona
Bruc
Carrer de Trafalgar
Carrer d'Ortigosa
C. de les Jonqueres
Santa Anna
Pl. de Amadeu
Carrer d'Estruc
Carrer les Moles
Carrer Comtal
Palau de la Música Catalana
Col. Condal
C. Méndez Núñez
Carrer Sant Pere més Alt
Sant Pere Mitjà
Sant Pere més Baix
Röm. Grabstätte Via Sepulcral Romana
Avinguda Portal de l'Àngel
Via Laietana
CASC ANTIC
Av. de la Catedral
Plaça Antoni Maura
Av. F. Cambó
Mercat de Santa Caterina
Plaça de la Seu
The Gaudí Exhibition Center
Catedral
Jüdisches Museum MUHBA El Call
Museu de la Catedral
Palau Reial Major
Plaça de R. Berenguer El Gran
Röm. Haus Domus Romana
Palau de la Generalitat
Temple d'August
Carrer dels Carders
Princesa
JAUME I
Carrer Jaume I
Pl. de Sant Jaume
Ajuntament
Pl. St. Miquel
BARRI GÒTIC
Galeria de Catalans Il·lustres
Museu Picasso
Museu de Cultures del Món
RIBERA
Carrer de Montcada
Pg. del Born
Plaça de Comerç
Argenteria
L
M
9
10
11

Ethnologische Museum Museu dels Cultures del Món 20 ebenfalls in einem historischen Palastgebäude untergebracht. Abgesehen von diesen zwei wichtigen Museen sollte man die ganze Stimmung auf sich wirken lassen, auch wenn meist sehr viele Menschen hier unterwegs sind. Entspannung bieten u. a. die älteste baskische Tapasbar der Stadt, das Euskal Etxea (s. S. 193), sowie die urige Bar El Xampanyet (s. S. 191).

Am Ende der c/Montcada wird der **Passeig del Born** [M11] erreicht und gleich rechts steht die schöne Kirche **Basílica de Santa María del Mar** 22.

Der weitere Spaziergang führt in die entgegengesetzte Richtung über den Passeig del Born zur alten Markthalle des Viertels, die heute zum Kultur- und Erinnerungszentrum El Born Centre Cultural 24 umgebaut wurde, in welcher der Ereignisse des Aufstandes von 1714 gedacht wird. Der Passeig del Born ist relativ breit, hat einen begrünten Mittelstreifen und dort stehen auch eine Menge Bars, das Ganze verströmt sehr viel Flair. Vom Kulturzentrum geht es ein kurzes Stück zurück und man biegt nach rechts in die schmale c/Flassaders ein.

Hier befinden sich einige interessante Geschäfte und gemütliche Bars, die Gasse mündet in die ruhige, etwas größere Plaça de Jaume Sabartés, wo ebenfalls einige Terrassenbars zu Hause sind.

Weiter führt der Weg durch die c/Cremat Gran i Xic, die man durchgehen sollte, bis ein kleiner Torbogen unterquert wird. Dahinter verläuft erneut die c/Montcada. Hier geht es nach links und gleich wieder nach rechts in die c/Barra del Ferro.

Auch hier befinden sich wieder sehr interessante Shops, kleine Bars und man spürt eine Menge Altstadtcharme. Gelegentlich öffnet sich ein Tor und man kann in einen Innenhof schauen. Am Ende dieser Gasse geht es dann nach rechts und gleich wieder nach links in die c/Cotoners. Diese schmale Gasse, in der ebenfalls kleine Läden und Bars zu finden sind, mündet schließlich in der lebhafteren c/Princesa. Nun geht es nach links. Nach etwa 50 m ist die Via Laietana erreicht, die man überquert. Nun ist der Endpunkt des Spazierganges an der Metrostation Jaume I. erreicht.

026bl-sm

Entspanntes Leben am Passeig del Born [M11]

027bl-sm

Die **Inneneinrichtung** zeigt sich derart ungewöhnlich verschnörkelt-verspielt, dass Musiker, die hier zum ersten Mal auftreten, berichten, wie schwierig es sei, sich auf die Darbietung zu konzentrieren und sich nicht von all der Pracht ablenken zu lassen.

› c/Palau de la Mùsica 2–4, Tel. für Besucher: 902475485, www.palaumusica.cat, geführte Besichtigungen tägl. 9–15 Uhr, Dauer 50 Minuten, auch auf Englisch, 19 €, Besichtigungen mit Audioguide täglich 9–15.30 Uhr, 15 €
› Metro: Urquinaona

So manchem Sänger soll es bei all der Pracht im Palau de la Mùsica 17 bereits die Stimme verschlagen haben

18 Mercat de Santa Caterina ★ [M10]

Vom Vorplatz der Kathedrale 7 erkennt man schon das auffällig geschwungene und bunte Dach dieser **Markthalle.** Obwohl der Mercat de Santa Caterina sehr zentral liegt, ist er doch bei Weitem nicht so gut besucht wie die ungleich bekanntere Boqueria 3 an den Rambles.

Dieser Markt existiert seit 1845, die Halle in ihrer aktuellen Form mit dem auffälligen Dach wurde um den Jahrtausendwechsel gestaltet. Da das Gebäude auf dem früheren Convento de Santa Caterina entstand, hat man den Namen übernommen. Im Innern wirkt die Markthalle offen und modern, es sind viele Verkaufsstände zu finden und – ganz traditionell – auch einige Lokale. Alles ist hier wesentlich ruhiger als in der Boqueria.

› Avinguda Francesc Cambó 16, geöffnet: Mo., Mi., Sa. 7.30–15.30, Di., Do., Fr. 7.30–20.30 Uhr

19 Carrer de Montcada ★★ [M11]

Diese Straße war seit dem 14. Jh. eine bessere Wohngegend. Sie war breiter als die meisten Gassen und hier bauten sich etliche reiche Familien ein prächtiges Haus. Die Häuser verfügen meist über einen offenen Innenhof und eine eindrucksvolle Freitreppe. Von außen wirken sie oftmals eher schlicht, fast ein wenig wehrhaft.

Noch heute stehen in dieser Straße zwischen Placeta de Montcada und Placeta d'en Marcús (liegt jenseits der breiten Straße c/Princesa) etliche gotische Gebäude, die aus der Zeit vom 13. bis zum 15. Jh. stammen. Da es später vielfach zu Umbauten kam, trägt nur noch ein Haus seine Originalfassade (Nr. 25). Das Gebäude stammt aus dem 16. Jh., Teile sogar aus dem 15. Jh. Hier lebte die Familie Cervelló, bis das Haus in die Hände eines Händlers aus Genua mit Namen Giudice überging. Seit 1974 ist es Sitz der Galerie Maeght.

20 Museu de Cultures del Món ★★ [M11]

Das schöne **Ethnologische Museum** ist in den ehemaligen herrschaftlichen Häusern Palacio Nadal und Palacio del Marqués de Llió in der historischen Straße Carrer de Montcada 19 untergebracht. Die Ausstellung zeigt exemplarische Original-Exponate aus Afrika, Asien, Südamerika und Ozeanien, ergänzt um audiovisuelle Darstellungen und dreisprachige (Englisch, Spanisch, Katalanisch) Erklärungstafeln.

Geboten wird ein Querschnitt durch die Kulturen dieser Welt, wobei man nicht um Vollständigkeit bemüht ist, sondern exemplarisch verschiedene Lebensformen herausgehoben werden.

› c/Montcada 12, Tel. 932562300, http://museuculturesmon.bcn.cat, geöffnet: Okt.–April Di.–Sa. 10–19, So. 10–20 Uhr, Mai–Sept. Di.–So. 10–20 Uhr, Eintritt: 5 €, ermäßigt 3,50 €, So. nach 15 Uhr und jeden ersten Sonntag ganztägig frei

> EXTRATIPP
>
> **Die schmalste Gasse der Stadt**
>
> Am Ende der Carrer de Montcada 19 zweigt das Gässlein Carrer de les Mosques [M11] ab. Angeblich soll es sich bei ihr um die schmalste Straße der ganzen Stadt handeln!

21 Museu Picasso ★★ [M11]

Das Museum befindet sich mitten im Barri del Born 23 in einem Komplex aus fünf zusammenhängenden **historischen Häusern.** Eröffnet wurde es 1963. Es verfügt über eine Sammlung von **3800 Werken.** Diese werden in einer Dauerausstellung sowie in thematisch wechselnden Präsentationen gezeigt.

Im Jahr der Eröffnung lebte Picasso im Exil und konnte oder wollte nicht ins

> KLEINE PAUSE
>
> **Kleine Pause im baskischen Haus**
>
> Ganz nahe beim Picasso-Museum ist in der Placeta de Montcada 1 die älteste baskische Kneipe der Stadt untergebracht, das Euskal Etxea („baskisches Haus"). Hier gibt es erstklassige, typisch baskische Tapas, die auf Baskisch *pintxos* heißen. Dazu passt ein genauso typischer baskischer Wein: *txakolin* (s. S. 193).

Franco-Spanien zurückkehren. Deshalb wurde das Museum zunächst nach seinem persönlichen Sekretär als *Colección Sabartés* benannt. Im Laufe der Jahre erhielt das Museum immer wieder eine größere Anzahl von Picasso-Werken, einen Großteil, vor allem des Frühwerks, vom Meister selbst. Heute werden hier Werke dieses großen Künstlers aus allen seinen Schaffensepochen in chronologischer Anordnung gezeigt.

› c/Montcada 15–23, Tel. 933196310, www.museupicasso.bcn.cat, geöffnet: Di.–So. 10–19 Uhr, Eintritt: 12 €, Studenten und Personen über 65 Jahren 7 €, Besucher unter 18 Jahren frei. Jeden ersten So. im Monat freier Eintritt, außerdem jeden Do. ab 16 Uhr.

› Metro: Jaume I.

028bl-sm

‹ *Das Picasso-Museum* 21 *ist unter anderem in diesem Gebäude untergebracht*

22 Basílica de Santa María del Mar ★★ [M11]

Diese in der Bevölkerung sehr beliebte Kirche wurde ab 1329 gebaut. Geldgeber waren wohlhabende Händler und Schiffsbesitzer, die ein Gotteshaus in der Nähe ihrer Häuser und vor allem in der Nähe des Meeres haben wollten. Deshalb wird die Kirche umgangssprachlich übersetzt auch **„Kathedrale des Meeres“** genannt.

Schon früher existierte hier eine bescheidene Kapelle am Meer, die den Namen Santa María de les Arenes („Santa María vom Sand“) trug. Diese genügte den seefahrenden Kaufleuten irgendwann nicht mehr. Ein neues und vor allem repräsentativeres Gotteshaus musste her. Der Bau schritt schnell voran. Bereits nach 65 Jahren war die Basílica fertig – für einen Kirchenbau eine recht flotte Angelegenheit. Einer der Gründe für den schnellen Bau war die Tatsache, dass die Arbeiter aus dem Viertel stammten und teilweise ohne Lohn schufteten, woran kleine Skulpturen am Altar, an den Kapitellen und zwei Bronzefigürchen direkt am Haupteingang erinnern.

Die Kirche ist dreischiffig gebaut und relativ schmucklos gehalten, auch das war ein Grund für die kurze Bauzeit. Die **Fassade** zeigt gotische Spitzbögen, im Inneren präsentiert sie sich ungewöhnlich groß und hell. Der **Innenraum** wirkt fast ein wenig wie eine große Halle, farbliche Tupfer setzen vor allem die bunten **Glaskunstfenster**, denn Licht und Farbe dringen durch diese Glasmalereien ins Innere und erzeugen so eine sehr angenehme Stimmung. Getragen wird der Bau von starken oktogonalen **Pfeilern**, die hier, im Gegensatz zu vielen anderen Kirchen, nicht sehr wuchtig wirken. Sehr auffällig ist die große Fensterrosette über dem Hauptportal, eine Rekonstruktion des Originals aus dem 15. Jh. Diese Kirche ist ein seltenes Beispiel dafür, wie ein schlichtes Inneres doch eine eindrucksvolle Schönheit entwickeln kann.

› touristische Besuche: Mo.-Sa. 9-12, 17-20.30, So. 10-14, 17-20.30 Uhr, 5 €, Füh-

EXTRATIPP

Historische Grabstätte Fossar de les Moreres

Fossar de les Moreres ist eine **Erinnerungsstätte**, die sich unmittelbar neben der Kirche Basílica de Santa María del Mar ㉒ am Passeig del Born befindet und zunächst nur durch den großen, halbbogenenförmigen Stahlträger auffällt.

Am 11. 9. 1714 eroberten spanische Truppen unter Felipe V. Katalonien, was zum Verlust der katalonischen Selbstbestimmung führte. An diesem Platz wurden Opfer des Aufstands vom 11. September beerdigt, deshalb brennt dort eine **ewige Flamme.** An der Rückseite der niedrigen Mauer kann man folgenden Satz lesen: „Al Fossar de les Moreres no s'hi enterra cap traïdor; fins perdent nostres banderes serà l'urna de l'honor" („Auf dem Friedhof von Moreres wird kein Verräter beerdigt, auch wenn wir unsere Fahnen verlieren, wird es die Urne der Ehre sein"). Die **Legende** erzählt, dass ein Totengräber hier die katalanischen Gefallenen beerdigte und dabei seinen eigenen Sohn unter den Toten entdeckte, der für die Gegenseite gekämpft hatte. Daraufhin entfernte er den Körper seines Sohnes von diesem kleinen Friedhof und sprach voller Zorn diese Sätze.

029bl-sm

rungen mit Besuch der Terrasse (etwa 1 Std.) 10 €. Es gibt auch Führungen, die den Roman zum Thema haben. Zu den restlichen Zeiten nur für Gottesdienste geöffnet.

› Metro: Jaume I.

LITERATURTIPP

„Kathedrale des Meeres"
Der Roman von Ildefonso Falcones beschreibt den Bau ebendieser Kirche 22 und die damaligen Zeitumstände auf sehr eindringliche Weise.

030bl-sm

23 Viertel Barri del Born ★★ [M11]

Bei der Kirche Basílica de Santa María del Mar 22 beginnt auch der Passeig del Born, die **Hauptschlagader des kleinen Viertels** Barri del Born.

Hier findet man in noch viel stärkerem Maße sehr enge Gassen und Gässchen als im übrigen Altstadtgebiet.

Die Häuser stehen kaum mehr als einen Meter auseinander und würden in jedem Krimi eine tadellose Kulisse abgeben. Leicht marode Häuser stehen neben kleinen, ziemlich stylishen Läden und authentischen Bars. Hier durch die **Gassen** zu streifen, macht Spaß. Man fühlt sich ins Mittelalter zurückversetzt und wundert sich, wie diese Häuser die Geschichte überdauern konnten.

Speziell am **Abend** macht sich eine sehr urtümliche Stimmung breit, wenn diffuses Licht die schmalen Gassen nur schwach erhellt. Das Viertel ist immer noch urig, wandelt sich aber erkennbar zu einem angesagten Bereich. Einige Bars werden schicker und etliche Designer und Kunsthandwerker eröffnen kleine Geschäfte. So ist El Born heute zwar kein Geheimtipp mehr, aber immer noch ein durchaus malerisches Viertel – trotz aller Veränderungen. Während einige Straßen im Barri Gòtic sich zumindest im Sommer fast zu einer Partymeile wandeln, hat das Born-Viertel seinen **Charme** weitestgehend erhalten können.

‹ *Bars, Shops und ganz viel Leben – all das bietet das Barri del Born*

› *Der verspielte Kaskadenbrunnen im Parc de la Ciutadella*

(24) Erinnerungsstätte El Born Centre Cultural i Memòria ★ [M11]

Die 1878 errichtete gusseiserne Markthalle war ein gutes Jahrhundert lang bis zu ihrer Schließung eine der größten Markthallen der Stadt.

Im Jahr 2002 sollte das Gebäude zu einer großen Bibliothek umgebaut werden. Bei den Umbauarbeiten stieß man jedoch auf **archäologische Fundamente aus dem Jahr 1714**, der Zeit der Besatzung durch die bourbonischen Truppen. Dieses geschichtliche Datum ist für Katalonien von so großer Bedeutung, dass man statt des geplanten Bibliotheksbaus eine **Gedenkstätte** in Verbindung mit einem **Kulturzentrum** einrichtete. Dabei wurden die alten Fundamente freigelegt und umlaufende Galerien angelegt, von denen Besucher jetzt die Fundstätte betrachten können. In den Seitenräumen sind ergänzende Ausstellungen zu den Ereignissen von 1700 bis 1714 zu besichtigen, außerdem gibt es eine Bar und einen Museumsshop.

› Carrer del Comerç 2, Tel. 932566851, http://elborncentrecultural.barcelona.cat, geöffnet: März–Okt. Di.–So. 10–20, Nov. Febr. Di.–Sa. 10–19, So. 10–20 Uhr, Eintritt frei für die Halle, die zusätzliche Ausstellung kostet 4,40 € bzw. 3,15 € (ermäßigt für Personen zwischen 16 und 29 oder über 65 Jahren). Sonntags 15–20 Uhr und am ersten So. im Monat 10–20 Uhr freier Eintritt.

(25) Parc de la Ciutadella ★★ [N11]

Das Altstadtviertel Barri del Born (23) wird nur durch eine breite Straße, den **Passeig de Picasso**, von dem ruhigen Parc de la Ciutadella getrennt. Der Passeig de Picasso wird von einem schmalen, künstlichen Wasserlauf begleitet, außerdem steht dort das Kunstwerk „Hommage à Picasso“ von Antoni Tàpies in einem Glaskubus.

Wenige Schritte sind es also nur vom quirligen, brummenden Kern der Altstadt in **eine der wenigen grünen Oasen** der Innenstadt.

03_bl-sm

032bl-sm

Im 18. Jh. war die Situation noch eine ganz andere, damals befand sich hier eine **Festung**, die der spanische König Felipe V. bauen ließ, um die Stadt zu kontrollieren. Dazu wurden Häuser aus dem Ribera-Viertel abgerissen. Später wurde die Zitadelle auch als **Gefängnis** genutzt.

Dieses dunkle Kapitel der Geschichte endete erst 1869, als die Stadt Barcelona das Areal übernahm und die Festung abriss. Den Befehl dazu erteilte **General Prim**, ihm zu Ehren steht ein Reiterstandbild am nordwestlichen Eingang des Parks. Erhalten geblieben ist neben einigen wenigen Gebäuden nur der Name „Ciutadella" („Zitadelle").

Josep Fontsère gestaltete die Zone in eine Parklandschaft um, in deren Zentrum eine Wasserfläche mit einem verspielten **Kaskadenbrunnen** steht, der mit mythologischen Figuren geschmückt ist, sowie vier steinernen Drachen, bei denen der damals sehr junge Antoni Gaudí mitwirkte.

Hier auf diesem Terrain fand 1888 die **erste Weltausstellung von Barcelona** statt. Damals waren mehrere Ausstellungsgebäude im gerade aufkommenden modernistischen Stil errichtet worden. Diese architektonische Mode erhielt dadurch einen gewaltigen Schub. Wohlhabende Barceloner Bürger wollten nach dem Besuch der Ausstellung unbedingt ihre eigenen Häuser ähnlich schick und ausgefallen dekorieren. Nach dem Ende der Ausstellung wurden die Gebäude wieder abgerissen, wie es damals üblich war.

Erhalten geblieben ist nur wenig, beispielsweise der außerhalb des Parks stehende, etwa 30 m hohe Triumphbogen **Arc de Triomf** an der Straße Passeig Lluís Companys [N10], erschaffen von Josep Vilaseca i Casanovas. Dieser Architekt war bekannt für seine Vorliebe

EXTRATIPP

Historischer Stadtplan

Zwischen Parkausgang und Triumphbogen befindet sich gleich hinter der auffälligen Stele auf dem Boden eine großflächige Darstellung der Innenstadt von Barcelona mit der zweiten Stadtmauer, die erst im 19. Jh. eingerissen wurde. Man erkennt hier recht gut die wichtigsten Orte.

Der Arc de Triomf begrüßte schon 1888 die Besucher der Weltausstellung

für dekorative Elemente, eher weniger für innovative Strukturen, was sich auch in der Gestaltung des Triumphbogens widerspiegelt. Er sollte als Empfangstor für die Besucher der Weltausstellung dienen und auch den Respekt vor den Ausstellern und Teilnehmern aus anderen spanischen Zonen ausdrücken. Der Triumphbogen aus rötlichem Backstein wird von vier Kronen geschmückt. Im Zentrum halten zwei Löwen das katalanische Wappen, um den Bogen sind das Wappen der Stadt Barcelona sowie die Wappen aller 49 spanischen Provinzen eingearbeitet. Auf der der Stadt zugewandten Seite ist eine Skulpturengruppe ganz oben eingearbeitet, die übersetzt „Barcelona empfängt die Nationen" heißt. Außerdem ist der Triumphbogen mit mehreren steinernen Abbildungen einer Fledermaus geschmückt, dem ehemaligen Wappentier von König Jaume I. aus dem 13. Jh.

Innerhalb des Parks stehen noch heute einige sehenswerte **Gebäude im Stil des Modernismus.**

So war das **Haus Castell dels tres dragons** („Burg der drei Drachen"), erschaffen von Lluís Domènech i Montaner 1887, ursprünglich als Restaurant gedacht. Das Gebäude wirkt von außen mit seinem roten Ziegelbau und dem fast wappenähnlichen hellen Schmuck oben unter den Zinnen und vor allem seinen vier Türmen beinahe wie eine Festung.

Neben dem Museumsgebäude stehen **zwei Gewächshäuser.** Direkt nebenan befindet sich das Hivernacle, ein Wintergarten aus Gusseisen und Glas, 1884 erschaffen von Josep Amargós. Gedacht war es zum Überwintern von empfindlichen Pflanzen, heute finden hier gelegentlich Konzerte im mittleren, noch offenen Gebäude statt. Gegenüber steht das **Umbracle**, ein Gebäude aus Backstein und Holz, erschaffen 1883–1888, um hier Pflanzen zu halten, die eher im Schatten gedeihen. Aus der Festungszeit ist noch das ehemalige **Arsenal** erhalten, heute Sitz des Katalanischen Parlaments.

Etwas am Rande befindet sich schließlich noch der **Zoo von Barcelona** (26).

Eine ganze Menge wird also im Parc de la Ciutadella geboten, aber das Wichtigste dürfte für viele sein, einfach mal einen **Moment der Ruhe** zu ergattern. Barcelona ist eine etwas unruhige und teilweise auch laute Stadt, da möchte man gerne mal ein ruhiges Stündchen auf dem Rasen im Schatten verbringen, und genau das kann man hier ganz wunderbar tun.

(26) Zoo ★ [N12]

Der Zoo von Barcelona wurde Ende des 19. Jh. gegründet und steht im östlichen Teil des Parc de la Ciutadella (25). Hier wurde auf relativ kleinem Raum durch geschickte Anordnung der Käfige ein **breites Spektrum an Tierarten** (etwa 500) zusammengebracht. 5500 Tiere, darunter Reptilien und Vögel aus Asien, Afrika und Amerika, aber auch heimische Tiere, leben hier. Außerdem befinden sich hier ein Delfinarium und Terrarien mit kleineren Amphibien sowie eine Reihe unterschiedlicher Affenarten. Das Wahrzeichen des Zoos ist der 2003 verstorbene **Albino-Gorilla**, der übersetzt „Schneeflöckchen" hieß und auch zu einem Symbol von Barcelona wurde. Als er an Hautkrebs erkrankte, nahm die halbe Stadt Abschied von ihm.

› Parc de la Ciutadella s/n, Metro: Ciutadella – Vila Olímpica, Tel. 902457545, www.zoobarcelona.cat, geöffnet: tägl. ab 10 Uhr bis 17/19 Uhr, je nach Jahreszeit, Eintritt: 21,40 €, Kinder (3–12 Jahre) 12,95 €

27 Barri El Raval ★ [J10]

Das Viertel El Raval liegt rechts der Rambles 2 (in Blickrichtung Hafen) und war schon immer ein wenig anders als das gegenüberliegende Viertel Barri Gòtic (s. S. 29), das die Touristen auch schon sehr früh entdeckten. El Raval war so etwas wie das ungeliebte **Schmuddelkind der Stadt.** Hier waren die Gassen dunkler, teilweise auch enger, die Häuser eine Spur einfacher, manchmal gar schäbiger. Wer hier lebte, besaß meist nicht viel oder er/sie suchte sich diese Welt gezielt aus, man konnte hier auch gut untertauchen. Hier lebten Halb- und Unterwelt, Tagträumer, Prostituierte, Tagelöhner, einfache Menschen. Es gab einfache Bars und Spelunken, Prostitution und später auch Drogen. Noch später zogen Immigranten hierher, sie leben heute in großer Zahl in El Raval, vor allem Pakistani und Nordafrikaner. Sie betreiben hier kleine Geschäfte wie Friseurläden, Lebensmittelläden u.Ä.

Genau dieses Milieu zog früher auch **Lebenskünstler und Bohème** an. Beispielsweise war der Schriftsteller Manuel Vázquez Montalbán ein Fan von El Raval, er ließ „seinen" Privatdetektiv Pepe Carvalho hier seine Abenteuer erleben. Für die Bewohner von Barcelona war El Raval jedenfalls keine bevorzugte Zone, dorthin ging „man" eher nicht hin. Das „chinesische Viertel", wie El Raval auch genannt wurde, hatte eben einen schlechten Ruf. Aber das hat sich gewandelt und diese Veränderung begann in den 1980er-Jahren. Einige Wohnblocks wurden abgerissen und die breite Achse Rambla de Raval wurde geschaffen. Sie ist heute eine breite Schneise mit hübsch begrünten Mittelstreifen. Zudem wurden neue, moderne Gebäude errichtet, wodurch sich langsam auch die Bevölkerungsstruktur des Viertels änderte.

Richtungsweisend war dabei die Eröffnung von zwei Kultur- und Kunstgebäuden, das **Centre de Cultura Contem-**

Der dicke Kater des Künstlers Botero (s. S. 60) schleicht durch El Raval

porània de Barcelona (s. S. 178) und das **Museu d'Art Contemporani de Barcelona** (s. S. 179). Diese hochmodernen Gebäude gaben nicht nur dem Viertel ein neues Gesicht, es wurde auch ein anderes Klientel angezogen. Nachdem die Kulturschaffenden Einzug gehalten hatten, veränderten sich auch langsam die Geschäfte und Bars. El Raval wurde regelrecht aufgehübscht, für die einfachere, alteingesessene Bevölkerung blieb immer weniger Raum. Heute leben hier viele junge Menschen, Kreative, aber auch Emigranten, Künstler und etliche Menschen, die ein wenig vom früheren Ruf des Viertels – halb verrufen, halb Bohème – angelockt wurden. Erste Viersternehotels eröffneten und immer neue, bessere Wohnhäuser entstanden. Das alte Raval ist noch nicht völlig verschwunden, befindet sich aber auf dem Rückzug.

㉘ Antic Hospital de Santa Creu ★ [J10]

Dieses **ehemalige Krankenhaus** war lange Zeit ein großes und gut organisiertes Krankenhaus. Es wurde bereits 1401 von König Martí gegründet. Zwischen dem 16. und 18. Jh. mussten die Räumlichkeiten deutlich vergrößert werden, was die Bedeutung des Spitals für die Stadt unterstreicht. Die Anlage bestand zunächst aus vier Sälen, dort befanden sich die einzelnen Krankenstationen. Später wurde es vergrößert und fungierte bis 1929 als Krankenhaus.

133bl-hj

⌃ *Unterwegs in den engen Gassen des Barri El Raval*

Hier verstarb am 7. Juni 1926 **Antoni Gaudí**, der nach einem Unfall mit einer Straßenbahn eingeliefert und nicht erkannt wurde.

In mehreren schönen Sälen ist heute hier die katalanische **Nationalbibliothek** untergebracht. Der Innenhof **Jardins de Rubió i Lluc** wurde zu einem kleinen, öffentlich zugänglichen Garten umgestaltet, den man als ruhigen Pol im manchmal doch etwas hektischen Barcelona aufsuchen kann.

› c/Hospital 56

Spaziergang 4: Durch das Barri El Raval

Für den folgenden Spaziergang sollte man etwa anderthalb bis zwei Stunden einplanen.

Ausgehend von der Plaça de Catalunya ❶ geht man ein kurzes Stück die Rambles ❷ hinunter und biegt dann gleich nach rechts in die c/Tallers ein. Diese Fußgängerzone kann man ganz entspannt hinaufgehen und taucht hier bereits ein ins Barri Raval ㉗, wobei in diesem Bereich nichts Verrufenes zu finden ist. Es wird alles ein wenig rustikaler, auch einfacher, die Häuser haben einen leicht morbiden Charme. Hier leben viele Menschen mit Migrationshintergrund und junge Leute, entsprechend zeigt sich das Bild der kleinen Läden und Bars sehr bunt gemischt. Auf jeden Fall merkt man schnell, dass diese Zone einen anderen Charakter hat als die nahen Rambles.

Man folgt der Straße, bis diese auf eine von Autos befahrene Straße stößt und biegt dort links in die c/Valldonzella ein. Auf dieser geht es vorbei an der großen ***Bibliothek*** *und an einem größeren offenen Platz, bis es nach links in die Calle Joaquín Costa geht. Diese Straße wirkt recht nett und entspannend, es wachsen hier Bäume, es gibt Geschäfte und Restaurants und wenig Verkehr, das Ganze strömt ein gemütliches Nachbarschaftsflair aus.*

Man folgt dieser Straße und biegt dann nach links in die c/Ferlandina ein. Diese führt zum Vorplatz des großen Museums ***Museu d'Art Contemporani de Barcelona*** *(s. S. 179), der Platz heißt*

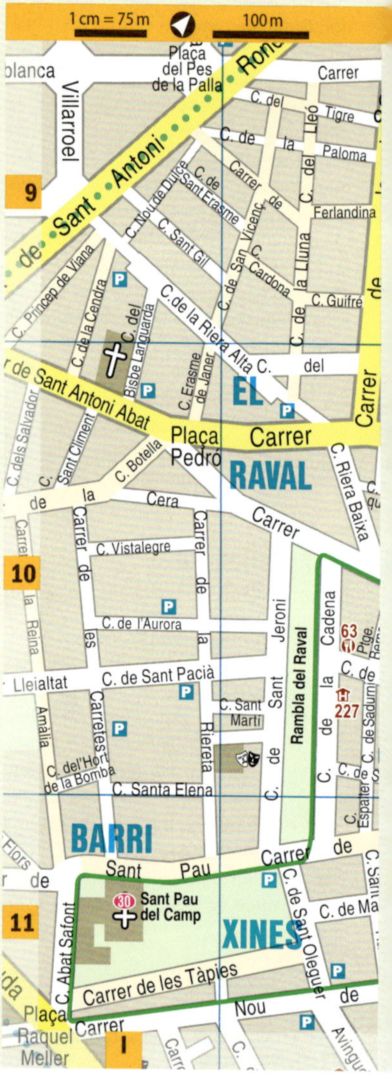

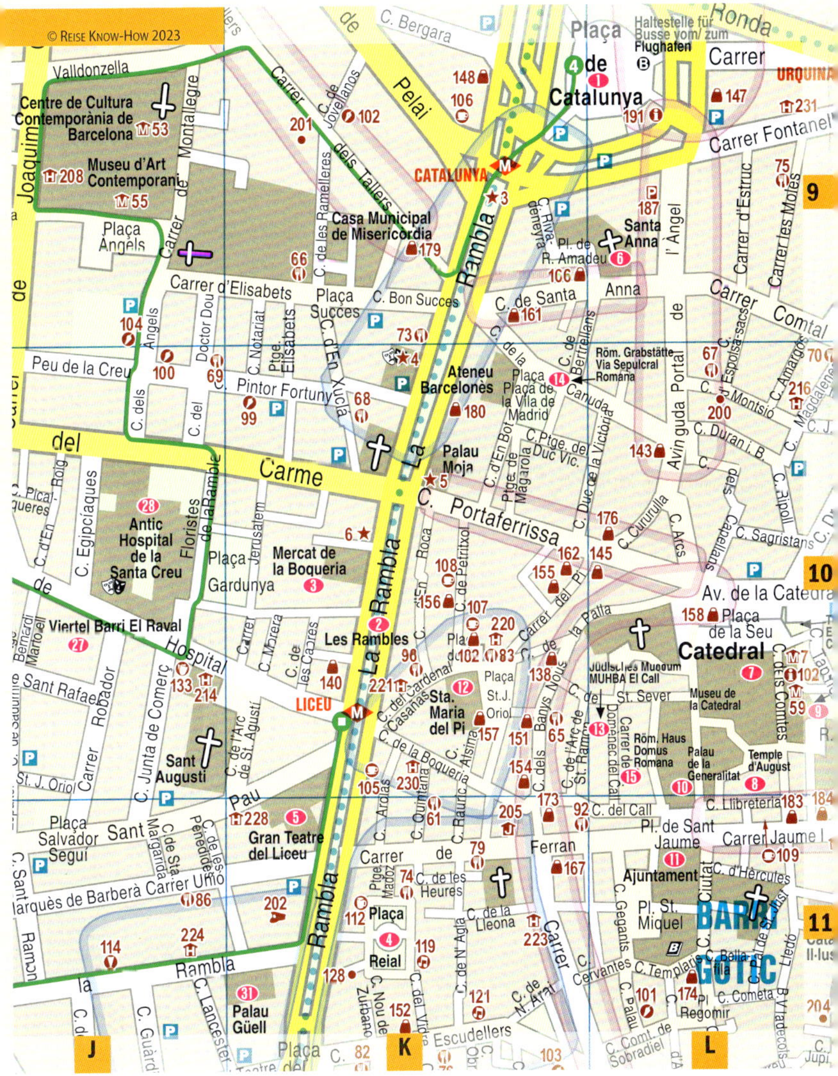
© Reise Know-How 2023
Plaça de Catalunya
Catalunya
La Rambla
Centre de Cultura Contemporània de Barcelona
Museu d'Art Contemporani
Plaça Àngels
Casa Municipal de Misericòrdia
Carrer d'Elisabets
Plaça Succes
Ateneu Barcelonès
Palau Moja
Carrer del Carme
Antic Hospital de la Santa Creu
Mercat de la Boqueria
Plaça Gardunya
Viertel Barri El Raval
Les Rambles
Liceu
Sant Agustí
Sta. Maria del Pi
Gran Teatre del Liceu
Plaça Reial
Palau Güell
Santa Anna
Röm. Grabstätte Via Sepulcral Romana
Plaça de la Vila de Madrid
C. Portaferrissa
Catedral
Plaça de la Seu
Jüdisches Museum MUHBA El Call
Museu de la Catedral
Röm. Haus Domus Romana
Palau de la Generalitat
Temple d'August
Pl. de Sant Jaume
Ajuntament
Pl. St. Miquel
Barri Gòtic
Haltestelle für Busse vom/zum Flughafen
Ronda
Carrer Fontanella
Carrer Comtal
Avinguda Portal de l'Àngel
Av. de la Catedral
Carrer de Ferran
Carrer Jaume I
Escudellers
Rambla del Raval
C. Hospital
Carrer de Pelai
C. Bergara
Urquinaona
9
10
11
J
K
L

Plaça dels Àngels. Der hochmoderne Museumsbau wirkt fast ein wenig fremd hier im Viertel. Meist zweckentfremden junge Skater die Stufen als Trainingscamp. Weiter geht es nach rechts durch die Straße c/ dels Àngels. Hier ist es schon wieder ein wenig belebter.

Die Straße stößt schließlich auf ein größeres Gebäude an der c/del Carme, das Antic Hospital de Santa Creu 28*. Hier verstarb Antoni Gaudí. Falls das Gebäude geöffnet ist, kann man eintreten und auch ganz durchgehen. Dabei quert man dann auch den netten Innenhof Jardins del Rubió i Lluch und tritt auf der anderen Gebäudeseite hinaus auf die Straße Carrer de l'Hospital. Sollte das Gebäude geschlossen sein, muss einmal außen herum gegangen werden, dazu noch 50 m der c/ del Carme folgen und dann nach rechts in die c/de les Floristes de la Rambla einbiegen. Dann geht man an dem großen Gebäude vorbei, bis schließlich die Calle de l'Hospital erreicht ist. Bei diesem Weg wird übrigens auch die Rückseite der links stehenden Markthalle Boqueria* 3 *passiert.*

Egal für welche Variante man sich entscheidet, weiter geht es nach rechts durch die c/de l'Hospital, bis diese Straße auf die breite Rambla del Raval [J10] stößt. Diese ist die jüngste der Flanierpromenaden, der Ramblas, die es in Barcelona gibt. Bereits Anfang des 20. Jh. plante Ildefons Cerdà, der die Stadterweiterung mit dem neuen Viertel L'Eixample (s. S. 78) in die Tat umsetzte, in dem damals dicht besiedelten und übel beleumdeten Gebiet El Raval eine breite Promenade zu bauen. Es sollte noch bis 1955 dauern, ehe die Stadtverwaltung sich tatsächlich dazu entschloss, El Raval umzugestalten. Und so entstand auch diese Rambla. Sie ist nicht sehr lang, dafür aber sehr breit und nett begrünt. Dafür mussten einige zumeist ziemlich ramponierte Häuser und sogar ganze Straßen verschwinden, was sicher nicht jedem gefiel, aber das Ergebnis konnte sich sehen lassen. Heute hat sich die Rambla del Raval zu einem Treffpunkt für die Bewohner des Viertels gemausert und seitdem hier ein großes Vier-Sterne-Hotel, das Barceló Raval (s. S. 252) entstand und entsprechend auch Restaurants und moderne Geschäfte eröffneten, ändert sich die soziale Zusammensetzung der Umgebung.

Am Ende der Rambla schaut ganz vergnügt immer noch der dicke **Kater** *vom kolumbianischen Künstler Botero dem Treiben zu. Kurz hinter dem Kater geht es dann nach rechts in die c/Sant Pau, die man bis zur Hausnummer 101 mit der kleinen romanischen Església de Sant Pau del Camp* 30 *aus dem 12. Jh. hochgeht. Diese recht schlichte Kirche ist eine der ältesten der Stadt und stand einst sogar recht weit außerhalb der Stadtmauer.*

Weiter geht es von der c/de Sant Pau nach links in die c/de l'Abat Safont. Diese stößt auf die breite Straße Avinguda Parallel, dort geht es dann nach links weiter durch die c/Nou de la Rambla, die zurückführt zur berühmten Rambles 2 *und dabei auch den Palau Güell* 31 *passiert. Dort wäre die nächste Metro nach links zu finden, die Station „Liceu".*

29 Markthalle Mercat de Sant Antoni ★★ [I9]

Die Markthalle an der Ronda de Sant Pau zählt zu den schönsten der Stadt. Sie wird von gusseisernen Trägern gehalten, die sternförmig von der Mitte abzweigen. Die Außenfassade besteht aus roten Ziegeln. Erbaut wurde sie zwischen 1872 und 1882 von Antoni Rovira i Trias. Im Zentrum handeln die Fischverkäufer, am Rande werden Obst, Gemüse, Fleisch etc. verkauft, es gibt aber auch kleine Bars. Das Gebäude ist sogar noch größer als die Boqueria 3, wird aber sehr viel weniger von Touristen besucht.

› c/Comte d'Urgell 1, geöffnet: Mo.–Sa. 8–20.30 Uhr

30 Església de Sant Pau del Camp ★★ [I11]

Diese kleine Kirche bildet einen sehr angenehmen Ruhepol im sehr lebendigen Raval-Viertel 27, obendrein ist sie **eines der ältesten Gebäude der Stadt**, obwohl das genaue Baudatum nicht bekannt ist.

Als Barcelona noch eine sehr kleine Siedlung war, existierte außerhalb der damaligen Stadtmauern eine Kirche mit dem Namen **Sant Pau del Camp**, welche vom Grafen Guifré-Borrell gegründet wurde, dessen Grab sich in der Kirche befindet. Wahrscheinlich war zum damaligen Zeitpunkt bereits ein Kloster gegründet worden, das bei einem Angriff der Mauren 985 zerstört und etwa ein Jahrhundert später renoviert wurde. Bis 1835 lebten hier Mönche, die romanische Kirche war damals Teil des Klosters, von dem nicht mehr viel vorhanden ist.

Die heute noch existierende **einschiffige Kirche** stammt vermutlich aus dem 12. Jh., sie hat die Form eines griechischen Kreuzes und verfügt über ein Tonnengewölbe. Insgesamt wirkt sie heute recht schlicht, auch besteht der Altar nur aus einem gröberen Stein, aber das mindert keineswegs den Charme der Kirche. Das Gebäude strahlt eine ungewöhnliche Stille und fast schon **Feierlichkeit** aus, die man auch im kleinen **Kreuzgang** mit seinen Doppelsäulen und schönen Kapitellen spüren kann.

› Carrer de Sant Pau 101, geöffnet: Mo.–Sa. 10–18 Uhr, Eintritt: 5 €

31 Palau Güell ★ [K11]

Nein, auch zum Ende des 19. Jh. war diese Ecke am Rande vom Raval-Viertel 27 keine gute Wohngegend. Und dennoch ließ Graf Güell ausgerechnet hier ein Stadthaus auf einem kleinen Grundstück von gerade einmal 18 x 22 m Größe errichten. Er vergab den Auftrag 1886 an **Antoni Gaudí**, der ein Jahr zuvor das Landgut Finca Güell gebaut hatte.

Dieser Palast ist eine der ersten Arbeiten Gaudís für den Industriellen und seinen Förderer Eusebi Güell i Bacigalupi. Die Häuserfront ist aus wuchtigen Steinen geschaffen, unten öffnen sich zwei große Einfahrten für Kutschen, die Gäste gingen dann über eine Wendeltreppe nach oben. Die Pferde zogen die Kutschen durch das Tor eine Rampe hinunter ins Untergeschoss und waren damit selbst im Gebäude verschwunden, was zum damaligen Zeitpunkt eine bahnbrechende architektonische Neuerung für ein Stadthaus darstellte. Am **Eingangsbereich** zwischen den Toren ist die katalanische Flagge mit einem Drachen in Form einer kunstvollen Schmiedearbeit zu erkennen.

Der obere Teil der **Hausfassade** hat zwar etliche Fenster, die ebenfalls mit Schmuckelementen dekoriert sind, aber erst ganz oben auf dem Dach zeigt sich die Gaudí-typische Verspieltheit durch die **18 Aufbauten** mit kegelförmigen Hauben, wie sie ähnlich auch auf dem Dach der Casa Milà 50 stehen. Es handelt sich um Lüftungs- und Schornsteinschächte und nicht um Ziertürmchen.

Im **Innern** stellte Gaudí die Seh- und Wohngewohnheiten der damaligen Zeit auf den Kopf. Er verband geschickt dekorative Elemente mit tragenden Teilen, denen er einen beinahe verspielten Charakter verlieh. Hier fällt der zentrale **Salon** auf. Durch kleine Öffnungen in der Kuppel fallen punktuell Lichtstrahlen in den Raum. Der Bereich wurde auch für Konzerte genutzt, da hier eine ausgesprochen gute Akustik herrscht. Um diesen sehr hochgezogenen Salon (17 m Höhe) gruppieren sich verschiedene prachtvolle **Zimmer.** Mehrfach sind schöne Glaskunstarbeiten zu bewundern, mehrere Räume weisen eine kunstvoll holzgeschnitzte Kassettendecke auf, die mit Eisenelementen dekoriert ist. Auch lassen sich hier Beispiele von Gaudís eigenwilligen Möbelkreationen finden, z. B. steht hier ein Spiegeltisch mit kunstvoll verdrehten Beinen, bei dem man kaum glauben mag, dass er stehen kann. 1984 wurde der Palau Güell in die **UNESCO-Weltkulturerbeliste** eingetragen.

› Carrer Nou de la Rambla 3–5, Tel. 934725775, http://palauguell.cat, geöffnet: April–Okt. Di.–So. 10–20 Uhr, Nov.–März Di.–So. 10–17.30 Uhr, Eintritt: 12 €, ermäßigt 9 € (Studenten und Personen über 65 Jahre), freier Eintritt am ersten Sonntag im Monat, jeweils begrenztes Kontingent
› Metro: Liceu

Hafengegend, Fischerviertel Barceloneta und Strandzone

Am Ende der Rambles 2 steht das **Monument a Colom** 33 und direkt dahinter befindet sich der **Hafen.**

Bereits im 13. Jh. sollte hier eine Werft errichtet werden, um Schiffe für Eroberungsfahrten zu bauen. Es dauerte bis 1378, ehe die Pläne umgesetzt wurden. Damals wurden gleich acht große Hallen gebaut, in denen zeitweise bis zu 30 Schiffe gleichzeitig entstanden. Im 17. Jh. wurde dieser Komplex erstmals verkleinert, um im 19. Jahrhundert abermals zurückgebaut zu werden. Heute befindet sich in der ehemaligen Werfthalle das interessante **Museu Marítim** 32.

Insgesamt haben sich der Hafenbereich und v. a. die Küstenlinie Richtung Nordosten in den letzten Jahren stark verändert. Noch vor rund 30 Jahren reichte diese Zone gerade einmal vom Berg Montjuïc (s. S. 109) über den alten Hafen zum Fischerviertel Barceloneta 38. Anlässlich der **Olympischen Spiele 1992** entstand das Olympische Dorf mit einem eigenen Hafen und mitten in der Stadt wurde ein **Strand** geschaffen. Außerdem entstanden die umgestalteten **Molen** direkt vor der **Kolumbussäule** 33. 2004 wurde weiter draußen das Gebäude des Kulturforums errichtet, das die Umgestaltung eines zuvor eher heruntergekommenen Gebiets nach sich zog. Hotels, Apartments, Strände und das Kulturforum wurden aus dem Boden gestampft – ein ganz **neuer Stadtteil** (Diagonal Mar) entstand. Momentan endet die städtische Küstenlinie am Fluss Riu Besòs.

Spaziergang 5: Durch die Hafengegend und Barceloneta

Ausgangspunkt des Spaziergangs, für den man etwa anderthalb Stunden benötigt, ist die Metrostation Drassanes unweit der ***Kolumbussäule*** *33. Zuerst geht man auf dieses hochaufragende Monument zu, denn die Hafenzone liegt gewissermaßen dahinter.*

Zunächst müssen zwei stark befahrene Straßen überquert werden, dann spaziert man auch schon Richtung Meer. Links fällt das wunderbar verschnörkelte Gebäude mit der Inschrift ***„Port de Barcelona“*** *auf, hier sitzt die Hafenverwaltung, das Gebäude selbst kann leider nicht besichtigt werden. Erbaut wurde das Haus zwischen 1903 und 1907 als Abfertigungsgebäude für Passagiere, die vom Hafen aus in See stechen wollten. Die Hafenverwaltung hat hier bereits seit 1918 ihren Sitz.*

Im ***Hafenbecken*** *dümpeln kleinere und größere Schiffe, die Hafenrundfahrten und Touren entlang der Küste der Stadt Barcelona anbieten. Der Spaziergang führt nun über die* ***Holzbrücke Rambla de Mar*** *mit ihren großzügig geschwungenen Seitenflügeln. Diese Brücke trägt bewusst den Namensteil „Rambla“, da sie eine gedankliche Fortsetzung der weltberühmten Rambles* *2* *sein soll. Links liegen viele Segelschiffe und Jachten im Sportboothafen vor Anker und auf dem Festland verläuft die palmengesäumte Promenade Moll de la Fusta. Schaut man von der Rambla de Mar nach rechts, erkennt man hoch oben die Seilbahn zum Berg Montjuïc schweben und etwas weiter im Hintergrund zeichnet sich das Luxushotel „W Hotel“ ab, dessen markante Bauweise an ein Segel erinnert.*

Unmittelbar neben der Brücke befinden sich zwei ***Skulpturen im Wasser.*** *Robert Llimós schuf diese Kunstwerke mit dem Titel „La escultura flotant“ („Die schwimmende Skulptur“). Sie stellt jeweils eine auf einem Ponton stehende breitbeinige Figur dar, die den Himmel betrachtet.*

Dann wird das große, gläserne ***Shoppingcenter Maremagnum*** *(s. S. 202) er-*

036bl-sm

Kolumbus gibt die Richtung an

reicht, wo es eine Vielzahl von Geschäften und auch einige Restaurants gibt. Man kann durch das Gebäude hindurchgehen oder an der Wasserkante außen vorbeischlendern, dort befinden sich auch die Terrassen einiger Lokale und es ist meist deutlich ruhiger. Am Ende wird in jedem Fall ein offener Platz hinter dem Maremagnum erreicht. Dort laden Sitzbänke zum kostenlosen Ausruhen ein. Weiter führt der Weg am ***L'Aquàrium*** *35 vorbei und dann über eine Art Landzunge zurück zum Festland, wo auch die Promenade Moll de la Fusta erreicht wird.*

Dort öffnet sich ein relativ großer Platz mit der farbenfrohen ***Skulptur Cap de Barcelona*** *(„Kopf von Barcelona" 36) von Roy Lichtenstein. Man geht nun an der Ampel über die Straße, folgt der Hafenlinie und hält auf das im Hintergrund erkennbare längliche Gebäude mit den vielen Terrassenlokalen zu. Dort befindet*

sich das ***Museum der katalanischen Geschichte*** *37. Auch hier dümpeln ziemlich große Schiffe im Wasser. Dann geht es vor dem Gebäude mit dem Museum und den Lokalen nach rechts. Hier kann man wunderbar sitzen und speisen, allerdings sind diese Lokale nicht gerade preiswert.*

Am Ende des kurzen Wegs öffnet sich erneut ein großer Platz unter Bäumen und Palmen. Diesen muss man queren und bis zur Ampel laufen, um dort über die Straße Passeig de Joan de Borbó zu gehen. Im Hintergrund der geradeaus führenden kurzen Stichstraße erkennt man bereits die ***Església de Sant Miquel del Port*** *aus dem 18. Jahrhundert des alten Fischerviertels Barceloneta 38. Direkt vor der Kirche geht man nach rechts durch die c/de Sant Miquel und dann gleich nach links durch die c/Escuders, die nach 100 m auf einen großen Platz vor der* ***Markthalle von Barceloneta*** *führt.*

Diese Markthalle ist eine typische Versorgungsstelle für die Menschen aus dem Viertel, Touristen verirren sich selten hierher und schon deshalb ist sie besuchenswert (geöffnet: Mo.-Do. 7-14 Fr. 7-20, Sa. 7-15 Uhr).

Und natürlich gibt es auch hier Lokale zum Verschnaufen. Weiter geht es durch die Straße c/de l'Almirall Churruca und weiter durch deren Verlängerung mit dem Namen c/de Meer. Spätestens jetzt spürt man die Veränderung. Das Viertel ***Barceloneta*** *war einst ein einfaches Fischerviertel, die Häuser standen zwar stabil nahe zum Meer, aber sie waren und sind auch heute zumeist relativ einfach. Insgesamt aber hat dieser kleine Bereich noch einen sehr authentischen Charme: Wäsche trocknet vor den Fenstern, es gibt viele Bars, Fischlokale und kleine Geschäfte, im Hintergrund blitzt das Meer durch die Häuserzeilen. Die Straße Carrer del Mar [M13] führt schließlich direkt zum Strand und zu dessen Promenade. Hier kann man nun erstmal etwas am Strand entspannen oder sich in einem der vielen Lokale stärken.*

Zurück in die Stadt geht es am einfachsten, indem man nach rechts um die letzte Häuserspitze herum bis zur Straße Passeig de Joan de Borbó geht, von wo der Stadtbus Nr. 64 abfährt, der u. a. die Kolumbussäule 33 vor den Rambles 2 passiert, dem Ausgangspunkt des Spaziergangs. Die nächstgelegene Metrostation ist „Barceloneta", dazu muss man den Passeig de Joan de Borbó ganz hochgehen und schließlich die breite Straße Ronda del Litoral queren.

32 Museu Marítim de Barcelona ★ [J12]

Das Meeresmuseum ist in ehemaligen Werfthallen untergebracht, die selbst ein kleines Industriedenkmal darstellen und von der einstigen Bedeutung der Seefahrt für Barcelona zeugen. Das Museum bietet einen Querschnitt durch die **maritime Geschichte von Katalonien.** Diese ist seit den Anfängen mit dem Meer verbunden, der Reichtum der Stadt Barcelona basiert zum großen Teil auf ihrem Hafen.

Schiffsmodelle, nautische Gerätschaften, Marinegemälde, Dioramen und v. a. mit Puppen nachgestellte Szenen vermitteln sehr anschaulich das seemännische Leben. Herausragend ist dabei eine originalgetreue **Nachbildung der Galeere**, die Don Juan de Austria 1571 in der **Schlacht von Lepanto** befehligte. Damals kämpfte ein christliches Heer, unter spanischer Führung ausgeschickt von Papst Pius V., gegen das Osmanische Reich bei Lepanto im heutigen Griechenland, diesen Krieg gewannen die Christen.

› Avinguda de les Drassanes s/n, Tel. 933429920, www.mmb.cat, geöffnet: tägl. 10-20 Uhr, Eintritt 10 €, erm. 5 €, jeden So. ab 15 Uhr freier Eintritt
› Metro: Drassanes

33 Monument a Colom (Kolumbussäule) ★★ [J12]

Dem Entdecker Amerikas ist dieses fast **60 Meter hohe Denkmal** gewidmet. Ganz oben steht Kolumbus als beinahe sieben Meter hohe Figur und zeigt mit seinem rechten Arm aufs Meer. Erbaut wurde die Kolumbussäule anlässlich der Weltausstellung 1888.

035bl-sm

Der **Sockel** ist mit Figuren geschmückt, die entscheidende Szenen aus dem Leben von Kolumbus und seinen Entdeckungsfahrten zeigen. Im Inneren bringt ein Fahrstuhl Besucher nach oben auf eine **Plattform.** Es ist alles ein wenig eng dort oben, aber man genießt einen tollen Fernblick.

› Portal de la Pau s/n, Tel. 932853834, geöffnet: tägl. 8.30–20.30 Uhr, Eintritt: 6 €, Kinder (4–12 Jahre), Rentner 4 €
› Metro: Drassanes

34 Moll d'Espanya ★★ [K12]

Von der Kolumbussäule 33 kommend, führt geradeaus die geschwungene Holzbrücke Rambla de Mar zur Moll („Mole") d'Espanya. Diese **Holzbrücke** kann als eine Art Verlängerung der Rambles 2 gesehen werden und dürfte eines der meistfotografierten Objekte im Hafengebiet sein. Gelegentlich wird sie übrigens geöffnet, wenn ein Schiff den Hafen verlassen möchte, dann staut sich der Fußgängerverkehr für vielleicht 5 Minuten.

Auf der Moll d'Espanya befindet sich ein großes kommerzielles Zentrum mit Namen **Maremagnum** (s. S. 202). Eine ganze Reihe von kleineren Shops ist dort zu finden, u. a. auch ein Geschäft mit Fanartikeln des FC Barcelona. Und es locken dort auch mehrere Bars mit Terrassen. Noch vor dem Betreten der Holzbrücke verläuft nach links die Moll de la Fusta, eine Fußgängerzone direkt zwischen Hafenbecken und der viel befahrenen Straße Passeig de Colom.

Die Brücke Rambla de Mar führt zur Moll d'Espanya

Der Passeig de Colom wurde auf zwei Ebenen errichtet. Der **untere Teil** mit seinen Ruhebänken und Palmen ist der ursprünglichen Hafenmole nachempfunden und führt direkt am Hafenbecken entlang. Im Wasser dümpeln kleine und mittlere Schiffe im Sportboothafen. Als **obere Ebene** verläuft noch eine zweite Promenade nur für Fußgänger und Radfahrer. Der Autofernverkehr verläuft teilweise unterirdisch, Fern- und Stadtverkehr sind so räumlich voneinander getrennt.

Obendrein hat man versucht, diesen Bereich künstlerisch zu gestalten, beispielsweise durch die **Riesengamba des Malers Manuel Mariscal.** Ein Stück weiter steht die noch auffälligere farbenfrohe Skulptur **Cap de Barcelona** 36, erschaffen 1992 von Roy Lichtenstein.

› Metro: Drassanes

35 L'Aquàrium ★ [L13]

Dieses Aquarium zählt zu den **größten Schauaquarien Europas.** Es zeigt ein breites Spektrum von Meerestieren, farbenfrohen Fischen aus allen Teilen der Welt, aber auch aus dem heimischen Mittelmeer.

Stars der Ausstellung sind eindeutig die **Haie**, die in einem riesigen, begehbaren Becken schwimmen. Ein gläserner Tunnel führt durch dieses Becken, über den Köpfen der Besucher drehen die Raubfische dort gemächlich ihre Runden.

› Moll d'Espanya s/n, Tel. 932217474, www.aquariumbcn.com, geöffnet: tägl. ab 10 Uhr, geschlossen wird je nach Jahreszeit zwischen 19.30 und 21.30 Uhr, Eintritt: ab 11 Jahren 21 €, Kinder 5–10 Jahre 16 €, 3–4 Jahre 9 €

› Metro: Drassanes

36 Skulptur Cap de Barcelona ★ [L12]

Eine auffällige Skulptur, der „Kopf von Barcelona" steht an der Straße Passeig Colom in Höhe der Post. Erschaffen wurde sie vom US-Künstler Roy Lichtenstein in den Jahren 1991 und 1992 anlässlich der Olympischen Spiele. Die 15 m hohe und 6 m breite Skulptur mit dem übergroßen Gesicht wirkt wie von hingeworfenen Pinselstrichen gezeichnet im Stil der Pop-Art. Auffällig sind die roten Punkte, die das Gesicht zur Hälfte bedecken.

Sie sind eine Anlehnung an die im Modernismus häufig anzutreffende Musterung durch zerbrochene Kachelmosaike.

37 Museu d'Història de Catalunya ★★ [M12]

Dieses hochinteressante Museum der katalanischen Geschichte befindet sich am Hafen im Palau del Mar („Palast des Meeres"). Das Museum gibt einen exzellenten Überblick zur wechselvollen tausendjährigen Geschichte von den Wurzeln bis zu den heutigen Tagen. Besucher werden über 41 Stationen in acht Bereichen geleitet. Herausragende Momente der Geschichte werden sehr anschaulich nachgestellt. Außerdem gibt es im 4. Stock eine Bar mit Außenterrasse, von der man einen hervorragenden Blick auf den Hafen hat.

Direkt vor dem Museumsgebäude verläuft eine **Flaniermeile**, an der sich etliche Restaurants befinden, die alle eine nette, dem Hafen zugewandte Terrasse haben, aber leider auch etwas höhere Preise. Trotzdem: Hier kann man ganz wunderbar in der Sonne sitzen.

› **Museu d'Història de Catalunya,** Plaça de Pau Vila 3, Tel. 932254700, www.mhcat.cat, geöffnet: Di.–Sa. 10–19, Mi. bis 20, So. 10–14.30 Uhr, Eintritt: Erw. 6 €, über 65 und unter 25 Jahren 4 €, erster Sonntag im Monat zwischen 10 und 14.30 Uhr freier Eintritt

38 Fischerviertel Barceloneta ★ [M13]

Das alte Fischerviertel liegt ein wenig eingeklommt zwischen Strand und Hafen auf einer leicht ins Meer hinausgeschobenen Sandbank. Ganz ursprünglich wollte man hier ab dem 15. Jh. auch nur eine Art Schutzmole für den Hafen errichten. Die ersten Versuche schlugen fehl, aber 1477 gelang es einem griechischen Techniker dann doch.

Im Laufe der Jahrhunderte setzten sich an dieser Wassersperre ganz allmählich Sedimente ab, die sich schließlich zu Schlamm verdickten und ganz zum Schluss eine regelrechte **Landzunge** bildeten. Diese war lange Zeit unbewohnt. Erst als König Felipe V. im Hinterland die Festung Ciutadella 25 errichten ließ, zogen die ersten Menschen hierher, die zunächst völlig ungeordnet in bescheidenen Hütten hausten. Das sollte sich Mitte des 18. Jh. dank eines Ingenieurs mit militärischem Hintergrund ändern: **Próspero de Verboom,** so sein Name, baute ein völlig neues Viertel mit kurzen Straßen und rechtwinkligen Häusern. Diesen geordneten Zuschnitt hat das Viertel noch heute.

Lange Zeit wohnten überwiegend **Fischer und Seeleute** hier, die meist unter sich blieben. Heute mischen sich auch Touristen und Barceloner darunter, denn noch immer strahlt das kleine Viertel eine **authentische Atmosphäre** mit zumindest einem Rest maritimen Charmes aus. Wäsche hängt vor den Fenstern, irgendwo plärrt ein Radio und ein wettergegerbtes Gesicht schaut gelangweilt aus der nächsten Bar – denn die gibt es hier natürlich auch noch.

162bl ©Thierry C, stock.adobe.com

In Reih' und Glied Richtung Meer ausgerichtet: die Bebauung in Barceloneta

Zumeist handelt es sich um ziemlich geerdete **Lokale** mit ehrlicher, authentischer Kost. Hier leben bodenständige Menschen, die in ihrem Alltagsleben weitab sind vom touristischen Rummel von Barcelona, obwohl der räumlich ja ganz nah ist. Zuletzt wurde dieses Viertel aber auch von den ausländischen Besuchern entdeckt und nicht wenige Wohnungen sind flugs zu Ferienwohnungen umfunk-

150bl-hj

tioniert worden – nicht immer zur Freude der Nachbarn, da manche Besuchergruppen hier ziemlich wüste Partys gefeiert haben. Es kam in der Folge zu sehr heftigen Beschwerden und sogar zu Demonstrationen gegen Touristen.

39 Strandzone ★★ [R13]

Der uralte Hafen Port Vell lag teilweise geschützt innerhalb der mittelalterlichen Stadtmauern und war nur zur See hin offen.

Als die Stadt Ende des 19. Jh. wuchs, wurden diese Mauern abgerissen und es entstanden neue Viertel sowie ein neuer Hafen, denn der alte Hafen war irgendwann zu klein geworden.

Dort, wo heute der Strand verläuft, lag über Jahrzehnte ein Gebiet, das man vielleicht nach heutigen Maßstäben als **Slum** bezeichnen würde. Es waren einfachste Häuser, teilweise gar Baracken, in denen die Ärmsten der Armen hausten. Durch die Feuchtigkeit und gelegentliche Flutwellen standen diese Unterkünfte oft unter Wasser. Wie die Menschen hier lebten, kann man sich heute kaum noch vorstellen.

Bereits zur ersten **Weltausstellung in Barcelona** (1888) lebten hier Menschen am Strand, die auf der nahen Baustelle nach Arbeit suchten, als die Gebäude zur Weltausstellung entstanden. Noch um 1950 soll es hier etwa 14.000 Menschen gegeben haben, darunter auch eine große Gemeinde von **Gitanos**, aus deren Mitte die in Spanien sehr bekannte Flamenco-Künstlerin Carmen Amaya (1918–1963) stammte. Die Baracken wurden abgerissen, als 1966 Diktator Franco der Stadt einen Besuch abstattete, um einem Marine-Manöver beizuwohnen.

Strandleben vor dem unvergleichlichen Hotel W Barcelona

Zu den **Olympischen Spielen 1992** wurde dann die Küstenlinie künstlich mit einem Strand versehen, die das Aussehen dieser Zone noch weiter veränderte. Einen kleinen Einblick bietet eine vierseitige Infotafel, die von der Stadtverwaltung am **Strand von Somorrostro**, dem Strandabschnitt zwischen Barceloneta und Port Olímpic, nicht sehr weit entfernt von den beiden Hochhäusern, aufgestellt wurde, wo heute eine sehr angenehme Promonade mit einem halben Dutzend Terrassenlokalen verläuft.

Der Hafen verwandelte sich mit den Umbauarbeiten anlässlich der Olympischen Spiele 1992 in einen großen **Freizeitbereich mit dem Maremagnum** (s. S. 202). Aber damit nicht genug, die maritime Seite wurde weiter verschönert, ein Strand nebst Promenade entstand. Jenseits des alten Hafens wurde die Küste mit dem ehemals bescheidenen Strand vor Barceloneta 38 und dem Viertel Poblenou (s. S. 72) aufgehübscht.

Im **Hafen Port Olímpic** liegen heute sowohl kleine Segelboote als auch riesige Jachten vor Anker, vor allem aber ist hier an der Moll de Gregal eine größere Zone mit Restaurants direkt am Meer entstanden. Am Wochenende ist es hier meist rappelvoll. Unübersehbar erheben sich hier **zwei Wolkenkratzer** mit einer Höhe von 154 m. Hier leuchtet auch der riesige **Fisch** (Peix d'Or, 56 m Länge, 35 m Höhe) gülden in der Sonne, erschaffen von Frank Gehry im Jahr 1992.

All das war schon ein großer Wurf für die Stadt- und Strandentwicklung, aber es kam noch besser: Das letzte Stück der Strandzone bis hoch zur Stadtgrenze beim Fluss Riu Bessòs war wahrlich kein Schmuckstück. Jahrelang dominierten hier etwas vernachlässigte Fabriken das Bild. Aber im Laufe der Jahre wurde die nördliche Zone bebaut. Somit hat Barcelona sich nun tatsächlich den Zugang zum Meer zurückerobert, denn man kann von Barceloneta 38 bis hierher entlang des Strandes spazieren. Die Küste ist in einen riesigen Freizeitbereich für die Stadtbevölkerung verwandelt worden – ein echtes Pfund, mit dem die Stadt nun wuchern kann. Eine angenehme Promenade begleitet den Strand, einige Bars befinden sich dort sowie mehrere Fischlokale. Mit Bus und Metro ist dieser Abschnitt sehr leicht zu erreichen.

Orientierung

Blickrichtung Meer geht es nach rechts zum Zentrum, grob gesagt, in Richtung des unübersehbaren segelförmigen Gebäudes, dem luxuriösen W Hotel. Nach links befinden sich in der Ferne das ehemalige Olympische Dorf mit 200 Gebäuden und zwei – im Wortsinn – herausragende Gebäude: die **Torre Mapfre**, ein

KURZ & KNAPP

Der verletzte Stern

Direkt am Strand steht ein etwa 10 m hohes, leicht verstörend wirkendes Kunstwerk. Es heißt **L'Estel Ferit** („Der verletzte Stern") und ist eine Arbeit der deutschen Künstlerin Rebecca Horn. Vier leicht angerostet wirkende Quader stehen leicht versetzt übereinander. Sie wirken ziemlich fragil und wackelig und fallen schon dadurch auf. Über die Bedeutung wird gestritten. Einige sagen, sie symbolisieren die zumeist vierstöckigen Häuser von Barceloneta 38, während andere meinen, sie stünden für die früheren, mittlerweile verschwundenen einfachen Strandbars.

Wolkenkratzer von 154 Meter Höhe, in dem überwiegend Büros untergebracht sind, und das gleich hohe Luxushotel Les Artes.

› Metro: Barceloneta
› Vom Strand vor Barceloneta fährt der Stadtbus V15 bis Plaça Catalunya 1

Gastronomie

Entlang der Strandmeile befinden sich etliche Lokale, die meisten mit einer Terrasse, von der man aufs Wasser schauen kann. Am Sonntagnachmittag ist es meist so voll, dass man die Plätze versteigern könnte, aber auch sonst sind diese Lokale sehr beliebt. Hier drei Tipps:

8 [P13] **Bestial** €€€, c/Ramon Trias Fargas 2, Tel. 932240407, geöffnet: tägl. 13–16 und 20–24 Uhr. Natürlich kann man hier auch essen, aber noch angenehmer sitzt man in den lässigen, sofaähnlichen Sitzen unter Palmen direkt am Strand mit Blick aufs Wasser bei einem Drink. Noch netter ist es hier, wenn die Sonne untergeht. Leider ist das nicht nur ein himmlisches Vergnügen, sondern auch kein ganz günstiges, aber es gibt kaum einen Ort am ganzen Strand, wo man entspannter sitzen kann.

9 [O13] **Cala Nuri** €€, Pg. Marítim am Strand Somorrostro, Tel. 932213775, geöffnet: tägl. 13–22 Uhr. Sehr beliebtes Restaurant mit Terrasse direkt am Strand. Serviert werden hauptsächlich Fisch und Meeresfrüchte.

10 [S12] **Xiringuito Escribà** €€, Avinguda del Litoral 42, Tel. 932210729, geöffnet: tägl. 12–22.30 Uhr, im Winter eingeschränkte Zeiten. Escribà hat einen ausgezeichneten Ruf in der Gastro-Szene der Stadt. Hier am Strand von Bogatell wurde ein Strandlokal mit Fischgerichten, Meeresfrüchten, Tapas sowie Reisgerichten aufgemacht.

Poblenou und Umgebung

Diese Zone liegt außerhalb des Zentrums von Barcelona und damit auch außerhalb der üblichen touristischen Laufrichtung. Der Besuch lohnt schon allein deshalb, um einmal einen halbwegs unverfälschten Blick auf ein ziemlich geerdetes Viertel dieser Stadt zu werfen.

Poblenou war einst ein eigenständiger Industrievorort von Barcelona mit eher bescheidenen Wohnhäusern. Ein Teil dieser Industrie war schon frühzeitig noch weiter an den Stadtrand gezogen, als man für die Olympischen Spiele 1992 einen Großteil dieser Anlagen zum Athletendorf **Vila Olímpica** umbaute. Später verkaufte man diese Apartments dann an Privatpersonen. Gleichzeitig entstand der große **Sportboothafen**, der auch heute noch existiert.

Poblenou bietet heute eine interessante Mischung aus nachbarschaftlichem Vorortleben, touristischem Strandleben und einigen Menschen, die sich zur hippen Kunstszene hingezogen fühlen.

Eine Art Schlagader durchs Viertel bildet die **Flaniermeile Rambla del Poblenou**, die von der Avinguda Diagonal hinunter zum Meer führt. Bis 1986 hieß diese Straße noch Passeig del Triomf, aber kein Mensch nannte sie so, sie wurde schon immer Rambla del Poblenou genannt, weshalb aus dem volkstümlichen Namen dann auch ein offizieller wurde. Diese Rambla zeichnet sich durch ihre **Geschäfte, Bars und Bäume** aus. Hier flaniert man so entspannt entlang, wie es einst auch im großen Vorbild im Zentrum von Barcelona 2 möglich war, lange bevor die Touristenmassen kamen. Es gibt einen **Mittelstreifen**, der von Bäumen und Ruhebänken begrenzt wird. Hier kann man wahrlich entspannt spazieren oder sich in eines der vielen Terrassenlokale setzen und das Bild auf sich wirken lassen. Auf dieser Rambla findet zwischen den Cafés, Geschäften und Restaurants noch immer normales nachbarschaftliches Leben statt. Die Rentner diskutieren die letzten Fußballergebnisse, Hausfrauen stärken sich bei einem Café, bevor es zu den Einkäufen fürs Mittagessen in die nahe Markthalle geht und der eine oder andere Freiberufler, den es mittlerweile hierher verschlagen hat, holt sich seine Inspiration bei einem morgendlichen Drink.

Jahrelang dominierten in Poblenou Fabriken das Bild, aber das hat sich geändert und das kleine Viertel hat heute einen fast dörflich-charmanten Charakter. Damit war der alte, unschöne Spitzname dieses Gebiets (*Manchester català*, übersetzt: „katalanisches Manchester"), endgültig beseitigt.

Die Fabriken sind verschwunden und einer Wohn- und Arbeitswelt gewichen, die den Namen **22@ Barcelona** trägt. Hier siedeln sich junge Technologiefirmen an und Wohn- und Lebensraum für junge und junggebliebene Menschen entsteht. Dieser Prozess ist noch im Gang und einiges hat sich bereits geändert. Moderne, architektonisch interessante Gebäude entstanden in Meeresnähe, vor allem aber auch schöne Grünzonen. Die Rambla del Poblenou führt wie eh und je zum Strand, aber nun muss niemand mehr eine breite Straße queren, sondern spaziert durch den Grünstreifen **Parc del Poblenou.** Die alte Schnellstraße gibt es zwar noch, sie verläuft hier aber unterirdisch.

Entspannung pur im Parc del Clot (s. S. 74)

003bl-srr

40 Parc del Centre de Poblenou ★ [T9]

Dieser Park liegt am Rande von Poblenou an der Avinguda Diagonal. Er wird von einer von Pflanzen bewachsenen Mauer begrenzt, den Eingang bildet ein geschwungener **Torbogen**, der fast ein wenig an ein Werk von Gaudí erinnert.

Im Innern ist es ziemlich ruhig, man findet hier eine kleine **Oase der Ruhe** neben der lauten Verkehrsader. Es wachsen viele mediterrane Pflanzen, kunstvoll gestaltet vom französischen Architekten Jean Nouvel, der auch am Bau vom Torre Glòries 44 gewirkt hat. Er legte dabei großen Wert auf gestalterische Elemente, das zeigt sich schon in der modernen Parkbeleuchtung. Aber auch an der Zusammenstellung der Pflanzen und Sträucher, die teilweise wie ein kleines Schatten spendendes Dach zusammenwachsen (sollen). Herausragend ist ein spiralförmig angelegter Weg, der mit Pflanzen dekoriert ist und an einen Krater erinnern soll.

41 Plaça de les Glòries Catalanes ★★ [Q8]

Dieser große Platz dürfte einer der verkehrsreichsten Knotenpunkte der ganzen Stadt gewesen sein, bis er großzügig und grundlegend zu einem **verkehrsberuhigten Areal** umgestaltet wurde.

Der Platz sollte schon bei der Stadterweiterung im 19. Jh. eine wichtige Rolle spielen, so sah es jedenfalls der Plan von Ildefons Cerdà vor, der die Stadterweiterung L'Eixample plante. Hier treffen sich damals wie heute **drei wichtige Straßenachsen** der Stadt, die Avinguda Diagonal, die Gran Via de les Corts Catalanes und die Avinguda Meridiana. Diese drei Straßen führten schon früher zu dem Platz und bildeten einen großen, viel befahrenen Kreisverkehr.

Später entschied man sich für eine **radikale Neuausrichtung.** Der Platz selbst wurde im Kern vom Autoverkehr befreit, die Straßen führen nun unterirdisch oder weiträumig an ihm vorbei. Der in der Mitte des Platzes liegende **Parc de les Glories** wird von der Stadtverwaltung als die neue **grüne Lunge** der Stadt bezeichnet. Eigene Bereiche, die die **Biodiversität** fördern sollen, wurden eingerichtet. Aber nicht nur das, denn auf der früheren Schnellstraße wurden **Ruhezonen für Fußgänger** geschaffen, Bereiche für Sportler inklusive einer kurzen markierten Laufbahn und Tischtennisplatten. Auch entstand ein eigener Park für die Bewohner der Nachbarschaft und ein modernes Designmuseum bekam einen würdigen Platz. Obendrein erhielt der altehrwürdige **Flohmarkt Bellcaire Encants** 43 einen neuen Veranstaltungsort unter einem futuristischen Dach. Mit dem **Torre Glòries** 44 entstand hier zudem ein neues Wahrzeichen Barcelonas.

Der Besuch dieses Platzes lohnt sich ganz besonders am Abend, wenn nicht nur der nahe Torre Glòries bunt leuchtet. Auch der Vorplatz vom Museu del Disseny 42 ist mit einer spektakulären Lichtinstallation auf dem Boden versehen, die in den buntesten Farben verschiedene Muster zaubert.

› https://ajuntament.barcelona.cat/glories/nou-parc-de-les-glories

Nicht weit entfernt befindet sich der **Parc del Clot**, ein größerer Nachbarschaftspark und eine echte grüne Lunge für dieses Viertel. Erbaut in den 1980er-Jah-

038bl-sm

ren auf dem Gelände ehemaliger Fabriken und Werkstätten, entstand hier ein öffentlicher, sehr ruhiger Platz von 3,5 Hektar Größe, der sogar einige architektonische Elemente aufweist, die noch an seine frühere Bestimmung erinnern. Es gibt Sportfelder, einen beruhigend plätschernden Wasserlauf und das Ganze hat im Wortsinn einen angenehm dörflichen Charakter. Diesen spürt man auch rund um die Markthalle Mercat Cabanyal an der Carrer del Cabanyal.

42 Museu del Disseny ★★ [R9]

Das architektonisch anspruchsvoll konzipierte **Designmuseum** (Museu del Disseny) steht direkt an der umgestalteten Plaça de les Glòries Catalanes 41.

Das futuristische Museu del Disseny 42

Hier wurden die Sammlungen von verschiedenen, früher eigenständigen Museen zusammengeführt und werden nun auf vier Ebenen gemeinsam ausgestellt.

Auf **Ebene 1** finden sich **Alltagsgegenstände**, die durch ihre Gestaltung und Funktionalität eine besondere Vorreiterrolle eingenommen haben, darunter einige verblüffend einfache Exemplare, wie eine Wasserflasche in einer ganz speziellen Form, oder ein Wasserhahn, ein bestimmter Stuhltyp oder gar ein Fahrrad, alles Dinge, die stellvertretend für ein Produkt oder gar für eine Epoche stehen. Wenn diese ausgefallene Form zu einem Symbol für das Produkt oder gar die ganze Produktgruppe wird, dann hat es einen Status erreicht, der über die reine Funktionalität hinausreicht und einen Platz in der Ausstellung rechtfertigt.

Auf **Ebene 2** sind **dekorative Gegenstände** vom 3. Jh. bis zur heutigen Zeit zu finden, darunter unterschiedliche Objekte wie sehr hübsch bemalte Gläser,

039bl-sm

Vasen, Wandbehänge, Truhen oder gar ganze Kutschen.

Die **3. Ebene** zeigt **Kleidungsstücke** und den **Wandel der Mode** von 1550 bis heute. Jeder Epoche ist zusätzlich ein Kleidungsstück aus einer heutigen Kollektion gegenübergestellt, sodass man die Einflüsse dieser Epoche auf die heutige Mode nachvollziehen kann.

Auf der **4. Ebene** wird die Welt der **Werbeplakate** ab 1940 gezeigt. Hierbei handelt es sich um eine einzigartige Sammlung, die chronologisch den Wandel der Art der Darstellung in den vergangenen Jahrzehnten aufzeigt.

› Plaça de les Glòries Catalanes, 37, www.museudeldisseny.cat, geöffnet: Di.–So. 10–20 Uhr, Eintritt: 6 €, So. 15–20 Uhr und jeden ersten So. im Monat ganztägig freier Eintritt

43 Flohmarkt Fira Bellcaire Encants ★★ [Q8]

Der Fira Bellcaire Encants ist **einer der ältesten Märkte Spaniens:** Er soll angeblich schon vor 750 Jahren existiert haben, allerdings an einem anderen Ort. Seit 1928 befindet er sich hier beim Glòries, wie der große Platz Plaça de les Glòries Catalanes 41 umgangssprachlich abgekürzt wird.

Der Fira Bellcaire Encants ist ein Flohmarkt, der aber auch von professionellen Händlern bestückt und auf dem nicht nur Gebrauchtes angeboten wird. Man findet sprichwörtlich alles und das zu sehr günstigen Preisen. Die Händler haben teilweise kleine Kioske, andere breiten ihre Waren ganz wie früher einfach auf dem Boden aus. Damit Händler und Besucher nicht völlig Wind und Wetter ausgesetzt sind, schuf man ein geschwungenes, verspiegeltes Dach, das dem Markt eine ungewöhnliche Optik verleiht.

› Carrer de Castillejos, 158 an der Plaça de les Glòries Catalanes, geöffnet: Mo., Mi., Fr./Sa. 9–20 Uhr

Auf dem Fira Bellcaire Encants lässt sich so manches Schnäppchen machen

Nachts leuchtet der Torre Glòries 44 in schillernden Farben

44 Torre Glòries ★★ [R9]

Das Haus ist mit 142 m Höhe das dritthöchste Gebäude der Stadt nach dem Hotel Arts und dem Torre Mapfre (s. S. 71). Die **Form** dieses Gebäudes ist einer Wasserfontäne nachempfunden. Die 40 verschiedenen Lackfarben an der Außenwand und das Sonnenlicht, das durch Tausende von Lamellen in verschiedenen Winkelstellungen auf die Wände trifft, rufen je nach **Lichteinfall** ein wechselndes Farbenspiel hervor. Besonders spektakulär wirkt das Gebäude aber in der Dunkelheit, wenn es noch zusätzlich beleuchtet wird.

Obwohl es noch als Bürogebäude genutzt wird, hat man in der 30. Etage eine **Aussichtsplattform** eingerichtet, von der Besucher aus 125 m Höhe einen fantastischen Rundblick über die Stadt genießen können. Gestartet wird der Besuch im Erdgeschoss mit einer interessanten, **multimedialen Ausstellung** zum Ökosystem Barcelona, bevor es dann mit dem Fahrstuhl hoch in den 30. Stock geht. Ergänzend kann man die **schwebende Kunstinstallation** „Cloud Cities" besuchen und durchwandern.

› Avinguda Diagonal 211, www.miradortorreglories.com, geöffnet: April–Okt. tägl. 10–21 Uhr, Eintritt: 15 €, über 65 Jahre 12 €, mit Cloud-Cities-Skulptur: 25 bzw. 22 €

040bl-sm

45 Fòrum-Gelände ★

Im Norden der Stadt befindet sich ein Gelände mit einigen herausragenden Gebäuden, auf dem unter anderem auch Events und Konzerte stattfinden. Angelegt wurde die Zone im Zuge des **„Forums der Kulturen"**, das im Jahr 2004 hier für ein halbes Jahr stattfand. Hierfür wurde im nördlichen Bezirk San Martí ein kompletter Bereich völlig neu erschlossen. Dafür errichtete man Wohnhäuser, gleich mehrere, sehr große Hotels sowie ein Shoppingzentrum und sorgte für eine Anbindung an die Straßenbahn und die Metro, wodurch der gesamte, bisher eher bescheidene Stadtteil aufgewertet wurde.

Auf dem Forumsgelände entstanden ein **naturwissenschaftliches Museum** (Museu Espai Blau, s. S. 179) in einem markanten Gebäude, ein sehr großes Kongresszentrum und eine große Photovoltaikanlage. Dazwischen wurden große, öffentlich zugängliche Flächen angelegt, die bis zum Meer reichen. Dort befinden sich u. a. Fitnessgeräte, ein keiner Hafen und eine eher bescheidene Promenade am Strand, die hinunterführt zu den schöneren Strandzonen beim ehemaligen Olympischen Sportboothafen. Einige Touren der Hafenrundfahrten (s. S. 246) führen bis hierher.

In unmittelbarer Nachbarschaft befindet sich der moderne **Parc Diagonal Mar.** Er schließt sich ans Forumgelände an und wurde 2002 auf einem ehemaligen Fabrikgelände angelegt. Er verbindet klassische Elemente wie einen großen Baumbestand und Rasenflächen mit futuristischem Design wie modern gestalteten Lampen. Man findet hier 51 Baumarten vor, darunter auch einen 150 Jahre alten Drachenbaum von den Kanarischen Inseln. Mit dem Park sollte eine symbolische Verbindung zwischen Stadt und Mittelmeer geschaffen werden, weshalb hier auch Elemente des Wassers und der Wellen dominieren. So haben beispielsweise die Ruhebänke die Form von Wellen. In optischer Hinsicht sind zudem die großen, den Blick dominierenden, wellenförmig gebogenen Metallröhren bestimmend, die kunstvoll geschwungen hier verlaufen.

Der Park verfügt über Teiche, über den größeren führt eine geschwungene Holzbrücke. Es gibt auch Spielflächen für Kinder, Sportanlagen für Fußballer, Basketballer und Skater sowie einen Bereich, in dem sich Hunde austoben können.

L'Eixample

Prächtige Gebäude an einem breiten Boulevard und schachbrettartig angelegte Straßen mit exakt vermessenen Häuserbreiten zeichnen dieses Viertel aus. Aber auch edle Shops, schicke Bars und eine insgesamt etwas vornehmere Atmosphäre prägen L'Eixample.

Mitte des 19. Jahrhunderts stieß das Wachstum der Stadt im wahrsten Sinne des Wortes an seine Grenzen. Barcelona bestand aus kaum mehr als dem Gebiet links und rechts der Rambles ❷ und war immer noch von seiner historischen Stadtmauer umgeben. Deshalb beschloss die Stadtverwaltung im Jahr 1859, die nördliche Stadtmauer abzureißen und einen völlig neuen Erweiterungsbau zu realisieren. Als die Stadtmauer nach Norden fiel und das neue Wohngebiet entstand, schuf man mit der sehr großen Plaça de Catalunya ❶ einen neuen zentralen Platz, der noch heute die Verbindung und den Übergang herstellt zwischen der Altstadt und diesem Viertel. Es trägt den katalanischen Namen *L'Eixample* (ungefähr „Laischampla" ausgesprochen), was nichts weiter bedeutet als „Erweiterung".

Ähnliche Projekte wurden auch in anderen großen spanischen Städten wie Madrid oder Bilbao realisiert, dort hießen sie *Ensanche,* was ebenfalls mit „Erweiterung" übersetzt werden kann. Die Grundidee folgte immer dem gleichen Muster: Die ursprüngliche Altstadt war zu klein und zu eng geworden, die Bedrohungslage durch äußere Feinde wurde als gering eingeschätzt, ein aufstrebendes Bürgertum wünschte besseren, größeren Wohnraum und von außen strömten immer mehr Menschen in die Stadt.

Spaziergang 6: Durch das Viertel L'Eixample

Da es in L'Eixample so viel zu sehen gibt, wird dieser Spaziergang sicher mindestens drei Stunden dauern. Gestartet wird bei der **Plaça de Catalunya** ❶ *auf der Seite, auf der auch das große Kaufhaus El Corte Inglés (s. S. 202) steht. Von dort überquert man die breite Straße Ronda de Sant Pere und schlendert gemächlich den breiten* **Passeig de Gràcia** ㊻ *hinauf. Hier ist immer sehr viel los, viele Touristen staunen über die luxuriösen Geschäfte, die schönen Gebäude und sicher auch über die schick angezogenen Barceloner, die ebenfalls hier entlangflanieren. Dieser breite Prachtboulevard verbindet die Altstadt mit dem einst vor den Stadtmauern gelegenen kleinen Dorf Gràcia knapp jenseits der breiten Querstraße Avinguda Diagonal, das heute ein Stadtteil von Barcelona ist. Dabei werden weitere breite Straßen gekreuzt, die teilweise als wichtige Verkehrsadern durch die Stadt verlaufen, wie die teilweise sechsspurige Carrer d'Arragó oder die Gran Via de les Corts Catalanes. Der Passeig de Gràcia ist sehr breit und ist von einigen der herausragenden Gebäude des Modernismus geprägt, aber auch im Kleinen von sehr schönen Sitzbänken und kunstvoll gestalteten Laternen.*

Gleich nach wenigen Schritten lohnt ein Abstecher nach rechts in die Carrer Casp, denn nach drei Blocks wird ein wenig bekanntes Gaudí-Haus erreicht, die **Casa Calvet** ㊿51 *. Gaudí baute dieses Haus zwischen 1898 und 1900 an der c/Casp 48. Obwohl es gar nicht die für Gaudí so typischen extravaganten Formen aufweist, erkennt man doch bereits Elemente seines später noch stärker ausgeprägten Stils, so beispielsweise in den geschwungenen Balkonen. Gaudí erhielt für dieses Haus 1899 den Preis für das beste neue Haus des Jahres, es war der einzige Preis, den er in seinem Leben erhielt.*

Zurück zum Passeig de Gràcia und nach wenigen weiteren Schritten auf diesem Boulevard steht rechts unter der Hausnummer 6–14 ein sehr schönes und großes Haus, Las Casas Rocamora, das 1914 entstand. Hier sind drei Gebäude miteinander verbunden, deren Fassade sehr schön verschnörkelt dekoriert ist und mit steinernen Balkonen versehen wurde.

041bl-sm

⌃ *Kunstvoller Laternenschmuck am Passeig de Gràcia* ㊻

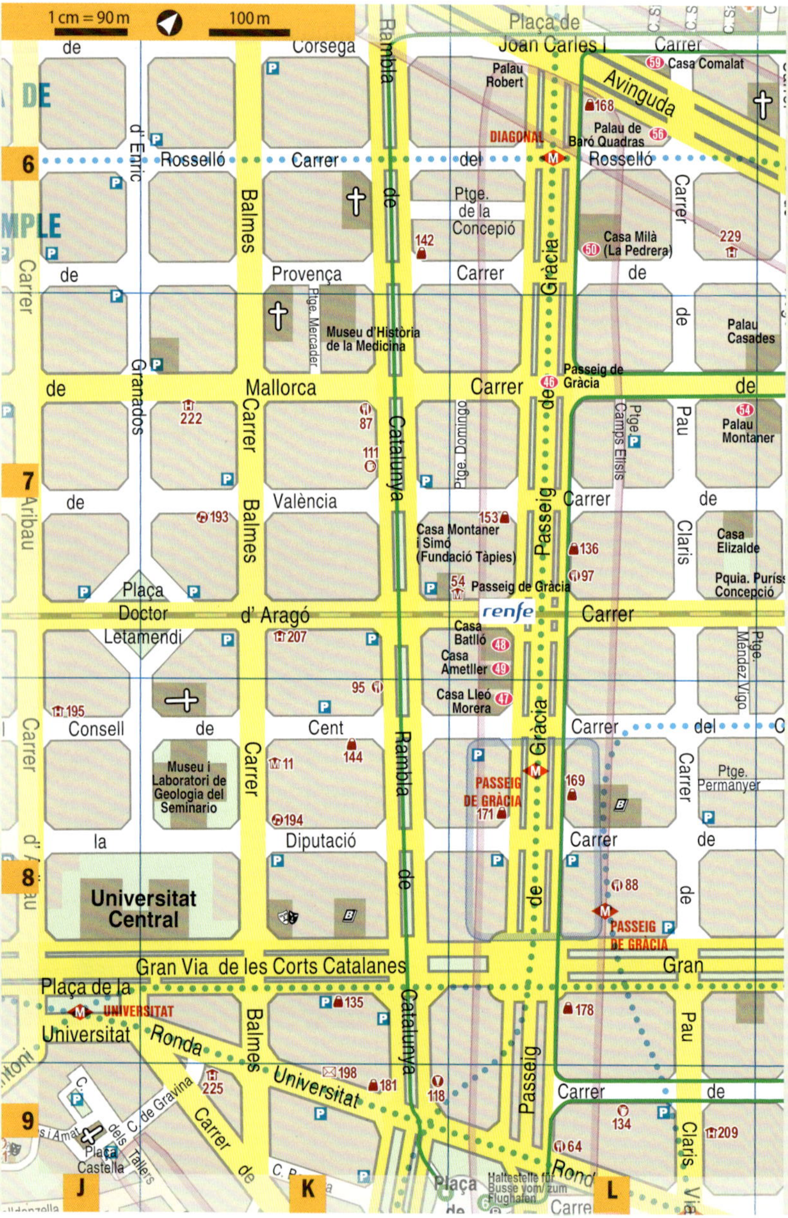

1 cm = 90 m
100 m
Plaça de Joan Carles I
Carrer de Còrsega
Palau Robert
Casa Comalat
Avinguda Diagonal
DIAGONAL
Palau de Baró Quadras
Rosselló
Carrer de Rosselló
Carrer d' Enric Granados
Rambla de Catalunya
Ptge. de la Concepió
Casa Milà (La Pedrera)
Carrer de Provença
Ptge. Mercader
Museu d'Història de la Medicina
Palau Casades
Passeig de Gràcia
Carrer de Mallorca
Carrer de Balmes
Carrer de Pau Claris
Ptge. Domingo
Ptge. Camps Elisis
Palau Montaner
Carrer de València
Casa Montaner i Simó (Fundació Tàpies)
Casa Elizalde
Pquia. Puríss Concepció
Carrer Aribau
Plaça Doctor Letamendi
Carrer d' Aragó
renfe
Casa Batlló
Casa Ametller
Casa Lleó Morera
Ptge. Méndez Vigo
Carrer del Consell de Cent
Museu i Laboratori de Geologia del Seminario
PASSEIG DE GRÀCIA
Ptge. Permanyer
Carrer de la Diputació
Universitat Central
Gran Via de les Corts Catalanes
Plaça de la Universitat
UNIVERSITAT
Ronda Universitat
C. de Gravina
Carrer dels Tallers
Plaça Castella
Carrer de Casp
Haltestelle für Busse vom/zum Flughafen
Ronda
J
K
L
6
7
8
9

Oben auf dem Dach thronen vier Kuppeln in rötlich-braunen Ziegeln, die genau am Eckpunkt von einer noch höheren Spitze gekrönt wird.

*An der nächsten Kreuzung wird eine der Hauptverkehrsadern der Stadt überquert, die **Gran Via de les Corts Catalanes.** Diese wichtige Straße verläuft über mehr als 13 Kilometer quer durch die Stadt und verbindet mehrere Vororte mit dem Stadtkern. Sie gilt als zweitlängste Straße in ganz Spanien und wird nur von einer 19 km langen Straße im Touristenort La Manga del Mar Menor, übertroffen. Ihre Hausnummern reichen bis zur Zahl 1198. Die Straße hat in den Ausläufern autobahnähnlichen Charakter, was zu einem unglaublich hohen Verkehrsaufkommen geführt hat, den man nun reduzieren möchte. Erste Maßnahmen im Bereich der Plaça de les Glòries Catalanes 41 sind erfolgreich eingeleitet worden, dort erkennt man die frühere Schnellstraße kaum wieder. Hier in der City steht auf der Kreuzung ein mächtiger **Springbrunnen,** ansonsten erheben sich hohe Bauten, zumeist Banken oder Verwaltungsgebäude.*

*Auf dem weiteren Weg entlang dem Passeig de Gràcia sollte der Blick immer mal wieder nach oben wandern, auch wenn das sicher im Gewühl der vielen Menschen nicht einfach ist. Unter der Hausnummer 24 findet sich ein Gebäude mit fast schon andalusischer Anmutung, die **Casa Pere Llibre.** Geschaffen wurde es 1872 von Domènec Balet i Nadal, den Stil nannte man „Neo-Ägyptisch", er kam aus Frankreich und wurde von wohlhabenden Familien kopiert, die ihren Häusern einen exotischen Touch verleihen wollten.*

042bl-sm

Die Casa Batlló 48 ist eines der schönsten Gaudí-Häuser

*Diese Bauform wurde einige Jahre später vom Modernismus abgelöst und dieses Haus ist eines der letzten verbliebenen Beispiele in dieser Zone. Auch das **Modehaus „Mango"** ist in einem sehr schönen Haus (Nummer 36) untergebracht. Dann aber folgt ein Highlight dieser Straße, drei sehr schöne modernistische Häuser direkt nebeneinander auf der linken Straßenseite, die **Casa Lleó Morera** 47, die Casa Amatller 49 und das Gaudí-Haus Casa Batlló 48. Diese drei weisen sehr unterschiedliche Baustile auf, die Barceloner Bevölkerung konnte sich nie so recht entscheiden, welches Haus das schönste sei und deshalb nennt der Volksmund sie auch übersetzt **„Häuser der Zwietracht"**. Alle drei Häuser sind sehr schön anzusehen, aber leider können nicht alle besucht werden.*

*Weiter geht es auf dem Boulevard, wo unter der Hausnummer 66 die **Casa Marfà** steht, erbaut zwischen 1901 und 1905 durch Manuel Comas y Thos. Die Fassade weist Anklänge an die Gotik auf, der Modernismus drückt sich im Inneren und in der unteren Etage aus. Flankiert wird das Haus von zwei Türmen mit Spitzdach.*

*Wer sich für Häuser im Stil des Modernismus interessiert, die weniger bekannt sind, sollte an der Carrer Mallorca [J-Q7] einen kurzen Abstecher nach rechts machen. Unter der Hausnummer 278 befindet sich der **Palau Montaner** 54. Noch einen Block weiter steht links die Casa Thomàs 55 ein Haus, das Lluís Domènech i Montaner zwischen 1895 und 1898 erschuf.*

*Zurück am Passeig de Gràcia geht es weiter. Nach kurzer Zeit wird dann eines der berühmtesten Häuser von Gaudí auf der rechten Seite erreicht, die **Casa Milà** 50. Dieses große Gebäude steht am Kreuzungsbereich zur c/de Provença, aber Gaudí schuf gewissermaßen die Ecke ab, denn das Haus zieht sich halbrund von einer Straße geschmeidig in die* *nächste hinein. Von außen fallen die wellenförmigen Formen auf, auch im Inneren fehlen gerade Wände. Es ist einfarbig aus hellem Stein und nicht bunt gestaltet, wie so viele andere seiner Werke.*

Schließlich wird die breite ***Avinguda Diagonal*** *erreicht, eine 11 km lange Durchgangsstraße, die quer durch die ganze Stadt verläuft und dabei auch die eigentlich schachbrettartig angelegten Straßen von L'Eixample diagonal durchschneidet, daher der Straßenname.*

Bevor der Rückweg durch die parallel zum Passeig de Gràcia verlaufende Rambla de Catalunya angetreten wird, kann noch ein kurzer Abstecher zu einem weiteren weniger bekannten Modernismus-Bau gemacht werden. Hierzu muss man einen Block nach rechts bis zur Hausnummer 416 gehen, wo die Casa Terrades steht, die wegen der auffälligen Turmspitzen auch Casa de les Punxes 57 *genannt wird.*

Nun geht es zurück zur Einmündung des Passeig de Gràcia in die Diagonal. Hier geht es nun nach links. Nach wenigen Metern zweigt die ***c/Còrsega*** *als Fußgängerzone nach halblinks ab. Hier biegt man ein und geht dann an der Querstraße* ***Rambla de Catalunya*** *erneut nach links den Weg zurück zur Plaça de Catalunya. Diese Straße ist eine Art Gegenentwurf zum Passeig de Gràcia, sie ist sehr viel bodenständiger, die Lokale sind einfacher, die Geschäfte weniger glamourös, die Menschen nicht mehr so gestylt. Die Straße hat einen begrünten Mittelstreifen, hier sind zahlreiche Terrassenlokale zu finden und man kann ganz entspannt hinunterschlendern. Gelegentlich sollte aber auch der Blick nach oben wandern, denn auch hier stehen schicke Häuser, beispielsweise die* ***Casa Serra*** *(Hausnummer 126) von Josep Puig i Cadafalch aus dem Jahr 1903 gleich am Anfang der Straße, heute Sitz einer Behörde. Auffällig sind der Eckturm und die schön gestalteten Fenster.*

Die Rambla de Catalunya wird von zwei Skulpturen von Josep Granyer begrenzt, hier am Endpunkt vor der Diagonal steht das Kunstwerk ***La jirafa coqueta*** *(„die kokette Giraffe"). Weitere modernistische Bauten werden meist nicht besonders durch Schilder angepriesen, sie fallen aber optisch durchaus auf. Unter der Hausummer 101 ist beispielsweise das fünfstöckige Gebäude* ***Casa Manuel Verdú II*** *zu finden. Ursprünglich sollten es drei zusammenhängende Häuser im gleichen Stil werden, aber am Ende wurde nur dieses eine in diesem Stil gebaut. Sehr auffällig sind die geschwungenen Balkone, der schöne Fassadenschmuck an Türen und Fenstern und die angedeuteten seitlichen Türmchen. Und so setzt es sich fort, entlang der ganzen Rambla de Catalunya stehen über ein Dutzend Häuser im Stil des Modernismus, aber keines hat die Berühmtheit eines Gaudí-Werkes. Das ist ein Grund mehr, hier einmal ganz entspannt mit dem Blick nach oben entlangzuschlendern. Genügend Bars zum Pausenstopp bieten sich zwischendurch an. Erreicht man schließlich die zweite Skulptur des Künstlers Josep Granyer, die des „nachdenklichen Stieres" (Originaltitel: „Toro pensant"), endet der Mittelstreifen der Rambla de Catalunya. Jetzt muss man auf die linke Straßenseite wechseln, noch ca. 100 m geradeaus gehen und die Plaça de Catalunya* 1 *wird erneut erreicht.*

Für diese Personen gab es aber zu wenig Wohnraum, also musste die Stadt erweitert werden.

Der neue Stadtteil wurde nach **geometrischem Muster am Reißbrett** geplant. Die Straßen verlaufen schnurgerade parallel zum Meer oder rechtwinklig darauf zu. Nur eine große Straße durchschneidet diagonal dieses Viertel, die endlos lange **Avinguda Diagonal.** Zwischen den schachbrettartig angelegten Straßen stehen Wohnblocks mit einem offenen Innenhof (katalanisch: Mançanes), die genau 133,33 x 133,33 m messen. Auffällig ist weiterhin, dass die Häuser **an den Seiten abgeflacht** sind und zwar nicht nur um wenige Zentimeter, wie man es auch heute noch in der Altstadt an manchen Ecken und Häusern sehen kann, sondern gleich um mehrere Meter. Dadurch vergrößerte sich die Fläche der Kreuzung und Fahrzeuge konnten leichter abbiegen, was wichtig war, denn die **Pferdewagen** schafften es oftmals kaum, in den engen Gassen sauber um die Ecke zu fahren. Aus diesem Grund waren in der Altstadt viele Häuserwände durch Holz- oder Eisenträger zusätzlich geschützt, die sich übrigens auch noch heute finden lassen. In L'Eixample war das wegen der großzügigen Kreuzungen nicht nötig.

Die Erlaubnis zur Stadterweiterung gewährte die Madrider Zentralregierung 1851, woraufhin Ildefons Cerdà dieses neue Viertel plante. Es sollte aber noch bis 1859 dauern, ehe ein endgültiger Plan genehmigt wurde. Ganz so groß, wie Cerdà das Viertel plante, wurde es zwar nicht, aber die bauliche Leistung war gewaltig, und es entstand Wohnraum für 175.000 Menschen. Die neuen und vor allem modernen Häuser unterschieden sich sehr stark von den engen Wohnungen in der Altstadt, weswegen es sofort zu einer hohen Nachfrage kam. Gedacht war eigentlich eine Art **sozialer Wohnungsbau,** sodass auch ärmere Familien sich hier eine Wohnung leisten konnten, aber die Nachfrage und die damit einhergehende Spekulation waren zu groß. Viele Käufer veräußerten sofort die Hälfte des gerade erworbenen Grundstücks für eine höhere Summe und behielten die andere Hälfte für sich. Auch so stieg der Preis ziemlich rasch, weshalb sich am Ende überwiegend wohlhabende Menschen hier niederließen. Davon gab es aber ziemlich viele, denn einige Katalanen waren in Übersee reich geworden oder im Handel mit den ehemaligen Kolonien bzw. durch die einsetzende Industrialisierung. Auch der Umstand, dass Spanien später im Ersten Weltkrieg neutral blieb, verhalf einigen zu großen Gewinnen, da sie ihre Waren in praktisch alle zahlungsfähigen Länder exportieren konnten. Und nicht wenige wollten ihren **Reichtum** durch entsprechende repräsentative Häuser ausdrücken. Da passte es gut, dass ein neuer Baustil, der **Modernismus** (Jugendstil), gerade in Mode kam und so wetteiferten Bauherrn und Architekten um die auffälligste Hausgestaltung. Trotz allem ist dennoch ein durchweg einheitliches architektonisches Gesamtbild entstanden.

Hauptschlagader dieses Viertels ist der **Passeig de Gràcia** 46. Dieser prächtige Boulevard führt von der zentralen **Plaça de Catalunya** 1 hoch nach Norden, bis er auf die große, kilometerweit durch die Stadt verlaufende Avinguda Diagonal trifft. Erst jenseits dieser breiten Straße verliert sich der Passeig de Gràcia so langsam in dem doch eher kleinbürgerlich-studentischen Viertel **Barri de Gràcia** 65. Die Bevölkerung unterteilt das Viertel in **Esquera de L'Eixample** (linkes Eixample) und **Dreta de L'Eixample** (rechtes Eixample), wobei der Passeig de Gràcia als Trennlinie dient. Ein Gebiet um die Carrer d'Aragó [J–Q7] im „linken Eixample" wird auch „Gayxample" genannt und ist Treffpunkt der Gay-Szene.

46 Passeig de Gràcia ★★★ [L7]

Was die Rambles 2 für die Altstadt sind, ist der Passeig de Gràcia für L'Eixample – nämlich eine Art Hauptschlagader.

Um 1800 befand sich hier nur ein einfacher Landweg, der vom damals noch recht kleinen Barcelona durch die Felder zum Dorf Gràcia führte. Dann wurde der Erweiterungsplan entworfen und alles änderte sich. **Herrschaftliche Häuser** entstanden, in die Banken und Kaufleute mit ihren Geschäften zogen. Dazwischen entstanden mehrere **modernistische Gebäude**, die noch heute optisch herausragen. Eines der Merkmale dieser Straße sind die kunstvoll geschwungenen **Laternen** und die geschwungenen **Sitzbänke** im Stil des Modernismus. Insgesamt 32 Bänke wurden eigens für diese Straße vom städtischen Architekten Pere Falqués i Urpí entworfen und am 21.12.1906 der Öffentlichkeit übergeben. Falqués i Urpí schuf u.a. auch den Brunnen Font de Canaletes an den Rambles 2.

Die kunstvoll verzierten schmiedeeisernen Laternen sind zumeist mit floralen Mustern geschmückt und am höchsten Punkt mit dem Wappen von Barcelona versehen sowie einer Fledermaus, die eine Krone überfliegt. Der Barceloner Geldadel entdeckte diese Zone rasch für sich, die Straße verwandelte sich zu einer Flaniermeile. Heute hat auch die Moderne Einzug gehalten. Edle **Geschäfte, Bars** mit gehobenem Preisniveau und eine ganze Menge **Flair** lassen immer sehr viele Menschen hier entlangschlendern – trotz des nicht gerade geringen Verkehrsaufkommens. Handybewaffnete Damen mit Mango-Tüten, Herren in wichtigen Anzügen und ebensolchen Gesprächen und dazwischen Touristen auf der Suche nach den Modernismusbauten. Die Häuser hier sind durchweg schick, die Gehwege ziemlich breit und die Geschäfte teuer. Wer bis ganz nach oben geht und die breite Avinguda Diagonal überquert, der erreicht das komplette Gegenstück, das gemütliche Viertel **Barri de Gràcia** 65.

Besondere Erwähnung verdienen die drei Gebäude **Casa Batlló** 48, **Casa Amatller** 49 und **Casa Lleó Morera** 47, die den sogenannten **Mançana de la Discòrdia** („Häuserblock der Zwietracht") bilden. Dieser Ausdruck bezieht sich nicht auf einen etwaigen Streit unter den Architekten, sondern meint die nicht enden wollende Diskussionen der Passanten um die Frage des schönsten Bauwerks. Die drei Häuser entstanden zu Beginn des 20. Jh. und zeigen klar drei unterschiedliche Baustile.

47 Casa Lleó Morera ★★ [L8]

Dieses Haus wurde als letztes der drei berühmten benachbarten Modernismus-Bauten erstellt. Auftraggeber war Francesca Morera, Nachfahrin eines sogenannten „Indiano", eines Spaniers, der in den Überseekolonien zu Reichtum gekommen war. Ihr gehörte am Passeig de Gràcia 46 ein 1864 errichtetes Haus und auch dieses sollte umgebaut werden, beauftragt wurde dazu Lluís

Domènech i Montaner. Er errichtete es zwischen 1902 und 1906 im **Stile eines venezianischen Palastes.**

Das Eckgebäude wird von einer ornamentenreichen Fassade mit geschwungenen Balkonen geziert. Diese Fassade ist auch mit Anspielungen auf den Familiennamen versehen, denn „Morera" bedeutet Erdbeerbaum, weshalb man hier auch Abbildungen dieser Pflanze findet, genau wie steinerne Balkone mit sehr verspielten Schmuckelementen.

Gekrönt wird das Haus von einem **Türmchen**, das die erlaubte Bauhöhe überragt, weshalb damals eine Ausnahmegenehmigung beantragt werden musste. Im **Inneren** finden sich weitere Beispiele des Modernismus wie Mosaike, Skulpturen, Möbel und Treppenaufgänge. Auch die Gestaltung der Fenster ist charakteristisch für diesen Stil, genau wie die prachtvollen Glaskunst-Gestaltungen mit Motiven des Landlebens oder das eindringliche Wandmosaik im Speiseraum, das eine Art Picknick in der Natur zeigt.

› Passeig de Gràcia 35, Tel. 936762733, www.casalleomorera.com, keine Besichtigung möglich. Im Erdgeschoss befindet sich ein Shop des exklusiven Modelabels Loewe, in dessen Innern noch einige Elemente des historischen Baus zu erkennen sind.

48 Casa Batlló ★★★ [L7]

Mit diesem Gebäude schuf Gaudí aus einem gewöhnlichen Wohnhaus ein gleich großes Gebäude mit fließenden, gerundeten Formen, die einen noch heute staunen lassen.

Das alte Haus stammte aus dem Jahr 1877 und stand bereits zwischen anderen Immobilien, was den Spielraum für Gaudí deutlich einschränkte. Dennoch ging er in seinen **Umbauplänen** ziemlich radikal vor, was sich ganz besonders in der Außenfassade zeigt; außerdem ergänzte er das Haus um zwei Etagen. Der untere Bereich war wie damals üblich zur kommerziellen Nutzung vorgesehen, in den oberen Etagen entstanden Wohnungen. Die Laden- bzw. Bürobesitzer wollten hier auch wohnen, weshalb sich die Obergeschosse sowohl in der Ausgestaltung der Fassade als auch durch die großformatigen Fenster vom unteren Teil des Gebäudes unterscheiden.

Der Umbau erfolgte 1904–1906 für **Josep Batlló i Casanovas.** Gaudí entwarf ein Gebäude, dessen äußere Fassade noch heute völlig ungewohnt wirkt, Anfang des 20. Jh. muss das ein kleiner Kulturschock gewesen sein. Der Architekt hatte sich bereits einen Namen gemacht und es war bekannt, dass er viel für Graf Güell arbeitete. Seine fantasievolle Umsetzung der einzelnen Projekte, wie beispielsweise der Stadtpalast Palau Güell 31, sprachen sich in Barcelona schnell herum. Batlló i Casanovas war ein reicher Textilfabrikant, der ein Haus am Passeig de Gràcia 46 besaß, das aber keinerlei Extravaganz aufwies und als langweilig bezeichnet werden kann. Genau deshalb wurde Gaudí beauftragt, dieses Haus auf spektakuläre Weise umzugestalten, was dieser auch tat.

Das **Dach** beispielsweise schmückt eine schuppenartige, geschwungene Haube, die fast an die Haut eines Reptils erinnert. Deren bläuliche Kacheln schimmern je nach Lichtsituation unterschiedlich, insbesondere am Abend entsteht so ein ungemein reizvoller Anblick. Die **Fassade** ist mit blauen und roten Keramiksteinchen ausgeschmückt, was dem Ganzen einen metallenen Schimmer verleiht. Unten stehen mächtige **Säulen**, die deutlich bis auf den Fußweg hineinragen und damit eine Größe und Monumentalität vortäuschen, über die das Haus gar nicht verfügt. Links oben erhebt sich ein **Türmchen** mit einer verwoben wirkenden Verkleidung.

Es läuft in einer Art Kreuzblume aus. Dieses Türmchen wurde auch als Lanze vom Ritter Sant Jordi interpretiert, die in den Drachen gestoßen wird, einem Drachen, dessen geschuppte Haut oben auf dem Dach man zu erkennen glaubt. An der Außenwand schweben gleichsam kleine, fast zart wirkende **Balkone**, die natürlich auch in geschwungenen Formen gestaltet sind.

Wie bei Gaudí üblich, gibt es viele runde Formen, wie das Dach, die Balkone und die gesamte Außenfassade zeigen. Wo es sich vermeiden ließ, wurde auf Ecken und Kanten verzichtet. Die **Treppe** hoch zu den Wohnräumen nimmt einen derartigen Schwung, dass einem schon beim Betrachten schwindelig wird. Auch die **Räume** sind im für Gaudí typischen Stil gestaltet, sie gehen meist fließend ineinander über.

Das **Wohnzimmer** verfügt über eine leicht geschwungen wirkende Decke, selbst die Türen sind nicht eckig, sondern sowohl oben als auch im Bereich der Fenster gerundet. Eine ungewöhnliche Idee ist der leicht gedrungen wirkende **Sitzkamin**, der wie in eine kleine Höhle platziert wirkt und der ebenfalls Wände hat.

Auch beeindrucken ungewöhnliche Formen von **Alltagsgegenständen**, so etwa das Sofa, das aus zwei versetzt zueinander stehenden Lehnstühlen besteht.

› Passeig de Gràcia 43, Tel. 932160306, www.casabatllo.es, geöffnet: tägl. 9–20.15 Uhr, Eintritt: ab 35 €, abhängig vom gebuchten Paket (Anzahl der besuchten Räume, mit/ohne Visite der Dachterrasse)
› Metro: Passeig de Gràcia

49 Casa Amatller ★★ [L7]

Dieses Haus war das erste der drei auffälligen und in unmittelbarer Nachbarschaft anzutreffenden „Häuser der Zwietracht" (s. S. 82). Als Gaudí die Casa Batlló 48 umbaute, war dieses Haus, das von Josep Puig i Cadafalch entworfen wurde, seit vier Jahren fertig.

Interessanterweise handelte es sich auch hier um einen **Umbau**, das ursprüngliche Haus stammt aus dem Jahr 1875.

Auftraggeber für die Umgestaltung war **Antoni Amatller**, der aus einer Schokoladen-Dynastie stammte. Der Vater schickte seinen jungen Sohn Antoni nach Belgien und in die Schweiz, um von den dortigen Meistern noch etwas zu lernen.

Das klappte sehr gut und nach seiner Rückkehr baute Antoni Amatller die Firma weiter aus, bis sie bald zur bekanntesten Schokoladenmarke in Spanien aufstieg. Wie so viele erfolgreiche katalanische Unternehmer wollte auch Amatller ein schickes Haus am Passeig de Gràcia 46 haben.

Das Gebäude wurde nach Plänen von Josep Puig i Cadafalch in den Jahren 1898 bis 1900 errichtet. Auffällig sind die fast schon **geometrischen Formen** mit Anlehnungen an den arabischen und gotischen Stil, erkennbar vor allem an den Fenstern. Der **Treppengiebel** erinnert dagegen an eine holländische Bauweise. Die erste Etage fällt prächtiger aus, was auch schon von außen erkennbar ist, denn dort sollten die Hausbesitzer wohnen. Das **Portal** besteht aus zwei ungleich großen Türen, zwischen beiden ist die Skulptur des Drachentöters Sant Jordi zu finden. Das **Foyer** ist außergewöhnlich gestaltet mit viel Marmor und schöner bunter Glaskunst, die sich auch oben über dem Treppenhaus findet. Beim Besuch wird das ehemalige Wohnhaus in Verbindung mit vertiefenden Erklärungen zum zeitgeschichtlichen Kontext gezeigt. In der Cafetería kann man sich eine Tasse heißer Schokolade aus dem Hause Amatller gönnen.

› Passeig de Gràcia 41, Tel. 934617460, www.amatller.org, geführte Touren (max. 12 Pers.): Mi.–Sa. 10 Uhr (Englisch), 12 Uhr (Katalanisch), 17 Uhr (Span.), So. 10 Uhr (Engl.) 12 Uhr (Katal.), 24 € (online günstiger), Kinder (7–12 Jahre) 12 €. Es sind auch Besichtigungen auf eigene Faust (per Audioguide-App auf dem eigenen Handy) möglich, Termine s. Website, 19 € (online günstiger), Kinder 9,50 €.
› Metro: Passeig de Gràcia

50 Casa Milà ★★★ [L6]

Das große und durch seine wellenförmige Fassade sehr auffällige Haus, dessen offizieller Name Casa Milà lautet, entstand zwischen 1906 und 1910 und wird auch „La Pedrera" genannt, was so viel wie Steinbruch bedeutet.

Als sich Gaudí (s. S. 99) dieser Aufgabe widmete, war er mit 54 Jahren als Baumeister für skurrile Formen und Gebäude in Barcelona schon relativ bekannt. Er fühlte sich mittlerweile frei von allen architektonischen Konventionen und verweigerte sich auch Einflüssen von außen. Man könnte sagen, er zog „sein Ding" durch. Vor allem in den dekorativen Elementen schuf er einzigartige Dinge, die die Bewohner damals staunen ließen. Vor allem die seltsamen **Skulpturen auf dem Dach** hatten nichts mehr mit der traditionellen Bauweise zu tun und waren von der Stadtverwaltung auch in dieser Form nicht genehmigt worden. Es entbrannte ein heftiger Streit, ob sie bestehen bleiben konnten, aber am Ende siegte der Pragmatismus, denn die Stadtväter akzeptierten, dass hier ein einmaliges Monument entstand und nicht nur ein „einfaches" Haus.

Die Casa Milà war Gaudís letzte Arbeit, bevor er sich ausschließlich der Sagrada Família 64 widmete. Es wurde sein viertes Werk am Passeig de Gràcia 46, allerdings ist sonst nur noch die Casa Batlló 48 erhalten geblieben. Die beiden anderen Arbeiten, die Bar Torino und die Farmácia Gibert, sind nicht mehr vorhanden.

Auftraggeber für die Casa Milà waren **Pere Milà und seine Frau Roser Segimon**, die von ihrem verstorbenen ersten Mann Josep Guardiola (hieß wirklich so!) ein großes Vermögen erbte. Anfänglich verstanden sich Auftraggeber und Gaudí sehr gut, zumal Segimon genau wie Gaudí aus Reus stammte. Später kam es aber zum Zerwürfnis, da Gaudí das ursprüngliche Budget maßlos überzog.

Nach dem Tod des Architekten ließ Segimon dann auch Teile der Inneneinrichtung anders gestalten und noch später folgten abermalige Abweichungen vom ursprünglichen Bauplan. 1946 verkaufte sie das Haus an eine Immobilienfirma, die wiederum das Gebäude im Inneren umbaute und Büros, Wohnungen, Ge-

Das Modell der Casa Milà befindet sich in der obersten Etage des Gebäudes

Hans-Jürgen Fründt

City|Trip PLUS

BARCELONA

Nicht verpassen!

Karte S. 5

2 Les Rambles [K10]
Die wichtigste Flaniermeile der Stadt wartet mit Sehenswürdigkeiten, vielen Menschen, Künstlern, Kiosken und Lokalen auf (s. S. 20).

3 Mercat de la Boqueria [K10]
Die historische Markthalle ist so etwas wie das Herz der Stadt. Obwohl längst auch Touristenattraktion, versorgen sich hier immer noch zahlreiche Anwohner mit dem täglichen Einkauf (s. S. 26).

7 La Catedral [L10]
Die Kathedrale mit ihrem prächtigen Inneren und dem weitläufigen Vorplatz überragt die Altstadt, das Barri Gòtic (s. S. 34).

17 Palau de la Música Catalana [M10]
Es soll Künstler gegeben haben, die auf der Bühne keinen Ton herausbrachten, so sehr staunten sie über die verschnörkelte Schönheit dieses Musiktheaters (s. S. 44).

39 Strandzone [R13]
Der Stadtstrand, der beim alten Fischerviertel Barceloneta beginnt und sich über mehrere Kilometer erstreckt, eignet sich bestens für eine kleine Siesta zur Erholung von der Stadterkundung (s. S. 70).

46 Passeig de Gràcia [L7]
Auf der Prachtstraße sollte man nach oben sehen, denn hier stehen die schönsten im Modernismus-Stil erbauten Häuser, u. a. vom genialen Antoni Gaudí (s. S. 85).

64 La Sagrada Família [P7]
Mit dem Bau der Kirche von Antoni Gaudí wurde vor fast hundertfünfzig Jahren begonnen und noch immer ist sie nicht fertig. Mittlerweile wurde sie aber geweiht und ist längst ein Wahrzeichen der Stadt (s. S. 97).

70 Font Màgic [E9]
Der „magische Brunnen" zeigt vor der Plaça d'Espanya Wasser-Licht-Spiele in den buntesten Farben, die mit Musik unterlegt sind (s. S. 114).

81 Park Güell [N2]
Der Park Güell ist ein Geniestreich Gaudís. Er erschuf einen Ort mit den für seinen Stil typischen Elementen und harmonisch geschwungenen Linien (s. S. 120).

92 Teatre-Museu Dalí in Figueres [S. 300]
Dem Meister des Surrealismus wurde 100 km nördlich von Barcelona ein schönes und leicht exzentrisches Museum gewidmet (s. S. 135).

Leichte Orientierung mit dem cleveren Nummernsystem
Die Sehenswürdigkeiten sind im Text und im Kartenmaterial mit derselben **magentafarbenen ovalen Nummer** 1 markiert. Alle anderen Lokalitäten wie Geschäfte, Restaurants usw. tragen ein **Symbol und eine fortlaufende rote Nummer** (1). Die Liste aller Orte befindet sich auf S. 294, die Zeichenerklärung auf S. 298.

134bl-hj

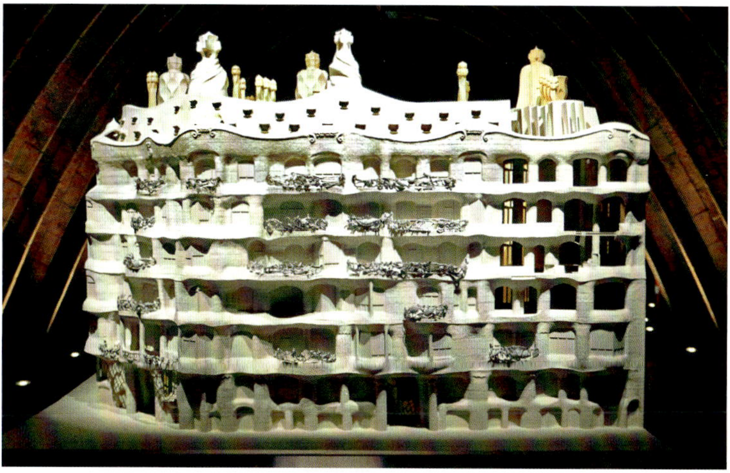

schäfte und sogar einen Bingosaal einrichtete. 1986 erwarb dann die Sparkasse Caixa Catalunya das Haus und renovierte es **getreu den ursprünglichen Plänen Gaudís**, ein Teil des Hauses kann daher heute besichtigt werden.

Das relativ große Gebäude steht am Kreuzungsbereich zweier Straßen (c/de Provença und Passeig de Gràcia), aber Gaudí schuf gewissermaßen die Ecke ab, denn das Haus zieht sich halbrund von einer Straße geschmeidig in die nächste hinein. Es verfügt über zwei **Innenhöfe**, die man von vorne betrachtet nicht erahnt, genau wie den Umstand, dass das Haus nach hinten noch wesentlich größer ist, als es von vorne scheint. Auch hier blieb Gaudí experimentierfreudig, denn die Innenhöfe sind nicht, wie in Spanien sonst üblich, eckig, sondern rund.

Das Haus wird durch eine Stahlkonstruktion gehalten, tragende Wände gibt es nicht, selbst die Fassade ist nur vorgeschalt.

Schon von außen fallen die typischen wellenartigen Formen auf. Diese Idee setzte Antoni Gaudí konsequent auch im Inneren um, im ganzen Gebäude gibt es keine einzige gerade Wand. Im **Inneren** konnten deshalb auch vollkommen unterschiedliche Räume gestaltet werden und sogar die einzelnen Etagen ließen sich auf unterschiedliche Weise aufteilen.

Das Haus wirkt wie ein der Natur nachempfundenes Gebilde, es ist einfarbig und aus hellem Stein und nicht bunt gestaltet, wie so viele andere seiner Werke. Innen dominieren Kacheln und Säulen, außerdem baute Gaudí hier auch die **erste Tiefgarage von Barcelona.**

Auf dem **Dach** stehen ausgesprochen ungewöhnlich gestaltete Schornsteine, die an Ritter in futuristischen Rüstungen erinnern. Das Haus wurde von der **UNESCO** zum **Weltkulturerbe** ernannt. Es wird grundsätzlich noch immer bewohnt, zu besichtigen sind mehrere Räume in der 6. Etage, die die damals typische Wohnsituation wiedergeben, sowie das Dach. Außerdem gibt es im **Espai Gaudí** (Gaudí-Raum) eine Ausstellung zu den Arbeiten des Architekten, insbesondere natürlich zur Casa Milà.

› Passeig de Gràcia 92, Tel. 902202138, www.lapedrera.com, geöffnet: tägl. 9–18.30 Uhr, Eintritt: 25 €, Studierende und Personen über 65 Jahre 19 €, Kinder (7–12 Jahre) 12,50 €, Nachtführungen: 19–22 Uhr, Eintritt: 35 €, Kinder 17,50 €
› Metro: Passeig de Gràcia

51 Casa Calvet ★★ [M9]

Benannt ist das Haus nach **Pere Màrtir Calvet**, einem Textilfabrikanten. Für seine Familie sollte ein Haus im Viertel L'Eixample gebaut werden, das verschiedene Funktionen erfüllen musste: Unten sollte ein Ladengeschäft eingerichtet werden, in der Etage darüber wollte die Besitzerfamilie in einer schönen, großen Wohnung leben und noch weiter oben sollten kleinere Mietwohnungen entstehen.

Im Jahr 1898 begann **Gaudí** mit den Arbeiten an diesem Haus, das eine Lücke in einer bereits bebauten Straße schließen sollte.

Für Gaudí-Maßstäbe fällt es etwas **schlicht** aus. Die Fassade besteht aus Naturstein, der Dachgiebel zeigt geschwungene Rundungen und der mittlere Teil ist mit fast Gaudí-typischen geschwungenen Balkonen geschmückt, wie sie auch an der Casa Batlló 48 zu finden sind. Ansonsten ist das Haus eher harmonisch und ebenmäßig gebaut. Unten ragen wuchtig wirkende Säulen in Höhe des Hauptportals auf den Fußweg hinein und deuten eine Größe an, die das Haus eigentlich nicht hat. Die Dachgiebel sind mit den Abbildungen von Märtyrern geschmückt (u.a. von Petrus und dem Patron des Geburtsortes des Auftraggebers, Sant Genís d' Arles).

Oben erheben sich zwei Kreuze. Ganz pragmatisch wurde sogar noch ein Lastenkran installiert, um Möbel außen hochziehen zu können, auch diese Gerätschaft ist kunstvoll verziert. An der **Fassade** sind im ersten Stock Pilzmotive zu erkennen, Señor Calvet war begeisterter Pilzsammler. Es finden sich also trotz aller Nüchternheit schöne Schmuckelemente. Und auch der Eingangsbereich ist sehr schön gestaltet, mit etwas Glück kann man vielleicht einmal hineinschauen. Vor allem der **Fahrstuhl** ist ein Kunstwerk aus Eisen und Glas, auch die Kacheln am Treppenaufgang und die Säulen geben dem Haus eine spezielle Note, weshalb Gaudí im Jahr 1900 sogar einen Preis von der Stadt Barcelona für das beste Haus des Jahres erhielt. Unten ist ein Restaurant eingerichtet, in dem man zumindest noch ein wenig die Gaudí-Atmosphäre erleben kann.

› c/Casp 48

52 Cases Cabot ★ [M9]

Dieses Häuserensemble wurde von einem der vielen Architekten aus der Zeit des **Modernismus** erschaffen, der nicht zu großem Ruhm und Ehren gekommen ist, nämlich von Josep Vilaseca i Casanova. Die zusammenstehenden Häuser sind ein Beispiel für eine schöne, aber zugleich unspektakuläre Fassadengestaltung. Sie sehen sich ähnlich, aber unterscheiden sich doch; so ist beispielsweise der Eingangsbereich der

Häuser 8–10 prachtvoll gestaltet, während bei Hausnummer 12–14 die Fassade reichhaltiger geschmückt ist, u. a. mit Pflanzenmotiven.

› c/Roger de Llúria 8–14

53 Casa Llopis Bofill ★★ [N7]

Antoni M. Gallissà erschuf dieses Haus zwischen 1902 und 1903 für Manuel Llopis i Bofill, einem wohlhabenden Anwalt. Es gilt als seine bemerkenswerteste Arbeit.

Neben den dominierenden modernistischen Elementen finden sich auch gotische Züge. Bei der Casa Llopis Bofill handelt es sich um ein reich dekoriertes Eckhaus, dessen rötliche Schmuckelemente auf hellem Grund deutlich auffallen. Obendrein wurden gläserne Erker eingebaut. Im Gegensatz zu anderen modernistischen Gebäuden dominieren hier weniger geschwungene Linien, sondern es finden sich harte Kanten. Dennoch zeigt das Gebäude eine fast schon verschwenderische maurische Pracht, zumindest in der Gestaltung des oberen Bereichs des Gebäudes.

› c/València 339

54 Palau Montaner ★ [L7]

Ursprünglich waren von einem anderen Architekten zwei gleiche Häuser geplant gewesen, aber nur eines wurde fertiggestellt. Der Bau dieses Haus wurde 1893 durch Domènech i Montaner beendet, dem Onkel des Besitzers, des Verlegers Ramon de Montaner i Vila. Nach Unstimmigkeiten verließ der Architekt den Bau und Domènech i Montaner übernahm die Arbeiten, weshalb die für ihn typischen Stilelemente weniger in der Außenfassade zu finden sind, sondern im Gebäudeinneren auftreten.

Das zweigeschossige Haus verfügt über einen breiten zentralen **Balkon**, über dem reichhaltige **Schmuckelemente** angebracht sind. Unterhalb vom Dachüberstand sind ein großer Steinadler zu sehen, das Symbol des Buchdrucks, sowie das Datum der Fertigstellung des Hauses.

Das **Innere** wurde sehr stark mit schmückenden Elementen dekoriert, auch ist eine spektakuläre Treppe eingebaut. Das Haus ist leider nicht von innen zu besichtigen, denn heute sitzt hier eine politische Delegation aus Madrid, weswegen das Haus auch häufig von der Polizei bewacht wird.

› c/Mallorca 278

044bl-sm

Die Casa Llopis Bofill 53 ist ein reich dekoriertes Eckhaus

55 Casa Thomàs ★ [M7]

Lluís Domènech i Montaner wurde vom Fotografen Josep Thomàs i Bigas für den Bau dieses Haus engagiert. Nach der ersten Bauphase (1895–1898) wurde das Haus 1912 erweitert, u. a. wurden dem bisherigen Bau drei Etagen für die Kinder des Fotografen aufgesetzt. Das Erdgeschoss sollte als Arbeitsstätte dienen, während in den Räumen darüber Wohnräume entstehen sollten, so wie es seinerzeit üblich war. Die Casa Thomàs verfügt über eine reich verzierte Fassade mit steinernen, geschwungenen Balkonen und Kachelschmuck in leicht bläulicher Farbe, ergänzt um florale Schmuckelemente. Auch der Eingangsbereich mit seiner sehenswerten Eisentreppe ist üppig dekoriert. In dem Gebäude ist heute ein bekanntes Inneneinrichtungsgeschäft untergebracht.

› c/Mallorca 293

56 Palau de Baró Quadras ★ [L6]

Der Palau de Baró Quadras wurde von Josep Puig i Cadafalch zwischen 1904 und 1906 für den Baron Manuel de Quadras i Feliu umgestaltet. Das Haus liegt auch zur benachbarten Carrer Rosselló und dort zeigt sich eine ganz andere, eher schlichtere Fassade. Der Grund war einfach: Durch das **Hauptportal** an der Diagonal traten nur die Mitglieder der Familie des Hausbesitzers ein, diese lebte in der ersten Etage, die Wohnungen darüber wurden vermietet und deren Mieter betraten das Haus durch die Carrer Rosselló. Der Baron drückte also schon in der Fassadengestaltung die sozialen Unterschiede aus. Der Palau ist ein eher schlankes Gebäude mit einer Breite von

045bl-sm

12 Metern und einem dominierenden großen **Eisentor** sowie einer markanten **Fensterfront**, die gotische und plateréske Elemente mit verzierten Giebeln und floralen Schmuckelementen verbindet. Dominierender Blickfang ist eine Galerie mit acht großen Fenstern, die prachtvoll dekoriert sind. In der zweiten Etage folgen vier Fenster im gotischen Stil, darüber liegt eine Fenstergalerie von sieben eng platzierten Fenstern. An der linken Seite ist eine Skulptur von San Jorge zu sehen, der den Drachen bekämpft.

Der Innenbereich ist für gewöhnlich nicht zu besichtigen, aber falls man mal das Glück hat, einen Blick hineinzuwerfen, kann man eine spektakuläre **Freitreppe** erkennen, die durch einen reichhaltig dekorierten Eingangsbereich nach oben führt und unter einem bunten Glashimmel endet.

› Av. Diagonal 373

57 Casa de les Punxes ★★ [M6]

Der offizielle Name dieses Hauses lautet **Casa Terrades,** da der Auftraggeber Bartomeu Terrades i Brutau war. Terrades war einer der allerersten Spieler des FC Barcelona und später auch einer der ersten Vereinspräsidenten. Er gehörte 1899 zum Team des ersten Spiels des FC Barcelona, das 1899 gegen eine Auswahl von britischen Residenten in Barcelona stattfand.

Das Gebäude wurde von Josep Puig i Cadafalch zwischen 1903 und 1905 erbaut. Der übersetzte umgangssprachliche Name des Gebäudes (Casa de les Punxes) bedeutet „Haus der Spitzen" und wer vor dem Gebäude steht, dem erschließt sich sofort die Sinnhaftigkeit des Spitznamens.

Das relativ schlanke Haus scheint in mehreren Giebeln und Türmchen auszulaufen, von denen sechs spitz nach oben zulaufen, fast im Stil eines Turmhelms. Es erinnert nicht zufällig an ein mittelalterlich-modernistisches Schloss. Der höchste und auffälligste Turm verfügt über eine mit rötlich-grünen Kacheln geschmückte Haube und Spitze. Der Architekt schuf aus drei bestehenden Gebäuden einen Komplex und fügte diese geschickt zusammen. Die Fassade zeigt vor allem florale Schmuckelemente und mehrere steinerne Fenstersimse und Balkone. Am zentralen Giebel zur Carrer Rosselló prangt ein Bildnis von Sant Jordi, dem Drachentöter, mit der katalanischen Inschrift: „Sant Patró de Catalunya, torneu-nos la llibertat" (etwa: „Heiliger Patron von Katalonien, gib uns die Freiheit zurück").

› Avinguda Diagonal 416, nur von außen zu besichtigen

58 Casa Sayrach ★ [J5]

Das Gebäude ist nach dem Architekten Manuel Sayrach i Carrera benannt. Es steht an der vielbefahrenen Avinguda Diagonal an der Ecke, an der die nette Carrer d'Enric Granados gekreuzt wird. Die Casa Sayrach entstand zwischen 1917 und 1918 und zählt zu den **Spätwerken des Modernismus,** also zu einem Zeitpunkt, als kaum noch ein Architekt in diesem Stil arbeitete.

Sayrach war nicht ausschließlich Architekt, er betätigte sich auch als Maler, Schriftsteller, Bildhauer und Philosoph, vor allem aber war er katalanischer Nationalist. Ihm schwebte sogar eine eigene **katalanische Architektur** vor, wovon aber bei diesem Gebäude kaum gesprochen werden kann. Kritiker meinen hier eher einen an Gaudí angelehnten Stil zu erkennen, z. B. in der geschwungenen Dachkante und in der abgerundeten Ecke mit einem vorstehenden gerundeten Türmchen und der Turmhaube.

› Avinguda Diagonal 423–425. Das Gebäude kann innen nicht besichtigt werden.

59 Casa Comalat ★ [L6]

Auch dieses Haus ist ein **Spätwerk des Modernismus.** Es entstand zwischen 1909 und 1911, Architekt war Salvador Valeri i Pupurull. Der Eckbau verfügt über zwei unterschiedliche Fassaden.

Die Fassade an der Avinguda Diagonal ist eleganter, die zur Carrer de Còrsega bunter gehalten. Das Haus weist zumindest an der Diagonal deutliche Ähnlich-

Eine der zwei sehr unterschiedlichen Fassaden des Palau de Baró Quadras 56

EXTRATIPP

Jugendstilmuseum
Ein Museum zum katalanischen Jugendstil, der in Spanien übersetzt „Modernismus“ genannt wird, kann nur im entsprechenden Viertel L'Eixample stehen, wo es nur so von Modernismus-Bauten wimmelt. Auch das Museum ist in einem solchen untergebracht, nämlich in einem Haus, das 1902 bis 1904 von Enric Saguier erschaffen wurde. Das Museum verfügt über zwei Etagen, in der oberen befindet sich das „Univers Gaudí“, in dem hauptsächlich von Gaudí erschaffene Möbel und Werke ausgestellt sind. Weiterhin gibt es wechselnde Ausstellungen mit Exponaten der Galerie Gothsland, die sich gleich um die Ecke in der c/del Consell de Cent 331 befindet. Im Untergeschoss sind Gemälde und Skulpturen von verschiedenen Künstlern ausgestellt, u. a. von Santiago Rusiñol, Eusebi Arnau, Ramon Casas und Joaquim Mir.

M 11 [K8] **Museu del Modernisme Barcelona,** c/Balmes 48, Metro: Passeig de Gràcia, Tel. 932722896, www.gothsland.com, geöffnet: Mo.–Fr. 10.30–14, 16–19, Sa. 10.30–14 Uhr, Eintritt: 6–12 €

keiten mit dem typischen Gaudí-Stil und seinen der Natur entlehnten geschwungenen Formen auf. Die **Fassade** zur Avinguda Diagonal ist reichhaltig dekoriert und mehrheitlich aus Stein gearbeitet. Neben der großen Holztür am Eingang befinden sich zwei größere **Balkone** in geschwungenen Formen, eine Tribüne verläuft oben, die restliche Hausfront wird von 12 Balkonen geprägt, die deutlich an Gaudís Stil erinnern. Ganz oben finden sich florale Schmuckelemente.

Die **Fassade** zur Carrer Còrsega ist sehr bunt gestaltet und weist polychrome Kacheln auf, deren Glanz sich im Tageslicht leicht verändert. Das Haus wird von einem Türmchen in Form eines Harlekinhutes in grünlichen Farben gekrönt.

› Avinguda Diagonal 442. Das Gebäude kann innen nicht besichtigt werden.

60 Palau Macaya ★ [N7]

Diese Haus wurde zwischen 1899 und 1901 von **Josep Puig i Cadafalch** erbaut, als er gerade einmal 31 Jahre alt war, aber durch frühere Arbeiten in Barcelona schon über einen ausgezeichneten Ruf verfügte. Zu jenen Arbeiten zählte auch die Gestaltung des Restaurants Els Quatre Gats (s. S. 189) in der Altstadt. Er bekam danach mehrere Aufträge und arbeitete gleichzeitig an verschiedenen Projekten, u.a. an der Casa Amatller 49 und legte die Strecke zwischen den Baustellen per Fahrrad zurück, was seinerzeit sicherlich ziemlich ungewöhnlich war. Wahrscheinlich ist es daher kein Zufall, dass im Els Quatre Gats ein riesiges Tandem-Bild das Lokal schmückt.

Auftraggeber für diesen Bau war Romà Macaya i Gibert, das Haus entstand damals ziemlich am Rande des neuen Viertels L'Eixample, allerdings an einem auch noch heute sehr angenehmen **Flanierboulevard.**

Die helle **Fassade** des Hauses zeigt teilweise sehr filigrane Steinarbeiten am Balkon, an der Tribüne und den Fenstern, die zwei Eingangsbereiche sind im spätgotischen Stil gehalten. Als kleinen Scherz oder als Reminiszenz an den Architekten findet sich an der linken Eingangsseite die kleine Figur eines Radfahrers.

Innen beeindruckt, wie in vielen modernistischen Gebäuden, eine prächtige **Freitreppe,** die hier seitlich angebracht ist

EXTRATIPP

Modernismus in der zweiten Reihe

Zwei nicht ganz so im öffentlichen Fokus stehende Straßen lohnen einen zwanglosen Bummel, vor allem am Abend. Beide Straßen sind weniger bekannt, an beiden stehen auch einige modernistische Gebäude. Nur selten verirren sich Touristen hierher und neugierige Besucher werden sich wundern, welch ganz normales nachbarschaftliches Leben sich hier abspielt, nur wenige Parallelstraßen entfernt vom überlaufenen Passeig de Gràcia 46. Vier Parallelstraßen links des Passeig verläuft die **Carrer Enric Granados** [J5–7] bis zum viereckigen Platz **Plaça del Doctor Letamendi** [J–K7] in der Nähe der Universität. Kleine Geschäfte wechseln sich ab mit alltäglichen Bars und an den Kreuzungen erheben sich modernistische Gebäude, die nur in Spezial-Publikationen eine Erwähnung finden. Noch nachbarschaftlicher geht es sechs Parallelstraßen nach rechts am **Passeig de Sant Joan** [N5–10] zu. Hier verläuft ein hübsch begrünter Mittelstreifen auf der Straße, der regelmäßig von Ruhebänken und Spielplätzen unterbrochen wird. Diese Straße beginnt unmittelbar beim **Arc de Triomf** [N10] und führt hoch bis zum Viertel Gràcia (s. S. 101). Gerade am Abend kommen die Nachbarn auf die Straße, treffen sich hier, Kinder spielen Fußball, ein Musiker packt seine Gitarre aus und alle tratschen miteinander. Die Häuser in dieser Straße sind zumindest teilweise modernistisch, aber eher unspektakulär – und daher genau richtig für neugierige Entdecker!

und zur sogenannten **Planta noble** („noble Etage") führt, zur herrschaftlichen Wohnung, die zumeist im ersten Stock lag.

Das Haus gehört heute zur katalanischen Sparkasse „La Caixa", die hier ein **Sozialwerk** unterhält. Teile des Hauses können kostenlos besichtigt werden.

› Passeig de Sant Joan 108,

61 Casa Lamadrid ★ [M7]

Dieses Haus baute **Lluís Domènech i Montaner** 1902. Es zählt zu seinen eher weniger bekannten Arbeiten. Das Grundstück war relativ schmal und die Bauvorschriften schon recht streng, sodass ihm nur wenig Spielraum blieb. Wie üblich wohnte in der ersten Etage der Besitzer, die Wohnungen in den vier weiteren Etagen wurden vermietet. So lässt sich erklären, warum die unteren Etagen mit ihren halbrunden Balkonen weitaus reicher geschmückt sind als die oberen, zum Beispiel mit steinernen Blumen, während die oberen nur mit schmiedeeisernen Gittern ausgestaltet sind. Ganz oben wurde ein Schmuckbild angebracht mit dem Datum der Fertigstellung mittels römischer Ziffern (MCMII).

› c/Girona 113

62 Casa Granell ★ [M7]

Eine Casa Granell gibt es mehrfach in Barcelona, sie ist benannt nach dem Architekten Jeroni Granell Manresa. Dieses Gebäude wurde zwischen 1901 und 1903 gebaut. Es war ursprünglich als reines Mietobjekt geplant, ohne dass der Besitzer hier selbst einziehen wollte. Dadurch unterscheidet sich das Haus auch von den vielen anderen modernistischen Gebäuden. Es gibt keine besonders große und schön gestaltete Wohnung in der ersten Etage, in der normalerweise der Hausbesitzer selbst wohnte. Und des-

046bl-sm

Aus solch schönen Gebäuden kann ein Krankenhaus (63) *bestehen*

halb zeigt sich die **Außendekoration** an der Fassade auch **einheitlich**, bei den anderen Häusern ist sonst sehr häufig die erste Etage besonders aufwendig ausgeschmückt. Dieses Gebäude verfügt im Zentrum über paarweise angebrachte Fenster, die von zwei Reihen Balkonen flankiert sind. Die Fassade ist insgesamt recht zurückhaltend gestaltet, es dominieren Elemente, die an Blätter erinnern. Die Dachkante ist leicht geschwungen.

› c/Girona 122

Gastronomie-Tipps

› **Cervecería Catalana** (s. S. 191) Sehr beliebtes Lokal mit einer breiten Auswahl an Tapas und Montaditos (Tapas, die aus mehreren Schichten bestehen und mit einem Zahnstocher zusammengehalten werden).

12 [M7] **De Tapa Madre**€, c/Mallorca 301, Tel. 934593134, geöffnet: tägl. 12–23.30 Uhr. Unaufgeregte Bar, einige Meter neben dem Passeig de Gràcia. Für das Viertel sehr geerdet. Tapas und Hausmannskost.

› **Txapela** (s. S. 193). Am Tresen stehen alle Tapas zu Auswahl, man kann aber auch über die Karte am Tisch bestellen.

(63) Hospital Recinto Modernista de Sant Pau ★★ [R5]

Ein Spital mit dem Namen Sant Pau gibt es in Barcelona seit 1402, aber dieser Krankenhaus-Komplex ist deutlich jünger. Es gibt ein weiteres älteres Krankenhaus gleichen Namens im Stadtteil El Raval (27)*, dort war einst der berühmte Architekt Antoni Gaudí verstorben. Neben dem modernen Krankenhaus gleichen Namens steht das historische Hospital de Santa Creu i Sant Pau, auch Recinto Modernista de Sant Pau genannt.*

Es wurde zwischen 1902 und 1930 im modernistischen Stil erbaut. Geplant und bis zu seinem Tod betreut wurde das Projekt von **Lluís Domènech i Montaner**, das Geld hierfür stammte aus dem Testament des verstorbenen Bankiers Paul Gil. Der Komplex wurde damals als **„Stadt innerhalb der Stadt"** bezeichnet, da er sehr weitläufig angelegt war und aus vielen einzelnen Gebäuden bestand. Zudem befand sich dieser Bereich isoliert vom Rest der Stadt, was im Seuchenfall durchaus ein Vorteil war. Jedes Gebäude war für eine Krankheit oder medizinische Abteilung bestimmt und entsprechend mit medizinischem Gerät bestückt. Zwischen den Häusern sind **Grünzonen** angelegt, die auch zum Wohlergehen der Patienten beitragen sollten, was zur damaligen Zeit völlig neu war. Das heutige Recinto Modernista de Sant Pau wurde 1997 zum **Welterbe der**

UNESCO erklärt. Der gesamte Komplex sollte ursprünglich aus 48 Gebäuden verschiedener medizinischer Fachbereiche bestehen. 27 wurden schließlich gebaut, 16 davon im modernistischen Stil. Sie liegen geometrisch angeordnet in genau bemessenen Abständen zueinander entlang zweier Straßen, die ein Kreuz bilden und sind unterirdisch miteinander verbunden.

Jedes Gebäude ist im modernistischen Stil gestaltet, das **Empfangsgebäude** sticht dabei besonders durch seine aufwendige Dekoration im Innern hervor, aber auch die äußere Gestaltung fällt mit der zentralen Dachspitze und dem Kuppeldach besonders auf. Zu besichtigen sind nur wenige Gebäude wie der **Pavelló de Sant Rafael**, der exemplarisch für die gesamte Gestaltung steht und einen schönen Eindruck vom damaligen Krankenhaus vermittelt. Auch im **Pavelló de la Administració** lassen sich Räume besichtigen, darunter die Sala Domènech i Montaner, ein 18 m hoher Festsaal, der sehr schön dekoriert ist. Außerdem kann der Pavelló de Sant Jordi im Rahmen der hier stattfindenden Ausstellungen besucht werden.

› c/Sant Antoni Maria Claret 167, www.santpaubarcelona.org, Tel. 932682444, geöffnet: April–Okt. tägl. 10–18.30, Nov.–März tägl. 10–17 Uhr, Eintritt: 16 €, 12–29 Jahre bzw. über 65 Jahre 11,20 €, unter 12 Jahren frei, Eintritt mit Führung (auf Spanisch, tägl. 11 Uhr): 20 €

› Metro: Sant Pau – Dos de Maig

64 La Sagrada Família ★★★ [P7]

Entworfen wurde diese Kirche vom genialen Antoni Gaudí. Obwohl an ihr immer noch gebaut wird, ist sie schon zu einem Wahrzeichen Barcelonas geworden.

Der vollständige Name lautet **Temple Expiatori de la Sagrada Família** (Sühnetempel der Heiligen Familie). 1882 wurden die Bauarbeiten begonnen, zwei Jahre später übernahm Gaudí die Weiterführung. Mehrfach überarbeitete er seinen eigenen Entwurf, erst 1906 fertigte er einen endgültigen Plan an. Er stellte sich etwas völlig Neues vor, ein Gotteshaus mit 18 Türmen.

Der Bau dieser Kirche wurde in dessen letzten Lebensjahren eine regelrechte **Passion von Gaudí**, er betrachtete die Fertigstellung als eine Art heilige Mission. Als es zu finanziellen Engpässen kam, stiftete er eigenes Geld und besuchte persönlich mögliche wohlhaben-

151bl-hj

Die Sagrada Família 64 ist eines der Wahrzeichen der Stadt de Spender. Als Gaudí starb, war noch nicht viel von der Kirche vollendet, die Bauarbeiten gingen sehr langsam weiter. Um 1930 standen erst drei Türme und die Geburtsfassade. Während des Spanischen Bürgerkriegs wurden Teile zerstört, darunter auch die Pläne und Modelle, erst 1952 konnte weitergearbeitet werden. Auch danach wurden immer wieder kritische Stimmen laut, die einen Abbruch der Arbeiten und der Kirche forderten. Heute hat sich diese Diskussion erledigt, die Sagrada Família ist nicht nur ein einzigartiges Kirchenbauwerk, sondern auch eine Touristenattraktion ersten Ranges und das **meistbesuchte Monument in Spanien**, denn alljährlich kommen über 3 Mio. Besucher hierher.

Konzipiert war eine 95 x 60 m große Kirche für 13.000 Gläubige. Der zentrale Turm sollte sich auf 170 m erheben, er ist Jesus Christus gewidmet. Weitere Türme symbolisieren die vier Evangelisten, diese Türme erreichen 120 bis 125 m Höhe, ein Turm stellt die Jungfrau Maria (120 m) und die restlichen 12 Türme die 12 Apostel dar, jeweils vier stehen an jeder Fassadenseite. Sie erreichen Höhen zwischen 98 und 117 m. Der höchste Turm misst 170 m, was nicht zufällig gewählt wurde, da er so knapp unter der natürlichen Höhe des Berges Montjuïc (173 m) bleibt. Nach christlicher Lesart sollte etwas vom Menschen Geschaffenes nicht höher sein als Gottes Werk. Bis heute gilt auch in Barcelona, dass kein Bauwerk höher sein soll als die Sagrada Família, was schon zu mancher Polemik geführt hat.

Neben den Türmen sollten **drei markante Fassaden** mit symbolhaften Szenen aus dem Leben Christi dargestellt werden: Geburt, Passion und Herrlichkeit. Einiges davon wurde auch schon errichtet. Besonders die Außenfassade **Façana del Naixement** (Geburtsfassade) vor der c/Marina ist reich an Ornamenten und Allegorien zur Jesus-Geschichte. Die **Façana de la Passió** (Passionsfassade) vor der c/Sardenya wurde erst nach Gaudís Ableben durch den katalanischen Bildhauer Josep Maria Subirachs vollendet. Sie zeigt in klaren Linien und mit großen Figuren Jesus auf dem Kreuzweg. Die **Façana de la Glòria** (Fassade der Herrlichkeit) ist noch nicht vollendet. Sie soll die letzte sein, die fertiggestellt wird.

Ende 2010 wurde die Sagrada Família endlich geweiht, da der Innenraum weitestgehend fertiggestellt war. Und man kann es kaum anders ausdrücken: Die

048bl-sm

Wunderschönes Glaskunstfenster in der Sagrada Família 64

Antoni Gaudí

118bl

So eigenwillig wie seine Bauwerke aussahen, so ungewöhnlich war sein Tod. Antoni Gaudí, genialer Architekt, der Barcelona eine ganze Reihe von faszinierenden Bauten bescherte, starb beinahe unerkannt. Im hohen Alter von 74 Jahren zog er täglich durch die Straßen der Weltmetropole, lief von seiner damaligen Wohnstätte an der Sagrada Família 64 *bis zur Kirche San Felipe Neri, eine Entfernung von mehreren Kilometern. Eines Tages war er wieder einmal unterwegs und bis heute bleibt unklar, ob er verträumt nicht aufpasste oder ob es einfach fürchterliches Pech war, denn eine Straßenbahn überfuhr ihn. Da er seinerzeit nicht gerade nach einem respektablen und wohlhabenden Mann aussah, lieferte man ihn zunächst ins Armenhospital ein. Der Mann, der Barcelonas Gesicht entscheidend geprägt hatte, wurde schlicht nicht erkannt. Erst einen Tag später entdeckten ihn seine Freunde und er wurde schleunigst verlegt. Am 12. Juni 1926 erlag Antoni Gaudí seinen Verletzungen. Viele Bürger der Stadt konnten seine Visionen nicht nachvollziehen. Gaudí verstieß mit seinen Werken gegen die herkömmlichen Konventionen, er errichtete Häuser, die weiche, gerundete, fließende Formen aufwiesen und nicht starr und eckig waren. Beeinflusst haben ihn die damals so populäre Gotik, aber auch orientalische Eindrücke. Als Ergebnis zeigen sich etliche Bauwerke noch heute als Stilgemisch, auch in der Verwendung sehr verschiedener Materialien.*

Gaudí war Katalane von ganzem Herzen und so tauchen immer wieder katalanische Elemente in seinen Werken auf, wie die Fahne oder das Bildnis des Drachens, abgeleitet vom Drachentöter Sant Jordi.

1852 wurde der Ausnahmearchitekt in der Nähe von Tarragona geboren. Bis zum Alter von sieben Jahren konnte er aufgrund einer rheumatischen Krankheit nur schlecht laufen. Seine späteren Biografen schlossen daraus, dass seine relative Bewegungsunfähigkeit ihn zu einem aufmerksamen Beobachter der Natur und ihrer Phänomene werden ließ, Elemente, die seine späteren Arbeiten maßgeblich beeinflussen sollten.

Als Siebzehnjähriger ging er nach Barcelona, um Architektur zu studieren und tauschte das ruhige Landleben gegen die quirlige Metropole. Dort versuchte er schon bald, die Phänomene der Natur in seine Entwürfe einfließen zu lassen, besonders die Tatsache, dass es in der Natur kaum eine gerade Linie gibt. Das erleichterte nicht gerade die statischen Berechnungen, machte die Bauwerke aber interessanter. So findet man im Park Güell 81 *Stützpfeiler, die nicht aufrecht stehend eine zweite Ebene tragen, sondern leicht schräg im 45-Grad-Winkel und in unregelmäßigen Ausmaßen errichtet wurden. Mit derartigen Ideen hatte er es zunächst schwer. Er zeichnete, entwarf und studierte noch nebenbei. Nachdem er schließlich sein Diplom erhielt, soll der Direktor sich gefragt haben, ob er nun ein Genie oder ein Verrückter sei. Und tatsächlich mag manchem seine Vision verrückt vorgekommen sein, nur nicht dem Grafen Güell, der einer seiner entscheidendsten Förderer wurde und etliche Aufträge vergab. Gaudí schuf unverwechselbare Arbeiten für den Graf, wie den Park Güell* 81 *oder den Palau Güell* 31 *im Zentrum von Barcelona. Dominierend sind hier wie immer die fließenden Formen, die dem Ganzen einen fast surrealistischen Eindruck geben. Alle Bauwerke werden von Ornamenten geschmückt, deren Form und Stil sie fast schon selbst zu staunenswerten Strukturen machen, neben der ungewöhnlichen Bauweise des Ganzen. Gaudís Bauwerke fallen auch heute noch derart aus dem Rahmen, dass selbst architektonische Laien sofort ein Haus im Gaudí-Stil identifizieren können.*

Kirche ist **wunderschön und wirklich beeindruckend.** Insgesamt wirkt sie innen sehr hell, es fällt viel Licht durch die kunstvoll bemalten Glasfenster. Der **Innenraum** ist 75 m hoch. Getragen wird das Gewölbe von Säulen, die sich wie Äste von Bäumen verzweigen.

Die **Krypta** ist ein Halbrundbau mit schönem Gewölbe und sieben Kapellen. In der mittleren Kapelle steht der Altar, hier wird die Messe gefeiert, die rechts liegende ist der Schutzpatronin von Katalonien gewidmet, der **Jungfrau von Montserrat** (s. S. 152), links liegt u. a. die Capilla de la Verge del Carme, wo **Gaudí bestattet** ist. Rechts befindet sich die Kapelle mit der letzten Ruhestätte von Josep Maria Bocabella i Verdaguer, dem eigentlichen Initiator der Sagrada Família.

Man sollte unbedingt gegen geringe Gebühr einen **Audioguide** an der Kasse leihen, denn nur so bemerkt und versteht man auch die vielen kleinen Details des Bauwerkes. Mit einem Fahrstuhl gelangt man in eine **Turmspitze**, von wo man eine sagenhafte Aussicht hat.

Die Fertigstellung der Kirche ist nun für 2026 geplant, wenn sich Gaudís Todestag zum einhundertsten Mal jährt.

Das kleine **Museum** zeigt Dokumente über das Leben und die Arbeit von Gaudí sowie Modelle, Fotos und Pläne zur Sagrada Família.

› Carrer Mallorca 401, Tel. 935132060, https://sagradafamilia.org, geöffnet: tägl. 9–18 Uhr, Eintritt mit Audioguide 26 € (Rentner, Studierende, Jugendliche unter 18 Jahren bekommen Ermäßigungen auf alle Tarife), inkl. Turmbesteigung 36 €, Kinder unter 10 Jahren freier Eintritt. Achtung: Onlinebuchung dringend angeraten.

› **Anfahrt:** per Metro bis zur Station Sagrada Família

120bl-sm

65 Barri de Gràcia ★ [M4]

Wer Barcelona bislang auf seinem touristisch relevanten Weg besucht hat, glaubt sich hier in Gràcia in einer anderen Welt. Früher war diese Zone ein **eigenständiges Dorf** außerhalb der Stadtmauern von Barcelona und ein wenig wirkt es auch heute noch so. Viele **junge Menschen und Ausländer** wohnen hier, aber es gibt auch ältere Bürger, die schon immer hier gelebt haben. Nicht wenige Besucher staunen, wie „normal" dieses Viertel ist, was man nur wenige Schritte jenseits des luxuriösen Passeig de Gràcia 46 eigentlich kaum vermuten würde. Aber genauso ist es und das macht den Reiz dieser Gegend aus.

Administrativ gilt Gràcia als der sechste von zehn Distrikten, in die die Stadt Barcelona unterteilt ist. Es umfasst im Grunde das Gebiet des ehemaligen Dorfes Gràcia, das 1897 eingemeindet wurde. Mit 4,19 km² ist es der kleinste Distrikt von Barcelona, aber er gilt als einer der am dichtbewohntesten. Insgesamt leben hier 120.000 Menschen. Die Lebensqualität scheint recht hoch zu sein, die Menschen wirken entspannt und zufrieden. Kein Wunder, es ist alles vorhanden: genügend Bars, Geschäfte, Wohnraum und immerhin zwei Markthallen. Wenn Mitte August das Hauptfest Festa Major gefeiert wird, sind die Straßen festlich geschmückt und die Bewohner nehmen begeistert teil.

Das Kernviertel bietet keine speziellen Sehenswürdigkeiten, außer einem wenig bekannten Gaudí-Haus (s. S. 99), es sind eher die Stimmung und Atmosphäre dieses Viertels, die es so interessant ma-

Das Viertel Gràcia wird von vielen kleinen Geschäften geprägt

050bl-sm

Das Rathaus von Gràcia an der Plaça de la Vila de Gràcia

chen. Diese Stimmung kann man insbesondere auf den Plätzen beobachten und erleben, beispielsweise an der **Plaça del Diamant**, dem möglicherweise bekanntesten Platz des Stadtteils, den die Schriftstellerin Mercè Rodoreda in dem Roman „Auf der Plaça del Diamant“ verewigte. Ihr zu Ehren steht dort auch eine Skulptur von Xavier Medina-Campany, die die Protagonistin des Buches darstellt, eine Frau aus dem Viertel mit Namen Colometa mitsamt ihren Tauben. Benannt ist der Platz nach einem Juwelier, dem Mitte des 19. Jh. hier einige Grundstücke gehörten, die nach verschiedenen Schmuckstücken benannt wurden.

1992 fand man hier einen **Luftschutzbunker** aus der Zeit des Spanischen Bürgerkrieges, der heute noch gut erhalten ist.

Ein weiterer netter Platz ist die **Plaça de la Vila de Gràcia.** Hier steht das Rathaus und noch heute wird aus dem blauen, 1904 erbauten Gebäude der Distrikt verwaltet. Im Eingangsbereich sind einige Gegants (s. S. 213) ausgestellt. Im Zentrum des Platzes erhebt sich ein 33 m hoher, achteckiger **Uhrenturm**, der zwischen 1862 und 1864 erbaut wurde. Hier findet man einige Lokale vor, praktisch alle haben eine Terrasse, auf der man sehr entspannt sitzen kann.

Das gilt auch für die **Plaça del Sol** [E/F11], einen weiteren netten Platz, der um 1840 entstand. Heute ist er vor allem als abendlicher Treffpunkt beliebt, da sich hier eine Vielzahl von Bars und Cafeterías befinden.

Die **Plaça de la Revolució Setembre 1868** gibt sich zwar dem Namen her martialisch, ist aber ein kleiner, friedlicher Platz mit den üblichen Bars und dem typischen Gràcianer Nachbarschaftsflair. Erinnert wird an einen militärischen Aufstand im September 1868, der sich vom südspanischen Cádiz über ganz Spanien ausbreitete und zur Abdankung der damaligen Königin Isabel II. führte.

Einen Besuch wert ist auch die **Markthalle Mercat de la Llibertat.** Sie existiert seit 1888 und verfügt über eine schöne,

Spaziergang 7: Durch das Barri de Gràcia

Ausgangspunkt des anderthalb- bis zweistündigen Spaziergangs ist die Metrostation Diagonal am Kreuzungsbereich der breiten Durchgangsstraße Avinguda Diagonal und des Flanierboulevards ***Passeig de Gràcia*** *46, deren Verlängerung, die Straße Gran de Gràcia, ins Viertel Gràcia führt.*

Hier ist nichts so, wie es noch wenige Meter entfernt am Passeig de Gràcia war: kein Luxus, keine schicken und teuren Häuser, Shops oder Bars, hier ist alles normal, geerdet, studentisch, fast schon kleinbürgerlich normal.

Als eine Art Abschiedsgruß des schicken Viertels kann man sich die auf der rechten Seite stehende ***Casa Fuster*** *67 ansehen, ein schönes modernistisches Gebäude von Lluís Domènech i Montaner aus den Jahren 1908–1911. Heute ist hier ein Luxushotel untergebracht, gebaut wurde es im Auftrag einer reichen Frau, der eine sehr bekannte Schokoladenfabrik gehörte. Wenn dieses Haus passiert ist, verengt sich die Straße deutlich, die Häuser nehmen eine „normale" Struktur an, das Leben wird alltäglicher, die Luxusmeile ist verlassen.*

Der Spaziergang führt an der dritten Kreuzung nach rechts in die c/Goya [L5] und sogleich wird es etwas ruhiger. Man taucht ein ins Viertel, das von vielen unterschiedlichen kleinen Geschäften geprägt ist. Diese Straße geht man bis zur ***Plaça de la Vila de Gràcia*** *hinauf. Ehemals Plaça de Rius i Taulet, nach einem ehemaligen Bürgermeister benannt, wurde der Platz in Plaça Vila de Gràcia umgetauft, da sich hier in dem blauen Gebäude das Rathaus des Viertels befindet. Im Eingangsbereich kann man einige Gegants besichtigen, großformatige Figuren, die nur bei Festen zum Einsatz kommen. Es geht weiter geradeaus durch die* ***Carrer del Diluvi*** *[L5], die auch hier viele kleine Geschäfte und viel Atmosphäre bietet.*

An der Querstraße c/del Torrent de l'Olla geht es nach rechts und gleich wieder nach links in die c/de Siracusa. Dann läuft man nach links in die c/Mare de Déu dels Desemparats und man taucht jetzt ganz tief ein ins Viertel Gràcia. Diese Straße führt zu einer von zwei Markthallen des Viertels, zum Mercat Abaceria Central (geöffnet: Mo.–Fr. 8–14.30 und 17–20.30, Sa. 8–15 Uhr), einem ganz gewöhnlichen Wochenmarkt, der nichts mit der von Touristen überlaufenen ***Boqueria*** *3 an den Rambles gemein hat, obwohl sich auch hier genügend Ausländer aufhalten, die aber zumeist im Viertel leben.*

Im Umfeld der Markthalle finden sich weitere Geschäfte und hier herrscht zur Marktzeit ein ziemliches Treiben. Nun geht es weiter durch die Straße geradeaus, wobei die Hauptstraße des Viertels, die Travessera de Gràcia, gequert wird. Die Straße führt weiter direkt zur Plaça de la Revolució Setembre 1868. Dieser Platz ist nicht groß und wenig spektakulär, aber auch hier gibt es einige Lokale mit Terrassen auf dem Platz, wo man nett draußen sitzen und die Stimmung aufnehmen kann. Das touristische Barcelona scheint hier meilenweit entfernt zu sein!

›

Nun überquert man den Platz einmal und spaziert weiter geradeaus durch die c/de Verdi [M4]. Auch diese Straße ist verkehrsberuhigt, sodass man wirklich entspannt schlendern und die kleinen Shops, Bars und Restaurants bewundern kann, genau wie das Kino Verdi, in dem Filme in der jeweiligen Originalsprache laufen.

An der c/de l'Or geht es kurz nach links, schon ist der bekannteste Platz des Viertels erreicht, der ***Plaça del Diamant.*** *Berühmt wurde der Platz durch den gleichnamigen Roman der Schriftstellerin Mercè Rodoreda, deren Hauptfigur Colometa mit einer Skulptur hier verewigt ist.*

049bl-sm

Diesen Platz überquert man und geht nach links in die c/Astúries, die hinaus aus dem Viertel zurück zur Hauptstraße Gran de Gràcia führt. Auch an dieser Straße finden sich viele kleine Geschäfte wie Bäcker, Bioläden, Restaurants, Buchhändler, asiatische Gewürzhändler usw. Schließlich erreicht man wieder die Straße Gran de Gràcia direkt bei der Metrostation Fontana. Es lohnt sich aber, noch einen kurzen Abstecher zu machen. Dazu muss man diese Straße queren und weiter hoch durch die c/Bretón de los Herreros gehen und anschließend nach rechts durch die c/Aulèstia i Pijoan bis zur c/de les Carolines. Genau dort steht ein von Gaudí erbautes Haus, die ***Casa Vicens*** *66. Dies war eine seiner ersten Arbeiten (ab 1883) und schon hier ahnt man seinen ungewöhnlichen Stil. Für viele Experten gilt diese Arbeit als eine Art Initialzündung zur Entwicklung eines neuen Baustils, der „Modernismus" genannt wurde. Bislang war das Haus nur von außen zu besichtigen, eine Öffnung für die Öffentlichkeit ist geplant.*

Jetzt geht es durch die c/de Carolines zurück zur Gran de Gràcia und dort erneut nach rechts. Entweder beendet man seinen Rundgang direkt an der Metrostation Fontana oder man geht noch ein Stück weiter hinunter bis zur nach rechts führenden Straße c/del Cigne, die zur zweiten Markthalle des Viertels führt, dem ***Mercat de la Llibertat,*** *mit einer schönen Eisenkonstruktion aus dem Jahr 1888 (geöffnet: Mo.–Fr. 8.30–20.30, Sa. 8.30–15 Uhr).*

◁ Der Uhrenturm im Barri de Gràcia (s. S. 102)

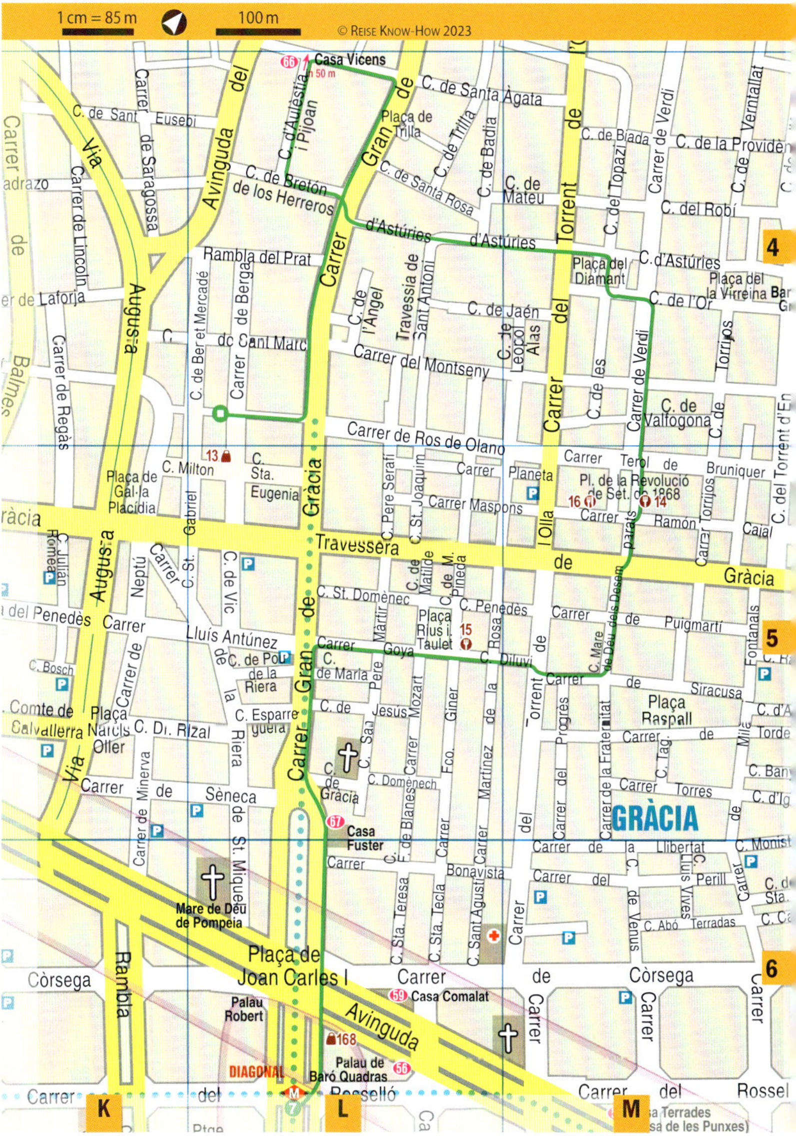
1 cm = 85 m
100 m
© Reise Know-How 2023
Casa Vicens
66
50 m
C. de Santa Àgata
Plaça de Trilla
C. de Trilla
C. de Badia
C. de Biada
Carrer de Verdi
C. de la Providèn
Vernallat
C. de Sant Eusebi
Carrer de Saragossa
Avinguda del
Via Augusta
Carrer de Lincoln
C. d'Aulèstia i Pijoan
C. de Bretón de los Herreros
Carrer Gran de Gràcia
C. de Santa Rosa
C. de Mateu
C. del Topazi
C. del Robí
Carrer del Torrent de l'Olla
d'Astúries
C. d'Astúries
Plaça del Diamant
Plaça del la Virreina
C. de l'Or
Rambla del Prat
Carrer de Laforja
Carrer de Balmes
C. de Jaén
C. de l'Àngel
Travessia de Sant Antoni
C. de Leopol Alas
Carrer de Berga
C. de Ber et Mercadé
C. de Sant Marc
Carrer del Montseny
Torrijos
C. de les
C. de Valfogona
Carrer de Regàs
Carrer de Ros de Olano
Carrer Terol
Bruniquer
C. del Torrent d'En
13
C. Sta. Eugenia
C. Milton
Plaça de Gal·la Placídia
Carrer Planeta
Pl. de la Revolució de Set. de 1868
16
14
Carrer Maspons
Carrer Ramón
Cajal
C. Pere Serafí
C. St. Joaquim
Gràcia
Travessera de Gràcia
C. Julián Romea
Neptú
C. St. Gabriel
C. de Vic
C. de Matilde
C. de M. Pineda
C. St. Domènec
C. Penedès
Carrer de Puigmartí
Fontanals
del Penedès
Carrer Lluís Antúnez
Plaça Rius i Taulet
15
Carrer Goya
C. Diluvi
C. Mare de Déu dels Desemparats
C. de Pou de la Riera
C. de Maria
C. Bosch
Comte de Salvatierra
Plaça Narcís Oller
Carrer de
C. Dr. Rizal
C. Esparteria
Riera
Jesús
Mozart
C. Sant Pere Màrtir
Carrer de Siracusa
Plaça Raspall
C. de Progrés
Carrer de la Fraternitat
Carrer de Torres
C. Tagamanent
Mila
C. Domènech
C. de Gràcia
Fco. Giner
Carrer Martínez de la Rosa
Carrer de Minerva
Carrer de Sèneca
C. de St. Miquel
67
Casa Fuster
Carrer de Blanes
Carrer Bonavista
Carrer de la Llibertat
C. Lluís Vives
Perill
GRÀCIA
C. Sta. Teresa
C. Sta. Tecla
C. Sant Agustí
Carrer del
C. de Venus
C. Abó Terradas
Mare de Déu de Pompeia
Plaça de Joan Carles I
Rambla
Còrsega
Carrer de Còrsega
Palau Robert
59 Casa Comalat
Avinguda
168
Palau de Baró Quadras
56
DIAGONAL
Carrer del Rosselló
K
L
M
4
5
6
Casa Terrades (Casa de les Punxes)

159bl-hj

tragende Eisenkonstruktion. Noch immer findet hier fast täglich ein gut bestückter Markt statt. Das hat lange Tradition, denn als Gràcia noch ein Dorf war, erstreckten sich gleich hinter der heutigen Markthalle die Gemüsefelder der Bauern, sodass die Landwirte, die hier zusammenkamen, ihre Produkte in der Nähe ihrer Höfe verkaufen konnten.

13 [L5] **Markthalle Mercat de la Llibertat,** Plaça de la Llibertat 27, geöffnet: Mo.-Fr. 8.30-20.30, Sa. 8.30-15 Uhr

Die Casa Vicens fällt durch ihre Formen und Farben sofort ins Auge …

66 Casa Vicens ★★ [L4]

Dieses Haus ist eines der eher **weniger bekannten Werke von Gaudí.** Es steht inmitten von ganz normalen Wohnhäusern, aber das 1883-1885 erbaute Gebäude fällt mit seinem orientalisch anmutenden Fassadenschmuck deutlich auf.

Es war eine der ersten Auftragsarbeiten für Gaudí, erteilt im Jahr 1878 vom Börsenhändler Manuel Vicens Montaner. Allerdings dauerte es noch fünf Jahre, bis Gaudí im Jahr 1883 mit den Arbeiten begann. Vicens Montaner erbte von seiner Mutter ein etwa 1000 m² großes Grundstück, das seinerzeit im Dorf Gràcia lag, also weit außerhalb der Stadt. Gaudí sollte hier ein Sommerhaus bauen, in dem die Familie der städtischen Sommerhitze entfliehen konnte.

Daher war eine gut funktionierende Luftzirkulation und natürliche Kühlung wichtig, was Gaudí bei der Gestaltung der **Fenster** zu berücksichtigen wusste. Über dem Balkon ließ er mehrere symbolhafte Sätze auf Katalanisch anbringen, die auf die Funktion als Sommerhaus hindeuten, so beispielsweise: „Oh l'ombra de l'estiu" („Oh Schatten des Sommers"). Neben dem Haus wurde auch ein **Garten** mit einem Teich und einem kleinen **Wasserfall** angelegt, was so nicht unbedingt üblich war in Spanien, aber auch dies sollte der Kühlung dienen. Gaudí ließ sich hierbei von maurischen Bauten aus Andalusien inspirie-

ren, was man auch in der Außendekoration erkennen kann.

Kulturhistorisch wird dieses Haus als eines der ersten Beispiele des neu entstandenen Baustils „Modernismus" gewertet. Das Haus erhielt vorkragende **Erker** und eine Vielzahl von **Schmuckelementen,** zumeist blau-grüne oder weiße Kacheln, die die harten Ecken und Kanten verdecken und optisch abmildern und sich vor der roten Ziegelwand außerordentlich hübsch machen. Allerdings baute Gaudí hier noch relativ konventionell, so dominieren in der Casa Vicens noch gerade Wände und kantige Ecken, was Gaudí in späteren Projekten immer mehr vermied.

Innen können auf mehreren Etagen verschiedene, sehr individuell gestaltete Zimmer besucht werden. Besonders eindrucksvoll sind das **Rauchzimmer** mit seinen vielen hübschen Schmuckelementen und der schicke **Speisesaal.** Oben werden eine **Dauerausstellung zu Gaudí** und seinem Werk und Wechselausstellungen, die thematisch mit Gaudí verbunden sind, gezeigt.

Ein weiteres Element, das Gaudís spätere Bauten prägt, zeigt sich bereits hier, nämlich ein **Türmchen** auf dem Dach.

Der schmiedeeiserne **Zaun** vor dem Haus ist mit sich ständig wiederholenden Palmen kunstvoll gestaltet.

› c/de les Carolines 24, geöffnet: April–Okt. tägl. 10–20, Nov.–März Mo. 10–15, Di.–So. 10–19 Uhr, Eintritt: 18 €, ermäßigt (Studenten 12–15 Jahre, über 65 Jahre) 16 € (Online-Tarife, am Schalter kostet es jeweils 2 € mehr)

... und beeindruckt mit aufwendigen Details

051bl-sm

67 Casa Fuster ★ [L5]

Die Casa Fuster ist ein schönes modernistisches Gebäude von Lluís Domènech i Montaner aus den Jahren 1908–1911. Heute ist hier ein **Luxushotel** untergebracht, gebaut wurde es im Auftrag einer reichen Frau, der eine sehr bekannte Schokoladenfabrik gehörte. Das Haus fällt durch die dominierende, in zylindrischer Form gestaltete Gebäudeecke auf und durch die aufwendig gestalteten Fenster und Balkone, geschmückt mit wuchtigen Säulen und floralen Ornamenten.

› Passeig de Gràcia 132

Gastronomie

14 [M5] **La Cervesería** €, Plaça Revolució de Setembre 1868, 3, Tel. 932139533, geöffnet: Mo.–Fr. 12–24, Sa., So. bis 0.30 Uhr. Das Lokal befindet sich direkt am Platz und ist sehr beliebt. Es bietet eine regionale Küche, auch während des Lunchs. U. a. gibt es neben der üblichen Speisekarte ein Tapas-Menü, ein Burger-Menü oder auch eine sogenannte Pica-pica-Platte.

15 [L5] **Las Euras** €, Plaça Rius i Taulet 1, Tel. 934150400, geöffnet: Mo.–Fr. 7–24, Sa. 7.30–1 Uhr. Kleines, solides, historisches Ecklokal, eigentlich mehr eine Eckkneipe in guter Lage, immer gut besucht. Mittagstisch auch am Wochenende, Tapas und katalanische Gerichte. Etwas eng, dafür aber mit Terrasse zum Platz.

16 [M5] **Llar de Foc** €€, Carrer de Ramón y Cajal, 13, Tel. 932841025, geöffnet: Di.–So. 13–15.30, Di.–Sa. 20.30–24 Uhr. Das Llar de Foc ist ein Klassiker hier im Viertel und wirkt etwas gesetzter als die anderen Lokale, ein Lokal der alten Schule also. Es gibt katalanische Gerichte, einen Mittagstisch und (leider nicht immer) *calçots* (Lauchzwiebeln) vom Grill.

Das Luxus-Hotel Fuster

Montjuïc

Der Berg Montjuïc erhebt sich auf 173 Metern Höhe in unmittelbarer Nähe zum Hafen. Einst stand hier eine militärische Festung, heute befinden sich hoch oben mehrere interessante Museen und die ehemaligen olympischen Sportstätten.

Der Montjuïc bot eine strategisch äußerst günstige Lage, deren Vorzüge schon frühzeitig erkannt wurden. Bereits 1640 baute man hier eine Festung, die damals nur aus Holz bestand und dennoch den Angriffen der Truppen des spanischen Königs Felipe IV. standhielt. Später entstand dann eine wuchtige **Festung** aus Stein, die lange Zeit auch als Militärgefängnis genutzt wurde.

Doch all das ist Geschichte, heute befindet sich dort ganz oben eine ehemalige Festung, die besichtigt werden kann und von der man einen schönen **Fernblick über die Stadt und den Hafen** hat.

Der Montjuïc veränderte im Zuge von zwei Großveranstaltungen im vergangenen Jahrhundert radikal sein Gesicht. 1929 wurde die **Weltausstellung** gefeiert und dazu entstanden mehrere Großprojekte an der Nordseite des Berges. Anlässlich der **Olympischen Spiele 1992**, wurden dann mehrere Sportstätten gebaut oder renoviert, wie beispielsweise das große Olympiastadion 74. Heute ist der Montjuïc eine großzügige begrünte Anlage, die mit einigen Sehenswürdigkeiten aufwartet. Eine Straße schlängelt sich von dem sogenannten Eingangstor, der **Plaça d'Espanya** 68, bis ganz ans

Von der Plaça d'Espanya 68 geht es zwischen den Türmen hindurch zum Montjuïc

052bl-sm

Spaziergang 8: Zum Montjuïc

Gut, ein Spaziergang hoch zum Montjuïc ist eine anstrengende Angelegenheit, aber durchaus lohnend und außerdem muss niemand die gesamte Wegstrecke hochgehen, das hat der Autor mehrfach gemacht und möchte deshalb auch davon abraten.

Aber auch der hier beschriebene, mit einer farbigen Linie ***im Faltplan eingezeichnete Weg,*** *der eine Abkürzung beinhaltet, zieht sich! Selbst wer diese Abkürzung nimmt, sollte mit wenigstens 2,5 Stunden rechnen, eher mit mehr. Ausgangspunkt ist die* ***Plaça d'Espanya*** *(68) mit der gleichnamigen Metrostation. Wer sich zunächst einen Überblick verschaffen will, fährt mit dem gläsernen Außenfahrstuhl am Shoppingcenter L'Arena hoch (1 €). Zur Orientierung: Der Weg führt zwischen den beiden hochaufragenden Türme hindurch.*

Diese Straße geht man entlang zum monumentalen Gebäude im Hintergrund. Die Straße heißt Avinguda de la Reina Maria Christina, ist sehr breit und wird von historischen Laternen gesäumt. Gelegentlich funktionieren hier auch schon die Wasserspiele am Tag. Links und rechts stehen die Messehallen („Fira"). Das Gebäude im Hintergrund ist der ***Palau Nacional,*** *in dem eines der wichtigsten Museen der Stadt untergebracht ist, das* ***Museu Nacional d'Art de Catalunya*** *(69).*

Man geht nun direkt bis vor den Haupteingang, steigt dazu die Freitreppe hoch (oder nutzt die Rolltreppe), überquert eine Straße, passiert den großen Springbrunnen, an dem abends das beeindruckenden Schauspiel der Licht- und Wasserspiele ***Font Màgic*** *(70) stattfindet. Schließlich steht man ganz oben vor dem Palast und genießt einen schönen Blick über die Plaça d'Espanya (68) und die halbe Stadt. Direkt hinter dem Palastgebäude mit dem Museum gibt es eine Abkürzung hoch zum* ***Olympiastadion*** *(74).*

Dazu muss man einmal um das Gebäude herumgehen, also nach rechts zum Parkplatz, dann nach links am Gebäude vorbei und schließlich sieht man auch schon im Hintergrund eine Treppe (und eine Rolltreppe!). Diese führt hoch bis fast direkt

0053bl-hj

vor das Stadion. Oben angekommen, muss man die Straße queren und nach links gehen. Einen Blick in das Stadion, in dem 1992 die Olympischen Sommerspiele gefeiert wurden, kann man kostenlos werfen. Weiter geht es nun entlang der Straße. Gleich neben der Sportstätte steht das Museu Olímpic i de l'Esport 75*, eine gut gemachte multimediale Ausstellung rund um die Themen Sport und Olympia 92.*

Es geht weiter geradeaus auf der ganz leicht ansteigenden Straße. Man sollte hier nicht den abzweigenden Straßen folgen. Links passiert man die Gärten ***Jardins de Laribal*** *mit ihrer mediterranen Vegetation, diese Gärten bestehen schon seit 1922.*

Gleich danach folgt das helle Gebäude des ***Museum Joan Miró*** 76*. Dahinter liegt ein weiterer kleiner Park, in dem Skulpturen ausgestellt sind. Auf dem weiteren Weg kann man nach links einen Blick durch die Bäume auf die Stadt werfen. Rechter Hand befindet sich dann die Station der Standseilbahn Funicular (s. S. 112), die aus der Stadt von der Straße Paral·lel kommt und gleich nebenan die Seilbahn, die hoch zum* ***Castell de Montjuïc*** 78 *schwebt. Es geht weiter Richtung des hier bereits ausgeschilderten „Mirador" (Aussichtspunkt). Dort befindet sich die Station der Seilbahn, die über den Hafen schwebt. Vorher passiert man ein* ***Schwimmbad*** *mit einem Sprungturm, von dem schon Werbeaufnahmen gemacht wurden. Ab hier wird der Weg etwas abschüssig und erreicht schließlich einen Kreisverkehr vor einem kleinen Park. Dahinter befindet sich das Restaurant Miramar (s. S. 190) und gleich daneben steht die Station der Seilbahn. Dieser Spaziergang endet genau dort.*

Von der Terrasse des Lokals hat man einen ***sagenhaften Blick über den Hafen und die Stadt.*** *Zurück gelangt man entweder mit der Seilbahn, die über den Hafen bis in die Nähe des Strands bei Barceloneta* 38 *schwebt, oder man fährt mit einem Bus zurück. Dazu muss man etwa 150 m zurückgehen, dort halten sowohl die Touristenbusse als auch der Linienbus Nr. 150, der zurück zur Plaça d'Espanya* 68 *fährt.*

163bl ©dudlajzov, stock.adobe.com

Von den Jardins del Mirador hat man einen wunderbaren Blick auf die Stadt

Blick ins alte Olympiastadion 74 *während eines Volkslaufs*

Ende des Berges, wo man von einem Aussichtspunkt 77 einen fantastischen Blick über Barcelona hat. Außerdem schwebt genau von dort eine Seilbahn über den Hafen wieder hinunter zum alten Fischerviertel Barceloneta 38.

68 Plaça d'Espanya ★★ [F8]

Dieser weitläufige Platz entstand 1929 und gilt mit seinen 43.000 m² als **zweitgrößter Platz in Spanien** nach einem gleichnamigen Platz in Madrid. Er ist kreisförmig, hier treffen mehrere wichtige Durchgangsstraßen aufeinander und unterirdisch kreuzen verschiedene Metro- sowie Vorortbahnen.

Im Zentrum steht eine **Skulptur**, die eine Allegorie der Herrlichkeit Spaniens darstellt, u.a. sind die drei Meere dargestellt, die Spanien umgeben, und es werden Religion, Mut und Kunst verherrlicht.

Die beiden 47 Meter hohen **Türme** markierten den Eingangsbereich für die Weltausstellung 1929, dort stehen heute noch Messehallen, in denen Veranstaltungen stattfinden. Die beiden Türme sind denen des Markusplatzes in Venedig nachemp-

EXTRAINFO

Montjuïc besuchen, aber wie?

Sehr hoch ist dieser Berg zwar nicht (173 m), aber die Straße, die von der Plaça d'Espanya kommend hochführt, zieht sich sehr (!) lange hin. Natürlich könnte man auch die Strecke bis zum Ende der Straße beim Aussichtspunkt Miramar J. Costa Llobera (von wo die Seilbahn über den Hafen nach Barceloneta schwebt) zu Fuß gehen, aber es sind schon ca. 5 km. Der Autor hat es bereits gemacht, es ist aber kein Zuckerschlecken unter der heißen Sonne und ständig leicht bergan gehend. Aber es gibt ja auch Alternativen:

- **Bus Nr. 55** fährt von der Plaça Urquinaona [L9] hoch zum Montjuïc bis zur Plaça Dante, unweit von der Station der Seilbahn Transbordador aeri del Port, die über den Hafen nach Barceloneta 38 schwebt. Passiert werden auf dieser Route das Olympiastadion 74 und das Miró-Museum 76.
- **Bus Nr. 150** fährt von der Plaça d'Espanya 68 hoch zum Montjuïc und ganz hoch bis zum Castell de Montjuïc 78 an vielen Sehenswürdigkeiten wie der Fundació Miró 76, dem Olympiastadion 74 und Poble Espanyol 73 vorbei.
- Eine **Standseilbahn (Funicular)** verkehrt von der Avinguda del Parallel (gleichnamige Metrostation) zwischen 7.30 und 22 Uhr (Sa., So. ab 9 Uhr) bzw. bis 20 Uhr im Winter alle 10 Min. hoch zum Montjuïc. Die Station oben befindet sich recht nahe beim Museum Fundació Miró 76. Diese Bahn ist in das Tarifsystem der Metro eingebunden. Oben steht gegenüber der Funicular-Station die Station der **Seilbahn (Telefèric)**, die zwischen 10 Uhr bis 19 Uhr (Okt.-Mai, sonst bis 21 Uhr) ganz nach oben zur Festung Castell de Montjuïc 78 schwebt. Preise: 9,40 € einfach bzw. 14,20 € hin und zurück, Kinder 7,50 € bzw. 10,20 € (www.telefericdemontjuic.cat).
- Gondeln einer anderen **Seilbahn (Transbordador Aeri del Port)** schweben von Barceloneta alle 15 Minuten etwa in der Zeit von 11 bis 17.30 oder 20 Uhr (je nach Jahreszeit) quer über den Hafen bis hoch zum Berg Montjuïc am Aussichtspunkt Miramar J. Costa Llobera 77. Preise: einfach 11 €, hin und zurück 16,50 € (www.telefericodebarcelona.com).

funden. Markant ist hier auch ein hoch aufragendes Hotel mit einer riesigen Uhr und das Einkaufszentrum L'Arena, das in der ehemaligen Stierkampfarena untergebracht ist. Ein Außenfahrstuhl (1 €) fährt hoch zur Terrasse, von wo man einen schönen Blick über den Platz genießt.

69 Museu Nacional d'Art de Catalunya ★★ [E10]

Das Nationale Museum der Katalanischen Kunst (abgekürzt: MNAC) ist in einem prächtigen Gebäude untergebracht, dem **Palau Nacional** („Nationalpalast"), der zwischen 1926 und 1928 eigens für die **Weltausstellung** gebaut wurde.

Eine breite **Treppe** führt hoch zu dem großen Gebäude, das von den Architekten in Anlehnung an andere Monumentalbauten in Spanien erschaffen wurde wie beispielsweise die strenge klosterähnliche Königsresidenz El Escorial unweit von Madrid.

Geplant war das Gebäude im Geiste der damaligen kastilischen (also: spanischen) Diktatur, nun hat sich hier ein ganz besonderes Museum etabliert. Es ist **eines der wichtigsten Museen von Barcelona**, beherbergt es doch eine Sammlung mit Werken aus der 1000-jährigen Kunstgeschichte Kataloniens.

Hier wurden **sakrale Fundstücke** aus verschiedenen katalanischen Kirchen wie Altäre, riesige Gemälde und die besonders beeindruckenden romanischen Wand- und Deckenmalereien zusammengetragen. Die **romanische Kunst** gehört zu den herausragenden Exponaten des Museu Nacional d'Art de Catalunya. Sie beinhaltet Werke aus dem 11. bis 13. Jh., überwiegend Wandmalereien, die sich in vielen kleinen Kapellen in winzigen Bergdörfern der Pyrenäen befanden. Dort wurden diese Kunstwerke schließlich mühsam entfernt, nach Barcelona gebracht und im Museum wieder aufgebaut. In den Dorfkirchen verblieb eine Kopie, die dem jeweiligen Zustand des Urwerkes genau entsprach. Diese Kopien wurden nicht restauriert oder gar verbessert, sondern mit allen Fehlern, abgeblätterten Stellen und verblassten Farben nachgebildet. Herausragend sind dabei die **Wandgemälde aus den Pyrenäen-Kirchen Sant Climent und Santa María** (beide aus dem Dorf Taüll), die aus dem 12. Jh. stammen. Die uralten Bildnisse wirken noch heute sehr eindringlich und plakativ. Sie wurden erschaffen, um der damaligen Bergbevölkerung, die kaum Bildung besaß und weder lesen noch schreiben konnte, die christliche Lehre zu verdeutlichen, einschließlich einer möglichen Verdammnis in der Hölle bei Verstoß gegen die christlichen Gebote.

Weiterhin wird eine wertvolle Sammlung **sakraler gotischer und barocker Kunst** gezeigt. Die erste Etage beherbergt eine **Sammlung moderner Kunst aus dem 20. und 21. Jh.** Diese Ausstellung ist in vier thematische Blöcke unterteilt, darunter so interessante wie

KLEINE PAUSE

Zwei Lokale im Museum

Im Museu Nacional d'Art de Catalunya gibt es zwei Gastronomiebereiche, eine kleine **Cafetería** im großen ovalen Raum und oben das gute Restaurant **Òleum** (Di.–So. 12.30–16 Uhr), von dem man einen tollen Blick über die Zufahrtsstraße bis zur Plaça d'Espanya hat (www.museunacional.cat/gastronomia).

„Modernismus" oder „Kunst und Bürgerkrieg". Auch Werke der **modernen katalanischen Kunst** und eine **numismatische Sammlung** finden sich hier.

› Parque de Montjuïc, Tel. 936220376, www.museunacional.cat, geöffnet: Okt.–April Di.–Sa. 10–18, So. 10–15, Mai–Sept. Di.–Sa. 10–20, So. 10–15 Uhr, Eintritt: 12 €, Kinder unter 16 Jahren sowie Erw. über 65 Jahre haben freien Eintritt. An jedem ersten Sonntag im Monat sowie Sa. nach 15 Uhr ist der Eintritt für jedermann frei.

› Metro: Espanya

70 Font Màgic ★★★ [E9]

Ein wunderschönes Spektakel ist die abendliche Beleuchtung der Wasserspiele vor dem Palau Nacional, genannt Font Màgic („magischer Springbrunnen").

Vor dem schönen Palau Nacional befindet sich ein Ensemble von Springbrunnen, genau wie entlang der Straße Maria Cristina. Der zentrale Punkt aber liegt genau vor dem Palau Nacional, denn dort befindet sich eine größere Anlage, die Wasserfontänen in die Luft schießt. Es ist ein Spektakel aus Licht und Musik, bei dem 2600 Liter Wasser pro Sekunde aus zahlreichen Düsen in einem choreografisch abgestimmten Rhythmus hochgeschossen werden, der farblich unterlegt und von passender Musik begleitet wird.

Gebaut wurde die Anlage 1929 anlässlich der zweiten Weltausstellung von Carles Buïga, die Musik als Untermalung kam erst in den 1980er-Jahren hinzu. Anlässlich der Olympischen Spiele 1992 wurde die Anlage generalüberholt, hat aber trotz allem noch Teile des Original-Mechanismus.

› www.barcelona.cat/en/what-to-do-in-bcn/magic-fountain, Termine: März Do.–Sa. 20–21 Uhr, April/Mai Do.–Sa. 21–22 Uhr, Juni–Sept. Mi.–So. 21.30–22.30 Uhr, Okt.

054bl-sm

⊡ *Die wundervolle Wasser- und Lichtshow Font Màgic*

Do.–Sa. 21–22 Uhr, Nov.–6.1. Do.–Sa. 20–21 Uhr, keine Show vom 7.1. bis Februar. **Zum Zeitpunkt der Drucklegung waren die Wasserspiele wegen anhaltender Trockenheit eingestellt, um Wasser zu sparen.**

› Metro: Espanya

71 Pavelló Mies van der Rohe ★ [E9]

Diesen Deutschen Pavillon baute Ludwig Mies van der Rohe in klaren Linien im **Bauhausstil** anlässlich der Weltausstellung 1929.

Das Gebäude kam damals einer mittleren Sensation gleich. Es liegt ein kleines Stück rechts vom Palau Nacional. Nach der Ausstellung wurde das Gebäude, wie es damals üblich war, wieder abgebaut. Das aktuelle Haus ist ein Nachbau aus dem Jahr 1986, das anlässlich des 100. Geburtstags von Mies van der Rohe eröffnet wurde. Bestimmendes Element sind die freien Räume, tragende Wände oder Stützen liegen außen, trennende Elemente können neben nicht tragenden Wänden auch Raumteiler sein, so wie die unterschiedlichen Fußbodenbeläge oder Lichtschranken. Ausgestellt ist dort auch der „Stuhl Barcelona", entworfen von van der Rohe, sein Design gilt mit seinen verchromten und leicht gekrümmten Beinen als stilbildend. Hier nahm das spanische Königspaar während der Eröffnungsfeier der Ausstellung Platz. Der Stuhl ist als Nachbildung noch heute in so manchem Ärztewartezimmer zu finden.

› Avinguda Francesc Ferrer i Guàrdia 7, Tel. 934234016, www.miesbcn.com, geöffnet: März–Okt. tägl. 10–20, Nov.–Febr. tägl. 10–18 Uhr, Eintritt: 8 €, Studierende 4 €, Personen unter 16 Jahren frei

› Metro: Espanya

72 Kunstmuseum Caixa Forum ★ [E9]

Untergebracht ist dieser Ausstellungsbereich in der ehemaligen Fábrica Casaramona, einem modernistischen Gebäude von Josep Puig i Cadafalch. Erbaut 1913, wurde die Fabrik bereits 1919 geschlossen, obwohl sie zur damaligen Zeit als innovativ galt, die Räume beispielsweise wurden bereits mit elektrischem Licht beleuchtet. Lange Zeit war sie dann ohne Nutzung, bis hier fast 50 Jahre eine Polizeistation existierte. 2002 installierte die Sparkasse La Caixa, die viele Kulturorganisationen unterstützt, hier ein Kultur- und Sozialzentrum, in dem heute wechselnde **Ausstellungen zur zeitgenössischen Kunst** stattfinden. Nicht nur die Ausstellungen locken, sondern auch das kleine Museumscafé, denn vom ersten Stock erhält man einen guten Überblick über das Areal.

› Avinguda de Francesc Ferrer i Guàrdia 6–8, Tel. 934768600, geöffnet: tägl. 10–20 Uhr

73 Poble Espanyol ★ [D9]

Ebenfalls zur Weltausstellung 1929 kreiert, sollte hier im „Spanischen Dorf", so die Übersetzung von Poble Espanyol, ein Einblick in die verschiedenen kulturellen und architektonischen Besonderheiten ganz Spaniens gegeben werden. Diesem Anspruch werden die 117 Gebäude noch heute gerecht und so kann man eine **Rundreise durch Spanien auf engstem Raum** unternehmen. Ausgehend von der Idee einer ummauerten Stadt, wie es sie mit Ávila in Zentralspanien ja tatsächlich gibt, wurden hier interessante Bauwerke nachgebildet, sehr häufig natürlich in verkleinerter Form. Eine typische Plaza Mayor („Hauptplatz") wird umgeben von mehreren historischen Häusern aus zumeist kleineren Orten. Diesem Platz folgen mehrere „Stadtviertel" mit Bauwerken aus verschiedenen spanischen Provinzen. Manche dürften nur echten Kennern etwas sagen, aber das andalusische Viertel mit seinen kalkweißen und mit Blumen geschmückten Häusern bildet ein bekanntes Stereotyp ab. Natürlich darf auch ein katalanisches „Viertel" nicht fehlen.

Verstreut über das Gelände befinden sich auch **Handwerks- und Kleinkunstgeschäfte,** die Arbeiten „ihrer" jeweiligen Region anbieten. Mittlerweile hat sich das Poble Espanyol auch zu einem beliebten **Treffpunkt für Nachtschwärmer** entwickelt, da es hier neben vielen Geschäften auch etliche Bars gibt.

› Avinguda Francesc Ferrer i Guàrdia 13, Tel. 935086300, www.poble-espanyol.com, geöffnet: Mo. 9–20, Di.–Do. und So. 9–24, Fr. 9–3, Sa. 9–4 Uhr, Eintritt: 14 €, Kinder (4–12 J.) 10 €, Familien 28–32 €, Senioren 10 €, Studenten 10,50 €
› Metro: Espanya

74 Anella Olímpica ★★ [D10]

Anella Olímpica wird das **olympische Viertel auf dem Montjuïc** genannt, das anlässlich der Spiele 1992 errichtet wurde. Zu besichtigen sind das **Olympiastadion**, das **Schwimmbad** und der **Palau Sant Jordi,** in dem 17.000 Zuschauer Platz finden, sowie der großzügige Platz **Plaça d'Europa.**

Zu einer Art Symbol der Spiele von 1992 wurde der Fernsehturm **Torre de Calatrava,** dessen auffällige Bauweise weithin sichtbar ist. Der weitläufige Platz vor dem Olympiastadion war eine Zone des zwanglosen Begegnens der Sportler.

Am oberen Bereich vor dem Fernsehturm befindet sich die kreisrunde **Plaça**

055bl-sm

056bl-sm

d'Europa, an deren Seitenwand diverse Persönlichkeiten aus ganz Europa abgebildet sind, die den europäischen Gedanken pflegten. Das Olympiastadion wurde bereits in den 1930er-Jahren gebaut, um hier die sogenannten alternativen Olympischen Spiele im Gegenzug zu den offiziellen, 1936 im Hitler-Deutschland stattfindenden zu begehen. Diese fielen aber nach dem Ausbruch des Bürgerkrieges im gleichen Jahr aus. Das Stadion wurde 1992 komplett renoviert, behielt aber seine historische Außenfassade. Es bot Platz für 60.000 Zuschauer. Heute finden hier keine Events mehr statt. Der Zugang zu dem Gelände ist frei, es wird kein Eintritt erhoben.

Das Museu Olímpic i de l'Esport zeigt einen eindrucksvollen Querschnitt durch die Welt des Sports

Diesen kunstvollen Fernsehturm baute Star-Architekt Calatrava

75 Museu Olímpic i de l'Esport ★★ [E11]

Das Olympia- und Sportmuseum befindet sich direkt neben dem Stadion und ist für Sportfans sehr sehenswert! Gezeigt wird ein bunter Querschnitt durch die Welt des Sports, beispielsweise wird die Entwicklung der Technik und der Ausrüstung in verschiedenen Sportarten (Boxen, Radfahren, Fußball) dargestellt. Im zentralen Raum gibt es sehr viele audiovisuelle und interaktive Dinge zu bestaunen, u.a. werden Filme zu spektakulären Sportereignissen gezeigt. Eingerahmt wird das Ganze von sehr eindringlichen Sportfotos, obendrein widmet sich ein großer Teil des Museums den Olympischen Spielen von 1992. Sehr eindrucksvoll ist auch der Bereich, in dem jeder aktiv mitmachen kann: Auf einer etwa 10 m langen und lebensgroßen Leinwand wird durch Leuchtpunkte ein menschlicher Körper dargestellt. Ein Countdown zählt von Fünf auf Null und dann rast der Leuchtpunktkörper los und zwar im Tempo des 100-Meter-Weltrekords!

Wer möchte, kann über 10 m gegen diesen Weltrekordläufer mitlaufen ... Desgleichen gibt es für die Hoch- und Weitsprung-Weltrekorde.

› Av. de l'Estadi 60, Tel. 932925379, www.museuolimpicbcn.cat, April–Sept. Di.–Sa. 10–20, So. 10–14.30 Uhr, Okt.–März Di.–Sa. 10–18, So. 10–14.30 Uhr, Eintritt: 5,80 €, Studenten 3,60 €, über 65 Jahren und unter 7 Jahren freier Eintritt

76 Museum Fundació Joan Miró ★★ [F11]

Hier befindet sich eine Ausstellung zu Ehren des Multitalents Joan Miró, der **Bildhauer, Maler und Grafiker** war. Die Fundació Joan Miró zählt zu den schönsten Gebäuden in der Barceloner Museumslandschaft.

Das eingeschossige, großzügig und hell eingerichtete Gebäude wurde nicht mit Exponaten überfrachtet. Die einzelnen Räume gruppieren sich um einen Innenhof und sind in klaren, hellen Linien gehalten. Die Sammlung umfasst **300 Gemälde, 150 Skulpturen** sowie **neun textile Werke.** Außerdem ist hier das komplette Archiv des Künstlers untergebracht. Auf der Dachterrasse stehen einige farbenfrohe **Skulpturen.** Besonders bei Sonnenschein wirken sie vor der weiß getünchten Hauswand sehr eindringlich.

Neben den Arbeiten von Miró werden auch Werke anderer Künstler gezeigt.

› Parc de Montjuïc, Tel. 934439470, www.fmirobcn.org, geöffnet: Di.–Sa. 10–20, So. 10–18 Uhr, Eintritt: 13 €, erm. 7 €, unter 15 Jahren und Studenten/Senioren frei

› Bus Nr. 150

EXTRAINFO

Seilbahn-Knotenpunkt

Etwa schräg gegenüber vom Museum 76 liegt die Station der Seilbahn (Telèferic), die hoch zum Castell de Montjuïc 78 schwebt. Wiederum gegenüber dieser Seilbahnstation befindet sich auch die obere Haltestelle der Standseilbahn Funicular de Montjuïc, die von unten aus der Stadt von der Avinguda del Parallel hochfährt.

77 Miramar J. Costa Llobera ★★ [I12]

Ganz am Ende der langen Straße entlang des Montjuïc wird schließlich der **Aussichtspunkt** Miramar J. Costa Llobera erreicht. Von hier hat man einen exzellenten Blick auf den Hafen und das Viertel Barceloneta 38. Erkennbar dürfte auch die Kolumbussäule 33 sein, der Admiral steht am Ende der Rambles 2 und blickt tatendurstig nach Osten. Nur ein paar Schritte entfernt befindet sich die Station des Transbordador Aeri del Port, einer Seilbahn, die vom Montjuïc quer über den Hafen bis zu den Stränden von Barceloneta schwebt: eine tolle Möglichkeit, Barcelona einmal von oben zu sehen. Die Gondel schwebt gemächlich auf immerhin 70 Meter Höhe dahin. Weit unten scheinen Miniaturautos zu fahren, liegen Hochseejachten im Hafen und man guckt den Barcelonern auf die Dachterrasse.

Direkt nebenan befindet sich das **Lokal „Miramar"**, von dessen Terrasse man einen unvergleichlichen Blick über den Hafen von Barcelona hat.

› Der Transbordador Aeri del Port verkehrt alle 8–15 Minuten von ca. 11 bis 17.30 oder 20 Uhr, je nach Jahreszeit, Preis: einfache Fahrt 11 €, hin und zurück 16,50 €.

78 Castell de Montjuïc ★ [F13]

Ganz oben vor dem steil abfallenden Berg steht die fünfeckige **Festung** auf 172 m Höhe. Die Lage könnte strategisch kaum besser sein, konnte man doch von hier aus den Hafen kontrollieren und weit auf das Meer hinausschauen.

Eine erste Festung wurde im Jahr 1640 fertiggestellt, kurz bevor es zu einer Schlacht gegen die Truppen von Felipe IV. kam. 1694 wurde sie erweitert und stärker befestigt, 1706 dann aber doch gesprengt. Da eine Festung strategisch aber einfach zu wichtig war, wurde sie zwischen 1751 und 1779 wieder aufgebaut und war dann neben der Festung Ciutadella 25 unten beim Hafen das wichtigste militärische Gebäude der Stadt, diente aber auch immer zugleich der Unterdrückung der Katalanen und war entsprechend verhasst in der Bevölkerung.

Später wurde die Festung **unter Franco** als **Kerker** genutzt, hier wurden Regimekritiker ermordet. Genau hier in diesem Kerker spielt ein Großteil des Romans **„Der Gefangene des Himmels“** von Carlos Ruiz Zafón. Heute zeigt sich das Gelände zwar immer noch militärisch geprägt und gewaltige Geschütze zeigen aufs Meer, aber ansonsten bleibt es jetzt friedlich und Besucher können einen **fantastischen Blick über den Hafen** und die halbe Stadt werfen. Abgesehen davon bleibt der Erkenntnisgewinn überschaubar. Es laufen 10-minütige Filme in zwei Sprachen (auf Katalanisch und Englisch) zur Historie und es gibt Wechselausstellungen zum Themenkomplex der Freiheit.

› geöffnet: Nov.–Febr. tägl. 10–18, März–Okt. tägl. 10–20 Uhr, Eintritt: 5 €, jeden Sonntag nach 15 Uhr freier Eintritt

Es gibt zwei unterschiedliche **Anreisemöglichkeiten:**

› Eine **Seilbahn (Telefèric de Montjuïc)** startet unweit des Museums Fundació Joan Miró 76 und schwebt hoch zur Festung auf dem Montjuïc. Jan./Feb. 10–18, März–Mai 10–19, Juni–Sept. 10–21, Okt. 10–19, Nov./Dez. 10–18 Uhr. Preis: 8,40 € einfach bzw. 12,70 € hin und zurück, Kinder 6,60/9,20 €.
› **Bus Nr. 150** fährt von der Plaça d'Espanya 68 etwa alle 15 Minuten direkt bis zur Festung.

79 Museu d'Arqueologia de Catalunya ★ [F10]

Dieses Museum ist in einem früheren Ausstellungsgebäude der Weltausstellung von 1929 untergebracht. Die Sammlung ist chronologisch aufgebaut, beginnt in der Frühzeit und man wandert durch die Funde der Jahrhunderte. Sie umfasst Werke aus ganz Katalonien und reicht von Schädelfunden der **Neandertaler** bis zu Schmuck und sakralen Gegenständen der **Karthager und Westgoten.** Es gibt auch Fundstücke von der Insel **Mallorca** und aus der griechisch-römischen Siedlung **Empùries** (ca. 100 km nördlich von Barcelona). Die große Sammlung der römischen Funde stammt überwiegend aus Barcelona oder der Umgebung, darunter auch das schöne Mosaik „Die drei Grazien“, das unweit der zentralen Plaça de Sant Jaume [L11] gefunden wurde. Die Ausstellung ist chronologisch angeordnet und es gibt viele erklärende Schautafeln, die leider überwiegend auf Katalanisch sind.

› Passeig de Santa Madrona 39, Eintritt: 6 €, geöffnet: Di.–Sa. 9.30–19, So. 10–14.30 Uhr

Außerhalb des Zentrums

80 Wissenschaftsmuseum CosmoCaixa ★★

Dieses interessante Wissenschaftsmuseum zeigt u. a. mittels vieler plakativer Schaukästen und Ausstellungsstücke die Entwicklung der Erde vom Urknall bis zur heutigen Zeit. Ausgestellt sind auf fünf Ebenen die unterschiedlichsten Exponate, viele zum spielerischen Mitmachen und Lernen gedacht. Hier ist **Anfassen und Ausprobieren ausdrücklich erwünscht**, spielerisches Kennenlernen von Wissenschaft und Technik soll vermittelt werden. So gibt es u. a. eine verglaste Rolltreppe, damit man während der Fahrt gleich mal die technische Funktionsweise kennenlernt. Der Besucher wird auf einem spiralförmigen Weg hinuntergeführt und dort unten – sozusagen bei der „Stunde Null" – kann die Entdeckungsreise beginnen. Jeder findet hier sicherlich etwas, sei es wie sich Sprache entwickelt oder die Evolution der Vogelarten oder wie unterschiedliche Gesteinsarten entstanden. Aber nicht nur das: Der Besucher kann an sehr vielen Stationen physikalische, chemische und mathematischen Phänomene nachvollziehen, ausprobieren und wird immer etwas dabei lernen.

Das Ganze wird von der Sparkasse La Caixa finanziert und ist in einem **modernistischen Gebäude** untergebracht, das zwischen 1904 und 1909 entstand. Herausragend ist dabei auch ein 1000 m² großes, nachgebautes Ökosystem des Amazonas mit typischer Flora und Fauna. Außerdem gibt es hier u. a. auch einen eigenen **Bereich für Kinder**, in dem man unterschiedliche Ökosysteme hautnah erleben und anfassen kann. Ein kleines **Aquarium**, die Nachbildung eines tropischen Regenwaldes und ein großzügiges Außengelände mit einem kleinen **Planetarium** runden das Bild ab.

› Museo de la Ciencia CosmoCaixa, Carrer d'Isaac Newton 26, Tel. 932126050, https://cosmocaixa.org/es/cosmocaixa-barcelona, geöffnet: tägl. 10–20 Uhr, Eintritt: 6 €, unter 16 Jahren frei, am ersten So. im Monat generell freier Eintritt

› **Anfahrt:** Von Plaça de Catalunya 1 mit Linie L7 bis Av. del Tibidabo. Direkt gegenüber der Bahnstation startet der kleine Bus 123, der am Hintereingang des Museums hält (Achtung: Die Treppe, die zum Cosmocaixa-Gelände führt, liegt versteckt hinter einer Wand!). Der Bus Nr. 196 fährt zwar auch zum Museum, macht aber einen großen Umweg. Benutzt man diesen Bus, sollte man am auffälligen, ausgedienten U-Boot aussteigen. Für den Rückweg bietet sich jedoch dieser Bus an, denn die Haltestelle zurück zur Bahnstation liegt direkt am Haupteingang des Museums.

81 Park Güell ★★★ [N2]

Multitalent Antoni Gaudí erschuf auch diesen weitläufigen Park, in dem alle Gebäude, Treppen, Springbrunnen und Ruhezonen in welligen, fließenden Formen gebaut wurden.

Der Park ist weitläufig und hübsch begrünt, viele Pinien und mediterrane Sträucher wachsen hier. Geplant war er als **Erholungsbereich für eine Wohnsiedlung**, die ebenfalls hier entstehen sollte, was aber nicht recht klappte. Eusebi Güell wollte auf einem Gebiet, das seinerzeit außerhalb der Stadt lag, eine gehobene Wohnsiedlung mit bis zu 60 Häusern schaffen, die in einer Parkland-

schaft eingebettet gewesen wären. Das Interesse war aber sehr gering, nur zwei Grundstücke konnten verkauft werden.

In eines dieser beiden Häuser zog Gaudí selbst ein, später wechselte er seinen Wohnsitz und lebte auf der Baustelle der Sagrada Família 64. Da die restlichen Grundstücke nicht verkauft werden konnten, blieb das Gelände unbebaut und in urwüchsigem Zustand. Gaudí verwandelte nur einen kleinen Teil des Parks in seiner typischen Art, dies ist die heutige kostenpflichtige **„Zona Monumental"**. Der gesamte Park wird von einer geschwungenen Mauer umfasst. Gebaut wurde die Anlage zwischen 1900 und 1914. Städtische Elemente sollten in Harmonie mit der Natur entstehen, in Anlehnung an englische Parklandschaften, die Graf Güell so sehr schätzte. Das ausgewählte Gelände lag stark erhöht, sodass Gaudí die natürlichen Höhenunterschiede in die Planung einbezog.

Im früheren **Eingangsbereich an der Carrer Olot** stehen zwei Häuschen, deren verwunschener Stil an eine Art „Knusperhäuschen" aus dem Märchen „Hänsel und Gretel" erinnern soll. Links steht die frühere Loge des Pförtners, rechts sein Wohnhaus. Dieses ist eines der ganz wenigen einfachen Häuser, die Gaudí baute. Die geteilte Freitreppe führt in ihrer Mitte einen **Springbrunnen** mit dem aufgerissenen Maul eines Drachens (oder Salamanders, wie manche meinen), alles aus schöner Keramik gefertigt. Dieser Brunnen ist so etwas wie das Symbol des Parks geworden und wird ständig fotografiert. Nach dem Passieren der Treppe wird eine Art zweistöckige Ebene erreicht, deren obere Etage durch 86 auffällig schräg gestellte Stützpfeiler getragen wird, die in einer scheinbaren Wellenbewegung angeordnet sind. An der Decke befinden sich mehrere Rosetten, die kunstvoll aus Scherben zusam-

Die sich schier endlos windende Keramikbank im Park Güell 81

mengesetzt wurden. Die größeren symbolisieren dabei die vier Jahreszeiten. Die Säulen tragen ein Dach, auf dem sich eine große, offene Fläche ausbreitet, die einmal als öffentlicher Platz gedacht war. Sie sollte eine Art Forum oder Marktplatz werden, wo Auftritte stattfinden sollten, beinahe wie in einem großen Freilichttheater, was auch heute noch gelegentlich vorkommt. Dieser offene Platz wird etwa zur Hälfte von den Säulen getragen, der Rest ist fester Boden, der naturbelassen blieb und nicht zementiert wurde, damit das Wasser versickern und durch ein künstliches Röhrensystem über die Säulen abfließen kann. Die obere, offene Etage wird von einer sich rundherum schlängelnden Bank begrenzt. Diese ist mit zahllosen Keramikplättchen dekoriert und zeigt sich als wellenförmiges,

EXTRATIPP

Aussichtspunkt Bunker von Carmel

Den möglicherweise schönsten Ausblick auf die Stadt genießt man von den „Bunkers de Carmel". Auf dem Turó de Rovira befand sich während des Spanischen Bürgerkriegs eine Flugabwehrstellung, die Barcelona gegen anfliegende Bomber verteidigen sollte. Eine komplette massive Bunkeranlage entstand hier oben, deren wuchtige Mauern noch immer deutlich zu erkennen sind. Heute ist dieser Ort ein beliebter Platz, um den einmaligen Blick über die Stadt bis zum Meer zu genießen. Ganz besonders schön ist es hier bei Sonnenuntergang. Der Weg zum Aussichtspunkt ist etwas steil, aber der Blick entschädigt für alles!

•1 [Q2] **Bunker de Carmel,** Anfahrt per Bus Nr. 24 ab Plaça Catalunya (1)/Ecke Rambla de Catalunya oder mit Bus Nr. V19 ab Barceloneta, Plaça Rosa dels Vents, bis Carmel-Mühlberg und dann die steil bergan führende Straße Carrer de Mühlberg hochgehen. Nach ca. 500 m erreicht man einen Aussichtspunkt, den noch schöneren Blick hat man aber von ganz oben auf 262 m Höhe. Dazu muss man den rustikalen Pfad bis zu den Bunkerresten hochgehen. Das Foto auf Seite 217 entstand dort.

Den wohl schönsten Blick auf Barcelona genießt man vom Aussichtspunkt Carmel

136bl-sm

nicht enden wollendes Kunstwerk, das trotz der grellen Farben auch wie ein Teil der Natur wirkt.

› Carrer d'Olot s/n, Tel. 902200302, www.parkguell.cat, geöffnet: Mai–Okt. 9.30–19.30, Nov.–April 9.30–17.30 Uhr, Eintritt: 10 €, 7–12 Jahre und über 65 Jahre 7 €. Ein kleiner Teil des Park Güell, die sogenannte Zona Monumental, in der sich Werke von Gaudí befinden, kann nur mit Eintrittskarte besucht werden, der Rest des Parks ist frei zugänglich. Der abgesperrte Teil umfasst im Wesentlichen die auf Pfeilern stehende Terrasse und die Zone mit dem Drachen. Dieses Gebiet kann nur innerhalb eines 30-minütigen Zeitfensters betreten werden, das auf dem Ticket vermerkt ist, es werden jeweils nur 400 Tickets pro Zeitfenster verkauft. Steht beispielsweise als Eintrittszeit 10 Uhr auf dem Ticket, kann man bis 10.30 Uhr den Park betreten, drinnen bleiben kann man aber länger. Tickets können auch online erworben werden und sind dann etwas günstiger. Es gibt mehrere Eingänge. Der frühere Haupteingang, wo sich die bekannte Drachenskulptur befindet, ist heute nur als Ausgang zu nutzen.

› **Anfahrt: Per Metro (Line 3)** bis Vallcara oder Lesseps. Von der Metrostation Lesseps ist der Weg zum Parkeingang ausgeschildert, er führt im letzten Abschnitt recht steil nach oben, allerdings wurden hier Rolltreppen installiert (sie führen nur nach oben, hinunter muss man laufen). Auf diesem Wege gelangt man direkt vor das Kassenhäuschen. Von der Station Vallcara ist der Weg etwas ruhiger. Es geht auch hier über Rolltreppen nach oben. Dieser Weg ist etwas weiter und auch anstrengender, aber man hat hier die bessere Aussicht auf den Park und die ganze Stadt. Per **Bus Nr. 24** von Plaça de Catalunya 1 /Ecke Rambla de Catalunya bis Haltestelle Carmel-Ana-María Matute, von wo man am Gaudí-Museum Zugang erhält.

82 Casa Museu Gaudí ★ [O2]

Das kleine Haus wurde 1903 bis 1905 als **Musterhaus** gebaut, denn ursprünglich sollten hier im Grünen eigentlich 60 Häuser verkauft werden. Das klappte aber überhaupt nicht, insgesamt wurden gerade einmal zwei Häuser gebaut, das Interesse war einfach nicht da. Gaudí lebte hier zwischen 1906 und 1925.

1963 wurde in diesem Haus ein kleines **Museum zu Ehren von Gaudí** eingerichtet. Hier sind Möbelstücke ausgestellt, die von ihm kreiert wurden und für andere berühmte Gebäude gedacht waren, sowie Dokumente und Pläne und persönliche Gegenstände des Architekten. Das Museum kann unabhängig vom Park besucht werden, es ist nicht Teil der Zona Monumental.

› Carretera del Carmel 23 A, Tel. 932193811, www.casamuseugaudi.com, geöffnet: Okt.–März tägl. 10–18, April–Sept. 9–20 Uhr, Eintritt: 5,50 €

83 Gaudí Experiència ★★ [N2]

Die Werke Gaudís, des bedeutendsten Architekten des Modernismus, erfahren hier eine neue Darstellungsform. Alle 30 Min. werden seine Werke hier in einer audiovisuell aufbereiteten **Show in 4D** mit Spezialeffekten wie beispielsweise sich bewegenden Sitzen vorgeführt. Dazu erhalten alle Besucher eine Spezialbrille. Obendrein erfährt man in der mehrsprachigen Ausstellung mehr über Gaudí, sein Leben, seine Bauwerke und seine Mobilia.

› Carrer Larrard 41, Tel. 932854440, www.gaudiexperiencia.com, geöffnet: Nov.–März tägl. 10–17, April–Okt. 10–18 Uhr, Eintritt: 9 €, ermäßigt (Personen unter 14 und über 65 J.) 7,50 €

(84) Camp Nou ★★ [C4]

Das Fußballstadion des FC Barcelona wurde 1957 eingeweiht und hatte 90.000 Plätze, was ein gutes Drittel mehr war als im bisherigen Stadion. Zur **Weltmeisterschaft 1982** erhielt das Stadion einen weiteren Oberrang und bot damit Platz für 120.000 Zuschauer, später aber wurde die Kapazität auf 98.000 reduziert. Das gewaltige Stadionrund ist 48 m hoch, 250 m lang und 220 m breit. Da das Stadion Camp Nou **umgebaut wird**, zieht der FC Barcelona für die Saison 2023/2024 ins alte Olympiastadion (74) auf dem Berg Montjuïc um. Das renovierte Stadion soll 105.000 Zuschauer fassen und das größte reine Fußballstadion der Welt sein. Begleitend werden auch weitere Sportanlagen umgestaltet und neu gebaut, die Gesamtkosten werden auf 600 Mio. Euro taxiert, das Stadion selbst soll 420 Mio. Euro kosten.

Das Stadion Camp Nou und vor allem das Museum des FC Barcelona sind für Fußballfans ein unbedingtes Muss, aber auch für weniger Fußball-Begeisterte ein lohnendes Ziel. Kaum ein Ort in der ganzen Stadt, mit Ausnahme vielleicht des Platzes vor der Kathedrale während der sonntäglichen Sardana-Tänze (s. S. 214), atmet so viel **katalanischen Stolz.** Beinahe andächtig schreiten ganze Familien durch die Trophäensammlung eines der besten Fußballclubs der Welt, fotografieren sich ehrfürchtig gegenseitig vor den Schaukästen, in denen Dutzende von Pokalen ausgestellt sind. Umrahmt wird hier alles von Postern der großen Mannschaften, Fotos entscheidender Spielszenen und Devotionalien, wie die Fußballschuhe eines Spielers, mit denen ein siegbringendes Tor geschossen wurde. Unter dem Namen **Barça Immersive Tour** wird das Museum während des Umbaus im benachbarten Palau de Gel weiterbetrie-

Der FC Barcelona ist „mehr als ein Club“

060bl-hj

FC Barcelona – mehr als ein Club

Preisfrage: Was haben die Fußballvereine FC Schalke 04 und FC Barcelona gemeinsam? In beiden Clubs war Papst Johannes Paul II. Ehrenmitglied. Ob diese immer wieder gern erzählte Episode stimmt, soll hier nicht interessieren, möglich wäre es allemal. Der FC Barcelona ist nämlich nicht irgendein Club (Schalke ja auch nicht ...). Barça, so die liebevolle Abkürzung, sei „mes que un club", „mehr als ein Club". So stand es schon in den Gründungspapieren, als der Schweizer Hans Gamper am 29.11.1899 einen Fußballverein im fernen Katalonien ins Leben rief. „Barça ist nicht nur ein Club, er ist das Haus aller Katalanen, eine politische Institution", erkannte schon Cesar Luis Menotti, argentinischer Trainerstar, der in Barcelona auch eine Zeit lang das Zepter schwang. Und je erfolgreicher Barça spielte, umso mehr ärgerte man Madrid. Denn dort spielte nicht nur der ärgste Rivale Real, sondern dort agierte auch die spanische Zentralregierung. Und von der, das wird jedem katalanischen Kind eingeimpft, kommt nichts Gutes. Also arten Spiele zwischen den „Königlichen" (Real Madrid) und Barça regelmäßig zu Glaubensfragen aus. Es war immer schon eine Frage der katalanischen Ehre, Barça zu unterstützen.

Keine Frage, dies alles geht über normale Sportbegeisterung hinaus, Barça ist eine Ersatzreligion. Real steht für Zentralismus, Barça für Unabhängigkeit der Katalanen. Während der dunklen Franco-Jahre bot der Fußball die einzige Möglichkeit, lautstark gegen Madrid zu opponieren. Schmährufe gegen Spieler von Real waren Proteste gegen die Diktatur Francos. Barça ist ein Phänomen: Der Club zählt etwa 146.000 Mitglieder, die jährlich jeweils ca. 195 Euro Mitgliedsbeitrag zahlen.

So viele Einnahmen schaffen Möglichkeiten; die besten Spieler der Welt trugen das rot-blaue Trikot, keine Gagenforderung war zu hoch. Die Clubmitglieder können bevorzugt Karten für die Heimspiele erwerben. Damit nicht genug, über 1400 „penyas" (Freundeskreise) gibt es weltweit, sogar in China. Wenn Sie also einmal nichts ahnend in einer kleinen Bar einen Kaffee trinken und riesige Poster mit Mannschaftsfotos von Barça an die Wand gepinnt sehen, dann haben Sie höchstwahrscheinlich eine „penya" gefunden.

Auch das ist wohl einmalig: In den Katakomben, auf dem Weg von den Umkleidekabinen zum Rasen, passieren die Spieler eine Kapelle. Wer möchte, erhält hier kurz vor dem Anpfiff noch göttlichen Zuspruch. Vor dem ersten Saisonspiel erbeten ihn sogar alle Spieler. Im clubeigenen Museum können ungefähr 1000 Pokale vom Besucher bestaunt werden. Noch ein Phänomen: Das Museu FC Barcelona 84 *wurde schon von Millionen von Neugierigen besucht, wovon die meisten anderen Museumsdirektoren der Stadt nur träumen können.*

Ob der Papst es auch besichtigt hat, ist nicht bekannt. Möglich wäre es schon, denn wie heißt es so schön: „Un bon Barcelonista no s'ho pot perdre!" Etwa: „Ein echter Barça-Fan darf es einfach nicht verpassen".

ben. Im Fanshop gibt es wirklich alles in den Club-Farben *blau-grana* (blau-weinrot) zu kaufen.

Wenn sie möglich ist, ist eine **Besichtigung des Stadions Camp Nou** der Clou. Besucher steigen hinab in die Katakomben, schauen in die ziemlich unspektakulären Umkleidekabinen, passieren dann auf dem Weg zum Rasen sogar eine kleine Kapelle. Jawohl, kurz vor dem Anpfiff können sich die Spieler letzten göttlichen Beistand abholen. Zum ersten Saisonspiel versammelt sich sogar immer die komplette Mannschaft hier. Und dann steht man unten am Spielfeldrand, schaut hoch und stellt sich vor, dass 100.000 Zuschauer einem gerade zujubeln.

Ab 2024/2025 will man wieder im angestammten Stadion spielen, allerdings erst einmal vor nur ca. 50 Prozent der Zuschauer. Für die Saison 2025/2026 sind dann wieder Spiele vor vollem Haus geplant. Infos zum Umbau finden sich unter https://espaibarca.fcbarcelona.com.

› Av. Arístides Maillol s/n, www.fcbarcelona.cat,
› **Barça Immersive Tour,** Palau de Gel, C./d'Arístides Maillol, s/n, www.fcbarcelona.com/en/tickets/barca-immersive-tour, geöffnet: meist tägl. 9.30–19 Uhr, ab 28 €, ermäßigt ab 21 €
› Anfahrt: per Metro bis zur Station Collblanc oder Maria Cristina (ein etwas weiterer Weg)

85 Monestir de Santa María de Pedralbes ★★

Das Kloster befindet sich etwas außerhalb des Zentrums in der Nähe der Universität. Zur Zeit seiner Gründung lag es weit außerhalb der Stadtmauern und war umgeben von einigen Häusern, die ein winziges Dörflein namens **Sarrià** bildeten, heute ein Stadtteil von Barcelona. Den dörflichen Eindruck macht es auch heute noch, denn das Klosterareal ist teilweise von einer Mauer eingefasst, hinter der in ruhiger Lage einige Wohnhäuser stehen. Vielleicht liegt es ja an der klösterlichen Stille, dass das ganze Areal eine sehr angenehme und ruhige Atmosphäre ausstrahlt.

Gegründet wurde es 1327 durch Königin Elisenda de Montcada, der vierten Ehefrau von Jaume II. Binnen kurzer Zeit lebten hier 70 Nonnen, deren Familien das Kloster finanziell unterstützten, wobei auch einige bedeutende Schätze angesammelt wurden.

Das Kloster mit seinem Kreuzgang und der Kirche ist ein schönes Beispiel der **katalanischen Gotik.** Der dreigeschossige Kreuzgang, um den sich etliche Räume gruppieren, misst 40 m x 40 m. Zu besichtigen sind einige beispielhaft für das Klosterleben stehende Räume wie Tageszellen, Küche und Kapelle. Im oberen Stockwerk ist im ehemaligen Schlafraum eine **Dauerausstellung zu den klösterlichen Schätzen** untergebracht sowie eine Wechselausstellung, in der unterschiedliche Aspekte des Klosters beleuchtet werden.

Herausragend ist auch die Wandmalerei aus dem Jahr 1343 in der **Capilla de Sant Miquel,** wo früher die Äbtissin wohnte. Dargestellt sind Szenen aus dem Leben von Jesus und Maria.

› Baixada del Monestir 9, Tel. 932563434, geöffnet: Di.–So. 10–19, Mai–Sept. bis 17 Uhr, Eintritt: 5 €, ermäßigt 3,50 € (Pers. unter 25 bzw. über 65 J.), So. nach 15 Uhr und am ersten So. im Monat freier Eintritt
› Metro: Palau Reial, ab dort ca. 15 Minuten Fußweg über die Av. Pedralbes

061bl-hj

86 Pavellons Güell ★ [D2]

Die Pavellons Güell waren **eine der ersten Arbeiten Gaudís für Graf Güell** und wurden zwischen 1884 und 1887 errichtet. Güell hatte 1883 weit außerhalb der damaligen Stadt ein Landgut gekauft. Gaudí sollte ursprünglich viele Bereiche des riesigen Landguts gestalten, aber schließlich beschränkte er sich auf diesen relativ kleinen Teil, da das Grundstück von der neu gestalteten Avinguda Diagonal zerschnitten und auch ein Teil abgegeben wurde, damit der große Palast Palau Reial de Pedralbes gebaut werden konnte.

Wenig ist übrig geblieben von Gaudís Arbeiten, unter anderem kann man noch den verschnörkelten Brunnen **Font d'Hércules** bestaunen, der noch heute im benachbarten Parc de Pedralbes 87 steht.

Gaudí sollte den Eingangsbereich der **Finca Güell** gestalten, der aus Pförtnerhaus, Tor und Stall besteht. Das linke, achteckige Pförtnerhaus stattete Gaudí mit einer flachen Kuppel und einem Türmchen aus. Im Zentrum fällt ganz besonders von außen das prächtige schmiedeeiserne Tor mit dem stilisierten **Drachen** auf, der sein Maul weit aufreißt. Dieser gilt hier als der ewige Wächter des Grundstücks. Das 5 m breite Tor besteht aus einem Bauteil und fällt in einer leichten Krümmung einseitig ab, was ihm etwas die abweisende Strenge eines Tores nimmt. Der **Eingang** wird von zwei Säulen flankiert, die rechte, höher aufragende schmückt der Buchstabe G für Güell. Dies soll Gaudí persönlich gemalt haben. Die linke bildet zugleich den Eingangsbereich.

Der schöne Innenbereich des Monestir de Santa María de Pedralbes 85

Rechts steht der **Stall**, ein länglicher Flachbau mit einer Kuppel und einem Turm.

› Av. Pedralbes 7, Tel. 933177652, https://rutadelmodernisme.com/pavellons-guell, tägl. 10–16 Uhr, Eintritt: 6 €, erm. 3 €, Führung im Preis inbegriffen (auf Englisch um 10, 11 und 15 Uhr)
› Anfahrt: per Metro bis Palau Reial. Wer hoch zum Kloster Monestir de Santa María de Pedralbes 85 geht, kommt automatisch am Gebäude vorbei.

87 Parc de Pedralbes ★ [C2]

Der Parc de Pedralbes ist eine sehr schön gestaltete Anlage mit einem kleinen Springbrunnen. Ein beeindruckendes schmiedeeisernes Tor empfängt die Besucher in diesem knapp 7 ha großen Park. Dort steht u. a. auch mit dem Brunnen **Font d'Hércules** eine Arbeit von Gaudí. Den Brunnen krönt eine Büste von Herkules, der Wasserspeier hat die Form eines Drachens.

Etwas im Hintergrund steht der Palast **Palau Reial de Pedralbes.** Das Gelände gehörte früher zum Kloster von Pedralbes 85. 1883 erwarb die Familie Güell diese Ländereien, die später dann Finca Güell genannt wurden und die Güell durch Joan Martorell umgestalten ließ. Einen Teil des Parks schenkte der Graf 1918 dem spanischen König für einen eventuellen Aufenthalt in Barcelona und deshalb wurde auch zunächst der Palast errichtet, der bis heute Palau Reial (Königlicher Palast) heißt. Das zentrale Gebäude wird von zwei leicht geschwungenen Flügelbauten flankiert.

1931 fiel der Palast an die Stadt Barcelona, die hier **zwei Museen** einrichtete. Seit 2008 befindet sich im Gebäude der Sitz der **Mittelmeerunion**, die Museen sind umgezogen und wurden in das Museu del Disseny 42 integriert.

› Avinguda Diagonal 686

88 Vergnügungspark Parc d'Atraccions Tibidabo ★★

Der **Berg Tibidabo** bietet mit seinen 512 m Höhe eine schöne Aussicht auf die Stadt.

Oben befindet sich auch der älteste **Vergnügungspark der Stadt,** der Parc d' Atraccions del Tibidabo, ein großes Gelände mit diversen Fahrgeschäften und Spielbuden. Besucher können durch den Park spazieren, brauchen aber für bestimmte Fahrgeschäfte ein weiteres Ticket. Diese Armbänder *(pulsera)* gibt es in den Varianten „alles inklusive" für alle Fahrgeschäfte oder **Àrea Panoràmica**, wo auch ein paar Attraktionen stehen und man einen tollen Blick auf die Stadt genießt. Zu besichtigen ist auch noch die **Kirche Sagrat Cor** („Heiliges Herz"), die auf einem erhöhten Plateau über dem Vergnügungspark gebaut wurde. Außerdem besteht die Möglichkeit, gegen geringe Gebühr per Fahrstuhl hoch

KLEINE PAUSE

Lokal mit hervorragendem Ausblick

Am Endpunkt der Straßenbahn Tramvia Blau an der Plaça Doctor Andreu liegt das Lokal Mirablau. Tagsüber ein eher schlichtes Restaurant, wandelt es sich nachts ab 23.30 Uhr zur Diskothek. Serviert wird Bistroküche, aber der Blick aus dem Lokal ist schlichtweg spektakulär!

2 **Mirablau** €€-€€€, Plaça Doctor Andreu s/n, Tel. 934185879, http://mirablaubcn.cat, geöffnet: tägl. ab 11 Uhr

zur **Christusstatue** zu fahren. Aber auch schon die Anfahrt über die leicht ansteigende Straße Avinguda del Tibidabo lohnt sich, denn dort stehen einige sehr schöne Häuser.

- Der Park hat stark wechselnde **Öffnungszeiten.** Zumeist ist er nur am Wochenende ab 11 Uhr geöffnet, von Juli bis Sept. auch unter der Woche, aber am Mo. und Di. bleibt er meist geschlossen. Eintritt: 35 €, Kinder unter 120 cm Körpergröße 14 € (alles inkl.) und 19 € bzw. 10,50 € für den Àrea Panoràmica, www.tibidabo.cat
- Anfahrt: Man muss von der Plaça de Catalunya ❶ mit der **blauen Linie L-7** bis Av. Tibidabo fahren, von dort mit der Straßenbahn Tramvia Blau weiter (tägl. Juni-Sept., sonst Bus 196 nehmen) und schließlich noch ein Stück mit einer Zahnradbahn. Alternativ mit Bus Nr. 58 von der Plaça de Catalunya ❶ bis Av. Tibidabo fahren und weiter wie oben.
- Ganz bequem geht es mit dem **Tibibus T 2-A,** der ab 10.15 Uhr alle 20 Min. an den Tagen fährt, an denen der Park geöffnet ist (ab Bahnhof Estació del Nord).

Vom Tibidabo genießt man einen sensationellen Blick über die Stadt

062bl-sm

89 Aussichtsturm Torre de Collserola ★

Mitten in einem Gebirgszug mit mediterraner Vegetation, der Serra de Collserola, die relativ stadtnah verläuft, erhebt sich ein markanter Fernsehturm. Die Serra ist generell nicht sehr hoch, der höchste Berg ist der Tibidabo (512 m), er zählt als eine Art Hausberg von Barcelona. Der nächstfolgende, der Turó del Puig, misst 470 m und auf dem Turó de la Vilana (445 m) steht der Turm. Der zwischen 1990 und 1992 anlässlich der Olympischen Spiele 1992 gebaute Telekommunikationsturm wurde von **Norman Foster** entworfen. Er misst 288 m. Mit einem Panoramafahrstuhl kann man hoch zur Aussichtsplattform auf 115 m Turmhöhe fahren, die Fahrt dauert 2½ Minuten. Tatsächlich befindet man sich aber bereits auf 560 m über N.N. und von oben genießt man einen **spektakulären Ausblick über die Stadt,** Hinweisschilder erklären, welche Gebiete man überblickt. Der Turmkorb wird von neun dicken Stahlseilen am Boden fixiert, weshalb er relativ schlank gebaut werden konnte.

> Carretera de Vallvidrera al Tibidabo, Tel. 932117942, www.torredecollserola.com, häufig wechselnde Öffnungszeiten, meist 12–17 Uhr, im Sommer auch bis 20 Uhr, Eintritt: 5,60 €. **Zuletzt war der Aussichtspunkt ohne Angabe von Gründen geschlossen.**

> Anfahrt: S1 oder S2 von Plaça de Catalunya 1 (Eingang zum Bahnhof beim Cafè Zurich, s. S. 194) bis Peu de la Funicular und dann mit der Zahnradbahn weiter bis zur Station Vallvidrera superior, danach noch ca. 2 km zu Fuß. Oder per Bus 111 weiter bis Haltestelle Cruilla de Carreteres. Ausgeschildert ist der unübersehbare Parkplatz „Mirador" und nicht der Turm selbst.

EXTRATIPP

Wandern in den Bergen von Collserola

Die Gegend ist auch eine sehr attraktive Wanderzone, da hier mehrere, nicht übermäßig lange Wanderwege (1,5 km bis 6 km Länge) verlaufen. Dazu mit Linie S1 oder S2 ab Plaça Catalunya 1 (Eingang zum Bahnsteig auf Höhe des Cafè Zurich, s. S. 194) bis zur Station Baixador de Vallvidrera fahren. Etwa 500 m entfernt befindet sich auch ein Informationszentrum (ausgeschildert, tägl. 9.30–15 Uhr geöffnet), an dem bereits einige Wanderwege beginnen.

90 Krypta Colònia Güell ★★

Eusebi Güell, Unternehmer und Förderer von Gaudí, beschloss 1890, eine **Industriesiedlung in Santa Coloma de Cervelló,** etwa 20 km südwestlich von Barcelona, zu gründen. Wahrscheinlich wollte er hier in der ländlichen Abgeschiedenheit seine Angestellten von den in Barcelona kursierenden gewerkschaftlichen Einflüssen fernhalten, er dachte auch daran, verstärkt Arbeiter aus dem ländlichen Raum einzustellen, die wahrscheinlich weniger empfänglich für politische Forderungen gewesen wären.

Die Anlage war als **Wohn- und Arbeitsstätte** gedacht, Güell ließ Wohnungen für seine Angestellten bauen, außerdem entstanden Kultur- und Freizeiteinrichtungen wie ein Theater, eine Schule und Einkaufsmöglichkeiten.

Natürlich sollte dort auch eine **Kirche** stehen. 1898 bekam Gaudí den Auftrag, ein passendes Gotteshaus zu bauen, das groß genug wäre für alle Bewohner des Areals. Als Bauplatz wurde ein leicht erhöhter Ort gewählt, was die Planung erschwerte. Es dauerte noch etwas, erst 1909 begannen die Bauarbeiten, aber die Kirche wurde nie fertiggestellt. Gaudí plante sie in großzügigen Dimensionen, auf dem Papier allerdings nur recht vage, vollendet wurde schließlich nur die **Krypta.** Es existieren noch grobe Pläne dieser Kirche, in denen sich bereits Elemente der Sagrada Família 64 erkennen lassen. Die Krypta selbst hat in Teilen Ähnlichkeit mit dem Park Güell 81, beispielsweise durch die schrägen **Säulen,** die alle unterschiedlich geformt sind. Sie verzweigen sich oben wie Äste in einem Wald, ähnlich konstruierte Gaudí später die Säulen der Sagrada Família.

Welche Kräfte auf die Säulen wirkten, studierte Gaudí an einem an Fäden hängenden Modell, bei dem die Kräfte umgekehrt wirkend von ihm auf ein tragendes Modell übertragen wurden. Im bescheiden konstruierten **Altarraum** laufen die Deckenbögen an einem Punkt zusammen, was eine ganz eigenwillige Optik ergibt. Auch das **Gestühl** zeigt eine besondere Note, denn hier finden sich keine geraden Kirchenbänke, sondern Doppelstühle, etwa in der Form, wie Gaudí sie auch in der Casa Batlló 48 schuf.

Im **Informationszentrum** ist eine interessante Ausstellung zu den damaligen Lebensbedingungen der Arbeitersiedlung zu besichtigen. Im Obergeschoss befindet sich ein Nachbau von Gaudís hängendem Modell, mit dem er die Kräfte umgekehrt nachgebildet hatte, die auf die Pfeiler der Krypta wirken.

Neben der Krypta lohnt noch ein **Spaziergang** durch den ruhigen Ort, um die ehemalige Arbeitersiedlung kennenzulernen. Die Industriesiedlung wurde bis 1973 betrieben und stellte vor allem Textilien her.

› geöffnet: tägl. 10–15 Uhr, Eintritt: 9,50 € (mit Audioguide)

063bl-hj

In der Krypta der Colònia Güell 90 übte Gaudí noch, bevor er sich an den Bau der Sagrada Família 64 wagte

› Anfahrt: ab Plaça Espanya mit der FGC-Bahn (Ferrocarrils Generalitat Catalunya) Linie S33, S8, S4 (ab 9.07 Uhr, fast alle 10 Min.), S4 (8.56, 9.56 Uhr etc., stündlich) bis „Colònia Güell". Der Weg vom Bahnhof zum Infozentrum ist mittels blauer Fußspuren ausgewiesen

91 Gaudí-Haus Bellesguard ★★

Dieses Gebäude begann **Gaudí** ab 1900 zu bauen, es sollte der Landsitz für **Doña María Sagués** werden. Das schlanke Haus mit seinem hoch aufragenden, spitzen Turm und dem darauf quergestellten Kreuz und dem katalanischen Wappen mit den vier roten Streifen, den wehrhaft wirkenden Zinnen und einem prachtvollen Tor wirkt sehr ungewöhnlich. Die Inneneinrichtung ist da schon dezenter gehalten.

Das Gebäude steht auf historischem Boden, denn hier besaß der letzte katalanische König Martí I. ein Landhaus, das „Bell Esguard" („schöne Aussicht") genannt wurde, was noch heute stimmt, denn das Haus steht etwas außerhalb des Zentrums und bietet eine **gute Sicht auf die Stadt.** Das gesamte Gebäude wirkt fast ein wenig gedrungen und von außen sogar ein bisschen düster. Es hat sehr schmale, hohe Fenster. Innen wirkt es ganz anders, durch die weißen Wände ist es eleganter und heller.

Das **Treppenhaus** ist mit schönen Fliesen und geschwungenen Bögen ausgestattet. Der untere Bereich der Treppe ist recht breit, da hier die Herrschaften wohnten, die oberen Treppen sind schmaler, dort lebten früher die Hausangestellten. Fertiggestellt wurde das Haus 1909, was kein Zufall war, denn 500 Jahre zuvor heiratete der letzte katalanische König Martí I. auf Bell Esguard Margarita de Prades. Die Ehe blieb kinderlos, sodass die Ära der katalanischen Herrschaft zu Ende ging und die Macht an Kastilien fiel.

Das Haus wird noch immer bewohnt; daher kann nur der Garten frei besichtigt werden, das Gebäude selbst nur während einer Führung und die bewohnten Räume sind natürlich nicht zu besichtigen, sondern ausschließlich die oberen Zimmer mit dem Musikraum inklusive der Terrasse. Wer hier ganz genau hinsieht, mag in der Gestaltung der Erker und der Dachzinnen das stilisierte Gesicht eines Drachens erkennen. Und diesem Drachen steckt eine Lanze im Körper, dargestellt durch den schlanken Turm, was man von unten – mit ein wenig Fantasie – noch besser wahrnimmt.

› Carrer de Bellesguard 16, Tel. 932504093, www.bellesguardgaudi.com, geöffnet: Di.–So. 10–15 Uhr, Eintritt: 9 €, erm. (Rentner, unter 18 Jahre) 7,20 €, geführte Besuche auf Englisch Sa./So. 11 Uhr, Preis: 16/12,80 €

› Anfahrt: Bus V19 ab Plaça Catalunya/Rambla bis Avenida Tibidabo, Ronda de Dalt, dort umsteigen und weiter mit Bus Nr. 196 bis Plaça Kennedy, dann zu Fuß weiter durch den Passeig de Sant Gervasi und die leicht ansteigende c/Sant Joan de la Salle gehen. Die Verlängerung dieser Straße ist die Carrer Bellesguard.

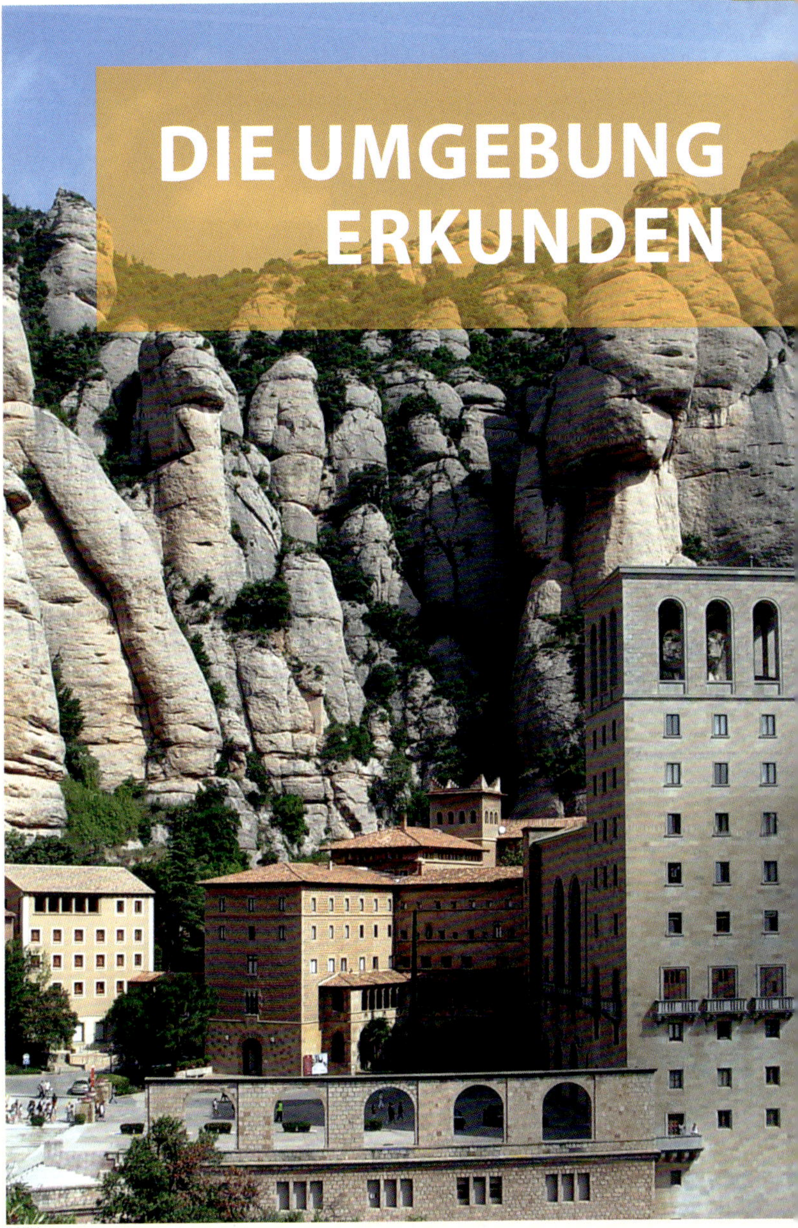

DIE UMGEBUNG ERKUNDEN

007bl-sm

Figueres

Figueres ist eine durchaus geschäftige Kleinstadt mit einer ansprechenden Altstadt und einer der größten Sehenswürdigkeiten Kataloniens, dem **Museum zu Ehren Salvador Dalís** 92. Ein Besuch der Stadt gilt beinahe als Pflicht, von jedem Ort an der Küste und von Barcelona aus werden Ausflüge angeboten. Kein Wunder, dass die Stadtverwaltung irgendwann beschlossen hat, ein eigenes Parkhaus ganz in der Nähe des Dalí-Museums zu errichten. Figueres liegt nicht nur im Zentrum der Landkreises **Comarca Alt Empordà**, sondern ist auch dessen Hauptstadt. Die wichtigsten Straßen der Region verlaufen daher durch die Kapitale und auch die Eisenbahn legt hier auf dem Weg von der Grenze nach Barcelona einen Stopp ein.

König Jaume I. verlieh Figueres, das urspünglich als kleine Siedlung dem Kloster Sant Pere de Rodes unterstand, 1267 die Stadtrechte und sogar den Zusatz „Königsstadt". Das störte allerdings den Grafen von Empúries, der daraufhin 1274 die Stadt in Brand setzte, er wollte sich nicht so einfach eine Ortschaft „wegnehmen" lassen. Jahrhundertelang blieb Figueres im Dunkel der Geschichte, bis im 18. Jahrhundert langsam durch Mais- und Weinanbau der Wohlstand der Gemeinde wuchs und sie dadurch an Bedeutung gewann. In dieser Phase wurde auch die sternförmige Festungsanlage Castell de Sant Ferran gebaut. Salvador Dalí, der hier geboren wurde und im hohen Alter auch starb, verbreitete den Namen seiner Geburtsstadt schließlich weit über Spaniens Grenzen hinaus, sein Teatre-Museu Dalí 92 genießt Weltruhm.

Vorseite: Das eindrucksvolle Kloster Montserrat 103 steht mitten in den Bergen

Das Dalí-Museum ist schon von außen ein echter Hingucker

92 Teatre-Museu Dalí ★★★ [S. 300]

Eine Ausstellung bietet viele Informationen zu Dalís phantastischen Werken. Untergebracht ist das Museum in einem ehemaligen Theater, was der Inszenierungskunst Dalís in hohem Maße gerecht wird.

Das Dalí-Museum heißt offiziell Teatre-Museu Dalí (Theater-Museum Dalí), was zwar eine gute Umschreibung für die Art der Exponate und Ausstellung ist, aber gleichzeitig auch Bezug auf die frühere Verwendung des Gebäudes nimmt. Erbaut wurde das Haus um 1850. Während des Spanischen Bürgerkrieges (1936–1939) wurde es zerstört und erst sehr viel später wieder neu gestaltet, damals bereits mit einem Augenmerk auf eine spätere Nutzung als Museum. Dalí selbst gab dem Ganzen seine unverwechselbare gestalterische Note, deutlich erkennbar an den weithin sichtbaren, riesigen **Eiern auf dem Dach.**

Ebenso eindringlich ist die **Glaskuppel**, darunter befand sich früher das ehemalige Theater, wo Dalí seine letzte Ruhestätte fand. Im ganzen Ort ist das Teatre-Museu Dalí ausgeschildert, ein Schildchen mit einer vernetzten Weltkugel weist den Weg. Hat man das Gebäude erreicht, wird sofort klar, warum, denn eine überdimensionale **Kugel** thront auf dem Dach.

Schon der **Haupteingang** fällt aus dem Rahmen und zeigt sich Dalí-würdig. Mehrere goldene, schlanke Figuren grüßen die Gäste vom Dach aus, eine verschnörkelte Figur mit einem Ei als Kopf blickt nachdenklich vom Vorplatz herab – und die wartenden Besucher blicken meist genauso ratlos zurück. Fast schon ein Erkennungsmerkmal Dalís sind die Eier, die auf dem Museumsdach stehen, so ähnlich sieht es auch auf seinem Haus in Portlligat an der Küste aus. Schon dieser erste Kontakt verdeutlicht, warum das Museum den Zusatz „Theater" führt – eben nicht nur, weil die „Kathedrale des Surrealismus", wie ein Bewunderer einst formulierte, „tatsächlich in einem ehemaligen Theater errichtet wurde". Kein Wunder, dass es als **meistbesuchtes Museum Kataloniens** gilt.

1974 wurde das Teatre-Museu eröffnet, der markante Turm mit den unübersehbaren Eiern wird heute Torre Galatea genannt, unter diesem Namen ist der Bau mit den Eiern noch heute bekannt – zweifelsohne wählte Dalí den Namen mit Bezug auf seine Frau Gala. Der Turm, der früher Torre Gorgot hieß, zählte einst zur Stadtmauer und ist der einzige erhaltene von ehemals 16 Türmen. Die **Stadtmauer** wurde im 16. Jh. teilweise abgebaut. Im 19. Jh. wurde der Turm Teil eines Militärkomplexes und ab 1930 war er nach einem Umbau Bestandteil eines Hauses der Familie Gorgot. 1983 kaufte schließlich die Stadt diesen Turm und integrierte ihn in das Dalí-Museum.

Staunend schlendert man dann durch Dalís surrealistische Welt, bewundert **Gemälde, Skulpturen, Zeichnungen** und **Großinstallationen** wie das ertrunkene Auto im Hof oder die Hommage an Mae West. Zu bewundern sind sowohl spektakuläre Motive als auch schlichte Alltagsszenen, die sich in Dalís überschäumender Fantasie ebenfalls in surrealistischem Design ausdrücken.

Neben den eigenen Werken des Meisters sind auch einige Bilder aus der privaten Gemäldesammlung des Künstlers zu sehen. Das Museum ist in **zwei Bereiche** unterteilt. Der erste mit den

Salvador Dalí

Am 11.5.1904 wurde Dalí in Figueres geboren. Bereits sein Vater, ein wohlhabender Notar, war sehr kunstinteressiert. So war es kein Wunder, dass Dalí zunächst die Kunstschule in Figueres und später die Akademie der Schönen Künste in Madrid besuchte. Schon damals, Anfang der 1920er-Jahre, kultivierte er einen exzentrischen Lebensstil, als Konsequenz musste er die Kunstakademie verlassen. Eine bleibende Arbeit war der 1928 erstellte Film „Ein andalusischer Hund", der von dem Regisseur Buñuel gedreht wurde und an dem Dalí mitwirkte. Ende der 1920er-Jahre wandte er sich in seinen Gemälden vollständig dem Surrealismus zu. Neben klassischen Kunstwerken fertigte er Entwürfe für Möbel und Schmuck an und wurde dadurch berühmt.

In dieser Zeit lernte Dalí seine spätere Frau kennen, Gala, die dann als sein Modell und seine Muse Teil der Inszenierung wurde. Helena Deluwiana Diakonoff, so ihr bürgerlicher, russischer Name, war bald auch für die Organisation seiner Alltagsgeschäfte zuständig. Auf vielen Bildern ist sie später Mittelpunkt, kaum jemanden malte er öfter und unter fantasievolleren Motiven. „Gala erhöhte mich, sie adoptierte mich, ich war ihr Letztgeborener, ihr Kind, ihr Sohn, ihr Liebhaber". So skizzierte Dalí einmal sein Verhältnis zu Gala.

065bl

1929–1930 wirkte Dalí in Paris und 1934–1936 arbeitete er in den USA. Dorthin hatte ihn Hollywood gelockt, was zu Neid in seiner Heimat führte. Sein Name wurde zu „Avenida. Dollars", zum Dollar-Boulevard umgedeutet. In jener Zeit entstanden einige seiner besten Werke, wie „Zerrinnende Zeit" oder „Brennende Giraffen". Er war sich seiner Kunst so sicher, dass er den Stil schlicht Dalíismus nannte.

Der weitere Weg führte ihn dann für drei Jahre nach Italien und 1939 erneut in die USA, wo mehrere Ausstellungen seiner Werke stattfanden und er auch anlässlich der Weltausstellung in der Metropolitan Opera ausstellte. Seine Exzentrik brachte ihm image- und verkaufsfördernde Schlagzeilen in der US-Presse wie „Das Recht des Menschen auf seine Verrücktheit".

1948 zog er in ein winziges Dorf namens Portlligat in Katalonien, damals regierte Franco. Der konnte mit dem weltberühmten Dalí nicht viel anfangen, stellte Portlligat angeblich sogar im nationalen Interesse unter Naturschutz. Dalís Fantasie ließ aber auch aus dieser dörflichen Idylle fantastische Arbeiten entstehen, insbesondere in den 1960er-Jahren zeigte sich seine geniale Schaffenskraft. Er arbeitete an Plastiken, fertigte Schmuck, entwarf Hemden und beschäftigte sich mit Inneneinrichtung, und immer zielte sein Wirken auf Anerkennung. Mittlerweile war er ein Großverdiener, der immer nur *ein Produkt verkaufte, sich selbst. Ausstellungen trugen seinen Ruhm in die Welt (1988 kam es sogar zu einer Ausstellung in Moskau), sodass schließlich in seiner Heimatstadt Figueres 1974 ein Dalí-Museum* 92 *eingeweiht wurde.*

Am 10. Juni 1982 starb Gala, einen Monat später wurde Dalí vom spanischen König in den Adelsstand erhoben, aber sein Lebensmut schien mit Galas Tod erloschen. Er zog sich völlig zurück und entging 1984 nur knapp dem Feuertod. Die letzten Jahre waren eine bittere Zeit. Dalí wurde krank, während um seinen Millionenbesitz und vor allem um die Rechte an Nachdrucken heftigst gestritten wurde. Eine letzte künstlerische Arbeit waren 25 Grafiken zum Thema Europa, die er dem Madrider Bürgermeister gab, der sie wiederum an die Verantwortlichen für Spaniens EG-Beitritt überreichen sollte. Am 23.1.1989 starb „der letzte Großkünstler des zwanzigsten Jahrhunderts" (Süddeutsche Zeitung). Beerdigt wurde er in seinem eigenen Museum, dem Teatre-Museu-Dalí 92 *in Figueres. Nach Galas Tod hatte er sein Testament geändert und seinen Besitz, der auf ca. 130 Millionen Euro geschätzt wurde, dem spanischen Staat vermacht. Das löste sofort einen Streit aus, denn der Staat, das war Madrid und keineswegs Katalonien, des Maestros Heimat. Madrids Kulturminister Semprún zeigte sich aber verständnisvoll und erklärte sich bereit, das Erbe zu teilen, wenngleich er betonte, dass Madrid einige der besseren Stücke sehr wohl für sich behalten wolle. Die Rechte an den Nachdrucken und die Verwaltung seiner Häuser in Portlligat und Pubol gingen an die Gala-Dalí-Stiftung über.*

Räumen 1 bis 18 entspricht dem **ehemaligen Theater**, wo auch der große Kuppelbau mit der Bühne und einem riesigen Gemälde die Besucher begrüßt. Die Räume 19 bis 22 gehören zum **Erweiterungsbau**.

Im selben Gebäude, allerdings durch einen Nebeneingang zu betreten, befindet sich die **Sonderausstellung Dalí Joies**, das die Schmuckstücke des Meisters zum Thema hat. 39 Originale sowie eine Reihe von Zeichnungen, die Dalí als Entwürfe anfertigte, sind ausgestellt.

› Plaça Gala Salvador Dalí 5, Tel. 972677500, www.salvador-dali.org, geöffnet: Sept.-Juni Di.-So. 10.30-18, Juli, Aug. tägl. 9-20 Uhr, Eintritt: Sept.-Juni 17 €, Juli, Aug. 20 € (Onlinepreise, am Schalter je 1 € teurer), Studenten und über 65 Jahre 11-13 €

93 Museu de l'Empordà ★ [S. 300]

Bereits im Jahr 1946 wurde das Museu de l'Empordà eingeweiht, doch erst seit 1971 residiert es in den heutigen Räumen. Die Exponate sind auf drei Etagen ausgestellt. Verglichen mit dem doch etwas vollen Dalí-Museum 92 ist dies ein stilles Haus, in dem man die Werke in Ruhe auf sich wirken lassen kann. Ausgestellt sind **Arbeiten katalanischer Künstler**, hauptsächlich aus dem späten 19. und frühen 20. Jh. Außerdem gibt es temporäre **Ausstellungen mit Werken zeitgenössischer Künstler** zu bewundern, aber auch **archäologische Funde der Region** werden gezeigt.

› Rambla 2, Tel. 972502305, www.museuemporda.org, geöffnet: Mai-Okt. Di.-Sa. 11-20, So. 11-14 Uhr, Nov.-April Di.-Sa. 11-19, So. 11-14 Uhr, Eintritt: mit einem Ticket vom Dalí-Museum frei, sonst 4 €

94 Zentrum von Figueres ★ [S. 300]

Die **Rambla de Figueres** ist eine sehenswerte Allee. Allzu lang ist sie nicht, aber als Flanierstraße, von der die Gassen in die Altstadt abzweigen, zeigt sie ihren katalanischen Stolz. Irgendwie, so scheint es, muss jeder hier irgendwann am Tag mal vorbei. So herrscht ein ständiges Kommen und Gehen. Auf halbem Weg zwischen Rambla und Dalí-Museum 92 steht die **Església Sant Pere.** Die Ursprünge gehen auf eine erste einfache Kirche aus dem Jahr 1020 zurück. Aus jener Phase stammt nur noch ein Teil des Mauerwerkes an der Nordseite. Im 14. Jahrhundert wurde mit dem Bau einer neuen, größeren Kirche an gleicher Stelle begonnen, im 18. Und 19. Jahrhundert erneuerte man dann große Teile des Gotteshauses. Leider erlitt die Kirche im Bürgerkrieg schwere Schäden, sie wurde geplündert und angezündet. Zwischen 1941 und 1948 rekonstruierte man sie dann in ihrem ursprünglichen, gotischen Stil. In der Altstadt befindet sich auch das Rathaus Ajuntament mit der Plaça Ajuntament. Von alters her enden hier vier wichtige Straßen, die aus umliegenden Ortschaften herführten und heute noch die Namen ihrer ursprünglichen Herkunft führen: La Jonquera, Girona, Perelada, Besalú.

★17 Església Sant Pere, Carrer de l'Església, 8

★18 Rathaus von Figueres, Plaça de l'Ajuntament, 12

▷ *Auch in Figueres bekommt man leckere Tapas*

▽ *Auf der gemütlichen Rambla von Figueres*

066bl-sm

Praktische Informationen

- **Entfernung nach Barcelona:** 127 km
- **19 Touristeninformation Figueres,** Plaça de l'Escorxador 2, Tel. 972503155, http://es.visitfigueres.cat (auch auf Deutsch), Mo.–Sa. 9.30–18, So. 10–15 Uhr

An- und Abreise

- **Per Bahn:** Der Bahnhof befindet sich an der Plaça Estació, nur 10 Minuten Fußweg vom Zentrum entfernt. Verbindungen vom Bahnhof Barcelona-Sants gibt es mindestens einmal stündlich mit Regionalzügen oder MD-Zügen (media distancia = mittlere Distanz), Fahrtdauer zwischen 1:50 Std. (MD-Züge) und 2:47 Std. Achtung: Der Hochgeschwindigkeitszug AVE hält etwas außerhalb des Orts.
- **Per Bus:** Das Busterminal befindet sich neben dem Bahnhof in der c/Joan Reglà. Von Barcelona fährt die Gesellschaft Sagalés regelmäßig nach Figueres.

Kulinarisches

- **20 Astoria** €€, Rambla 15, Tel. 972505027. Lokal in unmittelbarer Nähe des Dalí-Museums an der Rambla. Mit großer Außenterrasse. Serviert werden mediterrane Küche, Snacks und Menüs.
- **21 Restaurant Durán** €€, c/Lasauca 5, Tel. 972501250. Klassisches Ambiente, reichhaltige Mengen bei etwas höheren Preisen. Zum Nachtisch unbedingt die hausgemachten Desserts probieren!
- **22 Txot's Sidreria** €, Av. Salvador Dalí 114, Tel. 972678523, geöffnet: tägl. ab 12 Uhr. Knapp oberhalb vom Dalí-Museum befindliche baskische Tapasbar. Hier werden sehr fantasievoll „montierte" Tapas (daher auch „montaditos" genannt) serviert, die unter Glas am Tresen stehen. Insgesamt überraschend günstig.

137bl-hj

Unterkunft

- **23 Hotel Durán** €€€, c/Lasauca 5, Tel. 972501250, www.hotelduran.com. Unweit der Rambla gelegen, bietet dieses Hotel mit seinen 63 Räumen eine zentrale Lage und alten Glanz. Die Zimmer sind zweckmäßig ausgestattet und verfügen über klare Farben und Formen.
- **24 Hotel Pirineos** €€€, Av. Salvador Dalí 68, Tel. 972500312, www.hotelpirineospelegri.com. Größeres Haus mit 56 Zimmern unweit vom Zentrum an der Durchgangsstraße. Die Zimmer sind modern, in einigen Räumen gibt es Möbelstücke, die einen antiquarischen Touch haben und sehr gut ins Gesamtbild passen.

Girona

Mit 103.000 Einwohnern zählt Girona zu den größten Städten Kataloniens. Sowohl in industrieller als auch in touristischer Hinsicht zählt Girona heute zu den wichtigsten Orten der Region, auch die hiesige Universität hat einen guten Ruf. Neben der modernen Stadt mit ihren Industriebetrieben in den Außenbezirken und den breiten Einkaufszonen im Zentrum findet man klar abgegrenzt **ein richtig kompaktes historisches Viertel.** Dort verlaufen schmale Straßen und enge Gassen, stehen etliche Kirchen sowie Hinterlassenschaften der Römer, Araber und aus jüdischer Zeit.

Die Trennlinie der Stadt markiert der Fluss **Riu Onyar.** Auf der einen Seite des Flusses liegt der moderne Teil der Stadt, auf der anderen dagegen das historische Viertel, auch **Barri Vell** genannt. Mehrere Brücken führen über den Fluss und lassen den Besucher eintauchen in ein **mittelalterliches Viertel wie aus dem Bilderbuch.** Dieses wird noch heute zum größten Teil von einer **Stadtmauer** umschlossen, auf der man um das halbe historische Viertel spazieren kann.

Tagsüber kommen viele Tagesgäste. Wer es einrichten kann, sollte früh kommen und durch die menschenleeren Gassen schlendern und deren besonderen Reiz aufsaugen. Auch am Abend lohnt ein Bummel, aber dann sind auch viele Nachtschwärmer unterwegs, was ein ganz anderes – jedoch nicht weniger interessantes – Bild vermittelt. Das historische Viertel kann eigentlich nur zu Fuß durchstreift werden, weshalb man seinen Wagen am besten gleich auf dem riesigen Parkplatz vor dem Parc de la Devesa stehen lässt. Man kann auch die ausgewiesenen **Parkplätze außerhalb der Altstadt** benutzen. Die Wege sind nicht lang und man sollte nicht auf die Idee kommen, mit dem Auto durch die engen Gassen fahren zu wollen.

Geschichte

Als die **Römer** spanisches Gebiet besetzt hatten, suchten sie überall nach strategisch günstigen Orten, um Festungen und Handelsstützpunkte aufzubauen. Vor allem aber sollten ihre Fernstraßen geschützt werden. So stießen sie 76 v. Chr. auf einen Hügel, der **ideal zwischen vier Flüssen** lag (Riu Ter, Riu Onyar, Riu Güell und Riu Galligants). Hier bauten sie einen ersten Stützpunkt, den sie Gerunda nannten. Er entwickelte sich alsbald zu einem wichtigen Posten entlang der Spanien durchlaufenden **Vía Augusta,** die immerhin bis nach Rom reichte. Die Vía Augusta führte mitten durch die Siedlung entlang der heute noch existierenden Carrer de la Força.

Die Siedlung wurde in dreieckiger Form angelegt und an die hügelige Landschaft angepasst. Bei Bedarf vergrößerte man das Areal und verlängerte die Schutzmauer. Etwa im 3. Jh. begann der langsame Zerfall des Römischen Reichs und 673 wurde Gerunda von einem westgotischen Herrscher erobert, wodurch die römische Herrschaft ein Ende fand. Was aber danach folgte, bleibt im Dunkeln der Geschichte. **Die Araber** jedenfalls kamen 715 bis nach Girona, konnten sich aber nicht lange halten, denn bereits 785 eroberten christliche Heere die Stadt.

Ein kleiner Zeitsprung: 1137 heiratete **Ramon Berenguer IV.,** der Graf von Barcelona, die Tochter des Königs von

Girona

0 100 m
© Reise Know-How 2023
Autobahn und N-II
Palamós
Riu Ter
Parc de la Devesa
Carrer Pont de la Barca
Avinguda de França
Pont de Pedret
C. Pedret
C. Sant Pau
Plaça Sant Pere
Passeig Arqueològic
33
C. Barca
C. Pou Rodo
Pujada Rei Martí
Església de Sant Feliu
95
Plaça Sant Feliu
Els Banys Àrabs
98
Catolic
C. Ferran
La Catedral de Girona
96
Jardins de la Francesa
Plaça Catedral
Passeig Josep Canalleijas
Pont de Sant Feliu
C. Calderers
Museu d'Història de la Ciutat
100
Carrer Força
Museu d'Art
99
Dr. Oliva i Prat
C. Pocabertí
Torre Gironella
Berenguer Carnicer
Av. Ramon Folch
Passatge Gómez
Ballesteres
29
C. Bell mirall
C. Alemanys
32
Jardins d'Alemanys
Plaça Sant Domènec
97
Museu d' Història dels Jueus
Domènec
Porta
Carrer Bonastruch de
de Figuerola
C. Artillers
C. Nord
Plaça de la Independència
Pont de Sant Agustí
Carrer
C. Anselm Clave
27
Pont de les Peixateries Velles
Argenteria
Zwischen Rambla Llibertat und Carrer dels Ciutadans
Pujada
St.Martí
Pujada
101
C. dels Ciutadans
102
La Muralla (Stadtmauer)
C. Riu Güell
Ronda Ferran Puig
Gran Via de Jaume I
C. Hortes
31
Carrer Santa Clara
Riu Onyar
C. 20 de Juny de 1808
C. Abeuradors
25
Rambla de la Llibertat
Rathaus
Plaça del VI
Nou d'el Theatre
Passeig Fora
Carrer Tomàs Mieras
C. Bernat
Pont de Pedra
Carrer Nou
C. Albereda
Flughafen
Carrer Ginesta
C. Beates
28
Trav. Carril
Carrer de Barcelona
Gran Via de Jaume I
Plaça d'en Pompeu Fabra
Joan Maragall
26
Mercat del Lleó
Passeig General Mendoza
Plaça General Marvà
Pujada de les Pedreres
Ronda Sant Antuni Ma. Claret
Plaça Reina Sibil la de Fortià
C. Bailen
Plaça d'Espanya
Bahnhof
Carrer Juli Garreta
Carrer de
Carrer Bisbe Lorenzana
30
C. Ultònia

Aragón. Somit entstand das **Großreich Katalonien-Aragón.** Diese Verbindung führte zu einem ersten wirtschaftlichen Aufschwung im 13. und 14. Jh.

Im Jahr 1285 besetzten **französische Truppen** die Stadt und 1348 wütete die Pest. Beide Ereignisse bedeuteten schwere Rückschläge für die Entwicklung des Ortes. 1391 kam es dann in mehreren katalanischen Städten zur Erstürmung jüdischer Viertel, so auch in Girona.

1416 wurde die **Grafschaft Girona** gegründet, der Herrscher trug den Titel „Prinz von Girona", den der Erbe der spanischen Krone noch heute trägt.

Im 15. Jh. kam es ebenfalls durch eine Heirat zu einer veränderten politischen Situation. Die Herrscherhäuser Kastilien und Aragón gingen zusammen und wurden zum mächtigsten Königreich der Halbinsel. Aus diesem Königreich sollte später dann Spanien werden. Das kleine Katalonien blieb derweil alleine zurück und wurde mehrfach Schauplatz kriegerischer Auseinandersetzungen zwischen Spanien und Frankreich.

Im Jahr 1492 ordneten die spanischen Könige die **Vertreibung der Juden** aus ganz Spanien an. So verließ die jüdische Gemeinde die Stadt, das jahrhundertealte Zusammenleben war zwangsweise beendet.

1694 wurde die Stadt Girona von französischen Truppen besetzt und teilweise zerstört. Ein Jahrhundert später wurde sogar gegen **Napoleon** gekämpft, worauf ein französisches Heer die Stadt sieben Monate lang belagerte, bevor sich diese am 10.12.1810 den Eroberern beugte. Weitere Unruhen sollten im 19. Jh. folgen, genau wie eine heftige Überschwemmung des Riu Galligants. Aber dieses Jahrhundert brachte nicht nur Schlechtes, eine langsame, aber stetige **Industrialisierung** bescherte Girona wirtschaftliche Vorteile. 1862 wurde die Bahnlinie nach Barcelona eingeweiht, 1878 die Verlängerung nach Frankreich. 1886 war Girona eine der ersten Städte in Katalonien mit elektrischer Straßenbeleuchtung.

Diese **Aufschwungphase** unterbrach erst der Bürgerkrieg 1936–1939. Einige Jahre später erholte sich die Stadt in wirtschaftlicher Hinsicht von den Folgen dieser düsteren Epoche. Ein langsames Florieren von Textil-, Papier- und Chemieindustrie setzte ein. In den 1970er-Jahren kam der ansteigende **Tourismus** an die nahe Costa Brava hinzu, außerdem etablierte sich die **Universität von Girona.** Dies führte zur Schaffung von Arbeitsplätzen und zum Ansteigen der Einwohnerzahl. Außerdem wurde die Infrastruktur außerhalb des historischen Viertels verbessert, beispielsweise verbindet heute der Hochgeschwindigkeitszug AVE Girona mit Barcelona, er fährt anschließend weiter bis nach Madrid.

Sehenswertes

Unübersehbar ragt die Kathedrale 96 in den Himmel, in ihrer Umgebung befinden sich auch die meisten anderen Sehenswürdigkeiten. Interessanterweise haben hier mehrere Epochen und Kulturen ihre Spuren hinterlassen, so gab es ein jüdisches Viertel, ein arabisches und vor allem ein christliches. Also: eintauchen in die Welt der engen Gassen, sich treiben lassen, über steile Treppen steigen, durch verwinkelte Gassen und durch enge Portale laufen, irgendwann stößt man zwangsläufig auf die Sehenswür-

digkeiten. Wer vom großen Parkplatz vor dem Parc de la Devesa auf die Silhouette der Stadt blickt, sieht zunächst **zwei Kirchtürme**, den der Kathedrale (rechts) und links den der Kirche Sant Feliu 95. Über die Brücke Pont de Sant Feliu überquert man den Riu Onyar und nähert sich der Altstadt.

Vorher aber lohnt ein Blick auf die Hauser am Wasser, die **Casas del Onyar.** Die bunten Häuser sind nicht nur das meistfotografierte Objekt der Stadt, sondern mittlerweile fast so etwas wie ein Aushängeschild. Sie entstanden vom 17. bis 20. Jahrhundert auf der ehemaligen Schutzmauer direkt am Fluss. 1983 folgte eine gründliche Restaurierung mit dem noch heute sichtbaren farbenfrohen Anstrich. Heute führen mehrere **Brücken über den Riu Onyar.** Wer von außen kommt, also über eine der Brücken den Fluss überquert, erkennt sofort die farbenfrohen Häuser, die sich unmittelbar am Fluss erheben. Den besten Fotoblick hat man von der Passatge Gómez, der Brücke, die praktisch die Verlängerung der Gran Vía de Jaume I. darstellt. Diese schmalen Brücken sind übrigens alle aus Holz gefertigt, nur eine einzige wurde aus Stein gebaut. Direkt hinter der Pont de Sant Feliu steht ein Pfahl mit dem **Bildnis einer Löwin,** die diesen Pfahl hinaufkrabbelt. Besucher der Stadt sollten hier möglichst die kleine Treppe hinaufsteigen und der Löwin das Hinterteil küssen, denn nur wer das macht, wird auch in Girona willkommen geheißen – sagt jedenfalls die Legende. Auf gut Katalanisch heißt es dann: „I qui fa un petò al cul de la lleona, torna a Girona" („Und wer den Hintern der Löwin küsst, kehrt zurück nach Girona").

Die bunten Häuser Casas del Onyar spiegeln sich im Abendlicht im Wasser

95 Església de Sant Feliu ★★ [S. 141]

Die Kirche Església de Sant Feliu befand sich einst außerhalb der Stadtmauer und wurde deshalb auch wehrhafter gebaut. Der Bau zog sich vom 12. bis ins 17. Jahrhundert hin, was zu einem **Stilmix** führte. So ist die Hauptfassade barock, während der emblematische Glockenturm gotische Elemente aufweist.

Im Kircheninneren finden sich die **Grabstätten des heiligen Felix** (Feliu auf Katalanisch) und des **Sant Narcís**, dem Schutzpatron der Stadt, sowie sechs weitere frühchristliche Sarkophage aus dem 4. Jh. Herausragend ist auch die **Skulptur des liegenden Christus „Crist Jacent"** aus dem 14. Jh. Die Kirche wirkt im Inneren relativ schlicht, strahlt aber zugleich eine feierliche Atmosphäre aus.

Mit dem Schutzpatron Sant Narcís ist eine **Legende** verbunden: Als die Franzosen 1285 die Stadt besetzten, stiegen aus seinem Grab Tausende von Insekten auf und vertrieben die Angreifer. Dieses Wunder ist in der Kirche auf einem Gemälde festgehalten und hat später verschiedene Künstler inspiriert, auch den großen Dalí (s. S. 136). So taucht das Motiv der Fliege erstaunlich oft in der Kunst und Literatur von Girona auf.

› Pujada de Sant Feliu 29, Tel. 972201407, geöffnet: Mo.–Sa. 10–18, So. 13–18 Uhr, Eintritt: 7 € (gilt auch für die Kathedrale), So. freier Eintritt

96 La Catedral de Girona ★★ [S. 141]

Die Kathedrale ist ein wuchtiger Bau. Die gewaltige Wirkung wird noch durch eine weite, ausladende **Treppe**, die zum Hauptportal führt, verstärkt. Diese besteht aus 90 Stufen und wurde im 17. Jh. erbaut. Die Stufen sind so steil angelegt, dass sie gelegentlich als Sitzreihen genutzt werden, wenn unten Konzerte oder Theateraufführungen stattfinden.

Wer das **Portal** erreicht hat, staunt zunächst über dessen Ausmaße, immerhin ist das Tor fast fünf Meter hoch. Links und rechts begrüßen zwei steinerne Figuren den Besucher, der wahrscheinlich die herrlichen Glasmalereien bewundert. Links über dem Haupteingang ist ein **Bildnis von Salvador Dalí** in seiner typischen Art mit den weit aufgerissenen Augen zu erkennen.

Gebaut wurde die Kirche während eines langen Zeitraums und es gab auch intensive Diskussionen, ob das große Bauvorhaben überhaupt einschiffig erstellt werden könne. 1312 wurde beschlossen, ein neues, großes Gotteshaus zu errichten, ein Jahrhundert später stritten Experten über den Weiterbau, 1417 wurde dann tatsächlich der einschiffige Bau weitergeführt, aber erst 1604 endgültig beendet.

Im **Inneren** kann anhand von vier Modellen der Baufortschritt über die Jahrhunderte studiert werden. Aus einer kleinen romanischen Kirche wurde eine der größten Kathedralen Spaniens – mit 63 m Länge, 23 m Breite und 34 m Höhe gilt sie sogar als die **größte einschiffige gotische Kathedrale** weltweit. Das Innere zeigt sich etwas nüchtern und ein wenig düster, aber hier finden sich auch mehrere einzigartige **Kirchenschätze** wie der große Hochaltar, dessen Retabel aus Silber und Halbedelsteinen besteht und mit zahllosen Figuren versehen wurde. Erschaffen wurde das 2,20 m x 1,80 m große Kunstwerk zwischen 1320 und 1358.

In der Kathedrale fallen sofort die schönen **Glasmalereien** auf, die Sonnenstrahlen werfen Muster und Farben auf den Boden. Etliche **Skulpturen**, die religiöse Szenen darstellen, sind in den Seitenka-

sm-lb960

pellen zu finden. Vom Inneren der Kirche aus kann man das Museum der Kathedrale betreten, das Museu Capitular de la Catedral. Über dem Eingang steht ein schlichtes „Claustre-Tresor", und tatsächlich findet der Besucher hier eine große Sammlung von sakralen Schätzen, wie alte Bibelhandschriften und Wandteppiche. Der wertvollste, der 4,14 m x 3,65 m große Teppich mit der Schöpfungsgeschichte „Tapís de la Creació" aus dem 12. Jh., befindet sich hinter Glas. Im Zentrum ist Christus als Pantokrator abgebildet, kreisförmig umringt von acht Szenen der Schöpfungsgeschichte. Weiterhin können hier Altaraufsätze, Urnen und im Nebengebäude beim Garten eine Sammlung von Umhängen kirchlicher Würdenträger bewundert werden.

Von der ursprünglichen romanischen Kirche sind noch drei Elemente erhalten: die **Capilla de Sant Pere** (Seitenkapelle des heiligen Peter), der **Kreuzgang** und der **Glockenturm**. Der verschnörkelte Kreuzgang stammt aus dem 12. Jh. Geschmückt ist er mit vier Reihen von Galerien und Pfeilern mit kunstvoll gestalteten Kapitellen, die biblische Szenen zeigen.

› Plaça de la Catedral, Tel. 972215814, www.catedraldegirona.cat, geöffnet: Mo.–Sa. 10–18, So. 12–18 Uhr, Eintritt: 7 € (zusammen mit Església de Sant Feliu 95), So. freier Eintritt

97 Museu d'Història dels Jueus ★★ [S. 141]

Das Museu d'Història dels Jueus steht mitten in den engen Gassen, die einst das jüdische Viertel (s. S. 146) bildeten. Es zeigt sehr eindrucksvoll **die jüdische Religion und das jüdische Leben im Katalonien des Mittelalters**. Neben einem geschichtlichen Abriss wird viel Hintergrundwissen vermittelt – beispielsweise zur kulturellen Bedeutung von Synagogen und zu Glaubens- und Begräbnisriten. Das damalige Alltagsleben wird ebenso beleuchtet wie die Verfolgung der Juden. Insgesamt erhalten die Besucher einen tiefen und eindrucksvollen Einblick in die jüdische Kultur. Das Gebäude verfügt über einen Innenhof, in dem ein großer Davidstern im Boden eingearbeitet ist.

› c/de la Força 8, Tel. 972216761, www.girona.cat/call, geöffnet: Juli/Aug. Mo.–Sa. 10–19, So. 10–14 Uhr, Sept.–Juni Di.–Sa. 10–18, So./Mo. 10–14 Uhr, Eintritt: 4 €

Eine steile Freitreppe führt hoch zur Kathedrale 96

Das ehemalige jüdische Viertel

Geht man von der Kathedrale 96 die Treppe hinunter, erreicht man die Carrer Força. Sie ist eine der ältesten Straßen der Stadt und war seit 1160 die Hauptstraße des ehemaligen jüdischen Viertels. Zunächst lebten dort auch noch Christen, später dann nicht mehr. Ab dem 15. Jh. durften Juden nicht mehr auf der Westseite wohnen. In den teilweise sehr engen Gassen spielte sich das Leben der jüdischen Gemeinde ab, deren Mittelpunkt die heute nicht mehr lokalisierbare Synagoge bildete. Über 600 Jahre existierte die jüdische Gemeinde in Girona, phasenweise war sie 800 Seelen stark und damit zwischen dem 13. und 15. Jh. eine der größten in Katalonien. Zum Vergleich: In Barcelona lebten 4000 Juden, in Lleida 500, in Tortosa 300. Die jeweiligen Herrscher boten ihnen Schutz und gegen entsprechende Steuerzahlungen eine gewisse Unabhängigkeit, was bis zum 13. Jh. einigermaßen gut klappte. Aber immer wenn es zu äußeren Schwierigkeiten kam, beispielsweise bei der Pestepidemie, gab man schnell den Juden die Schuld und es kam zu Übergriffen. 1492 wurden die Juden endgültig vertrieben oder sie mussten zwangsweise konvertieren.

98 Els Banys Àrabs ★★ [S. 141]

Die **arabischen Bäder** (Els Banys Àrabs) sind in einem historischen Gebäude aus dem Jahr 1194 untergebracht und eine Nachbildung des Originals. Derartige Bäder waren damals sehr in Mode, aber die arabische Phase in Girona war da schon längst vorbei. Ein knappes Jahrhundert später litt das Bauwerk unter Zerstörungen und blieb danach lange Zeit geschlossen, bevor es ab 1929 erneuert werden konnte. Im Hauptraum (dem ehemaligen Umkleideraum) befindet sich ein kleines, achteckiges Bassin, in das schon viele Leute eine Glücksmünze hineingeworfen haben. Der Bau besteht aus drei Sälen, die jeweiligen Becken hatten unterschiedliche Wassertemperaturen. Zuerst kommt das *frigidarium,* der sogenannte kühle Raum. Der nächste war das *tepidarium* (Ruheraum) und dann kam das *caldarium,* der heiße Raum, der unmittelbar mit einem Ofen verbunden war. Die urigen Räume dienten übrigens bereits mehrfach als Kulisse für Filmaufnahmen.

› c/Ferran el Catòlic s/n, Tel. 972190797, www.banysarabs.org, geöffnet: Mo.–Sa. 10–18, So. 10–14 Uhr, Eintritt: 3 €, ermäßigt 2 €

99 Museu d'Art ★ [S. 141]

Das Museum befindet sich unmittelbar neben der Kathedrale 96 im ehemaligen Bischöflichen Palast. Hier sind **Kunstwerke aus der Provinz Girona** ausgestellt, beginnend bei der Epoche der Romanik über Gotik, Renaissance, Barock, Realismus und Modernismus bis hin zu den Anfängen des 20. Jh.

Weiterhin gibt es Ausstellungen zur Keramik, Glaskunst und zur religiösen Liturgie. Herausragend sind mittelalterliche Exponate wie der **Altar von Sant Pere de Rodes** aus dem 10. Jh. oder ein **Altar der Kirche Sant Feliu** 95 aus Girona. Weiterhin können ein Blick in den Garten und ins bischöfliche Gefängnis geworfen werden.

› Pujada de la Catedral 12, Tel. 972203834, www.museuart.com, Eintritt: 6 €, geöffnet: Okt.–April Di.–Sa. 10–18 Uhr, Mai–Sept. 10–19 Uhr, So. und feiertags 10–14 Uhr

100 Museu d'Història de la Ciutat ★ [S. 141]

Das Museum bietet einen **Überblick zur stadtgeschichtlichen Entwicklung,** angefangen von den ersten frühzeitlichen Spuren bis zum Wechsel von der Franco-Diktatur zur Demokratie. Diese Zeitreise führt durch 14 Ausstellungsräume, ergänzt um Exponate zu thematischen Schwerpunkten wie Gironas Industrie oder auch zur Sozialgeschichte des Sardana-Tanzes und den dazugehörigen Musikgruppen.

› c/de la Força 27, Tel. 972222229, www.girona.cat/museuciutat, geöffnet: Mai–Sept. Di.–Sa. 10.30–18.30, So. 10.30–13.30 Uhr, Okt.–April Di.–Sa. 10.30–17.30, So. 10.30–13.30 Uhr, Eintritt: 4,20 €, jeden ersten So. im Monat freier Eintritt

101 Zwischen Rambla Llibertat und Carrer dels Ciutadans ★★ [S. 141]

Unmittelbar am Fluss verläuft die stark frequentierte Rambla de la Llibertat. Diese Fußgängerstraße verläuft parallel zum Fluss und stellt **eine der wichtigsten Straßen der Altstadt** dar, in der sich Banken, Geschäfte und etliche Lokale befinden. Ausgangspunkt ist die Plaça de Catalunya, wo am Sonntag Künstler ihre Werke anbieten.

Direkt vor dem Touristenbüro (s. S. 149) quert die älteste Brücke der Stadt den Riu Onyar, die **Pont de Pedra** (Steinbrücke). Sie wurde bereits 1856 errichtet. In diesem Bereich der Rambla findet am Samstag ein Blumenmarkt statt. Entlang der Rambla gibt es einige Lokale. Praktisch alle verfügen über eine Terrasse, die sich teilweise auch unter Arkaden befinden. Am oberen Ende zweigt nach links die Eisenbrücke Pont de les Peixeteries Vells ab, die 1876 von der Firma Gustave Eiffel (Eiffelturm) erbaut wurde. Die Verlängerung der Rambla heißt dann **Carrer Argenteria** und auch hier finden sich kleine Geschäfte und einige Lokale.

Die **Carrer dels Ciutadans** war in vergangenen Jahrhunderten die wichtigste Straße der Stadt. Hier residierte der Gironer Geldadel, was an den Häusern zumindest teilweise noch erkennbar ist. Diese Straße endet an der **Plaça del Vi** (Platz des Weins), wo im Mittelalter fliegende Händler ihren *vino* verkauften. Heute steht hier das **Rathaus,** dessen Fassade aus dem 15. Jh. stammt.

070bl-sm

In der urigen Altstadt von Girona

Im 19. Jh. wurde das **Teatre Municipal** erbaut, die Dekoration im Innenraum dieses Theaters stammt ebenfalls noch aus dieser Epoche. An der Ecke zur Carrer dels Ciutadans stehen die **Casa de la Generalitat** aus dem 16. Jh. und gegenüber vom Rathaus noch ein Haus aus dem 15. Jh., die **Casa Barceló.** Neben ein paar Bars gibt es hier auch einen Buchladen, der ausschließlich Literatur auf Katalanisch verkauft und sogar einen katalanischen Reisepass im Angebot hat, den es natürlich in Wirklichkeit nicht gibt.

Zwischen der c/dels Ciutadans und der Rambla de la Llibertat liegen die **Barriades gremials**, die ehemaligen Zunftgassen. Bei ihnen handelt es sich um ein kleines Labyrinth aus schmalen, zumeist recht kurzen Gassen, deren Namen auf verschiedene Berufe hinwiesen. Jede Zunft, jede Berufsgruppe lebte in einer eigenen Gasse, deshalb gibt es hier die Gasse der Fischer (Peixateries), Händler (Mercaders), Eisenschmiede (Ferrereis), Silberschmiede (Argenteria) und andere.

102 La Muralla (Stadtmauer) ★★ [S. 141]

Die Reste der einstigen Stadtmauer sind am Rande der Altstadt zu besichtigen. Bereits zur Zeit der Römer gab es eine Mauer, die jedoch kleiner war als die aktuelle. Sie wurde im 9. Jh. erweitert und im 16. Jh. erneut vergrößert. Direkt hinter der Kathedrale schirmte die Mauer den ursprünglichen Ort gegen Angriffe ab – die Feinde hätten erstmal mühselig die dortige Anhöhe erklimmen müssen. Ursprünglich umschloss die Mauer die Stadt einst bis zum Fluss Riu Onyar, den die Feinde nur schwerlich überqueren konnten. Die Stadtmauer befindet sich insgesamt in einem hervorragenden Zustand. Man kann oben einen **Spaziergang** machen und teilweise spektakuläre Ausblicke über die Stadt genießen, dazu gibt es mehrere Aussichtspunkte. Von der Torre Gironella hat man einen dieser fantastischen Weit-

Die wuchtige Stadtmauer von Girona

071bl-sm

blicke. Für den Spaziergang auf der Mauer gibt es zwei Einstiege: entweder an der Plaça General Marrà unweit vom Fluss oder hinter der Kathedrale 96 (den Hinweisschildern mit der Aufschrift „Passeig arqueològic" folgen). Im Laufe des Spaziergangs entdeckt man auch sehr schöne und ziemlich verschwiegene Ecken der Stadt, beispielsweise die **Gärten Jardins de la Francesa,** von wo man einen guten Blick auf die wehrhafte Rückseite der Kathedrale hat.

Ein kurzes Stück weiter liegen die **Jardins d'Alemanys,** ebenfalls ein lauschiger, ruhiger Garten und ein schöner Ort zum Entspannen. Dort erhebt sich der **Aussichtsturm Torre del Telègraf,** zu dessen Plattform eine enge Wendeltreppe hinaufführt.

Praktische Informationen

› **Entfernung nach Barcelona:** 99 km

25 [S. 141] **Touristeninformation Girona,** Rambla de la Llibertat 1, Tel. 972226575, www.girona.cat/turisme

An- und Abreise

Per Bahn

Der **Bahnhof** befindet sich leider nicht gerade zentral an der Carrer de Barcelona vor der Plaça d'Espanya 68. Zu Fuß dauert es etwa 15–20 Minuten, bis man die Altstadt erreicht hat.

Von Barcelona verkehren mehrmals pro Stunde verschiedene Züge. Am schnellsten geht es mit dem **Hochgeschwindigkeitszug AVE** oder auch mit dem gleich schnellen **AVANT,** beide benötigen ca. 38 Minuten. Langsamer sind die Regional-Züge oder die MD-Züge (media distancia = mittlere Distanz), deren Fahrtzeit zwischen etwas mehr als einer Stunde und bis zu 2 Stunden und 9 Minuten schwankt. Dafür sind sie auch fast halb so teuer. Die Abfahrt in Barcelona erfolgt vom Bahnhof Sants Estació.

Per Bus

Der **Busterminal von Girona** befindet sich gleich neben dem Bahnhof und von hier verkehren Busse in alle größeren Orte der Provinz sowie bis nach Barcelona (mit Sagalés). Die **Sagalés-Busse** halten in Barcelona am Busterminal Estació del Nord [09] und fahren dann über Girona weiter bis nach Perpignan in Frankreich (Linie 602, etwa siebenmal pro Tag). Die Fahrtzeit beträgt etwa ca. 90 Minuten.

Per Flugzeug

Der **Flughafen** liegt ca. 15 km südlich von Girona und wird u. a. von Ryanair angeflogen. Busverbindungen nach Landung des Fliegers bestehen nach Girona und Barcelona. **SARFABusse** fahren auch nach Fahrplan direkt am Terminal.

Kulinarisches

An der Plaça Independència warten mehrere Lokale auf Kundschaft, alle mit Terrasse. Das Preisgefüge reicht von einigermaßen preiswert bis relativ teuer.

26 [S. 141] **Cafetería L'altell** €, c/Joan Maragall 3, Tel 972424646, www.laltelldegirona.com, Mo.–Sa. 7–21 Uhr. Kleines Café, das auch ein gutes Mittagsmenü anbietet, das sich vom Üblichen absetzt.

27 [S. 141] **El Racó** €-€€, Plaça de la Independència 14, Tel. 972296495, www.elraco.com, tägl. 12.30–23 Uhr. Kleines Lokal mit überschaubarer Terrasse an diesem quirligen Platz, an dem wohl ein gutes Dutzend Lokale liegen. Es gibt eine gute Pizza, wahlweise mit dünnem oder etwas dickerem Boden, die auf einem Brett serviert wird, außerdem

Salate, Burger, Risotto, Crêpes, Nudeln und Fleischgerichte.

28 [S. 141] **L'Alqueria** €€, Plaça Poeta Marquina 2, Tel. 972221882, www.restaurantalqueria.com, Di.–So. 13–15 Uhr. Reisfans aufgepasst: Hier werden über 30 verschiedene Reisgerichte und Paellas serviert.

Unterkunft

29 [S. 141] **Hostal Bellmirall** €€€, c/Bellmirall 3, Tel. 972204009, http://bellmirall.eu. Kleines Haus mit historischem Ambiente und nur sieben Zimmern mitten in der Altstadt unweit der Kathedrale. Die Räume sind klein, aber alle unterschiedlich und sehr schick dekoriert, u. a. mit Möbeln, die die Betreiber selbst restauriert haben.

30 [S. 141] **Hotel Carlemany** €€€€, Plaça Miquel Santaló, Tel. 97211212, www.carlemany.es. Haus mit 90 Zimmern und einer markanten Glasfassade, etwa 15 Minuten Fußweg zum historischen Viertel. Große, moderne Zimmer, Parkgarage, Restaurant und tadelloser Service.

31 [S. 141] **Hotel Ciutat de Girona** €€€, c/Nord 2, Tel. 972483038, www.hotelciutatdegirona.com. Befindet sich am Rand der Altstadt, knapp jenseits vom Fluss und nicht sehr weit von der belebten Plaça Independència entfernt. Insgesamt 44 Zimmer auf vier Etagen, die gut und modern eingerichtet sind.

32 [S. 141] **Hotel Històric** €€€€, c/Bellmirall 4, Tel. 972223583, www.hotelhistoric.com. Hotel in einem historischen Haus gegenüber vom Bellmirall. Acht hübsch gestaltete Räume, es können auch Apartments gemietet werden.

33 [S. 141] **Hotel Llegendes de Girona Catedral** €€€€, Portal de la Barca 4, Tel. 972220905, www.llegendeshotel.com. Das rötliche Haus mit 15 Zimmern steht mitten in der Altstadt bei der Kirche Sant Feliu. Es handelt sich um ein historisches Gebäude aus dem 13. Jahrhundert, das schön restauriert wurde. In der Einrichtung wurden die verschiedenen Legenden Gironas aufgegriffen.

Abendliches Kneipenleben an der Plaça Independència

072bl-sm

103 Monestir de Montserrat ★★★ [S. 300]

Wenn es so etwas wie ein **Nationalheiligtum der Katalanen** gibt, dann dürfte es der Berg Montserrat mit dem dortigen Kloster sein, der sich etwa 40 km nordwestlich von Barcelona befindet. Montserrat („zersägter Berg") ist nicht nur ein religiöses Zentrum, sondern auch ein einmaliges Naturphänomen. Steil ragen die Felsmassive auf, sie erreichen Höhen von knapp 1200 Metern. Teilweise wirken die grau-braunen Felsen wie rund geschmirgelt, so mancher Betrachter mag hier Tiere oder gar Fabelwesen erkennen. Die Faszination lässt sich noch besser in Ruhe genießen, aber daran mangelt es ziemlich oft, denn das Gelände wird von vielen Menschen besucht. Aber ganz früh oder ganz spät am Abend senkt sich tatsächlich eine feierliche Stille über das Klostergelände und jeder, der dann noch da ist, dürfte von der einzigartigen Lage und Stimmung gefesselt sein. Und wer einmal dort oben einen Sonnenaufgang erleben durfte, wie Autor und Fotografin vor vielen Jahren, der ist restlos begeistert. Es gibt eine Herberge und ein Dreisternehotel für Übernachtungsgäste (s. Website).

Auf 725 m Höhe befindet sich das **Kloster.** Es wurde 888 als kleine Kapelle gegründet, 1025 als Kloster geführt und 1409 dann in eine unabhängige Abtei der Benediktiner umgewandelt. Hier

Das Kloster Montserrat steht vor einer spektakularen Bergwand

073bl-sm

wird die Schutzheilige von Katalonien verehrt, die **Mare de Déu de Montserrat**, die auch „La Moreneta“ (die Dunkle) genannt wird, da das Holz der aus dem 12. Jh. stammenden Skulptur im Laufe der Zeit nachgedunkelt ist. Papst Leo XIII. erklärte sie 1881 zur **Schutzheiligen von Katalonien.** Durch die Verehrung für die Schutzheilige ist Montserrat das geistige und spirituelle Zentrum von Katalonien geworden.

In den Jahren unter Diktator Franco wurden hier trotz Verbots Messen auf Katalanisch gelesen und Widerstandskämpfer versteckt. Ein Besuch von Montserrat ist für viele Katalanen Pflicht. Das Klosterareal mit Kirche und Nebengebäuden liegt äußerst eindrucksvoll vor dem steil aufragenden Berg. Da hier noch immer etwa 80 Mönche leben, können nicht alle Räume besichtigt werden.

Der prachtvolle Innenraum der Klosterkirche von Montserrat

1592 wurde die **Kirche** geweiht, sie hat ein Hauptschiff und sechs Seitenkapellen. Hinter dem Hauptaltar befindet sich die Skulptur der Schutzheiligen. Meist bilden sich lange Schlangen von Menschen, die ihr einmal ganz nahe sein wollen. Montag bis Freitag jeweils um 13 und Sonntag um 12 Uhr singt der Knabenchor der berühmten klostereigenen Musikschule Escolania in der Kirche.

Das **Museu del Monestir** zeigt Werke verschiedener berühmter Maler, liturgische Gegenstände sowie eine Sammlung diverser archäologischer Fundstücke.

Der Sage nach wurde die Holzstatue der Schwarzen Madonna in einer Höhle entdeckt, die heute **Santa Cova** („Heilige Höhle“) genannt wird. Sie liegt etwas abseits, eine Zahnradbahn fährt dorthin hoch. Heute steht dort eine kleine Kapelle.

› Infos: www.montserratvisita.com oder www.cremallerademontserrat.cat
› **Verbindung von Barcelona:** Linie R5 ab Plaça d'Espanya in Richtung Manresa (stündlich ab 8.26 Uhr). Entweder bis zum Bhf. Montserrat Aeri, von wo aus eine Seilbahn in 5 Min. Fahrzeit 1350 Höhenmeter hoch zum Kloster überwindet (Frequenz: alle 15 Min.) oder mit der Bahn bis Monistrol de Montserrat, von wo alle 20 Min. eine Zahnradbahn in 15 Min. hoch zum Kloster tuckert.
› **Tickets:** Kombi-Ticket „Tot Montserrat“ für 52,90 € (Zug nach Montserrat, Zahnradbahn- bzw. Seilbahnfahrt, Mittagessen, Museumseintritt, Fahrt zur Santa Cova). Tickets gibt es bei der Touristeninformation an der Plaça Catalunya (s. S. 236). Bei Anreise auf eigene Faust: Besuch des Klosters mit Museum 18 €.

Sitges

Sitges macht Spaß! Der Ort ist nett und bietet zugleich eine schöne **Mischung aus ruhigen und quirligen Zonen.** Außerdem weist er einige stilvolle, teils sehr individuelle Hotels auf, ergänzt um mehrere gute Restaurants. Weiterhin schmückt den Ort eine vier bis fünf Kilometer lange **Strandpromenade.** Diese ist richtig breit (zwischen fünf und zehn Metern) und lädt förmlich zum Bummeln, Joggen und Skaten ein – und das wird hier auch fleißig gemacht.

Das ganze Ambiente in Sitges ist einfach ansprechend, weshalb sehr viele Individualisten hierher kommen. Sitges hat sich außerdem zu einem der Treffpunkte der **Gay-Szene** entwickelt, was dem Ort und zumindest einem Strandabschnitt in den Sommermonaten eine ganz eigene Note gibt. Spätestens dann wird Sitges aber auch zur Partystadt. Die wichtigsten Straßen sind Fußgängerzonen und dort befinden sich viele Bars und Musikclubs, etliche sind klar auf die Gay-Community ausgerichtet.

Sitges kann von Barcelona leicht und schnell erreicht werden, auch ohne Auto. Die **Nahverkehrszüge** fahren fast im Halbstundentakt in knapp 30 Minuten aus dem Zentrum von Barcelona hierhin. Vom Bahnhof in Sitges spaziert man gemütlich in vielleicht 15 Minuten durch die schmucke Altstadt hinunter zum Strand. Auch wenn Barcelona ebenfalls einen Strand hat, lohnt ein Ausflug hierher, denn die Atmosphäre ist sehr lässig und insgesamt entspannt, auch in den meisten Lokalen, zumindest außerhalb der vollen Sommermonate.

Diese angenehme Atmosphäre entdeckten um die Wende vom 19. zum 20. Jh. auch einige Künstler, allen voran **Santiago Rusiñol**, der hier ein Haus (105) kaufte und seine Sammlung von Eisenkunst ausstellte. „Cau Ferrat" wird das Haus noch heute genannt („Eisenhöhle"). Es birgt ein interessantes Museum.

(104) Altstadt von Sitges ★ [S. 154]

Oberhalb des Strandes steht die barocke **Església de Sant Bartomeu i Santa Tecla** aus dem 17. Jahrhundert. Im Inneren können barocke und gotische Altargemälde bewundert werden, ansonsten dient das weithin sichtbare Gotteshaus – ganz profan – als Landmarke für all die Jogger und Flaneure auf der Strandpromenade.

Weiterhin erstreckt sich zwischen Kirche und Plaça Espanya das Gassengewirr der Altstadt mit einer konzentrierten **Vielfalt an Kneipen, Musikpubs und Restaurants.** Tagsüber wird man an diesen oftmals vorbeilaufen. Vielfach weist nur ein relativ kleines Schildchen mit kuriosem Namen auf eine Lokalität hin, aber erkennen kann man erst mal nichts, denn am Tag sind die breiten Rolltore heruntergezogen und verbergen, was sie am Abend lautmalerisch anpreisen: geballtes Nachtleben!

Spaziert man dann abends durch die gleichen Straßen, mag man es kaum glauben. Dort, wo am Morgen noch die grauen Rolltore abweisend wirkten, locken nun Musik, schrillbunte Deko, auf den Bürgersteig platziertes Gestühl und eine animierende Szene zum nächtlichen Vergnügen. Die Lokale sind meist nicht groß, haben einen kleinen Tresen und eine meist improvisierte Terrasse und eine auffällige Innendeko. Gute Musik gibt es natürlich auch auf die Ohren.

105 Museu Cau Ferrat ★ [S. 154]

1891 kam der Maler und Schriftsteller **Santiago Rusiñol** (1861–1931) nach Sitges, kaufte zwei alte Fischerhäuser, ließ sie renovieren und zu einem Gebäude vereinen. Hier stellte er seine **Sammlung an Schmiedekunst** unter und taufte das Haus auf den katalanischen Namen Cau Ferrat, deutsch etwa: „Eisenhöhle".

Das Haus entwickelte sich zu einem **Künstlertreffpunkt.** Maler, Musiker und Schriftsteller versammelten sich hier und begründeten so den Ruf von Sitges als Ort der Bohème und der Künstler.

Seit 1933 steht Cau Ferrat als Museum offen. Ausgestellt sind **Gemälde des ehemaligen Besitzers,** seine gesammelte **Schmiedekunst** sowie **Werke befreundeter Künstler** nebst einigen Bildern von **El Greco, Picasso, Zuloaga** und auch eine Sammlung **katalanischer Manufaktur.** Außerdem werden hier fünf Werke von Picasso gezeigt, die aus den Jahren 1900–1901 stammen und zur Sammlung von Santiago Rusiñol gehören.

› c/Fonollar s/n, geöffnet: März–Juni, Sept., Okt. Di.–So. 10–19 Uhr, Juli, Aug. Di.–So. 10–20 Uhr, Eintritt: 10 €

106 Museu Romàntic ★ [S. 154]

Das Museum befindet sich in einem ehemaligen großbürgerlichen Wohnhaus. Das Gebäude trägt den Namen jener Familie (Llopis). Gezeigt werden **Einrichtungsgegenstände, Möbel** und allgemein **die Lebensweise einer reichen katalanischen Familie.** Zudem beherbergt das Museum eine **Puppensammlung,** die 400 Einzelstücke umfasst.

› c/Sant Gaudenci 1, https://museusdesitges.cat. **Wegen Renovierungsarbeiten derzeit geschlossen.**

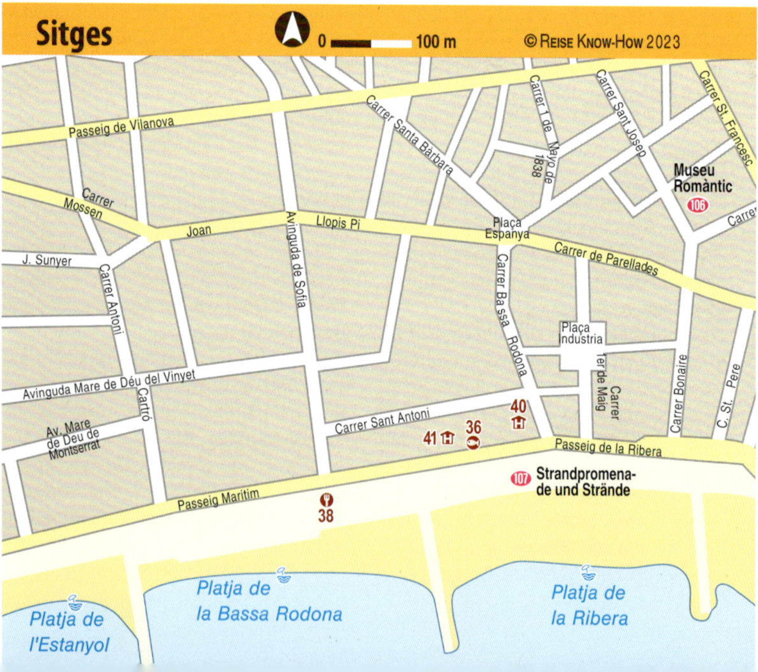

107 Strandpromenade und Strände ★★ [S. 154]

Sitges weist insgesamt **zwölf Strandzonen** auf, die sich alle mehr oder weniger ähneln. Drei liegen in Blickrichtung Meer links der Altstadt, neun rechts. Es handelt sich meist um relativ kleine Abschnitte von etwa 200 bis 400 Metern Länge und maximal 30 Metern Breite. Die meisten Zonen verlaufen halbkreisförmig. Diese Buchten werden von kleinen, ins Meer ragenden Dämmen getrennt.

Der Strand besteht durchweg aus **feinem, hellem Sand.** Parallel zu den Strandzonen verlaufen eine breite **Promenade** und dahinter eine Straße. Dort stehen im oberen Bereich einige **wunderschöne alte Villen,** während der linke Flügel von einem **Sportboothafen** begrenzt wird.

Richtig angenehm läuft es sich auf dem **Passeig Marítim** bzw. **Passeig de la Ribera.** Deshalb joggen, skaten oder flanieren hier ständig viele Menschen entlang. Die ganz Ausdauernden starten unterhalb der Kirche in der Altstadt 104 und drehen erst am oberen Ende der Promenade beim Hotel Terramar um. Das ist dann allerdings ein Weg von gut und gerne vier Kilometern – einfache Strecke! Jogger und Skater nehmen diese Distanz als Herausforderung an, Spaziergänger begnügen sich zumeist mit einem Teilstück oder nutzen für den Rückweg den Bus.

Der **Passeig,** so die katalanische Bezeichnung für Promenade, verläuft parallel zum Meer und bietet neben Ruhebänken, Palmen und Laternen „nur“ schöne Ausblicke. Von der Promenade blickt man vor allem auf die wunderschönen al-

075bl-hj

ten Villen aus dem frühen 20. Jahrhundert. Die meisten Häuser wurden von Kuba-Auswanderern nach deren Rückkehr gebaut; sie zeugen vom wirtschaftlichen Erfolg und der Stilsicherheit der Zurückgekehrten, zumindest in den meisten Fällen. Insgesamt **88 historische Villen** finden sich im Stadtgebiet von Sitges, immerhin 20 davon stehen an der Promenade. Ein Prospekt mit dem Titel **„La ruta de los americanos“** („Die Route der Amerikaner“) beschreibt mittels vierer Spaziergänge alle Häuser, nennt die jeweilige Stilrichtung und das Baujahr. Zu beziehen ist der Prospekt über die Touristeninformation (s. r.).

In der Innenstadt sind ebenfalls etliche dieser schicken Villen zu finden. Recht konzentriert stehen sie bei der Plaça de l'Ajuntament, unweit der nicht übersehbaren Kirche, und in der Carrer Illa de Cuba, die in der Nähe des Bahnhofs abzweigt. Apropos **Bahnhof:** Auch dieses Gebäude ist historisch, es stammt aus dem Jahr 1881.

Praktische Informationen

> **Entfernung nach Barcelona:** 40 km

ℹ **34** [S. 154] **Touristeninformation Sitges,** Plaça Eduard Maristany 2, Tel. 938944251, www.sitgestur.cat, Mo.–Fr. 10–14, 15.30–18, Sa. 10–14, 15.30–18.30, So. 10–14 Uhr

An- und Rückreise

Per Bahn

Sitges ist an das Netz der Nahverkehrslinien Rodalies angeschlossen, von Barcelona fährt die Linie R2 Sud (mit dem Endbahnhof Sant Vicenç de Calders) hierher. Die **Nahverkehrsbahn** fährt je nach Tageszeit alle 30 bis 60 Minuten von/nach Barcelona. Sie hält am Hauptbahnhof Sants Estació, an der Haltestelle Passeig de Gràcia, und endet bzw. beginnt am Bahnhof Estació de França (liegt nicht zentral, aber nahe beim Hafen). Die Fahrzeit beträgt 35 Minuten.

Per Bus

Die Gesellschaft **Bus Garraf** fährt zwischen Barcelona und Sitges mit Endhalt im Ort Les Roques (am Wochenende: Vilanova i la Geltrú).

> https://busgarraf.cat, alle 15 bis 30 Minuten, am Wochenende seltener. Abfahrt in Barcelona: Gran Vía 588, nicht weit von der Plaça de Catalunya 1 entfernt, auch c/ Sepúlveda, Ecke c/Urgell sowie ab Plaça d'Espanya 68.

Kulinarisches

35 [S. 154] **Cal Pinxo** €€, Passeig de la Ribera 5, Tel. 938948637, Di.–So. 13–16 und 20–23 Uhr, Sonntagabend geschlossen. Am Platz unterhalb der Kirche. Maritime Dekoration sowie Reis- und Fischgerichte in beachtlichen Portionen.

36 [S. 154] **Mare Nostrum** €€, Passeig de la Ribera 60, Tel. 938943393, geöffnet: Do.–Di. 13–16 und 20.15–23 Uhr. Seit 1950 bestehende Bar, die einem Schiffskörper nachempfunden ist. Die Wände sind mit Bildern lokaler Künstler geschmückt. Hier dominieren Fischgerichte, es gibt aber auch gute Hausmannskost zu vernünftigen Preisen.

37 [S. 154] **Maricel** €€, Passeig de la Ribera 6, Tel. 938942054, geöffnet: tägl. 13–16 und 20–23 Uhr. Gute Küche, hervorragender Service. Traditionelle Fleisch- und Fischgerichte, regionale Speisen wie schwarzer Reis, Paella oder auch *fideuà* (dünne Nudeln) mit *cigalas* (größeren Krabben). Gehobene Küche, gehobene Preise.

38 [S. 154] **Picnic** €€, Pg. de la Ribera s/n, Tel. 938110040, geöffnet: meist ab 13 Uhr, Sa. ab 10 Uhr, abends bis 21 Uhr, Fr., Sa. bis 1 Uhr, Cocktailbar. Direkt am Meer stehendes Lokal mit einer sehr schönen Terrasse, wo man zwanglos direkt vom Strand kommend speisen kann. Etwas förmlicher geht es drinnen zu. Spezialitäten sind Fisch- und Reisgerichte sowie Meeresfrüchte.

Nachtleben

Vor allem in der **c/1 de mayo de 1838,** auch *Carrer del pecat* („Straße der Sünde") genannt, reiht sich ein Tresen an den nächsten – hier flutet alles durch, was nachts auf der Piste ist. Auch in der Verlängerung dieser Straße und in den benachbarten Straßen setzt sich die Kneipenvielfalt fort. Im Sommer brummt es hier so richtig!

In den kleineren Querstraßen gibt es etliche **Gay-Lokale,** leicht zu erkennen an der markanten Regenbogenfahne. Jenseits der Kirche finden sich weitere Lokale in den **Gassen bis zur Carrer Major.** Da der engere innerstädtische Kern zu Fußgängerzonen umgestaltet wurde, lässt es sich hier sehr entspannt flanieren.

Unterkunft

39 [S. 154] **Hotel Medium Romàntic** €€€€, c/Sant Isidre 33, Tel. 938948375, www.mediumhoteles.com. Mitten im Zentrum gelegenes, kunstvoll gestaltetes Haus, das toll renoviert wurde. Allein das Eingangsschild hat schon mehr Stil als manch anderes Hotel in Gänze. Die Innendeko macht dem Hotelnamen alle Ehre. Es gibt auch Dreier- und Viererzimmer.

40 [S. 154] **Hotel Santa María** €€€, Passeig de la Ribera 52, Tel. 938940999, www.lasantamaria.com. Kleines, schmuckes Haus, das einst drei Gebäude umfasste, die aber miteinander verbunden wurden. Es steht direkt an der Promenade und recht nah am Zentrum. Insgesamt 57 nette Zimmer, unten befindet sich ein gut besuchtes Restaurant.

41 [S. 154] **Kalma Sitges Hotel** €€€€, Pg. de la Ribera 63–69, Tel. 938112100, www.laninahotel.com. Schönes, kleines Hotel, das aus vier Gebäuden aus dem frühen 20. Jh. besteht. Es hat noch seine Originalfassade. Unten befindet sich ein beliebtes Restaurant. Zentrale Lage, nur durch eine Straße vom Strand getrennt, weshalb man auch von etlichen der 47 Zimmern einen fantastischen Meerblick genießt. Mit Freiluftpool.

Die historische Kirche von Sitges steht direkt am Strand 107

Sant Sadurní d'Anoia

Sant Sadurní d'Anoia ist das Zentrum des katalanischen Schaumweins („cava").

Ende des 19. Jahrhunderts verschlug es Josep Raventós nach Barcelona, wo er erste Erfahrungen in der Cava-Produktion sammelte. Viele Jahre später reiste sein Sohn Manuel Raventós i Domènech sogar nach Frankreich, um zu lernen, wie Champagner produziert wird. Zurückgekehrt nach Sant Sadurní, setzte er dieses Wissen so erfolgreich um, dass mehrere Weinbauern seinem Beispiel folgten und **Schaumwein** produzierten. Auch die bei uns mittlerweile bekannten Marken Freixenet, Domènech und Codorníu stammen aus der Gegend um Sant Sadurní.

Wer sich heute dem Ort nähert, nimmt schon ein paar Kilometer außerhalb des Ortes die Hinweisschilder der großen Bodegas wahr. Insgesamt **80 Hersteller** gibt es in Sant Sadurní. Praktisch alle Produktionsstätten können besichtigt werden und bieten Direktverkauf an. In dem kleinen Ort selbst findet der Besucher entlang der Hauptzufahrtsstraße genügend Hinweise zu den einzelnen Marken und Bodegas.

Die beiden größten und bekanntesten Kellereien **Freixenet** und **Codorníu** bieten einen sehr guten Service und führen mehrmals täglich Besuchergruppen in verschiedenen Sprachen durch ihre wirklich sehenswerten Gewölbe. Freixenet lässt sich auch für Besucher ohne eigenes Fahrzeug hervorragend erreichen, denn die riesige Fertigungshalle befindet sich in unmittelbarer Nähe des Bahnhofs. Die kleineren Bodegas sind etwas familiärer und haben mitunter eingeschränktere Öffnungszeiten.

076bl-sm

108 Bodega Freixenet ★★ [S. 300]

Nach einem einführenden Film geht es hinunter in die riesigen Kellereien, wo die Herstellungstechnik und die unterschiedlichen Stufen der Fertigung erklärt werden. Anschließend werden die Besucher mit einem Fahrzeug aus den Tiefen des kühlen Kellers gebracht und es gibt eine kleine Verkostung im Restaurant des Hauses Freixenet.

› c/Joan Sala 2 (direkt beim Bahnhof), Tel. 938917096, www.freixenet.es, Eintritt: 15,50 €. Die geführten Touren dauern 90 Minuten, finden täglich statt und man muss vorab online reservieren. Dabei wird auch die gewünschte Sprache gewählt.

Freixenet ist eine der größten Cava-Bodegas

El Cava

Mal etwas Typisches trinken? Klar! Ein Glas Cava, bitte. Trocken oder lieblich? Trocken. Sehr trocken, bitte. Der Kellner verschwindet kurz und zaubert dann ein mit Eis beschlagenes Glas hervor, entkorkt die gut gekühlte Flasche, schenkt ein. Wie Perlen wandern die Bläschen der Kohlensäure hoch und zerplatzen an der Oberfläche. Das Glas „schmilzt“, Zeit zum Probieren.

Cava ist Schaumwein und ein typisch katalanisches Produkt. Die Anbaumethode stammt aus Frankreich. Ein fixer Katalane studierte die Champagner-Herstellung und versuchte es dann selbst - mit Erfolg! Seit 1872 wird Cava in Sant Sadurní produziert. Doch „Champagner“ durften die Katalanen ihr Getränk nicht nennen, der Begriff ist geschützt. Also wählten sie das katalanische Wort „cava“. Heute ist Cava selbst ein geschütztes Produkt. Er darf nur so genannt werden, wenn er aus dem Cava-Gebiet stammt. Dazu zählen ein paar nordspanische Landstriche, aber hauptsächlich das Gebiet Penedès um Sant Sadurní. 90 Prozent der Produktion stammen aus dem Gebiet um Sant Sadurní.

Ein paar Zahlen: 270 Bodegas produzieren mittlerweile 200 Millionen Flaschen jährlich, wovon gut die Hälfte in 120 Länder exportiert wird. Die Hälfte des Exports geht nach Deutschland. Freixenet (sprich: Freschenet) kennt hierzulande mittlerweile jeder, doch nicht weniger im Geschäft ist Codorníu. Cava gibt es in sieben Geschmacksstufen, von sehr trocken („brut nature“) bis süß („dulce“). Den Unterschied macht der Zuckergehalt. Brut nature hat drei Gramm Zucker pro Liter, dulce dagegen mehr als 50 Gramm. Weitere Zwischenabstufungen sind extra brut, brut, extra seco, seco und semiseco.

Die Trauben werden im September und Oktober geerntet und dann gepresst. Nach der ersten Gärung folgt eine zweite Gärung in der Flasche, die mindestens neun Monate dauert. Dabei ruhen die Flaschen in kühlen Kellergewölben im Halbdunkel und werden regelmäßig gedreht. Nach weiteren Arbeitsschritten, mit denen letzte Unreinheiten entfernt werden, erfolgt der endgültige Verschluss durch einen Korken. Bei einem authentischen Cava muss übrigens auf der Unterseite des Korkens immer ein Stern mit vier Spitzen abgebildet sein. Die Bodegas der meisten Produzenten können besichtigt werden. Besonders interessant sind die teilweise gewaltigen unterirdischen Gewölbe, in denen Tausende von Flaschen lagern. Manche Lagerstätte fällt so gewaltig und modernistisch aus, dass sie schon als eigene Sehenswürdigkeit gelten kann. Dazu gehören beispielsweise die Bodegas von Codorníu 109, die von dem Architekten Puig i Cadafalch, einem Gaudí-Schüler, konstruiert wurden.

119bl-sm

109 Bodega Codorníu ★★ [S. 300]

Die Gebäude wurden Ende des 19. Jahrhunderts von einem der bekanntesten Architekten der damaligen Zeit, Josep Puig i Cadafalch, im Stil des Modernismus erbaut. Neben diesen bemerkenswerten Bauten erstrecken sich Keller über mehr als 30 (!) Kilometer Länge. Ein Teil der Keller kann in Form der Besichtigung angesehen werden. Zunächst aber gibt es einen kurzen einführenden Film zu sehen. Dann wird ein Blick ins Museum geworfen und man besichtigt anschließend die unterirdischen Kellereien.

› Av. Jaume de Codorníu s/n (außerhalb des Ortes), Tel. 938913342, www.codorniu.com. Es gibt täglich verschiedene Touren, beispielsweise einen 90-minütigen Rundgang mit Verkostung von zwei Cavas für 20 €. Eine Online-Reservierung vorab ist notwendig, als Sprache wird auch Englisch angeboten.

Praktische Informationen

› **Entfernung nach Barcelona:** 40 km

ℹ 42 **Touristeninformation Sant Sadurní d'Anoia,** c/Hospital 23, Tel. 938913188, www.santsadurni.cat, Di.–Fr. 9.15–14.45, 16–18.30, Sa. 10–14, 17–19, So. 10–14 Uhr

An- und Abreise

Mit der Vorortbahn Rodalies ist Sant Sadurni d'Anoia vom Hauptbahnhof Barcelona-Sants bzw. auch von der Plaça de Catalunya 1 mit der Linie R4 Richtung Sant Vicenç de Calders in 42 Minuten zu erreichen. Zurück nach Barcelona geht es dann mit der Bahn in Richtung Manresa.

Tarragona

Tarragona ist **eine der größten Städte Kataloniens** und liegt nicht ganz 100 km südlich von Barcelona. Früher war die Stadt eine der wichtigsten Siedlungen des Römischen Imperiums, heute zählt Tarragona zu den wichtigsten Industriestandorten Spaniens.

Das ist sicher von Bedeutung, aber reizvoller sind die archäologischen Überreste der Römer. Sie machten aus Tarraco, wie die Siedlung damals hieß, eine der wichtigsten römischen Städte auf spanischem Boden. Einige der beeindruckenden Bauten stehen noch heute und lassen den Besucher ehrfürchtig staunen. Man stolpert auf den Spuren der Römer förmlich von einer **archäologischen Fundstätte** zur nächsten. Da wundert es nicht, dass dem „archäologischen Ensemble von Tarraco" im Jahr 2000 der Status des **UNESCO-Weltkulturerbes** zugesprochen wurde.

Doch auch das moderne Tarragona macht Spaß – beim Flanieren auf der Promenade, beim Eintauchen in die Altstadt, beim Bummeln und Beobachten der Menschen auf der Plaça de la Font. Insgesamt herrscht in der Stadt eine angenehme Atmosphäre. Als zentrale Achse gilt die Flaniermeile **Rambla Nova** 110, an deren Ende man vom Aussichtspunkt Balcó del Mediterrani (Balkon des Mittelmeers) einen wunderschönen Blick über die Küste genießt.

Geschichte

Im Jahr 218 v. Chr. erfolgte die **Gründung einer römischen Siedlung namens Tarraco.** Publius Cornelius Scipio und sein Bruder wählten einen strategisch günstigen Platz, der leicht erhöht

am Meer lag, wie Plinius der Ältere in seinem Geschichtswerk „Historia Naturalis" berichtet. Möglicherweise wurde der Ort gewählt, weil es hier bereits ein ummauertes keltiberisches Lager gab, aber diese Theorie steht noch immer auf wackeligen Füßen. Sicher ist jedoch, dass die Römer Tarraco alsbald ausbauten und als **Basis für ihre iberischen Eroberungszüge** nutzten. Die Siedlung prosperierte zügig. Am Anfang des 2. Jh. v. Chr. bauten die Römer eine vier Kilometer lange **Verteidigungsmauer**, die den ganzen Ort schützte; etwa 800 Meter davon stehen heute noch. Nicht zuletzt dank des bald angelegten Hafens und mit dem damit einhergehenden **Seehandel** kam Tarraco zu **Wohlstand.** Es dauerte nicht lange, und Tarraco war neben Cartago Nova (das heutige Cartagena, eine spanische Küstenstadt, die etwa 600 Kilometer weiter südlich liegt) – die **wichtigste römische Bastion** in „Hispania Citerior" (so wurde ein römisches Gebiet genannt, das sich entlang der Küste bis etwa 100 Kilometer ins Hinterland erstreckte).

Um 45 v. Chr. erklärte Julius Cäsar Tarraco dann zur römischen Kolonie, was den Einwohnern immerhin **die Bürgerrechte Roms** einbrachte. 27 n. Chr. wurde Hispania in drei Provinzen aufgeteilt, Tarraco wurde **Hauptstadt der neuen römischen Provinz Tarraconensis.** Es folgten Jahre der Blüte und des Wohlstandes. Über das Mittelmeer wickelte man

Eine der römischen Hinterlassenschaften in Tarragona steht mitten in der Altstadt

Tarragona
0
200 m
A-7
N-340
Avinguda President Companys
Avinguda d'Andorra
Avinguda Marquès de Montulu
Sant Antoni Ma Claret
Mossèn Salvador Ritort i Faus
Rovira y Virgili
Frai Antoni Cardona
Camí del Cementiri
Pintor Mallol
Escultor Verderol
Avinguda de Catalunya
Avinguda Maria Cristina
Plaça Imperial Tarraco
Avinguda de Roma
48
Doctor Battestini
Rambla
Estanislau Figueres
Higini Anglès
Pare Palau
Nova
Roma y Virgili
Avinguda Pau Casals
Salines
Cavallers
Sant Domènec
Rathaus
August
Assalt
Rambla Vella
47
51
118
Plaça de la Font
Portalet
Pere Martell
Avinguda Prat de la Riba
Avinguda Ramon y Cajal
Avinguda Ramón y Cajal
Cristòfor Colom
Reding
Governador
Rambla Nova
St. Francesc
Comte de Rius
110
Flaniermeile Rambla Nova
Sant Agustí
Cardenal
Lleida
52
Gonzalez
Mallorca
Plaça Ponent
111
Fòrum local
Cervantes
Fortuny
Pons d'Icart
Unió
Méndez Nuñez
Adrià
Girona
Eivissa
Sevilla
Gasòmetre
Soler
46
Caputxins
Plaça General Prim
Roger de Lluria
50
Baixada de Toro
Jaume I
Smith
Plaça dels Infants
Castaños
Reial
Castellarnau
Apodaca
Barcelona
Plaça de la Pedrera
Bahnhof
Mar
Plaça dels Carros
Altes Fischerviertel El Serrallo
Moll de Costa
Passeig Marítim Rafael de Casanovas

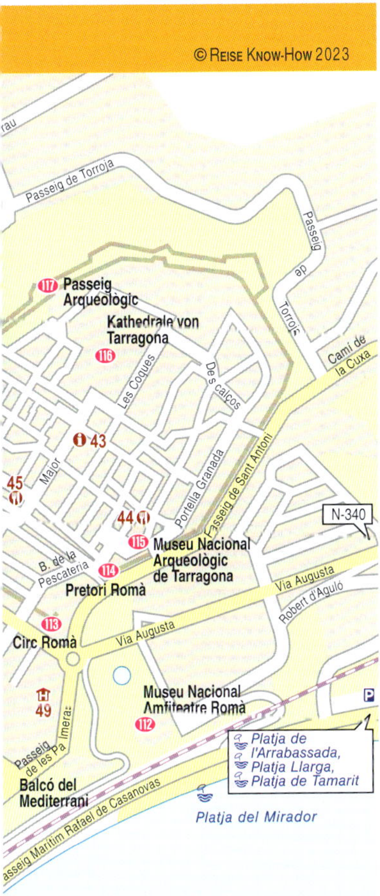

den Seehandel ab und durch Überlandstraßen war Tarraco sogar mit Rom verbunden. Die Vía Augusta führte über das damals unbedeutende Barcino (Barcelona) ins Zentrum des römischen Imperiums. In jener Epoche, dem 1. und 2. Jh., entstanden die Bauten, die heute teilweise noch erhalten sind.

Die Stadt breitete sich weiter aus. „Oben" war das ummauerte Zentrum, „unten" am Hafen und in der Umgebung lebten mittlerweile 30.000 Menschen. Dann begann der schleichende Niedergang Roms, das Imperium zerfiel langsam. Um 259 tauchten die ersten christlichen Prediger auf und wenig später machten sich **gotische Stämme** breit. 476 wurde Tarraco von **Westgoten** unter Führung von Eurico eingenommen. Die Bevölkerungszahl schrumpfte derweil, wohl auch, weil die Westgoten ihren Hauptsitz in Barcino aufschlugen.

Im Jahr 716 erreichten die **Araber** die Stadt und plünderten sie. Das hatte zur Folge, dass die letzten Bewohner weggingen und der Ort für nahezu **400 Jahre unbewohnt** blieb. Ab 1089 wurden verschiedene Versuche gestartet, **Tarraco wieder gezielt zu besiedeln**, aber es dauerte noch knapp ein Jahrhundert, bis es erste Erfolge gab. Dann bauten **Dominikaner** und **Franziskaner** hier Klöster und Kirchen. Dadurch wuchs die Bevölkerung zumindest etwas und um dies noch weiter zu beschleunigen, bekam Tarragona, wie es nun hieß, im Jahr 1231 die Rechte und Pflichten einer **freien Stadt**. Das hatte Folgen: Die Bewohner zahlten beispielsweise keine Abgaben an den Feudalherren und konnten ihre Geschäfte frei entfalten. Leider war diese Phase schon 1348 bedroht, als die **Pest** wütete. Gut ein Viertel der Bevölkerung war davon betroffen. Es kam noch schlimmer. Der wirtschaftliche Erfolg der Stadt machte gekrönte Häupter neidisch. So rückte 1462 der **König von Aragón** mit einer Streitmacht an und verlangte, dass die Stadt sich ergebe, damit sie in sein Königreich integriert würde. Natürlich sollten die Bewohner zukünftig auch Steuern zahlen. Tarragona ergab sich, aber fast die Hälfte der Einwohner verließ die Stadt.

1492 entdeckte Kolumbus Amerika und die gesamte politische und wirtschaftliche Ausrichtung orientierte sich von da ab an den **Atlantikhäfen** und die Ausbeutung bzw. den Handel mit den neu entdeckten Ländern. Eine Monopolbehörde verhinderte, dass Mittelmeerhäfen sich daran beteiligen konnten, Tarragona blieb „nur" der Mittelmeerhandel.

1640 stritten sich mal wieder Herrschaftshäuser, was später als **Erbfolgekrieg** in die Geschichtsbücher einging. Katalonien und damit auch Tarragona fochten auf der falschen Seite; das hatte Konsequenzen. Felipe V. ging siegreich aus dem Konflikt hervor und rächte sich, indem er sämtliche früheren Privilegien abschaffte. Es waren keine guten Jahre für die Stadt. Sie zählte um 1790, als man den Hafen neu aufbaute, gerade einmal 9000 Einwohner. Der neue Hafen führte abermals zu einer leichten wirtschaftlichen Erholung, bis 1811 die **Franzosen** kamen. Sie belagerten die Stadt zwei Monate lang, beschossen sie fortwährend mit Kanonen und zerstörten viele Gebäude. Aber auch das überstand man, und so langsam rückte die Moderne auch in Tarragona ein.

Die **Dampfschifffahrt** brachte schließlich neuen Schwung, und endlich konnten auch Mittelmeerhäfen Handel mit den Ländern auf dem amerikanischen Kontinent treiben. Tarragona wurde zu einer wichtigen Drehscheibe im Weinhandel. Dafür wurden viele Hände gebraucht und gezielt Arbeitsemigranten angeworben. **Die Stadt wuchs** bald auf 27.000 Einwohner (1877). Anfang des 20. Jahrhunderts kamen weitere große Firmen, die Zigarettenindustrie und petrochemische Firmen errichteten gewaltige Produktionsstätten. In deren Gefolge siedelten sich weitere kleinere Firmen an, zumeist Zulieferer.

Dann folgten die **Jahre des spanischen Bürgerkrieges** 1936–1939. Zu Kriegsbeginn zählte die Stadt genau 31.412 Einwohner, also in etwa die gleiche Zahl wie zum Höhepunkt der römischen Phase. Die Stadt selbst fiel bereits am 15. Januar 1938 den Frankisten in die Hände. Nach Kriegsende versuchte Franco, sein Spanien autark und fern vom Weltgeschehen zu regieren, was zu den sogenannten Hungerjahren führte, die man auch in Tarragona spürte. Schließlich kamen die 1960er- und 1970er-Jahre und mit ihnen die Touristen. Tarragona profitierte auch vom touristischen Boom, die Besucher kamen und kommen aber zumeist nur als Tagesgäste.

110 Flaniermeile Rambla Nova ★★ [S. 162]

Die Rambla Nova ist die Flaniermeile der Stadt. Sie misst 700 Meter und verläuft von der großflächigen Plaça Imperial Tarraco bis zum Meer, wo sie an einem schönen Aussichtspunkt endet. Die Rambla hat eine Breite von 45 Metern, wovon bestimmt 30 Meter – oder mehr – nur für Fußgänger ausgelegt sind. Links und rechts fließt zwar Autoverkehr vorbei, aber auf der Rambla muss man einfach zu Fuß gehen. Entlang der Straße warten ein paar Cafés und Bars auf Kundschaft (zumeist mit Terrassen) und hier kann man schön das Spielchen „Sehen und Gesehenwerden" spielen.

Die Straße säumen außerdem etliche schicke Häuser, die zum überwiegenden Teil im 19. Jh. errichtet wurden, wie die **Banc d'Espanya** oder das **Hotel Lauria.** Zwei Denkmäler stehen entlang der Rambla: **El Monumento a los defensores de Tarragona** (Denkmal zu Ehren der Verteidiger der Stadt während der französischen Besetzung 1811) sowie eine **Statue zu Ehren von Admiral Roger de Llúria.** Letztere steht unweit vom Aussichtspunkt.

Das beeindruckendste Monument erhebt sich im wahrsten Sinne des Wortes am anderen Ende der Rambla, unweit der Plaça Imperial Tarraco. Dort wurde ein detailgenaues **Denkmal zu Ehren der Castellers** (der Menschentürme) geschaffen. Es lohnt sich, auf Einzelheiten zu achten. Alles wirkt authentisch, und man spürt regelrecht die Anspannung der einzelnen Teilnehmer.

Am Ende der Rambla erreicht man den Aussichtspunkt **Balcó del Mediterrani**, also den Balkon des Mittelmeeres. Eigentlich nichts Besonderes, nur ein erhöht gelegener Punkt mit einer schönen Balustrade, von wo man über die Küste und weit aufs Meer gucken kann. An klaren Tagen soll sogar am Horizont die Insel Mallorca erkennbar sein. Die Bewohner der Stadt spazieren genauso gern hierher wie die Touristen. Sie nennen dies auf Katalanisch „anar a tocar ferro" („hingehen, um Eisen zu berühren"), womit die Balustrade gemeint ist, auf die man sich stützt, um aufs Meer zu blicken.

111 Fòrum local ★ [S. 162]

Um die Zeitenwende entstand dieses Forum am Rande der damals ummauerten Oberstadt. Dort oben befanden sich alle wichtigen römischen Einrichtungen, aber die Stadt dehnte sich aus, weshalb auch in der Unterstadt ein Forum, also ein **großer Platz**, errichtet wurde. Er liegt heute zwischen den Straßen Lleida und Soler und ist regelrecht von Häuserblocks umzingelt.

Das Fòrum local ist 54 x 14 Meter groß und es sind heute nur noch bescheidene Überreste erhalten, vor allem **Fragmente, Mauerreste und kleine Säulen.** Eine Brücke überspannt die Straße Soler. Hier gab es zwei unterschiedliche Bereiche, einen religiösen und einen weltlichen. Im heiligen Bereich stand ein Tempel und im weltlichen das Hauptgebäude der Verwaltung sowie das der Gerichtsbarkeit. Weiter hinten wurden Fundamente verschiedener Wohnbereiche freigelegt.

› Carrer de Lleida s/, geöffnet: Okt.–Ostern Di.–Sa. 9–19, So. 9.30–14.30, Ostern–Sept. Di.–Sa. 9–21, So. 10–15 Uhr, Eintritt: 3,30 €. Es gibt ein Gemeinschaftsticket für vier römische Sehenswürdigkeiten.

112 Museu Nacional Amfiteatre Romà ★★ [S. 162]

Das **römische Amphitheater** stand etwas außerhalb des ummauerten Stadtkerns relativ nah zum Meer. Es hat eine elliptische Form, misst 130 x 102 Meter und zählt zu den besterhaltenen römischen Bauwerken seiner Art in Spanien. Man erkennt noch heute recht gut die öffentliche Zuschauertribüne, die der örtlichen Autoritäten und eine später errichtete Kirche.

Es braucht nicht viel Fantasie, um sich hier blutige **Gladiatorenkämpfe** vor begeistertem Publikum vorzustellen. Hier wurden tragischerweise auch **Christenverfolgungen** öffentlich zelebriert. So erlitten Bischof Fructuoso und zwei Glaubensbrüder im Jahr 259 einen grausamen Feuertod. Im 6. Jh. wurde diesen Märtyrern zu Ehren eine kleine Kapelle gebaut, die **Iglesia de San Fructuoso.** Im 12. Jh. errichtete man dann ein größeres Gotteshaus an gleicher Stelle, die ebenfalls nicht mehr existierende Iglesia de Santa María del Milagro.

› Parc del Miracle, Eintritt: 3,30 €, geöffnet: Okt.-März Di.-Sa. 9.30-19, So. 9.30-14.30, April-Sept. Di.-Sa. 9.30-21, So. 10-15 Uhr

113 Circ Romà ★★ [S. 162]

Circ Romà lautet der etwas bescheidene Name für den **gewaltigen römischen Zirkus.** Hier aber fanden sie statt, die Wagenrennen à la Ben Hur und andere blutige Spektakel. Leider wurde im Lauf der Zeit ein Großteil des Bauwerks zerstört, angeblich vor allem von abziehenden französischen Soldaten im Jahr 1813. Erbaut wurde der Circ Romà im 1. Jh. v. Chr. Er maß damals 320 x 175 Meter, der Innenbereich immerhin 265 x 150 Meter. Erkennbar bleiben heute ein größeres Stück der Arena, Treppenaufgänge zu den Galerien, Stufensitze für die Zuschauer und das sogenannte Triumfalistor. Daneben sind noch unterirdische Gänge erhalten, an deren Ende ein detailgenaues Modell des römischen Zirkus steht.

› Eintritt: 3,30 €, geöffnet: April-Sept. Di.-Sa. 9.30-21, So. 9.30-14.30, Okt.-März Di.-Sa. 9.30-20, So. 9.30-14 Uhr

114 Pretori Romà ★ [S. 162]

Dieser Bereich wird von der Plaça del Rei betreten und ist mit dem römischen Zirkus verbunden. Bei den Pretori Romà handelt sich um einen mehrstöckigen **Turm, in dem verschiedene Modelle der Stadt und Fundstücke der römischen Epoche** ausgestellt sind.

Erbaut wurde das Gebäude um das Jahr 73 n. Chr. Es diente dem Provinzregenten und seinen Beamten als Verwaltungssitz. Ganz oben von der Terrasse genießt man einen formidablen Blick über die Stadt.

› Plaça del Rei 5, Eintritt: 3,30 €, geöffnet: Okt.-März Di.-Sa. 9-19, So. 9.30-14.30 Uhr, April-Sept. Di.-Sa. 9.30-21, So. 10-15 Uhr

115 Museu Nacional Arqueològic de Tarragona ★ [S. 162]

Das archäologische Museum von Tarragona liegt vis à vis des Eingangs von Forum 111 und Zirkus 113. Gegründet wurde es bereits in der ersten Hälfte des 19. Jh. Hier sind überwiegend **Fundstücke der römischen Epoche** ausgestellt. Auf vier Etagen und in insgesamt zehn Sälen finden sich, thematisch angeordnet, viele teilweise sehr gut erhaltene Exponate.

Auch ein anderes Thema wird behandelt, denn es wird die **römische Architektur** im Allgemeinen behandelt, aber auch Tarragona (Tarraco) als militärische Festung und seine Verbindung zum Meer. Weiterhin sind viele Skulpturen ausgestellt, auch Dekorationsstücke der Häuser. Es gibt Beispiele für Grabschmuck und eine Sammlung von Gegenständen des Alltagslebens, so sind beispielsweise auch schöne Mosaiken, die viele Häuser schmückten, ausgestellt.

› Plaça del Rei 5, Eintritt: 4 €, über 65 und unter 25 Jahren 2 €, geöffnet: Juni–Sept. Di.–Sa. 9.30–20.30, So. 10–14 Uhr, Okt.–Mai Di.–Sa. 9.30–18, So. 10–14 Uhr

116 Kathedrale von Tarragona ★★ [S. 162]

Vom römischen Tarragona zum christlichen sind es nur wenige Schritte. Die Kathedrale überragt die meisten Häuser in diesem Viertel und man kann einfach durch die Straßen stromern, ohne sie aus den Augen zu verlieren, da der hoch aufragende Turm meist zu sehen ist.

Links von der auf die Kathedrale zulaufenden c/Major verläuft die **Carrer dels Cavallers**, in der einige gotische Herrschaftshäuser stehen. Die Straße existierte bereits im 13. Jh., aber die Häuser entstanden ein Jahrhundert später. Zu finden sind sie unter den Hausnummern 10, 11 und 12.

Dieser Ort kann auf eine sehr **lange Geschichte an Sakralbauten** zurückblicken: Etwa im 1. Jh. v. Chr. stand hier ein Jupitertempel. Nach Abzug der Römer kamen westgotische Stämme und errichteten an der gleichen Stelle eine kleine Basilika. Im 5. Jh. verschlug es orientalische Christen nach Tarragona, die den Kult um die heilige Tecla mitbrachten, einer Schülerin des Apostels Paulus.

Im Jahr 1171 waren gerade die Mauren vertrieben, als mit dem Bau einer gewaltigen Kirche begonnen wurde. Gute 150 Jahre dauerte es bis zur Fertigstellung, die Weihung zur Kathedrale fand 1331 statt. Entstanden war **eines der größten Gotteshäuser in ganz Katalonien.** Allein der Innenraum misst knapp über 100 Meter Länge. Schon der Haupteingang zeigt sich kunstvoll mit Archivolten von 22 Skulpturen von Aposteln und Propheten sowie einer großen Fensterrose.

Nähert man sich von der Altstadt kommend über eine breite Freitreppe der Kathedrale, fällt das **mächtige und beeindruckende Haupttor** auf, denn links und rechts vom Tor stehen sehr große Skulp-

077cl-hj

Haupteingang zur Kathedrale von Tarragona

turen der Apostel und Propheten, im Zentrum die Muttergottes unterhalb mächtiger gotischer Spitzbögen und einer riesigen Fensterrosette. Der Mensch fühlt sich jedenfalls ziemlich klein, was wohl auch beabsichtigt war.

Innen steht ein Retabel der Santa Tecla in der Capilla Mayor. Der **Hauptaltar ist ein Meisterwerk aus weißem Marmor**, für das Pere Joan im 13. Jh. acht Jahre benötigte. Wichtige Stationen aus dem Leben der heiligen Tecla sind hier figürlich dargestellt. Weiterhin befindet sich neben dem Hauptaltar das **Grabmal von Erzbischof Juan de Aragón.**

Zum **Kreuzgang** *(Claustro)* gelangt man durch ein fein gestaltetes, teilweise aus Marmor gearbeitetes Portal. Der Kreuzgang hat mehrere hübsche Rundbögen und einen **Mihrab**, einen Gebetsplatz, der in Moscheen immer Richtung Mekka zeigt; wahrscheinlich ein Überbleibsel der maurischen Epoche. Beachtenswert sind auch die **Kapitelle** mit der ungewöhnlichen Darstellung einer Prozession von Ratten. Der achteckige **Glockenturm** ist 70 Meter hoch und stammt aus dem Jahr 1292.

Das angeschlossene **Diözesanmuseum** stellt hauptsächlich Messgewänder und Wandteppiche (15.–18. Jh.) aus sowie religiöse Skulpturen und Gemälde (14./15. Jh.).

› Plaça de la Seu, geöffnet: Mo.–Sa. ab 10 Uhr, geschlossen wird zwischen 17 und 20 Uhr, je nach Jahreszeit, Eintritt: 5 €

117 Passeig Arqueològic ★ [S. 162]

Einmal die Kathedrale 116 umrundet, erreicht man den Passeig Arqueològic mit den **Überresten der römischen Stadtmauer.** Einst umschloss diese Mauer die gesamte Innenstadt und war vier Kilometer lang. Kurz nach Ankunft der Römer begann man 218 v. Chr. mit dem Bau. Heute sind noch knapp 800 Meter dieses ehemaligen Schutzwalls vorhanden.

Drei Türme sind ebenfalls noch zu bestaunen, von denen der Torre del Arzobispo („Turm des Erzbischofs") mit 47 Metern der höchste ist. Er steht etwa in Höhe der Kathedrale. Der kleinste Turm, der Torre de la Minerva, trägt noch das teilweise erkennbare Bildnis der Göttin.

Kurz nach dem Passieren des Eingangs am Portal del Roser gelangt man zu einer gut erhaltenen **Statue des Kaisers Augustus**, übrigens ein Geschenk von Mussolini.

› Av. Catalunya s/n, geöffnet: Okt.–März Di.–Sa. 9–19, So. 9.30–14.30 Uhr, April–Sept. Di.–Sa. 9.30–21, So. 10–15 Uhr, Eintritt: 3,30 €

118 Plaça de la Font ★ [S. 162]

Zurück Richtung Rambla Nova 110 geht es noch einmal durch die urige Altstadt, vorbei an dem zentralen Platz Plaça de la Font.

Dort steht das **Rathaus** aus dem 19. Jahrhundert und vor allem laden dort etliche Bars zum Verschnaufen ein; so ziemlich jede hat Tische draußen auf dem weitläufigen, autofreien Platz. Am frühen Abend sind die Lokale bei lauer Luft immer sehr gut besucht. Dann versammeln sich Jung und Alt zu einem Feierabend-Drink in angenehmer Atmosphäre. Und auch sonst ist dieser Platz ein perfekter Ort, um einen ausgiebigen Stadtbummel auf der Terrasse eines der vielen Lokale ausklingen zu lassen.

079bl-hj

Praktische Informationen

› **Entfernung nach Barcelona:** 98 km

43 [S. 162] **Touristeninformation Tarragona,** Carrer Major 39, Tel. 977250795, www.tarragonaturisme.cat, in der Regel tägl. 10–14 Uhr, nachmittags nur Mo.–Sa. zu wechselnden Zeiten

An- und Abreise

Per Bahn

Der große **Bahnhof** befindet sich unmittelbar am Meer. Wer ankommt und ins Zentrum möchte, tritt aus dem Bahnhofsgebäude heraus, wendet sich nach rechts und geht bis zur großen Treppe. Diese muss man hochsteigen und schon ist die zentrale Rambla Nova 110 erreicht.

Mehrmals pro Stunde verkehren Züge zwischen Barcelona und Tarragona. Die langsameren Expresszüge benötigen etwa 1:20 Std. Der schnelle AVE braucht nur 30 Min. Fahrzeit – allerdings halten diese Züge acht Kilometer außerhalb, am Bahnhof Camp de Tarragoa, und sind daher für einen Kurzbesuch eher nicht geeignet. Abfahrtsbahnhof von Barcelona ist Barcelona-Sants, der auch eine eigene Metrostation hat.

Per Bus

Der **Busterminal** befindet sich ebenfalls ziemlich zentral, nur am anderen Ende der Rambla beim Plaça Imperial Tarraco zwischen den Straßen Avinguda de Roma und Carrer de Pere Martell. Die Gesellschaft ALSA bietet

Entspanntes Terrassenlokal in historischem Haus

Fahrten mit oder auch ohne Zwischenstopp zwischen beiden Städten an, wobei für einen Tagesausflug schon der 9-Uhr-Bus gewählt werden sollte. Zentraler Terminal in Barcelona ist die Estació Nord (nächste Metro: Arc de Triomf), die Fahrtzeit beträgt zwischen 90 und 105 Minuten.

Kulinarisches

An der Plaça de la Font befinden sich mehrere Bars und Restaurants. Wer möchte, sitzt draußen und bewundert die Rathausfassade – oder die Vorbeiflanierenden.

44 [S. 162] **Palau del Baro** €€, c/Santa Anna 3, Tel. 977241464, geöffnet: Di.–Sa. 13–16 und 20–23, So. 13–16 Uhr. Ein schickes Haus mit angenehmem Innenhof. Das Lokal bietet katalanische Küche, aber auch Tapas- oder Reis-Menüs und ein „römisches Menü".

45 [S. 162] **Pulvinar** €€, c/dels Ferrers 20, Tel. 977235 631, Mittagessen Mo.–Do. 13–15.30 Uhr, Abendessen tägl. 20.30–23 Uhr. Das Innere erinnert fast an eine Höhle, draußen gibt es eine kleine Terrasse auf einer Mini-Plaza. Angeboten werden Pizzen, aber auch Menüs.

46 [S. 162] **Restaurant Barquet** €€, c/Gasómetro 16, Tel. 977240 023, geöffnet: Mo.–Sa. 12.30–15.30 Uhr. Hervorragende Fischgerichte werden hier von zwei Brüdern gezaubert. Die Wände des Lokals sind mit Gemälden von Fidel, einem der Betreiber, dekoriert. Die Karte wechselt häufig, je nach Fang und Einkauf.

47 [S. 162] **Restaurant Forum** €€, Plaça del Font 37, Tel. 977231718, tägl. geöffnet. Kleines, urtypisch katalanisches Lokal, in dem Kellner vom alten Schlag arbeiten. Es gibt katalanische Küche in sehr angenehmer Atmosphäre, was viele Einheimische schätzen.

Unterkunft

48 [S. 162] **Hotel Ciutat de Tarragona** €€€€, Plaça Imperial Tarraco 5, Tel. 977250999, www.sbhotels.es. **Modernes, sehr zentral gelegen Haus:** großes Haus mit 168 gut eingerichteten Zimmern, das direkt am verkehrsreichen Hauptplatz vor der Rambla Nova steht. Aber Lärm ist kein Problem, denn die Fenster sind bestens schallisoliert. Mit eigener Tiefgarage.

49 [S. 162] **Hotel H10 Imperial Tarraco** €€€€, Passeig de les Palmeres s/n, www.h10hotels.com, Tel. 977233040. **Oberhalb des Amphitheaters:** großes, seit vielen Jahren bewährtes und frisch saniertes Haus. Oben gibt es eine Pool-Terrasse mit weitem Blick über die Küste.

50 [S. 162] **Hotel Lauria** €€€, Rambla Nova 20, Tel. 977236712, www.hotel-lauria.com. **Zentral an der Rambla:** 72 Zimmer unweit vom Balcó del Mediterrani in einem historischen Gebäude aus dem frühen 20. Jahrhundert. Im Hinterhof des ehemaligen Herrschaftshauses gibt es einen Pool mit Liegewiese.

51 [S. 162] **Hotel Plaça de la Font** €€-€€€, Plaça de la Font 26, Tel. 977240882, http://hotelpdelafont.com. Schlankes Haus, das etwas am Rande des belebten Platzes steht. Es hat 20 eher schlicht eingerichtete Zimmer, die nicht gerade groß ausfallen. Über dem Bett prangen riesige Fotos, das ist schon fast der einzige Zimmerschmuck. Für Autofahrer: Direkt gegenüber vom Haus gibt es eine Tiefgarage.

52 [S. 162] **Hotel Urbis Centre** €€€, Plaça Corsini 10, Tel. 977240116, www.hotelurbiscentre.com. Das 44 Zimmer fassende Haus liegt recht zentral, zwei Parallelstraßen von der Rambla Nova und einen Block vom Zentralmarkt entfernt. Familiäres Ambiente, funktionale Zimmer, die aber etwas klein ausfallen.

BARCELONA ERLEBEN

004bl-sm

080bl-sm

Barcelona für Architekturinteressierte

Barcelona ist eine architektonisch sehr interessante Stadt. Sie wurde vor allem durch ihre zahlreichen Bauten im Stil des **Modernisme** bekannt, dem katalanischen Jugendstil. Herausragender Baumeister war Antoni Gaudí, aber es gab noch weitere geniale Architekten, die spektakuläre Gebäude schufen. Vor allem im Stadtteil **L'Eixample** kann man diese wunderbaren Häuser noch heute sehen. Dort wurde Ende des 19. Jahrhunderts ein völlig neues Stadtgebiet am Reißbrett geplant und die Architekten wetteiferten miteinander um den auffälligsten Baustil. Das war damals ein sehr mutiges Unterfangen. Mut zum Träumen und Mut, diese Träume schließlich auch umzusetzen, dafür ist die Stadt noch heute bekannt.

Ursprünglich war Barcelona nur eine kleine Siedlung und über etliche Jahrhunderte begrenzt auf das überschaubare Gebiet der heutigen Altstadt, die heute als **Barri Gòtic** (s. S. 29) bekannt ist. Enge Gassen prägen das Bild mit Häusern, die teilweise drei- oder gar vierhundert Jahre alt sind. Vor allem in der Straße **Carrer Montcada** [M11] standen mehrere herrschaftliche Häuser, die auch „Palast" (katalanisch: *palau*) genannt werden und wo meist reich gewordene Händler lebten.

Die ursprüngliche Siedlung wurde vor über 2000 Jahren ganz in der Nähe von den **Römern** gegründet, deren archäologische Hinterlassenschaft vor allem im schön gestalteten Museum der Stadtgeschichte von Barcelona (s. S. 38)

◁ *Vorseite: Blick aus dem Tibidabo-Riesenrad (88) auf Barcelona*

△ *Modernes Barcelona: ein Neubau unweit der Plaça de les Glòries Catalanes [Q8]*

zu besichtigen sind. Die kleine Siedlung „Barcino“ wurde von einer wuchtigen Mauer geschützt, kleine Teile existieren noch heute unweit der Kathedrale 7.

Im 13. Jh. war die Siedlung zu klein geworden, man erweiterte den bewohnten Bereich und baute eine neue, größere Mauer. Im **Mittelalter** musste die Stadt erneut vergrößert werden, durch die gute wirtschaftliche Lage strömten immer mehr Menschen nach Barcelona. In dieser Phase entstehen einige prachtvolle Bauwerke, beispielsweise an der Plaça Sant Jaume das Rathaus 11 oder das gegenüberliegende Gebäude der Generalitat 10. Außerdem baute man stolze, schöne Kirchen wie Santa María del Mar 22 oder Santa María del Pi 12 und natürlich die große Kathedrale 7. Auch der Königspalast, Palau Reial Major 9, wurde mehrfach vergrößert. In weltlich-merkantilen Dingen dachte man ebenfalls großzügig, so entstanden unten beim Hafen die seinerzeit größten Werftanlagen überhaupt, Les Drassanes. Heute ist hier das Museu Marítim 32 untergebracht.

Durch die erneute Erweiterung der Stadt war das heutige Viertel Raval 27 in die Stadtumfriedung integriert und es entstand zwischen Barri Gòtic und Barri El Raval eine neue Verkehrsachse, die **Rambles** 2.

Damals war sie nur ein bescheidener Verkehrsweg, aber als man im 18. Jh. hier Bäume pflanzte, entstanden schnell auch die ersten schickeren Bauten und die gesamte Straße gewann an Flair. Im 19. Jh. wurden dann zwei Gebäude gebaut, die heute noch zu den schönsten Häusern an der Rambla zählen: Die gusseiserne Markthalle La Boqueria 3 und das schöne Theater Gran Teatre del Liceu 5. Und nur einmal ums Eck von der Rambla steht in der c/Nou de la Rambla ein frühes Gaudí-Bauwerk, der Palau Güell 31. Zwar wurde das Gebäude noch nicht im klassischen Stil des Modernismus errichtet, aber man kann schon erste Anklänge erkennen und Gaudís eigenwillige Kreationen zeichnen sich deutlich ab. Solch ein Gebäude an dieser Stelle zu schaffen, erfordert schon ein wenig Mut.

1888 fand die **Weltausstellung** in Barcelona statt, was einen enormen baulichen Schwung brachte. Das Ereignis dauerte von April bis Dezember und es wurden schon Jahre vorher diverse Bauvorhaben realisiert, vor allem im heutigen Parc de la Ciutadella 25. Die meisten der eigens für die Ausstellung errichteten Gebäude riss man nach Beendigung wieder ab – so war es damals üblich – aber einige wenige Häuser blieben bis heute erhalten. Herausragend ist darunter der Triumphbogen Arc de Triomf, der heute noch steht und durch den damals die Gäste schritten. Auch außerhalb des Messegeländes verschönerte man die Stadt, schuf den breiten Passeig de Colom [K12] und erstellte am Ende der Rambles die Kolumbussäule 33. Vor allem aber erhielt die Idee vom Baustil des **Modernismus** (Jugendstil) einen ungeheuren Aufschwung.

Die Stadt war mal wieder zu eng geworden und vor allem das wohlhabende Bürgertum sehnte sich nach komfortablem Wohnraum. Deshalb öffnete man Mitte des 19. Jh. die Stadtmauern und ließ durch Ildefons Cerdà ein nagelneues Stadtviertel bauen, exakt geplant am Reißbrett. **L'Eixample** (Erweiterung) wird heute zu Recht als Gesamtkunstwerk bezeichnet. Auf einer Fläche von 7,5 km² wurden schachbrettartig Straßen angelegt, die sich genau rechtwinklig trafen, was man heute gut aus der Luft oder auch im Internet sehen kann. Als eine sehr lange Achse durchschneidet die Avinguda Diagonal einmal quer verlaufend diese Zone sowie die ebenfalls diagonal führende Avinguda Meridiana. Gebaut wurde der Stadtteil zwischen 1860 und 1910, es entstand Wohnraum für etwa 175.000 Menschen. Diese neuen Häuser waren sehr gefragt, besonders die wohlhabenden Familien wollten hier unbedingt ein repräsentatives Haus besitzen, wenn möglich an der wichtigsten Straße, dem Passeig de Gràcia 46. Noch heute stehen etwa 150 markante Häuser im Stil des Modernisme im Viertel L'Eixample, eine Auswahl wird in diesem Buch vorgestellt. Antoni Gaudí ist der bekannteste Schöpfer, sein vielleicht eigenwilligstes Gebäude steht auch am Passeig de Gràcia, die **Casa Milà** 50. Aber auch sein Haus Casa Batlló 48 befindet sich dort. In dessen unmittelbarer Nachbarschaft stehen Häuser der anderen beiden herausragenden Architekten des Modernisme: **Lluís Domènech i Montaner** baute die Casa Lleó Morera 47 und **Josep Puig i Cadafalch** die Casa Amatller 49. Von Domènech i Montaner stammen auch die Casa Fuster 67 und die Casa Thomàs 55. Auch das Gebäude in der c/Aragó 255 stammt von ihm, es war einst Sitz eines Verlages, heute befindet sich hier das Museum Fundació Antoni Tàpies (s. S. 179). Das wichtigste Werk von Domènech i Montaner steht aber außerhalb von L'Eixample, es ist der wunderschöne Musikpalast Palau de la Mùsica Catalana 17. Und nicht zuletzt war der umtriebige Architekt auch verantwortlich für den damals richtungsweisenden Krankenhauskomplex Hospital de Santa Creu 28.

Von dem dritten bekannten Architekten des Modernismus, **Josep Puig i Cadafalch**, stammt die Casa de les Pun-

081bl-sm

xes 57 und auch das bekannte Restaurant Els Quatre Gats (s. S. 189) in der Altstadt sowie der Palau de Baró Quadras 56. Antoni Gaudí entwarf weitere Bauten, neben den schon erwähnten Palau Güell 31, Casa Batlló 48 und Casa Milà 50 stammen auch der Park Güell 81 und die Kirche Sagrada Família 64 von ihm – beide sind mittlerweile weltweit bekannte Aushängeschilder von Barcelona. Der Ausnahmekünstler entwickelte aber auch die etwas außerhalb liegenden Pavellons Güell 86, die Krypta Colònia Güell 90 und Bellesguard 91.

Eine ganz andere Zone mit sehr bemerkenswerten Bauwerken stellt der Berg **Montjuïc** dar. Ganz oben thront seit dem späten Mittelalter eine Festung, unterhalb davon war die Zone zunächst eher schwach besiedelt, später bildete sie dann einen Rückzugsort für ärmere Menschen. Im 19. Jh. legte man erste Gärten an und 1883 den Friedhof zur Meerseite. Schließlich begann man mit einer weitreichenderen Umgestaltung des Hügels und die Armensiedlungen verschwanden.

Als Barcelona 1929 zum zweiten Mal eine **Weltausstellung** ausrichtete (Mai 1929 bis Januar 1930), wurde der Montjuïc als Schauplatz gewählt. Es entstanden Bauwerke im Stil und Geist der Zeit (Spanien war damals eine Diktatur) und es durfte eher etwas monumentaler gebaut werden. Erkennen kann man das heute an der riesigen Plaça d'Espanya 68 und der sehr breiten Avinguda reina Maria Cristina, die zum Montjuïc führt. Der mächtige Nationalpalast (Palau Nacional, der heute das Museu Nacional d'Art de Catalunya enthält 69), entstand in dieser Zeit und erinnert wohl nicht ganz zufällig auch ein wenig an den monumentalen Königspalast El Escorial unweit von Madrid. Auch das Sportstadion, wo 63 Jahre später die Olympischen Spiele gefeiert wurden, und das Poble Espanyol 73, eine Schau-Ausstellung quer durch die spanischen Lebens- und Baukulturen, die auch die Einheit Spaniens symbolisieren sollte, entstanden damals. Herausgefallen aus dieser Monumentalität war der Pavelló Mies van der Rohe 71 im Bauhausstil und ganz besonders auch die wunderbaren Licht- und Wasserspiele Font Màgic 70 unterhalb vom Palau Nacional.

Weiter oben am Berg zeigt sich eine ganz andere Bauepoche. Anlässlich der **Olympischen Spiele 1992** bauten die Stadtväter neben dem schon bestehenden Stadion ein großes Sportgelände, den Anella Olímpica 74 mit mehreren Stadien und dem markanten Fernsehturm vom Stararchitekten Calatrava. Noch ein Stückchen weiter der Straße auf den Berg gefolgt, wird das schöne strahlend-weiße Museum zu Ehren von Joan Miró 76 erreicht. Hier harmonisieren Bauwerk, Exponate und umgebende Natur in einer außergewöhnlichen Weise, da der Architekt das Haus im mediterranen Stil der Balearischen Inseln mit viel natürlicher Sonneneinstrahlung baute.

Anlässlich der Olympischen Spiele gestaltete Barcelona aber auch die gesamte **Hafen- und Meeresfront** um, insgesamt wurden fast 300 Bauprojekte realisiert. Das Olympische Dorf baute man in Strandnähe und errichtete dazu 34 unterschiedlich gestaltete Wohnblöcke.

◁ Zwei der höchsten Gebäude der Stadt stehen neben dem „goldenen Fisch" (s. S. 181) direkt am Strand 39

082bl-hj

Typisches Eckhaus im Viertel L'Eixample (s. S. 78)

Dort liegt auch der Olympische Hafen Port Olímpic, wo heute Freizeitkapitäne ihren Liegeplatz haben und an der Mole eine Vielzahl von Lokalen auf Gäste wartet. Weiterhin wurde überhaupt erst der Strand 39 geschaffen und eine sehr nette Promenade dazu. Auch der alte Hafen Port Vell ist ein gelungenes Neu-Werk.

Endeten früher die Rambles etwa bei der Kolumbussäule 33, führt nun eine Wegachse weiter über eine Holzbrücke, genannt Rambla de Mar, hinüber zur Landzunge Moll d'Espanya 34 mit seinem großen Shopping-Center Maremagnum (s. S. 202). Eine zweite Verbindung führt zurück in die Stadt zu einer weiteren lässigen Flaniermeile vor dem Palau del Mar, wo etliche Restaurants mit hübscher Meerblick-Terrasse liegen. Das Schöne an dieser wunderbar gestalteten Zone ist, dass man aus dem innerstädtischen Bereich in wenigen Schritten direkt in eine halbwegs entspannt-ruhigen Zone direkt am Mittelmeer gelangt. Ein weiterer architektonisch gelungener Wurf! Herausragend sind am **Hafen** auch das World Trade Center am Ende der Mole beim alten Hafen und das später hinzugekommene Hotel W Barcelona mit seiner halbgerundeten Seite in Form eines Segels. Dieses Gebäude kann man beim Landeanflug sogar aus dem Flugzeug erkennen. Außerhalb der Stadt entstand der riesige Kommunikationsturm von Norman Foster, der **Torre de Collserola** 89, der heute weithin sichtbar ist und von dessen Aussichtsebene man einen gigantischen Blick über die Stadt hat.

Ein vorerst letztes Mal setzte Barcelona baulich zu einem großen Sprung an, als 2004 für ein halbes Jahr das **Forum der Kulturen** gefeiert wurde. Am äußersten Stadtrand baute man am Ende der 10 km langen Straße Avinguda Diagonal ein völlig neues Viertel auf einem bis dato sehr vernachlässigten Gelände direkt am Meer. Zentraler Ort war ein großes, dreieckiges Gebäude, das Edifici Fòrum, in dem heute ein naturwissenschaftliches Museum (Museu Espai Blau, s. S. 179) untergebracht ist. Obendrein wurden ein großes Kongresszentrum gebaut, eine Fotovoltaikanlage und Sportanlagen für jedermann. Auch die Nachbarschaft wurde bebaut, innerhalb von zehn Jahren entstand ein neues Viertel, **Diagonal Mar** genannt, mit Wohnblocks, Hotels, Shoppingzentren und eigener Metrostation.

Auch im Zentrum gab es seit Beginn des neuen Jahrtausends Veränderungen, so wurde die alte Markthalle Mercat de Santa Caterina (18) aufgemöbelt und fällt seitdem durch eine wellenförmige Dachgestaltung auf. Etwas außerhalb entstand an der Plaça de les Glòries Catalanes (41) ein neues Design-Museum im Gebäude Edificio Disseny Hub (42) und der Platz, früher ein von Autos umtoster Verkehrsknotenpunkt, ist nun verkehrsberuhigt umgestaltet.

Das bisher letzte neue Wahrzeichen der Stadt ist der **Torre Glòries** (44), ein weithin sichtbares, 32-stöckiges Gebäude, das nachts bunt leuchtet. Noch ist der Torre Glòries das neuste Werk in einer langen Reihe von spektakulären architektonischen Meisterleistungen, es wird wohl nicht das letzte bleiben.

Gaudís wichtigste Werke

Antoni Gaudí ist der wahrscheinlich bekannteste Baumeister der Stadt, er errichtete einige der emblematischen Gebäude, die heute zu den meistbesuchten Zielen von Barcelona zählen. Er verwirklichte aber auch einige wenige Projekte außerhalb der Stadt. Gaudí war in seiner späten Schaffensphase ein gefragter Mann, der teilweise an mehreren Projekten gleichzeitig arbeitete, bei einigen Daten gibt es unterschiedliche Quellen. Hier eine Übersicht seiner wichtigsten Bauten:

- ***Laternen** an der Plaça Reial* (4) *(1878)*
- ***Casa Vicens*** (66) *(1883–1885)*
- ***El Capricho** im nordspanischen Comillas (1883–1885)*
- ***Pavellons Güell*** (86) *(1883–1887)*
- ***Palau Güell*** (31) *(1886–1888)*
- ***Bischofspalast** im nordspanischen Astorga (1887–1893, Arbeit abgebrochen)*
- ***Colegio de las Teresianas** (1888–1889)*
- ***Bodegas Güell** (1885–1901)*
- ***Kirche der Colònia Güell*** (90) *(1898–1916)*
- ***Casa Calvet*** (51) *(1898–1899)*
- ***Bellesguard*** (91) *(1900–1909)*
- ***Park Güell*** (81) *(1900–1914)*
- *Restaurierung der **Kathedrale von Mallorca** (1903–1914, Arbeit abgebrochen)*
- ***Casa Batlló*** (48) *(1904–1906)*
- ***Casa Milà*** (50) *(1906–1910)*
- ***La Sagrada Família*** (64) *(1883–1926)*

Barcelona für Kunst- und Museumsfreunde

Barcelona ist die Stadt des Modernismus. Darüber hinaus gibt es viele hochinteressante Museen sowohl zur Geschichte als auch zu den unterschiedlichsten Kunstrichtungen. So existiert ein Museum zu Ehren des großen Pablo Picasso bereits seit 1963, während seine Heimatstadt Málaga erst 2003 dem Meister diese Ehre erwies. Aber keines der Museen kommt in den Besucherzahlen an die hauseigene Ausstellung des Fußballclubs FC Barcelona heran, was jedem ambitionierten Kurator immer einen kleinen Stich versetzt, selbst wenn er Barça-Fan sein sollte (was natürlich jeder Barceloner gewissermaßen qua Geburt ist).

- 72 [E9] **Caixa Forum.** Wechselnde Ausstellungen mit breitem thematischen Spektrum (s. S. 115).
- M53 [J9] **Centre de Cultura Contemporània de Barcelona (CCCB),** c/Montealegre 5, Tel. 933064100, www.cccb.org, Di.–So. 11–20 Uhr, Eintritt: 6 €. Das multidisziplinäre Kunstzentrum ist in einem modernen Gebäude etwas versteckt im Untergeschoss untergebracht. Das Centre de Cultura organisiert Ausstellungen, Konzerte und Festivals zu zeitgenössischen Kunstthemen. Es stellt Künstlern Ausstellungsräume zur Verfügung, beispielsweise werden hier Videoinstallationen zu verschiedenen Fragen des urbanen Lebens gezeigt. Es gibt keine Dauerausstellung. Das Gebäude war vom 13. Jh. bis zu seiner Schließung das Kloster des Ordens von Montealegre. Der spätere Umbau im frühen 21. Jh. berücksichtigte die Bausubstanz des Klosters und fügte noch ein hochmodernes Gebäude hinzu, das heute teilweise von der Universität genutzt wird, weshalb der Ausstellungsbereich nur einen kleinen Teil des Komplexes einnimmt.

Im MACBA (s. S. 179) wird zeitgenössische Kunst ausgestellt

24 [M11] **El Born Centre Cultural i Memòria.** Hier wird der Ereignisse des Aufstands von 1714 gedacht (s. S. 53).

M54 [L7] **Fundació Antoni Tàpies,** Carrer de Aragó 255, Tel. 934870315, www.fundacio tapies.org, geöffnet: Di.–Sa. 10–19, So. 10–15 Uhr, Eintritt: 8 €, Studenten und Menschen über 65 Jahre 6,40 €. Ausgestellt werden Werke von Antoni Tàpies, einem Maler, Grafiker und Bildhauer aus Barcelona.

76 [F11] **Fundació Joan Miró.** Die Fundació Joan Miró zählt zu den wohl schönsten Gebäuden in der Museumslandschaft Barcelonas und zeigt eine Ausstellung zu Ehren des Multitalents Joan Miró, der Bildhauer, Maler und auch Grafiker war (s. S. 118).

79 [F10] **Museu d'Arqueologia de Catalunya (Archäologisches Museum).** Ausgestellt sind archäologische Funde aus Katalonien, die den Zeitraum der Frühzeit bis etwa ins 8. Jh. abdecken, darunter auch viele römische Hinterlassenschaften (s. S. 119).

M55 [J9] **Museu d'Art Contemporani (MACBA),** Plaça dels Àngels 1, Tel. 934120810, www.macba.cat, geöffnet: Mo., Mi.–Sa. 10–20, So. 10–15 Uhr, Eintritt: Erw. 11 €, unter 14 und über 65 Jahren frei. Dieses Museum der Gegenwartskunst befindet sich in einem modernen Gebäude am Rande des Viertels El Raval. Schon von außen fällt dieses große rechteckige Gebäude auf, es stört fast ein wenig in diesem Altstadtbereich. Präsentiert werden hier überwiegend Wechselausstellungen zur modernen und zeitgenössischen Kunst, auch von bedeutenden ausländischen Künstlern. Schwerpunkt sind Werke aus der zweiten Hälfte des 20. Jh. Etwa alle drei bis sechs Monate wechselt die Ausstellung. Das Museum unterhält eine Art Außenstelle an der Plaça dels Àngels 5 (El Fòrum dels Àngels), in der nicht mehr für religiöse Feierlichkeiten genutzten Kapelle Convent del Àngels, in der ebenfalls wechselnde Ausstellungen gezeigt werden. Diese liegt gegenüber vom Haupteingang des Museums.

9 [L10] **Museu d'Història de Barcelona (MUHBA) im Palau Reial Major.** Im Untergeschoss des Gebäudes befinden sich Überreste der römischen Epoche, in den oberen Etagen wird die Entwicklung der Stadtgeschichte bis zum 19. Jh. dargestellt (s. S. 38).

37 [M12] **Museu d'Història de Catalunya (Museum der katalanischen Geschichte).** Das Museum gibt an über 40 Stationen in acht Bereichen einen exzellenten Überblick zur wechselvollen tausendjährigen Geschichte Kataloniens (s. S. 68).

M56 [K12] **Museu de Cera (Wachsfigurenmuseum),** Passatge de la Banca 7, Tel. 933172649, www.museocerabcn.com, tägl. 10–19.30 Uhr, Eintritt: Erw. 20 €, Kinder (5–11 Jahre) 16 €. Insgesamt etwa 350 illustre Personen sind hier aus Wachs nachgebildet: Könige, Sportstars, spanische und ausländische Helden, Päpste, Gauner, Mörder … ein buntes Panoptikum täuschend echter Figuren.

20 [M11] **Museu de Cultures del Món.** Beeindruckendes ethnologisches Museum (s. S. 49).

42 [R9] **Museu del Disseny.** Berühmtes Designmuseum (s. S. 75).

› **Museu del Modernisme Català** (s. S. 94). Ein Museum zum katalanischen Jugendstil, der in Spanien übersetzt „Modernismus" genannt wird und auf zwei Etagen hauptsächlich von Gaudí geschaffene Möbel und Werke ausstellt. Im Untergeschoss sind Werke weiterer Künstler zu finden.

M57 **Museu Espai Blau,** Parc del Fòrum, Plaça de Leonardo da Vinci 4–5, Tel. 932566002, www.museuciencies.cat, geöffnet: März–Sept. Di.–Sa. 10–19, So. 10–20, Okt.–Febr. Di.–Fr. 10–17, Sa. 10–19, So. 10–20 Uhr, Eintritt: 6 €. Das naturwissenschaftliche Museum ist auf dem Gelände des ehemaligen Forums der Kulturen in einem spektakulären Gebäude fast am Ende der kilometerlangen Avinguda Diagonal untergebracht. Auf zwei Ebenen und insgesamt 9000 m² wird die naturgeschichtliche Evolution der Erde dargestellt. Ein eindrucksvoller Film, der die Entstehung der Erde vom Urknall bis zur heutigen Zeit darstellt, bietet eine gute Einführung in das Thema. Die Ausstellung ist gut gemacht und zeigt das Thema „Natur, Evolution und Erde" teilweise in ganz klassischen Ausstellungsstücken, u. a. mit Tierpräparaten, aber auch mit vielen audiovisuellen Medien.

M58 [M11] **Museu Europeu d'Art Modern,** c/ Barra de Ferro 5, Tel. 933195693, www.meam.es, geöffnet: Di.-So. 11-19 Uhr, Eintritt: 9 €, ermäßigt 7 €. Moderne Kunst, bestehend zumeist aus Skulpturen, aber auch Gemälden aus dem 20. und 21. Jh. Untergebracht in einem historischen Gebäude aus dem 18. Jh., dem Palau Gomis, mitten im alten Viertel Born. Am Freitag ab 18 Uhr finden meist Konzerte (Jazz, Blues) statt.

M59 [L10] **Museu Frederic Marès,** Plaça de Sant Lu 5-6, Tel. 932563500, www.museumares.bcn.cat, geöffnet: Di.-Sa. 10-19, So. 11-20 Uhr, Eintritt: 4,20 €, ermäßigt 2,40 €. Erster Sonntag im Monat sowie So. ab 15 Uhr freier Eintritt. Frederic Marès (1893-1991) war Bildhauer. Seine Werke sowie seine eigene Sammlung von Skulpturen aus dem Mittelalter und der Romanik bilden den Grundstock der Ausstellung. Auf der zweiten Etage befindet sich die sogenannte „Col·lecciò Sentimental", in der eine Sammlung von Alltagsgegenständen aus verschiedenen Epochen der bürgerlichen Lebenswelt Barcelonas zu finden sind, beispielsweise ein Raucherzimmer mit einer Pfeifensammlung, eine breite Spielzeugsammlung oder auch eine Kollektion von Sonnen- und Regenschirmen.

32 [J12] **Museu Marítim de Barcelona (Maritimes Museum von Barcelona).** Das Museum bietet einen Querschnitt durch die maritime Geschichte von Katalonien. Viele Schiffsmodelle, nautische Gerätschaften und vor allem nachgestellte Szenen vom Leben an Bord werden präsentiert (s. S. 66).

69 [E10] **Museu Nacional d'Art de Catalunya (Nationales Kunstmuseum von Katalonien).** Das Museum zeigt eine Sammlung der fast 1000-jährigen Kunst aus ganz Katalonien, darunter auch viele sakrale Fundstücke aus verschiedenen katalanischen Kirchen. Sie werden im Original gezeigt, vor Ort verblieben nur Kopien (s. S. 113).

75 [E11] **Museu Olímpic i de l'Esport** (**Olympisches- und Sportmuseum.** Direkt neben dem Olympiastadion befindet sich dieses für Sportfans sehr sehenswerte Museum. Gezeigt wird ein bunter Querschnitt durch die Welt des Sports mit einigen Schwerpunkten. Im zentralen Raum gibt es sehr viele audiovisuelle und interaktive Medien, außerdem eine Ausstellung zu den Olympischen Spielen von 1992, die in Barcelona stattfanden. Wer will, kann übrigens gegen den Weltrekordler im 100-Meter-Sprint antreten, dessen Weltrekordzeit als Lichtpunkte über eine kurze Bahn flitzt und jeder kann versuchen, mitzuhalten (s. S. 117).

21 [M11] **Museu Picasso.** Mitten in der Altstadt im heute sehr angesagten Viertel Barri del Born werden 3800 Werke des Meisters Pablo Picasso aus allen Schaffensepochen in einer Dauerausstellung sowie in thematisch wechselnden Präsentationen in einem historischen Gebäude-Ensemble, das aus fünf Häusern besteht, gezeigt (s. S. 49).

84 [C4] **Stadion und Museum FC Barcelona.** Das Stadion Camp Nou und vor allem das Museum vom FC Barcelona mit all seinen Pokalen und historischen Fotos sind für Fußballfans ein Muss (s. S. 124).

Kunst im öffentlichen Raum

Es gibt viele herausragende Kunstwerke, die im öffentlichen Raum an Straßen und auf Plätzen von Barcelona zu finden sind. Bis zum 19. Jh. bestand diese öffentliche Kunst überwiegend aus **Stelen** (z. B. der Kolumbussäule (33) an den Rambles, **Reiterstatuen** (Ramon Berenguer III. am gleichnamigen Platz unweit der Kathedrale (7)) oder auch aus **monumentalen Brunnen** (Plaça d'Espanya (68)).

Erst später löste man sich von diesen klassischen Darstellungsformen. Als eine der ältesten Skulpturen überhaupt zählt die in Stein gearbeitete **Darstellung des Drachentöters Sant Jordi** aus dem Jahr 1418 an der äußeren Seitenwand des Palau de la Generalitat (10) in der Carrer del Bisbe. Sowohl klassische als auch avantgardistische Darstellungen von Kunst oder Skulpturen folgten, zumeist waren sie geprägt vom Zeitgeist ihrer jeweiligen Epoche und huldigten Persönlichkeiten, erst sehr spät entstanden Kunstwerke ohne Bezug zu berühmten Personen. Lange Jahre begrüßte beispielsweise ein **Pferd** die ankommenden Gäste **im Flughafen** von Barcelona. Diese leicht unförmig, aber sehr sympathisch wirkende Skulptur schuf der Kolumbianer Fernando Botero. Das Pferd steht noch heute dort, aber nur im alten Terminal und leider nicht im neuen, wo die meisten Flüge heute landen. Auch eine Miró-Arbeit ist am Flugplatz zu finden, an der Außenwand vom älteren Terminal.

Joan Miró gestaltete auch ein schönes Mosaik mitten auf den Rambles (2). Tausende von Spaziergängern laufen teilweise ziemlich achtlos darüber. Eine weitere Skulptur von Miró namens **Dona i ocell** (Dame und Vogel) steht im Parc Miró [F8] unweit der Plaça d'Espanya (68). Der **„goldene Fisch" Peix d'Or** von **Frank Gehry** glitzert unübersehbar am Stadtstrand (39). Dort staunen gegenüber dem alten Fischerviertel Barceloneta (38) Besucher immer wieder über die fragil gestapelte Figur von vier Kästen **L'Estel Ferit („Der verletzte Stern")** der Deutschen Rebecca Horn, die eine Hommage an das alte Fischerviertel Barceloneta sein soll.

Picasso hinterließ seine Spuren durch drei in Stein gearbeitete Szenen an der Wand der Architektenschule gegenüber der Kathedrale (7), eine lässt sich gut erkennen, sie zeigt die typischen Gegants (Giganten) bei einer katalanischen Feier. Eine weitere emblematische Skulp-

085bl-sm

„Der verletzte Stern" (siehe oben) steht am Strand vor Barceloneta

tur ist der **„Kopf von Barcelona“** (Cap de Barcelona 36), erschaffen von Roy Lichtenstein und zu finden beim Hafen am Passeig de Colom fast in Höhe der Post. Sehr auffällig ist auch der symphatisch wirkende dicke Kater, erschaffen von Fernando Botero in seiner unverwechselbaren Art mit übertrieben wuchtig dargestellten Körperformen, zu finden im Barri de Raval 27 an der Rambla de Raval. Antoni Tàpies schuf den **Glaskasten** über einem Wasserlauf mit mehreren Stühlen im Inneren als „Homenatge a Picasso“, als Ehrerbietung für Picasso, am Passeig de Picasso, genau zwischen dem Barri del Born 23 und dem Parc de la Ciutadella 25.

Am Ende der Rambla de Catalunya [K6–9] befindet sich die eigenwillige **Stier-Skulptur „Meditació“**, quasi ein Anti-Stier der meditiert und nicht kämpft, erschaffen von Josep Granyer. Und die riesige **Gamba von Xavier Mariscal** beim Passeig de Colom [K12] an der Flaniermeile Mol de la Fusta war früher das Wahrzeichen eines Bierlokals, das es heute nicht mehr gibt. Die Gamba spreizt heute nur noch wie zur Begrüßung der Flaneure ihre riesigen Scheren.

Eduardo Chillida, eher bekannt für großformatige Eisen-Skulpturen, erschuf eine relativ kleine Arbeit im öffentlich zugänglichen Innenhof vom Palau Reial 9, genannt Topos V. Zu alter Größe und Form lief Chillida dann wieder auf, als er für den außerhalb vom Zentrum liegenden Parc de la Creueta del Coll ein Werk schuf, das übersetzt „Eloge ans Wasser“ heißt und 54 Tonnen (!) wiegt!

Einen ganzen **Park mit Skulpturen** eröffneten die Stadtväter 1990 auf dem **Montjuïc** unmittelbar neben dem Museum zu Ehren von Miró 76, den Jardí de les Escultures. Schon 1985 realisierte man einen ganzen Platz, genannt Parc de l'Espanya Industrial beim Bahnhof Sants mit verschiedenen Skulpturen.

Seit 1991 steht ein gewaltiges Werk von **Josep Maria Subirach** auf der Plaça de Catalunya 1, es erinnert an Francesc Macià, einen der ersten Präsidenten des katalanischen Regionalparlaments, und stellt verschiedene katalanische Symbole dar, die man aber als Außenstehender kaum zu deuten vermag.

Anlässlich der **Olympischen Spiele 1992** entstanden mehrere Skulpturen, dazu zählt beim Olympischen Dorf die 6 m hohe Skulptur El Culo („Der Hintern“) am Parc de Carles I [P12]. Ein wahrscheinlich von der Bevölkerung sehr dankbar aufgenommenes Andenken erinnert an die 30.000 freiwilligen Helfer anlässlich der Olympischen Spiele, nämlich ein offener Platz, die **Plaça dels Voluntaris.** Sie befindet sich im ehemaligen Olympischen Dorf. Der Sportler wird an der Plaça dels Campions gedacht, wo diverse herausragende Athleten verewigt sind. Als das Forum der Kulturen 2004 gefeiert wurde, entstand der **Parc Diagonal Mar**, wo als stilbildendes Element Metallröhren kunstvoll-geschmeidig in kurvenreich-eleganten Schwüngen installiert sind. Eines der letzten und spektakulärsten Kunstwerke im öffentlichen Raum kommt ganz ohne Formen und Größe aus: Es ist eine Installation mit LED-Leuchten vor dem Gebäude des Museu del Disseny 42 an der Plaça de les Glòries Catalanes 41, das abends ganz zauberhafte Lichtspiele auf den Boden zeichnet und das sich „Bruum-Bruum“ nennt, weil es sogar auf die Umweltgeräusche reagiert (tägl. 21.30–23 Uhr).

153bl-hj

Barcelona für Genießer

Tapas oder Sternekoch? Paella in der Markthalle oder Fischgerichte am Strand? Ein Mittagsmenü im Geheimtipp-Restaurant oder ein Sandwich auf der Parkbank? Mit Fragen wie diesen wird der Barcelona Besucher ständig konfrontiert, denn die Küche der Stadt bietet ein unglaublich breites Spektrum.

Katalanische Küche

Katalonien wird durch starke klimatische Gegensätze geprägt. Im Norden befindet sich das raue Hochgebirge der Pyrenäen, entlang der Küste herrscht ein mediterranes Klima und im Ebro-Delta befindet man sich in fast subtropischen Gefilden. Diese Komponenten tragen zur Vielfalt der katalanischen Küche bei, die sowohl exzellente **Fisch-** als auch **Fleischgerichte** bietet. Die Küche wird vom Meer und vom Gebirge gleichermaßen geprägt, ergänzt werden die Gerichte um den **Reis,** der im Ebro-Delta im südlichen Katalonien angepflanzt wird. Aus den Bergen stammen die etwas deftigeren Speisen und die **Wildgerichte** und an den Küsten wird leckerer Fisch serviert.

Entremesos (Vorspeisen)

- **Amanida catalana:** Salat aus Käse, Oliven, Gemüse, hartgekochten Eiern und Wurst
- **Amanida verda:** grüner Salat
- **Pà amb tomaquet:** eine Scheibe geröstetes Weißbrot, das mit Knoblauch eingerieben und danach mit aufgeschnittenen Tomaten kräftig belegt wird. Anschließend wird noch ein Schuss Olivenöl daraufgeträufelt.
- **Truita de patates:** Tortilla oder Kartoffelomelette
- **Xató:** Salat aus Thunfisch und Stockfisch sowie Sardellen und Oliven

Tapas bestellt man meist am Tresen

Suquets (Suppen)

- **Bullida de verdures:** Gemüsesuppe
- **Caldereta:** Eintopf aus Fisch oder Hammelfleisch
- **Escudella:** gar nicht so leichte Suppe, auf Fleisch- und Gemüsebasis
- **Sopa de brosses:** Gemüsesuppe

Primer Plat (erster Gang, hier: Fischspezialitäten)

- **Bullabesa:** Suppe, die aus Krustentieren und Fischstückchen hergestellt wird
- **Esqueixada:** Salat mit Stockfisch und vielen Beilagen
- **Mar i Montanya:** Kombination von Schalentieren und Fleisch
- **Marmitako:** Fischeintopf, der stark mit Paprika gewürzt wird
- **Sarsuela:** Das Gericht entstand bei dem Versuch, verschiedene Fischsorten zu kombinieren. Wird in einem Tontopf gereicht. Vorsicht, heiß!
- **Susquet:** Fischtopf, der in einer heißen Tonschüssel serviert wird. Fisch und Muscheln sind mit diversen Gemüsesorten angereichert, das Ganze wird mit Schnaps verfeinert.

Segon Plat (zweiter Gang)

- **Bè rostit:** geröstetes Lamm
- **Botifarra amb Allioli:** katalanische Wurst mit Knoblauchsoße
- **Conill amb Allioli:** Kaninchen mit Knoblauchsoße
- **Escudella i carn d'olla:** Eintopf, bestehend aus Fleisch, Gemüse und etlichen Beilagen. Das Gericht wird in zwei Schritten gereicht. Zunächst wird die Brühe mit Nudeln serviert, später dann die Fleischbeilagen mit Kartoffeln und Bohnen.
- **Espinacs a la Catalana:** Spinat mit Pinienkernen, *pernil magre* (fettfreier Schinken) und Rosinen
- **Pollastre amb gambes:** Hühnchen mit Krabben
- **Pollastre i Llagosta:** Huhn und Languste

Postres (Desserts)

- **Braç de gitano:** eingerollter Kuchen mit Schokolade oder Cremefüllung
- **Crema Catalana:** Vanillepudding mit einer karamellisierten Schicht
- **Flam:** Karamellpudding
- **Gelat:** Eis
- **mató i mel:** Frischkäse mit Nüssen und Honig

Acompanyaments (Beilagen)

- **Romesco:** scharfe Soße aus Mandeln, Pfeffer, Knoblauch und weiteren Zutaten, die zu Fischgerichten serviert wird
- **Allioli:** kalte Knoblauchsoße, die oft als Beilage gereicht wird
- **Arròs negre:** Der „schwarze Reis" wird durch Beigabe von Tintenfisch oder schwarz gebratenen Zwiebeln gefärbt.

Kulinarischer Tagesablauf

Frühstück (Esmorzar)

Der Barceloner hält sich nicht lange mit dem Frühstück auf. Zu Hause wird kaum gefrühstückt, dafür gibt es schließlich die Bar. Dort trifft man sich kurz vor der Arbeit, trinkt einen *Café amb llet* (Milchkaffee) und verspeist ein Croissant, ein Stückchen *tortilla*, einen *bocadillo* (eine Art Sandwich), eine *Ensaïmada* (Schmalzgebäck), jedenfalls nichts Großes. Damit wird der Bauch aber nicht sehr gefüllt und meldet sich gegen 11, 12 Uhr erneut. Dann geht es wieder in die Bar. Diesmal wird ein **bocadillo** bestellt, vielleicht auch *una ració* („eine Ration"), ein mittelgroßer Teller mit einem warmen Gericht.

Essenszeiten

Die spanischen Essenszeiten sollte man nicht ignorieren. Vor 14 Uhr gibt es selten Mittag-, vor 21 Uhr kaum Abendessen. Ausnahmen davon sind meist speziell auf Touristen zugeschnittene Lokale.

Mittagessen (Dinar)

In fast allen Lokalen wird ein *menú del día* (Tagesmenü) serviert, das aus Vorspeise, Hauptspeise und Dessert besteht. Ein Glas Wasser oder Wein dazu ist obligatorisch. Die meisten Arbeitnehmer gönnen sich eine ausgedehnte Mittagspause, die gegen 16 Uhr beendet wird, ein *café tallat* (Kaffee mit wenig Milch) oder *café sol* (schwarzer Kaffee in einer kleinen Tasse) nebst Brandy (immer seltener) beendet das Mahl. Dann geht es zurück an die Arbeit.

Abendessen (Sopar)

Wer in einer auch nur etwas größeren Gesellschaft essen geht, darf sich auf eine lange Sitzung einstellen. Gestartet wird gegen 22 Uhr und bis alle Bestellungen aufgegeben, alle Menügänge gereicht und das Dessert nebst Kaffee und Absacker überstanden sind, ist es oft Mitternacht. Abends gibt es in der Regel kein Tagesmenü, man bestellt à la carte.

Lokaltypen

Bar

Relativ schlichtes Lokal mit einem Tresen und einigen Hockern davor. Manchmal gibt es noch ein paar Tische. In einer Bar stellt man sich an den Tresen, trinkt ein kleines Gläschen, eventuell auch einen Kaffee, hält sich aber nicht allzu lange dort auf. Meist gibt es ein paar Kleinigkeiten zu essen, die dann auf dem Tresen unter Glas stehen.

Tapasbar

Mittlerweile gibt es in Barcelona viele Tapasbars, also Lokale, die berühmt sind für ihre guten und verschiedenen Tapas. Darunter sind auch einige ganz ausgezeichnete baskische Lokale, die für gewöhnlich das breiteste Angebot haben. Allgemeines Kennzeichen einer solchen Lokalität ist, dass am Tresen hinter Glas eine Vielzahl von kunstvoll gestalteten Tapas ausliegt. Man kann sich natürlich an Tapas satt essen, aber das war ursprünglich nicht Sinn der Sache und kommt einen am Ende meist auch überraschend teuer zu stehen. Zu einer Tapa trinkt man eigentlich ein Glas und überbrückt die Zeit bis zum Essen. Heute je-

154bl-rj

⊡ *In Barcelona gibt es eine große Auswahl an Tapas*

Restaurant-Knigge

Trinkgeld

In Spanien wird generell bei jedem Besuch einer Lokalität Trinkgeld gegeben, aber nie viel. Wer nur ein Bierchen am Tresen trinkt, muss nicht die berühmten 10 % liegen lassen, einige kleine Münzen als Anerkennung sind in Ordnung. Trinkgeld wird in allen Lokalen in einem Gemeinschaftsgefäß gesammelt und abends unter den Kellnern aufgeteilt.

Preise

In allen Lokalen muss eine offizielle Preisliste aushängen, aber oftmals ist diese gut versteckt. Natürlich gibt es in Restaurants eine Speisekarte mit Preisen und oftmals findet man auch in Bars oder Cafeterías eine Art verkürzte Fassung mit den gängigen Gerichten und Getränken. Es ist aber nicht üblich, sich vor einer Bestellung nach dem Preis zu erkundigen.

Aufpassen: Vielfach existieren drei Preise. Am Tresen stehend oder auf dem Hocker hockend sein kleines Gericht verzehren oder ein Bierchen oder einen Kaffee trinken, kommt immer am preiswertesten. Wer sich an einen Tisch setzt, zahlt mehr und noch viel mehr, wer sich nach draußen auf die Terrasse setzt. Aber genau da ist es natürlich auch am schönsten …

Besetzte Tische

Ganz wichtig zu wissen ist auch, dass man sich niemals zu einem schon besetzten Tisch hinzusetzt. Selbst wenn nur eine Person an einem relativ großen Tisch Platz genommen hat, kann man sich nicht einfach dazusetzen. Normalerweise wird aber der Kellner schon im Vorfeld seine Gäste so platzieren, dass kein großer Tisch von einer Person alleine besetzt wird.

In einer Bar

Sie betreten ein Lokal und gehen gemessenen Schrittes zum Tresen. Der Kellner nimmt Sie garantiert wahr, ruft Ihnen ein fröhliches, brummiges, gleichgültiges (alles möglich) „Buenas!" zu. Irgendwo am Tresen, und sei es in der zweiten Reihe, wird schon noch ein Plätzchen frei sein. Sie unterhalten sich derweil mit Ihrer Begleitung und bleiben ganz entspannt. Der Kellner kommt schon, wischt mit einem Lappen das Fleckchen auf dem Tresen, wo Sie stehen, rückt den Serviettenhalter zurecht und fragt nach Ihren Wünschen. Getränke stellt er blitzschnell parat, eine eventuelle Essensbestellung wird einfach Richtung Küche gebrüllt. Das genügt und klappt auch. Und in baskischen Bars sammelt man die Zahnstocher, die dort in jeder Tapa stecken, auf einem Tellerchen. Abgerechnet wird am Ende nach deren Anzahl. Abschließend wird bezahlt, und das macht nur einer! Auseinandergerechnet wird nicht! Entweder legt jeder einen Betrag dazu, der in etwa „seinem" Konsum entspricht, oder beim nächsten Besuch zahlt ein anderer.

Im Restaurant

Im Restaurant gelten ein paar Spielregeln, die sich überall wiederholen, ganz egal, ob man im Dorfgasthof speist oder im Sternelokal. Nach dem Betreten eines Restaurants sollte man nicht zielstrebig auf einen freien Tisch zulaufen, auch wenn das ganze Lokal noch frei sein sollte, sondern zunächst im Eingangsbereich stehen bleiben. Sogleich wird der Oberkellner kommen, den Gast begrüßen und nach der Personenzahl fragen. Dann wird er Ihnen Vorschläge unterbreiten, wo Sie sitzen könnten. Die können Sie aber selbstverständlich ablehnen, wenn Sie lieber am Fenster oder eher im Hintergrund sitzen wollen. Der Oberkellner begleitet Sie dann zum Tisch, reicht die Menükarten, rückt der Dame den Stuhl zurecht und entfernt sich zunächst. Nun können Sie auswählen. Irgendwann kommt der Oberkellner zurück und nimmt die Bestellung auf: Vorspeise, erster Gang, zweiter Gang, Weinauswahl - das Dessert wird noch nicht bestellt. Handelt es sich um einen Kellner der alten Schule, bedankt er sich mit einem „Graciès!" für die Bestellung. Ist diese abgeschlossen, tritt der Oberkellner in den Hintergrund, bedient werden Sie von anderen Kellnern, was natürlich in kleinen, einfachen Lokalen dann doch nicht passiert. Sind Sie schließlich mit den Hauptgängen durch, folgt die Frage nach dem Dessert. Dafür gibt es manchmal auch eine eigene Karte. Dann folgt immer die Frage nach café und abschließend nach einer copa, also ein Glas Brandy oder einem klaren Schnaps.

Die Rechnung bezahlt auch hier nur eine Person. Kein Kellner wird fragen: „zusammen oder getrennt?", sondern auf einem kleinen Teller die Rechnung bringen. Einer zahlt oder es wird gesammelt. Dann kommt der Kellner erneut, schnappt sich mit einem „Graciès!" den Teller und bringt ihn einige Momente später mit Wechselgeld und der Rechnung unter einem erneuten „Graciès!" zurück. Eher beiläufig steckt man nun das Restgeld ein und lässt einen angemessenen Betrag als Trinkgeld liegen. Der Teller mit dem Trinkgeld bleibt auf dem Tisch und wird erst abgeräumt, wenn sich die Gruppe verabschiedet hat.

088bl-sm

So schön wie hier im Strandlokal Bestial (s. S. 72) sitzt man in Barcelona leider nicht immer

EXTRAINFO

Einen Kaffee, bitte

- **Cafè amb llet** ist ein Milchkaffee, der normalerweise zum Frühstück getrunken wird und etwa zur Hälfte aus Kaffee und Milch besteht.
- **Un gran** („ein Großer") ist ein größerer Milchkaffee, der meist im Glas (katalanisch: *en got*) serviert wird.
- **Cafè sol** ist ein Espresso.
- **Un tallat** ist ein Kaffee mit wenig Milch.
- Nach dem Essen wird im Sommer gerne ein **cafè** oder **tallat amb gel** bestellt, ein Kaffee mit Eis. Der Kaffee kommt schwarz, dazu wird ein Extraglas mit Eiswürfeln serviert, in das dann der Kaffee gegossen wird.
- **Un cigaló** ist ein Kaffee, der mit einem Schuss Alkohol versehen wird, z. B. mit Brandy (im Winter) oder mit Baileys.
- Wer lieber eine heiße Schokolade wünscht, bestellt **xoxolata calenta,** die meist ziemlich dickflüssig und süß daherkommt.

doch sind Tapas eine **echte Alternative zum Restaurant** und werden von vielen Touristen aus gutem Grund geschätzt. Die Vielfalt und die kunstvoll montierten Tapas sind nicht nur eine Augenweide, sondern auch ein Fest für den Gaumen.

Cafetería

Eine Cafetería unterscheidet sich insbesondere hinsichtlich ihrer Einrichtung nur geringfügig von einer Bar. Wichtigstes Unterscheidungsmerkmal dürften die **Öffnungszeiten** sein. Eine Cafetería hat schon relativ früh morgens geöffnet und schließt abends früher als eine Bar.

Eine Tapa mit einem Bier oder einem Glas Wein wird am Tresen bestellt und gleich dort oder an einem Stehtisch verzehrt. Wer sich an einen Tisch (oder auf die Terrasse) setzt, zahlt mehr. Sich auf den Rambles an einen der Tische zu setzen und die Atmosphäre zu betrachten, ist interessant. Allerdings kostet dort alles eine Art **„Rambla-Zuschlag"**, sodass ein Bier hier schnell bis zu 10 € kosten kann ...

Gastro- und Nightlife-Areale

Bläulich hervorgehobene Bereiche in den Karten kennzeichnen Gebiete mit einem dichten Angebot an Restaurants, Bars, Clubs, Discos etc.

Restaurant

Restaurants haben mit wenigen Ausnahmen mittags und abends geöffnet. Am **Mittag** werden meist einige wenige Menüs zu einem attraktiven Preis angeboten. Das *menú del día* (Tagesmenü) besteht immer aus zwei Gängen mit Dessert und/oder Getränk. Alternativ gibt es auch oft *platos combinados,* eine Art Menüteller. Ab 14 Uhr sind diese Lokale immer brechend voll. **Abends** sieht es ein wenig anders aus, denn dann wird meist kein Tagesmenü mehr angeboten, sondern man wählt aus der Speisekarte aus und stellt sich sein Menü selbst zusammen. Selten nimmt der Spanier nur einen großen Teller, nur eine große Speise, sondern wählt in der Regel zunächst eine Suppe oder einen Salat. Danach folgt der Hauptgang, der manchmal noch klassisch in Fisch- und Fleischgang unterteilt wird. Ein Dessert darf auch nicht fehlen, ebensowenig wie ein Kaffee.

Übrigens: **Leitungswasser** schmeckt meist ein wenig nach Chlor.

Ausgewählte Lokale

Restaurants

60 [L11] **Agut** €€, c/Gignàs 16, Tel. 933151709, geöffnet: Di.-Sa. 13.30-16 und 20-23, So. 13.30-16 Uhr. Dieses Lokal existiert seit 1924. Aufgrund der katalanischen Hausmannskost, die in stilvollem Ambiente mit schicken Bildern an den Wänden serviert wird, ist das Lokal sehr beliebt.

61 [K11] **Can Culleretes** €€-€€€, c/Quintana 5, Tel. 933173022, geöffnet: Di.-So. 13-16 und Do.-Sa. 20-22.30 Uhr. Das Can Culleretes gilt als das älteste Lokal der Stadt (1786). Gediegen-ehrwürdige Einrichtung und etwas höhere Preise. Klassisch katalanische Küche, auch einige spanische Gerichte.

62 [M13] **Can Majó** €€-€€€, c/Almiranll Aixada 23, Tel. 932215455, geöffnet: Di., So. 13-16.30, Mi.-Sa. 13-22.30 Uhr. Gutes Fischlokal mit breiter Auswahl und einer großen Terrasse, von der man aufs Meer blickt.

63 [J10] **Casa Leopoldo** €€€, c/Sant Rafael 24, Tel. 934413014, geöffnet: tägl. 13-23 Uhr. Ein Klassiker im Raval-Viertel. Früher gab es hier katalanische Küche, die auch vom Krimiautor Vázquez Montalbán geschätzt und in seinen Pepe-Carvalho-Romanen erwähnt wurde, heute wird hier asiatisch gekocht.

64 [L9] **Citrus** €€, Passeig de Gràcia 44, Tel. 934872345, geöffnet: tägl. 13-16 und 19.30-24 Uhr. Mediterrane Küche und Sushi in einem Speiseraum mittlerer Größe. Für diesen Teil der Stadt günstig.

65 [K10] **El Portalón** €€, c/Banys Nous 20, Tel. 933021187, geöffnet: tägl. 10-24 Uhr. Rustikal eingerichtetes Lokal aus dem Jahr 1890 unter einem Gewölbedach mit viel Charme. Vorne am Tresen gibt es Tapas und ein paar Bistrotische, weiter hinten befindet sich der Speiseraum. Man kann u. a. ein Tagesmenü wählen oder ein *Menú de Tapas*.

Preiskategorien

Durchschnittlicher Preis für ein Hauptgericht (mittags oft mit Vor- und Nachspeise) ohne alkoholische Getränke:

€	günstig (unter 20 €)
€€	mittlere Preislage (20-30 €)
€€€	gehobene Preisklasse (über 30 €)

66 [K9] **Elisabets** €, c/Elisabets 3, Tel. 933175826, geöffnet: Mo.-Sa. 7.30-17 Uhr. Alteingesessenes, kleines Lokal, seit 1962 im Viertel El Raval. Hier gibt es gute Hausmannskost und zumeist große Portionen.

67 [L10] **Els Quatre Gats** €€-€€€, c/Montsió 3, Tel. 933024140, geöffnet: Di. 11-17, Mi.-Fr. 11-24, Sa. 12-24, So.12-17 Uhr. Eines der bekanntesten Lokale der Stadt, untergebracht in einem schönen Jugendstilgebäude. Es war zwischen 1897 und 1903 ein in Barcelona unter Künstlern sehr beliebtes Café und Kabarett. Auch Pablo Picasso kam als 17-Jähriger hierher und hatte seine erste Ausstellung. Dann war es lange Zeit geschlossen und seit 1987 wird es als Restaurant geführt. Innen hat man versucht, an die alte Zeit anzuknüpfen. Es gibt viele historische Bilder, Fotos, Zeitungsausschnitte und natürlich hängt dort das weithin bekannte große Bild der beiden Tandem-Radler, das fast sinnbildlich für Els Quatre Gats steht. Klassische katalanische Küche.

68 [K10] **Granja M Viader** €, c/de'N Xucla 4, Mo.-Sa. 9-13 und 17-20.45 Uhr. Liegt etwas versteckt neben den Rambles und ist ein richtig schönes, altes Lokal mit vielen Fotos an den Wänden und Tischen mit Marmorplatten. Hier kann man bei Kaffee, Churros und Schokolade gut frühstücken, all diese Köstlichkeiten gibt es aber auch später noch.

69 [J10] **L'Antic Forn** €, c/Pintor Fortuny 28, Tel. 934120286, geöffnet: Di.-Sa. 13-17, 20-24, So. 13-17 Uhr. Traditionelles Lokal mit katalanischer Küche. Spezialität des Hauses sind Grillgerichte (Fisch und Fleisch). Es gibt ein günstiges Tagesgericht, das auch abends angeboten wird.

70 [L10] **La Dolça Hermínia** €€, c/de les Magdalenes 27, Tel. 933170676, geöffnet: tägl. 13-16 und 20-23 Uhr. Schick und leicht stylish eingerichtetes Lokal, in dem saisonale Hausmannskost (Pasta, Fisch, Fleisch) gekocht und Tapas serviert werden. Insgesamt für diese Gegend nicht teuer.

71 [K11] **La Fonda** €€, Escudellers 10, Tel. 933017515, geöffnet: tägl. 13-23 Uhr. Gute katalanische Küche auf zwei Ebenen, vor allem zur Mittagszeit immer umlagert.

72 [M12] **La Gavina** €€€, Plaça Pau de la Vila 1, Tel. 932210595, geöffnet: tägl. 12-22.30 Uhr. Eines von etwa einem halben Dutzend Lokalen mit großer Terrasse in toller Lage direkt am Sportboothafen. Nicht günstig, aber gut! Mediterrane Küche mit Schwerpunkt auf Fisch und Meeresfrüchten, aber auch einer guten Auswahl an Reisgerichten, Paella und *fideuá* (dünne Nudeln).

73 [K9] **La Poma** €, Rambla 117, Tel. 933019400, geöffnet: tägl. 12-1 Uhr. Die Karte bietet hauptsächlich Pizza, Spaghetti und einige Fleischgerichte, von den Fenstertischen im Obergeschoss hat man einen fantastischen Blick auf die Rambles. Kurios: Hier bedient schon ein Roboter-Kellner.

74 [K11] **Les Quinze Nits** €-€€, Plaça Reial 6, Tel. 933173075, geöffnet: tägl. 10-23.30 Uhr. Jeden Abend bilden sich hier beeindruckende Schlangen, aber es geht ziemlich flott. Das Lokal ist sehr beliebt, weil es relativ günstig ist und eine recht breite Auswahl bietet. Keine Reservierungen!

75 [L9] **Lluís de les Moles** €€, c/de les Moles 25, 933175866, geöffnet: Mo.-Sa. 13-16 Uhr. Beste katalanische Küche, es gibt meist nur ein sehr gutes Mittagsmenü zum Festpreis. Das modern eingerichtete Lokal ist immer voll, daher sollte man möglichst früh kommen oder einen Tisch reservieren.

76 [K11] **Los Caracoles** €€-€€€, c/Escudellers 14, Tel. 933012041, geöffnet: tägl. 13-16, 19.30-22.30 Uhr. Alteingesessenes Lokal, vor dem über einem offenen Feuer Brathähnchen zubereitet werden. Gute Küche, insgesamt sehr gefragt. Am Tresen ist es etwas eng.

77 [I12] **Miramar** €€-€€€, Carretera Miramar 40, Tel. 934436627, Restaurant geöffnet: Di.-So. 12-18 Uhr. Eines der ganz wenigen Lokale auf dem Montjuïc direkt bei der Seilbahnstation. Von der Terrasse genießt man einen sagenhaften Blick über den Hafen und die halbe Stadt!

78 [L13] **Pez Gordo del Mar,** c/dels Pescadors 87, Tel. 932212209, geöffnet: Mo.-Do. ab 12 Uhr, Fr., So. ab 10 Uhr. Hier werden hauptsächlich Fischgerichte serviert. In der warmen Jahreszeit kann man auf der großen Terrasse sitzen, von der man auf den Strand blickt.

79 [K11] **Restaurant Ferran** €€, c/Ferran 24, Tel. 935005585, tägl. 9-23 Uhr. Wirkt sehr schick, fast ein wenig üppig mit viel Holzdekor eingerichtet. Es gibt spanische und katalanische Küche, aber auch Tapas.

80 [M13] **Rey de la Gamba** €€-€€€, Passeig de Joan Borbó 46, Tel. 932256400, geöffnet: tägl. 12-24 Uhr. Großes Fischlokal am Hafen mit vielen verschiedenen Gerichten, das sich mittlerweile über mehrere Gebäude erstreckt. Riesige Terrasse.

81 [M11] **Set Portes** €€-€€€, Passeig d'Isabell II. 14, Tel. 933193033, geöffnet: tägl. 13-1 Uhr. Traditionshaus in Hafennähe mit katalanischer Küche.

82 [K11] **Thonet Grill Room** €€, c/Escudellers 8, Tel. 936843669, geöffnet: tägl. 13-

16, 19.30–23 Uhr. 1902 von Italienern gegründetes Traditionshaus, früher eine Wermut-Bar, später zu einem geschätzten Restaurant erweitert. Großer Tresen, an dem man auch essen kann, vor einer offenen Küche. Es gibt auch vielfältige Tapas, Paella und Gerichte aus der mediterranen Küche.

Tapasbars

83 [K10] **Bar del Pi** €, Plaça de Sant Josep Oriol, Tel. 933022123, geöffnet: Di.–So. 9–23 Uhr. Uralte Kneipe mit vielen Stammgästen an einem der schönsten Plätze der Altstadt. Im Sommer ist auf der Terrasse mehr Platz als vor dem Tresen.

84 [L11] **Bilbao Berria** €€, Plaça Nova 3, Tel. 933170124, Mo.–Sa. 12.30–22 Uhr. Relativ klein und etwas eng, aber mit fantastischen Tapas.

85 [M12] **Can Ramonet** €€, c/Maquinista 17 (Barceloneta), Tel. 933193064, tägl. 13–23 Uhr. Existiert seit 1753 und dürfte zu den ältesten Lokalen der Stadt zählen. Für viele Barceloner steht Can Ramonet vor allem für gute Fischspezialitäten, saisonale Fleischgerichte und exzellente Tapas. Die riesigen Holzfässer sind eine Reminiszenz an vergangene Tage.

86 [J11] **Cañete** €€€, c/de la Unió 17, Tel. 932703458, geöffnet: Mo.–Sa. 13–24 Uhr. Schöne alte Bar mit Tapas und *cañas* (kleines Bier), ein paar Tischen und insgesamt viel Patina und noch mehr Charme. Die Kellner bedienen in Livree, wo hat man das sonst noch? Es gibt eine gute Auswahl an Tapas, passend dazu auch ein Tapas-Menü und eine eigene Speisekarte für die Bar. Wer ruhiger speisen möchte, kann auch an einem Tisch im Nebenraum Platz nehmen. Insgesamt unaufdringlich und fast ein wenig aus der Zeit gefallen, aber nicht ganz günstig.

87 [K7] **Cervecería Catalana** €€, c/Mallorca 236, Tel. 932160368, geöffnet: tägl. 8.30–1 Uhr. Sehr beliebtes Lokal mit einer breiten Auswahl an Tapas. Draußen an der Straße gibt es eine kleine Terrasse, aber an der Bar sitzt es sich schöner.

EXTRAINFO

Zahnstocher sammeln

Speziell in den baskischen Tapasbars bestellt man ein Getränk am Tresen und der Kellner wird fragen, ob man einen Teller *(plato)* möchte. Bejaht man dies, nimmt der Kellner einen Teller zur Hand. Dann zeigt der Gast einfach auf die gewünschten Tapas, die hinter Glas auf dem Tresen ausgestellt sind und dann mittels einer Zange auf den Teller geladen werden. Ganz wichtig ist, dass die kleinen Hölzchen, die in jeder Tapa stecken, auf dem Teller gesammelt werden. Nach deren Anzahl wird später abgerechnet. Dieses System gilt nicht in allen Tapasbars, aber in den baskischen eigentlich immer.

88 [L8] **El Nacional** €-€€, Passeig de Gràcia 24, 12–1 Uhr, Tel. 935185053. Eine große Halle mit mehreren Lokalen, angeordnet fast wie auf einem Markt. Angeboten werden ausgewählte Gerichte aus unterschiedlichen spanischen Regionen. Alles ist recht schick und stylish eingerichtet, aber auch passend zur jeweiligen Küche. Es gibt sehr viele Tapas, aber auch Tellergerichte und sogar eine Weinbar.

› **El Quim de la Bocquería** (s. S. 27). Diese Lokalität ist ein Urgestein unter den Bars in der Markthalle Boqueria 3 und immer schwer umlagert.

89 [M11] **El Xampanyet** €, c/Montcada 22 (Barri del Born), Tel. 933197003, geöffnet: Di.–Sa. 12–15.30, 19–23 Uhr. Relativ kleines Lokal, in dem immer viel los ist. Hier gibt es kleine Gerichte, guten *vino*, aber auch Bier. Insgesamt viel Flair mit älteren Herr-

EXTRATIPPS

Für den späten Hunger

Spanische Restaurants haben eher selten noch weit nach Mitternacht auf. Ganz einfach, weil sowieso erst spät gegessen wird. Ein paar Ausnahmen gibt es, die aber auch „schon" um 1 oder 2 Uhr schließen. Wen dann noch später der große Hunger befällt, kann sich an eines der vielen arabischen oder pakistanischen Imbisslokale wenden.

- **Set Portes** (s. S. 190)
- **Taller de Tapas** (s. S. 193)

Dinner for one

Spanier gehen sehr ungern alleine essen, weshalb man selten Einzeltische in Restaurants findet. Das hat allerdings den Vorteil, dass es so etwas wie schlecht gestellte „Katzentische", direkt neben der Toilettentür beispielsweise, nicht gibt. Kommt ein Gast nun tatsächlich alleine, wird schnell ein Gedeck vom für zwei eingedeckten Tisch entfernt. Man muss dann nur damit umgehen können, dass rundherum immer laut palavernde Gruppen sitzen. Relativ nett sitzen kann man ohne Begleitung in diesen Lokalen:

- **Les Quinze Nits** (s. S. 190)
- **La Poma** (s. S. 190)
- **La Fonda** (s. S. 190)
- **Cafè de la Òpera** (s. S. 194)

Lokale mit guter Aussicht

Einige der in diesem Buch empfohlenen Lokale befinden sich unweit des Hafens oder des Strandes und bieten einen entsprechend schönen Blick aufs Mittelmeer:

- **Miramar** (mit Hafenblick, s. S. 190)
- **Pez Gordo del Mar** (mit Strandblick, s. S. 190)
- **Can Majó** (mit Strandblick, s. S. 189)
- **Bestial** (mit Strandblick, s. S. 72)
- **Mirablau** (am Fuß des Tibidabo, Blick über die halbe Stadt, s. S. 128)

010bl-hj

schaften hinterm Tresen und einem bunten Gästegemisch davor.

90 [M11] **Euskal Etxea** €€, Placeta Montcada 1, Tel. 933102185, geöffnet: tägl. 13–16 und 19–24 Uhr (Restaurant), 10–24 Uhr (Bar). Ein Urgestein der baskischen Tapasbar-Szene. Relativ kleiner Tresen, daher ist es dort immer etwas eng, aber es gibt auch beste *pintxos*, wie die Tapas auf Baskisch heißen. Man kann auch hinten im Restaurant sitzen und speisen.

91 [M11] **Nou Celler** €, c/Princesa 16, Tel. 933104773, geöffnet: tägl. 12–23 Uhr. Hier gibt es Tapas und sogar ein *Menú de Tapas*. Ansonsten wird katalanische Küche geboten. Das Lokal ist in einem Haus aus dem 18. Jh. untergebracht und hat ein rustikal-charmantes Ambiente mit Holztischen und -bänken.

92 [K11] **Orio** €€, c/Ferrán 38, 933179407, geöffnet: tägl. 12–24 Uhr. Der Tresen des Orio ist ziemlich lang und mit fantasievoll arrangierten Tapas vollgestellt, die Gäste sitzen zwanglos an länglichen Tischen. Es gibt auch einen Restaurantbereich.

93 [M11] **Sagardi Euskal** €€, c/Argenteria 62, Tel. 933199993, geöffnet: Mo.–Fr. 13–24, Sa., So. 12–24 Uhr. Baskisches Tapaslokal mit mittelgroßer Terrasse. Auch hier ist immer viel los. Neben guten und fantasievollen Tapas gibt es auch einen Restaurationsbereich.

94 [M11] **Taller de Tapas (1)** €€, c/Argenteria 51, Tel. 932688559, tägl. 12–24 Uhr. Neben Tapas gibt es ein Mittagsmenü, das auch auf der netten Terrasse auf dem Vorplatz genossen werden kann.

95 [K8] **Taller de Tapas (2)** €€, Rambla de Catalunya 49–51, Tel. 934874842, geöffnet: So.–Do. 12.30–24, Fr., Sa. 12.30–1 Uhr. Taller de Tapas ist eine Kette, die eine sehr breite Auswahl an Tapas an einem längeren Tresen in einem insgesamt recht modernen Ambiente anbietet.

96 [K10] **Taverna Basca Irati** €€, c/Cardenal Casañas 17, Tel. 933023084, geöffnet: tägl. 12–24 Uhr. Tapas im Stil von San Sebastián. Außerdem gibt es auch ein Restaurant mit baskischer Küche.

97 [L7] **Txapela** €€, Passeig de Gràcia 58, Tel. 934872279, geöffnet: Mo.–Fr. 8–24, Sa., So. 9–24 Uhr. Lokal mit einer Terrasse draußen am Flanierboulevard. Neben den vielen Tapas am Tresen kann man auch À-la-carte-Gerichte am Tisch bestellen. Gute Qualität bei etwas höheren Preisen als anderswo.

98 [M12] **Vaso de Oro** €€, c/Balboa 6 (Barceloneta), Tel. 933193098, geöffnet: tägl. 12–24 Uhr. Bierlokal in einem rustikalen Ambiente, auch sehr gute Tapas und ein hausgebrautes Bier.

Vegetarische Lokale

99 [K10] **Biocenter** €, c/Pintor Fortuny 25, Tel. 933014583, https://restaurantebiocenter.es, geöffnet: Mo.–Sa. 13–23, So. 13–16.30 Uhr. Großeres, ungezwungenes, schon seit 1980 existierendes vegetarisches Restaurant, mittags gibt es u. a. ein Büfett.

100 [J10] **L'Hortet** €€, c/Pintor Fortuny 32, Tel. 933176189, geöffnet: Mo.–Fr. 9–16 Uhr. Kein großes Lokal, die Tische stehen ein bisschen eng zusammen, was aber, wenn man es möchte, die Kommunikation fördert. Die Küche ist gut und bodenständig, u. a. gibt es ein Salatbüffet, einen Mittagstisch und auch ein Abendmenü.

101 [L11] **Rassoterra** €-€€, c/Pelau 5, Tel. 933186926, geöffnet: Mi.–Sa. 20–23, Sa., So. auch 13–16 Uhr. Kleines, vegetarisches Bistro mit kreativer Küche, das sehr farbenfroh gestaltet ist. Die Karte gibt es auch auf

◁ *Ein Blick zum Niederknien: das Miramar (s. S. 190) auf dem Montjuïc*

139bl-hj

Englisch. Angeboten werden Tagesgerichte, Tapas und auch eine Abendkarte mit teilweise sehr fantasievollen Speisen, außerdem gibt es auch Cocktails.

102 [K9] **Teresa Carles** €€, c/Llovellanos 2, Tel. 933171829, tägl. 12–16, 19–22.30 Uhr. Vegetarisches Lokal, modern-gemütlich eingerichtet und seit Jahrzehnten von der Chefin Teresa geführt.

103 [K11] **Vegetalia** €, c/Escudellers 54, Tel. 933173331, geöffnet: tägl. 11–24 Uhr. Kleines vegetarisches Lokal mit einem Menü. Auch brunchen kann man hier.

104 [J9] **Veggie Garden** €, Carrer dels Àngels, 3, Tel. 931802334, geöffnet: tägl. 12.30–15 Uhr. Veganes Restaurant im Raval-Viertel (s. S. 56) mit Salaten, Tapas, Burgern und indischem Thali. Es wird auch ein ziemlich günstiges Menü serviert.

Das schicke El Nacional (s. S. 191) bietet mehrere Lokale und Tresen

Cafés

105 [K10] **Cafè de la Òpera,** Rambla 74, Tel. 933177585, geöffnet: tägl. 8.30–2.30 Uhr. Ein altehrwürdiger Klassiker. Nicht übermäßig groß, aber mit uralten Kaffeehaus-Tischchen und knarzenden Bistrostühlen.

106 [K9] **Cafè Zurich,** c/Pelai 39, Tel. 933179153, geöffnet: Mo.–Do. 9–21 Fr., Sa. 9–22 Uhr. Das Café ist eigentlich uralt und hatte früher mal sehr viel Flair, das jetzt doch etwas fehlt, nachdem hier ein modernes Einkaufszentrum gebaut wurde und das ursprüngliche Gebäude weichen musste. Dennoch ein guter Pausen-Stopp mit Möglichkeit, im Freien zu sitzen.

107 [K10] **Dulcinea,** c/Petritxol 2, Tel. 933026824, geöffnet: tägl. 9–13 und 16.30–20.30 Uhr. Altehrwürdiges Geschäft, in dem sehr leckere und dickflüssige Schokolade in größeren Tassen serviert wird, dazu gibt es Gebäck. Ein Besuch im Dulcinea gehört für viele Barceloner zum sonntäglichen Pflichtprogramm.

140bl-hj

108 [K10] **La Pallaresa,** c/Petritxol 11, Tel. 933022036, geöffnet: Mo.–Sa. 9–13 und 16–21, So. 9–13 und 17–21 Uhr. Noch ein Klassiker in der Altstadt. Hier gibt es *churros y chocolate* (auf Katalanisch: *xurros amb xocolata*) also dickflüssige Schokolade mit Sahne und Churros, ein gekringeltes Fettgebäck, das man vor allem morgens zu sich nimmt. Hier treffen sich ältere Damen, Familienväter auf dem Weg zum Kiosk und so mancher Nachtschwärmer beschließt hier gerne seine Party ...

109 [L11] **Mesón del Café,** c/de la Llibreteria 16, Tel. 933150754, geöffnet: Mo.–Do. 9.30–20, Fr. 9.30–23, Sa. 10–22, So. 12–20 Uhr. Staunend steht man vor dem Eingang und glaubt sich ein wenig an die Schweiz erinnert, denn das kleine Lokal hat außen ein auffälliges Spitzdach und Fensterläden aus Holz. 1909 wurde diese Cafetería eröffnet und das Aroma jahrzehntelangen Kaffeegenusses hängt in den Holzwänden. Drinnen ist es ein wenig eng und man spürt den nostalgischen Charme.

Barcelona am Abend

Früher galt Madrid als die einzig wahre Großstadt in Spanien, in der man nachts anständig einen draufmachen konnte. Katalanen wurden als eine Art „Preußen Spaniens" angesehen, soll heißen: arbeitsame Menschen, die um Mitternacht die Bürgersteige hochklappten. Das behaupteten jedenfalls die Madrilenen. Was schon damals nicht richtig zutraf, gilt heute weniger denn je. Viel kreative Energie fließt in die Stadt und lässt neue Moden und angesagte Bars entstehen. Aber auch historische Lokale, die alle Zeiten überdauerten, werden noch regelmäßig besucht, denn auch Tradition zählt in Barcelona. Und so findet sich in der dynamischen Stadt Altes neben Neuem.

Frühabendliche Gemütlichkeit vor der Kirche Santa María del Mar 22 *im Barri del Born* 23

Das Nachtleben beginnt spät. Kein Wunder, wenn das Abendessen erst gegen 22 Uhr eingenommen wird, startet man auch später in die Nacht. Vor 23 Uhr ist kaum was los in den Musikbars und eine Disco kommt erst ab 2 Uhr auf Betriebstemperatur.

Ausgehzonen

- Links und rechts der **Rambles** 2 findet man viele Bars. Speziell bei der Plaça Reial 4 haben sich mehrere Musikbars angesiedelt, genau wie im Barri del Born 23 nahe der Kirche Basílica de Santa María del Mar 22.
- Am **Hafen** hat sich beim Maremagnum (s. S. 202) eine kleine Barszene gebildet.
- Die großen Diskotheken liegen meist außerhalb des Zentrums, im Viertel L'Eixample oder noch weiter entfernt. Eine ganze Reihe von Clubs und Discos befindet sich am Sportboothafen entlang der Strandpromenade unweit von Barceloneta (s. S. 62).

091bl-sm

◁ *Die London Bar ist eine der ältesten Musikbars der Stadt*

Musikbars

110 [J11] **Bar Pastis,** c/Santa Mònica 4, Tel. 634938422, geöffnet: tägl. ab 20 Uhr. Mal was anderes: Cocktails zu französischen Chansons, also ein eher ruhiges Ambiente. Manchmal gibt es Konzerte.

111 [K7] **Casa Moritz,** Rambla de Catalunya 79, Tel. 938269062, geöffnet: tägl. 12–24 Uhr. Größere Bierbar mit katalanischem Bier, am Tresen fließen ein gutes Dutzend Sorten aus dem Hahn. Obendrein gibt es eine Bistroküche, kreiert vom Sternekoch Jordi Vilà.

112 [K11] **Glaciarbar,** Plaça Reial 3, Tel. 933021163, geöffnet: tägl. 8–2.30 Uhr. Das Lokal liegt in einer Ecke der Plaça Reial. Von der großen Terrasse überblickt man sehr schön den gesamten Platz. Drinnen ist es eher unspektakulär, das Interieur erinnert ein wenig an eine typische spanische Bar der vergangenen Jahre. Es gibt eine geerdete Küche, aber vor allem stehen hier 30 internationale Biere auf der Karte!

113 [M11] **La Vinya del Senyor,** Plaça de Santa María, Tel. 933103379, geöffnet: tägl. 12–24 Uhr. Genau gegenüber der gleichnamigen Kirche gibt es an die 300 Weinsorten.

114 [J11] **London Bar,** c/Nou de la Rambla 34, Tel. 933185361, geöffnet: ab 19 Uhr. Kleine Musikbar mit langer Tradition, schicke Einrichtung im modernistischen Stil.

115 [L11] **Milk Bar,** c/Gignàs 21, Tel. 932480922, geöffnet: tägl. 9–16.30 Uhr, abends ab 18 Uhr. Cocktails in entspannter Atmosphäre, nett mit viel Holzdekor und gemütlichen Sofas. Das Lokal wird von zwei Iren geführt.

116 [M12] **Xampanyeria** €, Carrer de la Reina Cristina 7, Tel. 933100839, geöffnet: Di.–Sa. 12–22 Uhr. Äußerst beliebtes Lokal, das auch unter dem Namen Can Paixano bekannt ist. Es befindet sich in einer unscheinbaren Straße bei Barceloneta, draußen passt ein Türsteher auf. Drinnen ist es meist knallvoll, was schon Bände spricht. Es gibt vor allem Cava (man sollte den Rosat probieren!), aber auch Wein und Bier und kleine Tapas. Nebenan im Geschäft kann man die leckeren Cava-Weine auch gleich kaufen.

Smoker's Guide

In Spanien gilt seit Jahren ein Rauchverbot im öffentlichen Raum. Weder in Kneipen noch in Restaurants (auch nicht auf den Terrassen) darf geraucht werden. Zum Rauchen muss man vor die Tür gehen. Selbst auf manchen öffentlichen Plätzen darf nur noch eingeschränkt geraucht werden. In Barcelona ist auch das Rauchen am Strand bei Strafe verboten.

Clubs

117 [I7] **Antilla BCN,** c/Aragó 141, Tel. 934514564. Mi.–So. Disco mit Latin Music ab 22 bzw. 23 Uhr, Do. häufig Livemusik.

118 [K9] **City Hall** €€, Rambla de Catalunya 2–4, Tel. 932380722, geöffnet: praktisch täglich zu Events geöffnet, meist ab Mitternacht. In diesem ehemaligen Theater gibt es House, Funk und Electro-House auf die Ohren, zum Erholen zieht man sich hinten auf die Terrasse zurück. Zentrale Lage einmal um die Ecke der Plaça de Catalunya.

119 [K11] **Karma,** Plaça Reial 10, Tel. 933191789. Ab 12 Uhr öffnet die Bar mit Terrasse zum großen Platz Plaça Reial, ab Mitternacht dann die Disco. Mo. geschlossen.

120 [J5] **Luz de Gas,** c/Muntaner 246, Tel. 932097711, geöffnet: meist Mi.–Sa. ab 24 Uhr. Ein zur Disco umgebautes Theater, regelmäßig Konzerte, vielfach Motto-Partys.

121 [K11] **Marula Café,** c/Escudellers 49, Tel. 933187690, geöffnet: tägl. 23–5.30 Uhr. Ein Club mit zentraler Tanzfläche, immer sehr voll. Insgesamt etwas dezenter, eher kein Treff für jüngeres Publikum.

122 [M11] **Miramelindo,** Passeig del Born 15, Tel. 933103727, geöffnet: tägl. 20–2.30 Uhr. Sehr beliebte Cocktailbar mit einem tiefen Raum und netter Bar, in der alle Welt Mojitos trinkt. Es wird relativ ruhige Musik gespielt, viel Jazz.

123 [J11] **Moog,** c/Arc del Teatre 3, Tel. 933014991, geöffnet: Fr.–Mo. 24–5 Uhr. Hier gibt es Technomusik auf die zumeist jungen Ohren.

124 [K4] **Otto Zutz,** c/Lincoln 15, Tel. 932380722, geöffnet: Mi.–Sa. ab 24 Uhr. Ungewöhnlich: Eine der Topadressen der Clubszene befindet sich mitten in einer Wohngegend und wird trotzdem von vielen Promis angesteuert. Das Otto Zutz hat daher auch eine „harte Tür". Gefeiert wird auf mehreren Ebenen.

125 [Q10] **Razzmatazz,** c/Pamplona 88, Tel. 933208200, www.salarazzmatazz.com. Große, täglich ab Mitternacht geöffnete Diskothek mit fünf Sälen im Bereich des Olympiahafens. Gelegentlich finden Liveauftritte bekannter Bands statt.

126 [I11] **Sala Apolo** €€, c/Nou de la Rambla 113, Tel. 934414001, www.sala-apolo.com. Seit Jahren beliebter Club. Hier finden Konzerte statt und es werden Themenabende gefeiert.

127 [J5] **Sala B,** c/Muntaner 244, Tel. 932097711. geöffnet: Mi.–Sa. ab 24 Uhr. Hier neben dem Luz de Gas (s. links) treffen sich jüngere Tanzwütige.

Flamenco

Barcelona gilt nicht gerade als „Flamenco-Hochburg", denn diese Kunstform ist eher im Süden, in Andalusien, zu Hause. Aber auch nach Katalonien brachten südspanische Arbeitsimmigranten ihre Kultur mit und so entwickelte sich auch hier eine Szene.

•**128** [K11] **Sala Tarantos,** Plaça Reial 17, 933191789. Uralte Bühne für Flamenco mit Kurzprogramm (30 Min., Beginn je 20.30, 21.30, 22.30 Uhr). Dafür ist der Eintritt erschwinglich (17 €).

Theater, Musicals und Konzerte

Die Theaterszene Barcelonas ist recht lebendig, insgesamt existieren über 40 Theater in der Stadt. Es gibt sowohl Bühnen, auf denen **Klassiker der spanischen Literatur** aufgeführt werden, als auch **Theater für experimentellere Stücke** und natürlich **Musicals** – und alles sowohl in spanischer als auch (viel häufiger) in katalanischer Sprache. Zu den erfolgreichsten Bühnenstücken zählen auch in Barcelona Musicals.

Wer wenigstens etwas Spanisch oder Katalanisch versteht, sollte ein Stück anschauen, denn viele Theatergebäude strahlen noch eine richtig schöne alte Atmosphäre aus. Und wenn gerade die auch international sehr bekannte Theatertruppe „La Fura dels Baus" einen ihrer ungewöhnlichen Auftritte hat, lohnt ein Besuch allemal.

Ein Besuch im **Palau de la Música Catalana** oder im **Liceu** ist nicht nur musikalisch ein Hochgenuss, sondern auch optisch.

5 [K11] **Gran Teatre del Liceu.** Wunderschönes, altehrwürdiges Opernhaus, das in den 1990er-Jahren tragischerweise einmal abbrannte, aber genauso schön, nur mit modernster Technik versehen, wieder aufgebaut wurde. Hier werden vor allem Opern aufgeführt.

129 [P9] **L'Auditori,** c/de Lepant 150, Metro: Monumental, Tel. 932479300, www.auditori.cat. In einem modernen, vom spanischen Star-Architekten Rafael Moneo erbauten Konzertsaal wird Orchester-, religiöse sowie Kammermusik gespielt. Hier ist zugleich der Sitz des nationalen Sinfonieorchesters von Katalonien.

130 [F10] **Mercat de les Flors,** c/Lleida 59 (unterhalb der Museen vor dem Montjuïc), Metro: Poble Sec, Tel. 934260106, www.mercatflors.cat. Schönes, historisches Gebäude aus der Weltausstellungszeit von 1929. In späteren Jahren wurde hier ein Blumenmarkt abgehalten (daher auch der

092bl-sm

Gleich beginnt die Vorstellung im Gran Teatre del Liceu 5

Name). Heute finden Theater- sowie Tanzaufführungen statt. Der Ticketverkauf erfolgt auch in der Rambla 99, tägl. 10–20.30 Uhr.

17 [M10] Der **Palau de la Mùsica Catalana** ist das zweite wunderschöne Konzertgebäude von Barcelona. Hier finden musikalische Aufführungen aller Richtungen statt, „nur keine Opern", wie dem Autor versichert wurde, dafür gebe es schließlich das Liceu.

131 [J9] **Teatre Goya,** c/Joaquín Costa 68, Tel. 933435323, www.teatregoya.cat. Musik- und Tanzstücke, Konzerte, Kabarett und anspruchsvolles Theater wird in diesem seit 1916 bespielten Haus gezeigt.

132 [F10] **Teatre Lliure,** Plaça de Margarida Xirgu 1, Tel. 932892770, www.teatrelliure.com. Das Lliure befinde sich gegenüber vom Museu d'Arqueologia de Catalunya 79 und hat zwei Bühnen, auf denen meist modernes und zeitgenössisches Theater gezeigt wird, überwiegend auf Katalanisch, daneben gibt es aber auch Tanzaufführungen.

133 [J10] **Teatre Romea,** c/de l'Hospital 51, Tel. 933015504, www.teatreromea.com. Das Theater aus dem 19. Jh. steht mitten im Raval Viertel. Es wurde damals mit dem Ziel gegründet, Stücke auf Katalanisch zu spielen. Gezeigt werden überwiegend Klassiker, gerne auch bekannte Stücke, die auf Modern getrimmt sind. Die Aufführungen erfolgen auch heute noch überwiegend in katalanischer Sprache.

134 [L9] **Teatre Tivoli,** c/de Casp 8–12, www.grupbalana.com. Sehr zentral gelegenes, schönes und altes Theaterhaus unweit der Plaça de Catalunya, das wie im vorletzten Jahrhundert gestaltet ist, also mit Zuschauerrängen auf mehreren Etagen, rotem Samtbezug auf den Sitzen, einem Vorhang und einem sehr großen Saal. Aufgeführt werden viele Musikstücke, auch Kabarett, Tanz, Opern und Sprechtheater.

164bl-hj

Barcelona zum Stöbern und Shoppen

Barcelona ist ein Shoppingparadies! Elegante Edelmarken gibt es hier genauso wie fast schon historische Geschäfte mit quietschender Tür und überschaubarem Angebot. Dazwischen locken moderne Einkaufszentren mit unterschiedlichsten Geschäften und einem großen Warenangebot.

Einkaufszonen

Jenseits der Plaça de Catalunya 1 zieht sich der **Passeig de Gràcia** 46 hoch bis zur breiten Avinguda Diagonal, die kilometerweit quer durch die Stadt verläuft. An beiden Straßen gibt es sehr

Der Passeig de Gracia 46 ist eine schicke Einkaufsmeile

141bl-hj

viele Geschäfte (Mode, Schmuck, Antiquitäten, Kunst etc.) der zumeist etwas gehobeneren Art. An der **Avinguda Diagonal**, der mit über 10 km längsten Straße der Stadt, befinden sich viele Geschäfte, auch internationale Marken und ein großes Shopping-Center. Die **Rambla de Catalunya** verläuft parallel zum Passeig de Gràcia 46, ist aber sehr viel geerdeter, auch in der Auswahl der Geschäfte.

⌃ *Viele Geschäfte verfügen über eine interessante Auswahl schöner Stücke*

Shoppingareale

Die wichtigsten Shoppingbereiche der Stadt sind im Kartenmaterial mit einer rötlichen Fläche markiert.

In der **Altstadt**, also grob zwischen Plaça de Catalunya und Hafen, gibt es sehr viele kleine Läden. Hier wird alles angeboten, sowohl alltägliche Waren als auch überflüssige Kuriositäten. Es sitzen dort aber auch kleine Traditionsfirmen, die seit Jahrzehnten beste Qualität anbieten (vor allem Mode, Schuhe und Lebensmittel).

An der Straße **Carrer d'Avinyó** [K/L11], die sich durchs Barri Gòtic zieht, sitzen viele junge Designer, die in ihren Shops kreative Mode anbieten. Die kleine Straße **Carrer de la Palla** [K/L10] beherbergt sozusagen das Gegenstück, nämlich eine Reihe von winzigen, bis unters Dach vollgestopften Antiquitätenläden. Ähnlich sieht es in der **Carrer Banys Nous** [K10] aus. Die Carrer del Petrixol [K10] ist eine recht schmale Straße, die parallel zur Rambla im Barri Gòtic verläuft, hier stößt man auf mehrere interessante Galerien.

Im urigen Viertel **Barri del Born** 23 haben sich viele kleine, individuelle Geschäfte angesiedelt. Hier bieten kreative Kunsthandwerker, Designer oder auch Galeristen ihre Werke an, vor allem in den Straßen Banys Vells [M11] und Flassaders [M11]. Ein Stückchen weiter nördlich verläuft jenseits der breiten Carrer Princesa die Carrer dels Carders [M10], wo sich nun auch viele kleine, kreative Läden niedergelassen haben.

Auch rechts der Rambles im **Raval-Viertel** (27) lohnt ein Bummel, z.B. durch die c/Tallers [J–K9], wo viele kleine Läden zu finden sind.

Die **Avinguda del Portal de l'Àngel** ist eine Fußgängerzone zwischen Kathedrale (7) und Plaça de Catalunya (1) mit dem großen Kaufhaus El Corte Inglés (S. 202), aber auch einigen Schuh- und Modeläden.

Einkaufstipps

Bücher

135 [K8] **Altaïr,** Gran Vía de les Corts Catalanes 616, Mo.–Sa. 10–20.30 Uhr. Große, schön gestaltete Fachbuchhandlung mit einer unschlagbaren Auswahl an Reiseliteratur und Landkarten, darunter auch eine große Auswahl zu Barcelona. Angeschlossen ist ein Café.

136 [L7] **Casa del Libro,** Passeig de Gràcia 62, Tel. 902026407, www.casadellibro.com, geöffnet: Mo.–Sa. 9.30–21.30 Uhr, So. 12–20 Uhr. Die große spanische Buchhandelskette verfügt hier an der Luxusmeile über ein beachtliches Geschäft, in dem natürlich auch viele Bücher zu Barcelona angeboten werden.

Gaumenfreuden

137 [M11] **Bubó,** c/Caputxes 6, www.bubo.es, geöffnet: Di.–So. 10–18 Uhr. Erstklassige, kunstvoll arrangierte Schokolade, Pralinen und Feinkostartikel. Auch zum Probieren am Tresen bei einem Schlückchen *vino*.

138 [K10] **Caelum**, c/Palla 8 (Barri Gòtic), geöffnet: Mo.–Sa. 11–20.30 Uhr. Süßigkeiten wie Pralinen und Kekse, die in Klöstern hergestellt werden.

139 [M11] **Casa Gispert,** c/dels Sombrerers 23, Tel. 933197535, geöffnet: Mo.–Sa. 9.30–20, So. 11–19 Uhr. Liegt im Born-Viertel im Schatten der Kirche Santa María del Mar (22). 1851 gegründet, gilt er als ältester Lebensmittelladen der Stadt. Holzregale mit Schubfächern, ein historischer Holztresen, wie man ihn sonst nur im Film oder im Museum sieht, und ganz viel Nostalgie.

140 [K10] **Escribà,** Rambla 83, geöffnet: tägl. 9–21 Uhr. Traditionshaus mit hervorragender Schokolade aus eigener Herstellung.

141 [L11] **La Colmena,** Plaça de l'Àngel 12, Tel. 933151356, geöffnet: tägl. 9–21 Uhr. Eckladen in zentraler Lage neben dem Hotel Suizo. Man kann durch mehrere Schaufenster hineinblicken und die wunderbaren Kekse, das Gebäck und die große Karamell-Auswahl bestaunen. Existiert seit 1849.

152bl-hj

Traditionelles Lebensmittelgeschäft: die Casa Gispert

142 [K6] **Pastisseria Mauri,** Rambla de Catalunya 102, Tel. 932151020, geöffnet: Mo.-Do. 8-22, Fr. 8-23, Sa. 9-23, So. 9-16 Uhr. Spektakuläre Einrichtung mit einem verspiegelten Holzregal und aufwendiger Deckenbemalung, vor allem aber eine wunderbare Auswahl an Torten, Gebäck und Pralinen. Gegründet 1929 von Francesc Mauri, heute in vierter Generation in Familienbesitz.

143 [L10] **Planelles Donat,** Avinguda del Portal de l'Àngel, 7, Tel. 933172926 geöffnet: Mo.-Sa. 10-20.30 Uhr. In diesem kleinen Traditionsgeschäft wird seit 1850 *Turrón* in allen Varianten verkauft, ein sehr beliebtes Süßgebäck. Im Sommer wird auch Eis angeboten sowie *horchata,* eine sehr schmackhafte Erdmandelmilch.

144 [K8] **Sampaka Cacao,** Carrer del Consell de Cent 292, Tel. 932720833, geöffnet: Mo.-Sa. 10-20.30 Uhr. Schick aufgemachtes Geschäft für Schokolade, Pralinen und Kakao, auch als Trinkschokolade mit breiter Auswahl, die auch vor Ort probiert werden kann.

145 [L10] **Xarcuteria La Pineda,** c/del Pi 16, Tel. 933024393, geöffnet: Mo.-Sa. 9-21, So. 11-16 Uhr. Traditionsgeschäft seit 1930 für ausgesuchte Lebensmittel, u. a. Wurst- und Käsewaren sowie Wein. Mit Probiermöglichkeit an kleinen Tischen, es wird sogar ein Menü angeboten. Irgendwie schnuckelig.

Kaufhäuser und Einkaufszentren

146 [F8] **Arenas,** Gran Vía de les Corts Catalanes 373-385, Geschäfte Mo.-Sa. 10-22, Restaurants bis 1, Fr./Sa. bis 3 Uhr. Großes Einkaufszentrum in der ehemaligen Stierkampfarena an der Plaça d'Espanya. Von der Dachterrasse mit ihren Lokalen, die mit einem Außenfahrstuhl (1 €) erreichbar ist, genießt man einen schönen Blick auf die Stadt.

147 [L9] **El Corte Inglés,** Plaça de Catalunya 14, geöffnet: Mo.-Sa. 9.30-21.30 Uhr. Große Filiale der spanischen Warenhauskette. Vom sehr gut bestückten Supermarkt bis zu den angesagtesten Modelabels findet man hier einfach alles.

148 [K9] **El Triangle,** Plaça de Catalunya 4, geöffnet: Mo.-Sa. 9.30-22 Uhr. Größeres Einkaufszentrum mit mehreren Shops, unter anderem mit Habitat (verkauft hochwertige Dekorationsstücke) und FNAC, einem Geschäft, das eine jüngere Kundschaft anspricht und Musik, Filme, Comics und Ähnliches anbietet.

149 [G4] **L'Illa Diagonal,** Avinguda Diagonal 569 Metro: Maria Cristina, Tel. 934440000, geöffnet: Mo.-Sa. 9.30-21 Uhr. Riesiges Shoppingcenter mit 170 Geschäften, Bars und Restaurants, darunter sehr viele Modegeschäfte.

150 [K13] **Maremagnum,** Moll d'Espanya 5-6, https://maremagnum.klepierre.es, Geschäfte tägl. 10-22 Uhr, Lokale bis ca. 3 Uhr geöffnet. Sehr viele verschiedene Shops in einem großen Komplex direkt am Hafen.

Kunst und Kunsthandwerk

151 [K10] **Artesania Catalunya,** c/Banys Nous 11, Tel. 931790101, geöffnet: Mo.-Sa. 10-20, So. 10-14 Uhr. Schönes und teilweise ausgefallenes Kunsthandwerk von katalanischen Künstlern kann hier direkt erworben werden. Im hinteren Bereich gibt es zudem einen größeren Showroom.

152 [K11] **Arts Escudellers,** c/Escudellers 23-25 (Barri Gòtic), geöffnet: tägl. 11-23 Uhr. Größeres Keramikgeschäft mit sehr großer Auswahl.

153 [L7] **Bulevard dels Antiquaris,** Passeig de Gràcia 55, geöffnet: Mo.-Sa. 10-20.30 Uhr. 70 Läden bieten Antikes und Kunstwerke.

154 [K10] **Espai Povo,** c/Banys Nous 7, Tel. 933013476, geöffnet: Mo.-Sa. 11-

094bl-sm

20.30 Uhr. Der Slogan im Eingangsbereich ist Programm: „100 % local Catalunya“. Von außen wirkt der Laden etwas unscheinbar, innen öffnet sich dann ein größerer Verkaufsraum. Angeboten werden Mode, Design und Dekoartikel von lokalen Herstellern.

155 [K10] **La Nostra Ciutat**, c/del Pi 11, geöffnet: tägl. 11–15, 16–20.30 Uhr. Der Name ist Katalanisch und bedeutet „Unsere Stadt“. Gemeint ist, dass hier Kunsthandwerker aus dem Raum Barcelona Taschen, Schmuck, Bilder, Accessoires, Drucke etc. anbieten.

156 [K10] **Sala Parés,** c/Petritxol 5, Tel. 933187020, geöffnet: Di.–Sa. 11–14, 16–20 Uhr. Sehr schöner Ausstellungsraum der ältesten Galerie Spaniens (das Gebäude stammt aus dem Jahr 1877).

Der Bildermarkt Mercat de Pintura findet immer am Wochenende statt

Märkte

43 [Q8] **Fira Bellcaire Encants de Barcelona,** geöffnet: Mo., Mi., Fr., Sa. 9–20 Uhr. Der Fira Bellcaire Encants de Barcelona ist eine Art Flohmarkt auf zwei Ebenen unter einem gewölbten Dach, in dem sich das Marktgeschehen spiegelt, was einen ungewöhnlichen optischen Effekt bietet. Viel Secondhandware wird angeboten, viel Neuwertiges zu sehr günstigen Preisen, aber eben auch alles Mögliche, von dem man kaum glauben mag, dass sich dafür Käufer finden. Einer der spannendsten Märkte der Stadt!

3 [K10] **La Boqueria.** Weltbekannte Markthalle mit riesiger Auswahl. Auch einige Restaurants finden sich hier.

157 [K10] **Mercat de Pintura,** Plaça de Sant Josep Oriol, geöffnet: Sa. 11–20, So. 11–14 Uhr. Kleiner Gemäldemarkt mit Werken lokaler Künstler.

› Der **Mercat de Sant Antoni 29** ist eine schöne Markthalle am Rande der Altstadt mit einem breiten Warenangebot. Da er längst nicht so voll ist wie die Boqueria 3, kann man es hier etwas ruhiger angehen lassen.

158 [L10] **Mercat Gòtic Antiquitats,** Plaça Nova, vor der Kathedrale, Do. 10–20 Uhr. Antiquitäten, aber auch Secondhandware.

159 [S11] **Mercat Poblenou,** Plaça Unió 25, geöffnet: Mo. 8.30–14, Di.–Do. 8.30–14 und 17.30–20.30, Fr. 8.30–20.30, Sa. 8.30–15 Uhr. Kleine Markthalle im Stadtteil Poblenou, in dem es noch so richtig nachbarschaftlich zugeht. Gutes Angebot an Lebensmitteln. Natürlich darf auch eine Bar nicht fehlen.

160 [M10] **Mercat Santa Caterina,** Avinguda Francesc Cambó 16, geöffnet: Mo., Mi., Sa. 7.30–15.30, Di., Do., Fr. 7.30–20.30 Uhr. Kleinere Markthalle mit Bars unweit der Kathedrale, weniger überlaufen als die Boqueria 3.

Mode

161 [K9] **Aragaza (1),** c/Santa Anna 6, Tel. 936674256, geöffnet: Mo.–Sa. 11–14, 16–20 Uhr. Ein Geschäft überwiegend für Herren-, aber auch Damenmode, die durch ihr farbenfrohes Design auffällt. Es wird bewusst mit etwas älteren Models geworben. Alles hier ist entworfen und hergestellt in Barcelona. Mehrere Filialen, u. a.:

162 [K10] **Aragaza (2),** c/del Pi 11, der größte Laden des Unternehmens

EXTRATIPP

Kaufhaus-Café mit Ausblick

Das Großkaufhaus El Corte Inglés (s. S. 202) an der Plaça de Catalunya 1 verfügt über einen großen Gastronomiebereich. Von der 9. Etage hat man einen sensationellen Blick auf die Plaça.

163 [M10] **Colmillo de Morsa**, c/dels Corders 11, Tel. 687528864, geöffnet: Mo.–Sa. 11.30–20 Uhr. Mode aus Bio-Materialien – entworfen, hergestellt und verkauft nur in Barcelona.

164 [M11] **Desigual,** c/Argenteria 65, Tel. 933106944, geöffnet: Mo.–Sa. 9–21 Uhr. Lässige Damenmode in frischen Farben.

165 [M4] **Green Lifestyle**, c/de Asturies 34, im Stadtteil Gràcia, Tel. 931862010, geöffnet: Mo.–Sa. 11–21 Uhr. Nachhaltige Mode regionaler Produzenten und Designer, tolle Unikate.

166 [K9] **Guantería y Complementos Alonso,** c/Santa Ana 27, Tel. 933176085, Mo.–Sa. 10–20 Uhr. Kleines, uraltes Fachgeschäft (seit 1905) für Handschuhe, Hüte, Fächer u. ä. Dinge. Schöne Schaufensterfront mit Holzrahmen, die sich deutlich von anderen Läden abhebt.

167 [K11] **La Manual Alpargatera,** c/Avinyó 7 (Barri Gòtic), geöffnet: Mo.–Sa. 10–14, 16–20 Uhr. Handgefertigte Alpargatas (Schnür- und Bastschuhe).

168 [L6] **Macson,** Passeig de Gràcia 110, Tel. 934154991, geöffnet: Mo.–Fr. 10.30–20.30, Sa. 10.30–21 Uhr. 1942 gegründetes Fachgeschäft, in dem vor allem Hemden, aber auch andere lässige Herrenmode angeboten werden. Viele weitere Shops in der Stadt.

169 [L8] **Mango,** Passeig de Gràcia 36, www.mangofashiongroup.com, geöffnet: Mo.–Sa. 10–20 Uhr. Stilvolle und dennoch erschwingliche Damenmode des Modelabels mit Wurzeln in Barcelona.

170 [M8] **Mango Outlet,** c/Girona 37, Mo.–Sa. 10–21 Uhr. Hier wird die nicht mehr aktuelle Kollektion der Modekette Mango deutlich (!) herabgesetzt angeboten. Es gibt mehr Damen- als Herrenmode. Im Umfeld dieses Geschäfts finden sich noch weitere Outlet-Shops.

171 [L8] **Max Mara,** Passeig de Gràcia 23, Tel. 934881777, geöffnet: Mo.–Sa. 10.30–21 Uhr. Überwiegend Damenmode, auch Taschen und Accessoires und eine breite Schuhkollektion.

172 [M11] **Nu Sabates,** c/Cotoners 14, Tel. 932680383, geöffnet: Mo. 16–19, Di.–Fr. 12–14, 16–19 Uhr. Handgefertigte Schuhe von drei Marken aus den USA, Frankreich und von einem katalanischen Designer werden hier angeboten, darunter auch Sandalen.

173 [K11] **Obach,** c/Call 2 (Barri Gòtic), geöffnet: Mo.–Sa. 9.30–14 und 16–20 Uhr. Alteingesessenes Hutgeschäft.

174 [L11] **Ójala,** c/de la Ciutat 14, Tel. 931651444, geöffnet: Mo.–Sa. 10.30–21 Uhr. Schicke Damenmode, originell, zeitlos und elegant von Paloma del Pozo, einer spanischen Designerin.

175 [M11] **Ozz Barcelona**, c/Banys Vells 8, Tel. 933158481, geöffnet: Mo.–Sa. 10.30–20.30 Uhr. Nachhaltige Damenmode in hochwertigem Design und Material.

176 [L10] **System Action,** Portal de l'Àngel 6, geöffnet: Mo.–Sa. 10–21 Uhr. Katalanischer Designer, der elegante, urbane Damenmode anbietet.

177 [M11] **Vialis,** c/Vidrieria 15, Tel. 933199491, geöffnet: Mo.–Sa. 10.30–21 Uhr. Alltagstaugliche und zugleich schicke Schuhe einer katalanischen Firma.

178 [L8] **Zara,** Passeig de Gràcia 16, geöffnet: Mo.–Sa. 10–20 Uhr. Relativ günstige, luftige spanische Mode. Sehr großes Geschäft.

Musik

179 [K9] **Diskos Revolver,** c/Tallers 13, Tel. 933021685, geöffnet: Mo.–Sa. 10–21 Uhr. Ein Plattenladen seit 1991, nur wenige Schritte abseits der Rambla zu finden. Indie, Elektro, Pop, Punk, Grunge, Heavy …

Verschiedenes

180 [K10] **Barça Store Canaletas,** Rambla 124, Tel. 902189900, geöffnet: Mo.–Sa. 10–21 Uhr. Der offizielle Fanshop des Fußballclubs FC Barcelona von beachtlicher Größe (1900 m²) bietet auf drei Etagen alles, was das Fan-Herz begehrt. Am Eingang begrüßen Spieler im Hologramm-Format die Besucher.

181 [K9] **FC Botiga,** Ronda de la Universitat 37, geöffnet: Mo.–Sa. 10–21 Uhr. Kleiner Laden voll mit Barça-Fanartikeln, hier gibt es auch Tickets.

182 [K10] **Ganiveteria Roca,** Plaça del Pi 3, Tel. 933021241, Mo.–Fr. 9.30–13.30 und 16.30–20, Sa. 10–14, 17–20 Uhr. Historisches Fachgeschäft aus dem Jahr 1911 für Messer und Küchenutensilien. Schon die Betrachtung des Ladens von außen ist ein Genuss, aber auch die Inneneinrichtung mit dem tollen Holzregal ist so herrlich gestrig.

183 [L11] **Papirum,** Baixada Llibreteria 2, Tel. 933105242, geöffnet: Mo.–Fr. 10–20.30, Sa. 10–14 und 17–20.30 Uhr. Kleines, liebevoll eingerichtetes Papierfachgeschäft vom alten Schlag. Es gibt schöne Notiz- oder Tagebücher, teilweise in Leder eingeschlagen, Schreibwaren und auch Malutensilien. Ein Laden wie aus der Zeit gefallen!

184 [L11] **Pauli Subirá,** Baixada de la Llibreteria 7, Tel. 933152606, geöffnet: Mo.–Sa. 10–20 Uhr. Ein Kerzenfachgeschäft, das sich seit 1910 an dieser Stelle unweit der Kathedrale befindet, dessen Historie aber bis 1761 zurückreicht. Noch heute ist man einer der größten Kerzenproduzenten Kataloniens, wichtigster Kunde ist die Sagrada Família. Die Einrichtung des Ladens ist erkennbar historisch mit kunstvoll gestalteten Regalen und einer elegant geschwungenen Treppe, die von zwei Frauenskulpturen flankiert wird. Man kann nur staunen, in welch skurrilen Formen Kerzen hergestellt werden können.

Barcelona zum Durchatmen

Barcelona kann heiß sein, vor allem aber auch hektisch, laut und ziemlich voll. Da wünscht man sich dann manchmal doch ein paar Momente der Erholung, bevor man sich erneut ins Getümmel stürzt. Gönnen Sie sich eine Verschnaufpause zwischendurch. Hier ein paar Tipps zum Entspannen:

Der Einkaufskomplex **Maremagnum** am Hafen (s. S. 202) ist zum Entspannen eher weniger geeignet. Aber direkt hinter dem riesigen Gebäude verläuft ein Weg unmittelbar am Wasser entlang. Dort ist es deutlich ruhiger und es finden sich einige Lokale mit Terrassen zum Hafenbecken, sodass ermattete Spaziergänger bei einem Drink dort verschnaufen können. Außerdem gibt es Bänke vor dem Eingang zum Maremagnum und rund um den Komplex.

Das **Museu Frederic Marès** (s. S. 180) selbst ist ebenfalls nicht zum Entspannen geeignet, das angeschlossene Café aber sehr wohl. Der Museumseingang befindet sich im Innenhof des verzweigten Palau Reial Major 9 und genau dort befindet sich auch das lauschige Lokal. Der Eingang zum Innenhof und damit auch zum ausgeschilderten Museum liegt an der c/Comtes, direkt gegenüber der Kathedrale 7.

Hinter dem Gebäude des **Palau Robert am Passeig de Gràcia 107** [L6] befindet

⌂ *Mußestunde am Hafen*

sich ein nicht zu großer, aber angenehmer Garten mit lauschigen Ecken und Bänken. Ideal, um bei einem Spaziergang entlang dieser doch recht quirligen und leicht hektischen Flanierzone kurz zu verschnaufen.

Der 30 ha große **Parc de la Ciutadella** 25 war einst eine wehrhafte, sternenförmig angelegte Festung, die Anfang des 18. Jahrhunderts durch den spanischen König errichtet wurde, um die aufsässigen Barceloner besser kontrollieren zu können. Nach einer wechselvollen Geschichte wurde die Festung Ende des 19. Jh. weitestgehend abgerissen und später in eine große Grünfläche umgewandelt. Im Zentrum befindet sich auch ein kleiner See, auf dem man mit gemieteten Ruderbooten herumschippern kann. Insgesamt kann man hier sehr schön unter Bäumen dösen und sich nett erholen.

Natürlich wird man am **Stadtstrand** 39 eher nicht alleine bleiben. Aber dennoch kann hier jeder wunderbar im warmen Sand liegen und eine Siesta einlegen. Für das leibliche Wohl sorgen ein paar Kioske direkt am Strand oder die tollen Fischlokale im benachbarten Stadtviertel Barceloneta 38. Die Anfahrt erfolgt per Metro bis Barceloneta oder per Stadtbus Nr. 64, der direkt am Strand hält.

Der **Parc de Joan Miró** [F8] liegt hinter dem Einkaufszentrum Arenas (s. S. 202) und nicht weit entfernt von der quirligen Plaça d'Espanya [F8]. Erschaffen wurde die Freifläche um 1980, dort erhebt sich eine sehr eigenwillige Skulptur von Joan Miró mit dem Titel „Dona i ocell" („Frau und Vogel"). Außerdem spenden hier an diesem kleinen, etwas versteckten Ort Palmen, Eukalyptusbäume und Pinien Schatten.

Der **Parc de Pedralbes** 87 befindet sich nicht gerade im Zentrum, aber wer schon einmal in der Nähe ist, um beispielsweise das Fußballstadion Camp Nou 84 zu besuchen, die Pavellons Güell 86 oder auch das Kloster Monestir de Santa María de Pedralbes 85, der könnte in diesem Park gut ein Päuschen einlegen. Übermäßig groß ist er nicht, hier aber steht ein einst wichtiges Gebäude, das früher als Besucherresidenz für den spanischen König gebaut wurde, derzeit aber kaum genutzt wird. Direkt vor dem Park befindet sich die Metrostation „Palau Reial".

Die kleine, aber angenehm ruhige Gartenanlage **Jardins de Rubió i Lluc** liegt mitten im früheren Antic Hospital de Santa Creu 28 im quirligen Viertel Barri Raval 27. Wer hier in den engen, wuseligen Gassen unterwegs ist und einmal eine kurze, erholsame Pause möchte, kann sich im Garten, der von dicken Mauern umgeben ist, entspannen. Obendrein liegt dieser Garten auch im Rücken der Markthalle Mercat de Boqueria 3, ist also auch für Rambles-Flaneure rasch zu erreichen.

Direkt zwischen dem Viertel Poblenou und dem Strand liegt die kleine, ruhige Grünzone **Parc del Poblenou**. Unterirdisch verläuft eine Schnellstraße, sodass man hier eine sehr interessante Ruhezone vorfindet. Der Park ist gut für alle geeignet, denen es am Strand zu unruhig ist. Es stehen Bänke unter Pinien und Grünflächen zu Verfügung, wo man eine Runde im Schatten dösen kann.

Der **Torre de Collserola** 89, ein Fernsehturm, steht in einem netten Naherholungsgebiet in den Bergen von Collserola, wo mehrere Wanderwege in die Natur führen und man sich ganz weit weg von der unruhigen Millionen-Metropole bewegt.

Barcelona mit Kindern

Sicherlich ist der Besuch einer so großen Stadt wie Barcelona für Kinder anstrengend. Aber man kann die Visite auch kindgerecht gestalten und einige Sehenswürdigkeiten ansteuern, die vielleicht sogar auch den Erwachsenen gefallen werden.

Ist Ihr Kind ein Fußballfan? Dann darf ein Besuch des (derzeit im Umbau befindlichen) **Stadion Camp Nou** 84 und der Ausstellung **Barça Immersive Tour** einfach nicht fehlen. Und sicherlich wollen die lieben Kleinen im angeschlossenen Shop danach irgendeinen Barça-Artikel haben.

Das große **Aquarium** 35 am Hafen Port Vell zeigt die Vielfalt des Lebens im Meer. Stars der Ausstellung sind eindeutig die Haie, die in einem riesigen Becken schwimmen. Mittendrin statt nur dabei – ein gläserner Tunnel führt durch dieses Becken, über den Köpfen der Besucher drehen die Raubfische gemächlich ihre Runden.

Zumindest für sportbegeisterte Kinder könnte der Besuch des **Museu Olímpic i de l'Esport** 75 interessant sein. Neben einem Überblick über die Olympischen Spiele in Barcelona 1992 gibt es hier auch einige Mitmachstationen. So kann beispielsweise jeder einmal gegen die aktuelle 100-m-Weltrekordzeit laufen.

Im **Parc de la Ciutadella** 25 können sowohl Eltern als auch der Nachwuchs eine Runde verschnaufen und im Gras unter einem Schatten spendenden Baum dösen. Falls das zu langweilig werden sollte für die Kids, kann man einfach zu dem kleinen See schlendern, wo man Ruderboote ausleihen und ein wenig auf dem Gewässer herumpaddeln kann. Die Anfahrt erfolgt mit der Metro bis Haltestelle „Arc de Triomf".

Ein schöner und ziemlich breiter **Sandstrand** ist sicher nichts Alltägliches und ein idealer Ort, um eine Runde zu verschnaufen und die lieben Kleinen im Sand buddeln zu lassen. Die Anfahrt erfolgt per Metro bis Barceloneta 38 oder mit dem Stadtbus Nr. 64.

Der Vergnügungspark **Parc d'Atraccions del Tibidabo** 88 mit seinen Fahrgeschäften und Spielbuden befindet sich auf dem gleichnamigen Berg (512 m Höhe). Er ist der älteste Freizeitpark der Stadt.

Der 13 ha große **Zoo** 26 der Stadt befindet sich im östlichen Teil der Grünanlage Parc de la Ciutadella 25. Hier wurde auf relativ kleinem Raum durch geschickte Anordnung der Käfige ein breites Spektrum an Tierarten (etwa 500 Arten) zusammengebracht.

Das schön aufgemachte **Wissenschaftsmuseum Cosmocaixa** 80 vermittelt einen spielerischen Umgang mit Technik, physikalischen Gesetzmäßigkeiten und wissenschaftlichen Phänomenen. Anfassen, Ausprobieren und Mitmachen ist hier ausdrücklich erwünscht! Nicht nur für Kinder ist das eine spannende Entdeckungsreise in eine vielfach unbekannte Welt, auch die Erwachsenen werden hier noch etwas lernen.

Tanzende Gegants (s. S. 213) gibt es auf fast allen Festen

097bl-hj

Zur richtigen Zeit am richtigen Ort

- 6. Januar: **Reis.** Am Tag der Heiligen Drei Könige erhalten die Kinder ihre Weihnachtsgeschenke. Am Vorabend findet die **Cavalcada dels Reis Mags** statt. Dann halten die drei Herrscher aus dem Morgenland unter Musik mit ihrem Tross in der Stadt Einzug und verteilen kleine Geschenke.
- Januar bis Februar: **De Cajón Flamenco-Festival.** Barcelona gilt nicht unbedingt als Hochburg des Flamencos, dennoch findet jedes Jahr ein beachtliches Festival mit vielen herausragenden Tänzern und Sängern statt. Infos: www.theproject.es.
- Februar: **Carnestoltes.** Der Karneval wird farbenprächtig gefeiert, sogar sein Ende mit dem fröhlich-verheulten Umzug der Trauernden, die eine Pappmaschee-Sardine zu Grabe tragen, genannt „L'enterrament de la sardina" („Die Beerdigung der Sardine").
- Februar: **Llum BCN.** Llum (katalanisch für „Licht") ist ein außergewöhnliches, dreitägiges Lichtspektakel mit sowohl professionellen Lichtinstallationen als auch Schulprojekten, die man verteilt in der Zone unterhalb der Plaça de les Glòries findet (www.barcelona.cat/llumbcn).
- **Festes de Santa Eulàlia.** Das Fest findet meistens in der Karnevalswoche statt und ist der Co-Patronin von Barcelona gewidmet. Eine Woche lang finden verschiedene Kulturveranstaltungen statt, u. a. mit *castellers* (s. S. 211).
- **Karfreitag:** Osterprozession, u. a. gegen 17 Uhr von der Església de Sant Agustí [J10] hinüber zur Kathedrale 7.
- **Ostermontag:** Im Gegensatz zu „Rest-Spanien" ist der Ostermontag in Barcelona und ganz Katalonien ein Feiertag.

- Mitte April (variabel): **Cursa El Corte Inglés.** Einer der größten Volksläufe der Welt führt über eine Distanz von knapp 10 km. Die Teilnahme ist kostenlos (www.cursaelcorteingles.cat).
- 23. April: **Dia de Sant Jordi.** Der Tag des Drachentöters ist zugleich der Tag des Buches und der Tag der Liebenden. Man schenkt den Männern ein Buch, Frauen werden mit einer Rose bedacht (siehe auch S. 212).
- 23.–24. Juni: **Sant Joan.** Sant Joan ist im Grunde eine Art Mittsommernachtsfest, das feuchtfröhlich mit Feuerwerk, Freudenfeuer und Tanz am Vorabend des Sant-Joan-Tages gefeiert wird. Es wird auch als Nit de Foc („Nacht des Feuers") bezeichnet.
- Juni/Juli: **Pride Barcelona** ist ein einwöchiges Event der Gay-Szene mit Konzerten, kulturellen Veranstaltungen und einem Umzug am letzten Sonntag im Juni oder Juli (www.pridebarcelona.org).
- Juni bis Juli: **Festival Grec** bietet ein sattes Kulturprogramm mit Theater-, Musik- und Tanzvorführungen im Sommer, verteilt auf mehrere Bühnen der Stadt, nicht nur im Teatre Grec („Griechisches Theater"), das dem Festival seinen Namen gab (http://lameva-barcelona.cat/grec).
- Mitte August: **Festa Major de Gràcia.** Eine gute Woche nach dem 15.8. feiert der Stadtteil Gràcia sich selbst. Geboten wird ein fröhliches Programm auf den Straßen des Viertels (www.festamajordegracia.cat).
- **Festes de Sant Roc,** das älteste Festival der Stadt, existiert seit 1589. Für vier Tage verwandelt sich Mitte August die Plaça Nova bei der Kathedrale 7 im Barri Gòtic zu einem Ort, an dem viele katalanische Traditionen gepflegt werden, u. a. gibt es Sardanas, Gegants, Castellers, Habaneras-Singen und abendliche correfocs (Feuerläufer) zu bestaunen.
- 11. September: **Diada de Catalunya.** Kataloniens Nationalfeiertag wird v. a. auf der Plaça de Sant Jaume [L11] gefeiert.
- 24. September: **Festa de la Mercè.** Das Hauptfest der Stadt Barcelona dauert ca. eine Woche. Es ist der Stadtpatronin gewidmet. Ihr zu Ehren finden diverse Veranstaltungen statt, u. a. gibt es Castellers (s. S. 211), Sardana-Tänze und Umzüge.
- 29. September: **Festa Major de Barceloneta.** Das alte Fischerviertel 38 ehrt seinen Patron San Miquel mit einer einwöchigen Fiesta, die größtenteils am Strand stattfindet.

KURZ & KNAPP

Landesweite Feiertage

Da diese Feiertage in ganz Spanien gefeiert werden, wird hier der spanische Name aufgeführt.

- 1. Januar: **Año Nuevo,** Neujahr
- 6. Januar: **Reyes,** Heilige Drei Könige
- Gründonnerstag: **Jueves Santo**
- Karfreitag: **Viernes Santo**
- 1. Mai: **Día del Trabajo,** Tag der Arbeit
- 25. Juli: **Santiago Apóstol,** Sankt Jakobus
- 15. August: **Fiesta de la Asunción,** Mariä Himmelfahrt
- 12. Oktober: **Día de la Hispanidad,** auch: **Día de la Raza** genannt, Tag der Entdeckung Amerikas
- 1. November: **Todos los Santos,** Allerheiligen
- 6. Dezember: **Día de la Constitución,** Tag der Verfassung
- 8. Dezember: **Purísima Concepción,** Tag der Unbefleckten Empfängnis
- 25. Dezember: **Navidad,** Weihnachten

Um beim Bau eines Menschenturms mitzuwirken, sollte man schwindelfrei sein

- November: **Festival Internacional de Jazz.** Das traditionsreiche Festival dauert einen guten Monat. Einige Konzerte finden außerhalb der Stadt statt, bei manchen ist der Eintritt sogar frei. Infos: www.theproject.es.
- Dezember: **Nadal (Weihnachten)** ist ein Familienfest. Der wichtigste Tag ist der 25.12., aber auch der 26.12. wird in Katalonien gefeiert. Es gibt einige Weihnachtsmärkte in den Wochen vor Weihnachten, beispielsweise auf der Plaça Nova vor der Kathedrale 7 oder an der Gran Vía zwischen c/Muntaner und c/Entença [G8].

Katalanische Feste

Jeder katalanische Ort, jede Stadt und auch jeder Stadtteil feiert irgendwann „sein" Fest, das meist dem Ortspatron gewidmet ist. Aber es gibt auch ganz weltliche Feierlichkeiten, wie Erntefeste oder Sommerfeste. Einige wichtige und typisch katalanische Bestandteile von Feiern finden sich bei nahezu allen Festen, weshalb an dieser Stelle auch eine Kurzbeschreibung dessen erfolgt, was sich hinter „els castellers", „correfoc", „sardana" und „gegants" verbirgt.

Els Castellers

Die **„Menschentürme"** *(castellers)* symbolisieren den Gemeinschaftssinn der Katalanen. Um einen solchen Turm zu errichten, bedarf es Kraft, Balance, Mut und eben Gemeinschaftssinn, alles, was man Katalanen als Charaktereigenschaften nachsagt.

Ausgehend von einer starken Basis, bestehend aus Dutzenden von Männern, wird die erste Ebene des Turms gebildet. Von den vielen Händen der Basis gestützt, steigen die ersten auf, bilden einen Stamm durch vier oder manchmal zwei Männer. Auf die Schultern derjenigen, die die erste Etage bilden, klettern weitere kräftige Männer und stellen sich auf die Schultern der jeweils unten stehenden. Darauf klettern wieder andere und so fort. Je höher der **Turm wächst**, desto kleiner werden die Kletterer. Zum Schluss krabbeln nur noch Kinder oder junge Mädchen wie kleine Katzen nach oben. Alle Beteiligten müssen zum Gelingen des Menschenturmes beitragen und sich gegenseitig stützen. Patzt einer, kracht der gesamte Turm zusammen, und alle stürzen zu Boden.

098bl-sm

Ein Drachentöter, eine Rose und ein Buch

Der Tag des Drachentöters ist zugleich der Tag der Liebenden. Am 23. April wird nämlich nicht nur des heiligen Georg, auf Katalanisch Sant Jordi, des Schutzpatrons von Barcelona, gedacht. An diesem Tag schenken sich Freunde, Verwandte und Liebende nach alter Sitte auch ein Buch und eine Rose. Wie diese beiden Daten zusammengewebt wurden, ist nicht ganz klar. Um Sant Jordi und seinen Kampf gegen einen Drachen ranken sich verschiedene Legenden, seit 1456 jedenfalls gilt er als Schutzpatron von Barcelona. Buch und Rose kommen erst sehr viel später ins Spiel. Anfang des 20. Jh. wollte man einen Feiertag zu Ehren von Miguel Cervantes, des Schöpfers von Don Quichote, und ganz allgemein zu Ehren der Literatur schaffen. Aber wie das so ist, man verhedderte sich in Gremien und Daten, bevor der 23. April als Tag des Buches festgelegt wurde. Zufälligerweise ist es der Todestag von Cervantes. Und die Rose? Die verschenkten die Katalanen schon immer, als Zeichen der Zuneigung und um den Frühling zu begrüßen. Heute fällt nun alles zusammen und hat sich zu einem wichtigen Geschäftszweig entwickelt. Vor allem die Straßen von Barcelona werden vollgestellt mit kleinen Kiosken, Tischen und Verkaufsständen. Überall gibt es nur eins zu kaufen: Bücher, Bücher und noch mehr Bücher. Mittlerweile werden zum 23. April genauso große Umsätze erzielt wie zu Weihnachten.

Manche Verlage planen ganz gezielt das Erscheinen eines möglichen Bestsellers für das Fest. Im Jahr 1995 wurde der 23. April dann gewissermaßen noch geadelt, als die UNESCO den Tag zum Welttag des Buches erklärte. Ein würdiges Datum, ist der 23. April doch nicht nur der Todestag von Cervantes, sondern auch der von Shakespeare.

Castellers sind ungemein beliebt. Speziell in **Tarragona** (s. S. 160) wird die Tradition gepflegt, angeblich stammen von dort auch heute noch die besten „Baumeister". Gute Gruppierungen schaffen es, Castellers von neun **Etagen** zu errichten, aber auch sechs Ebenen gelten bereits als hervorragende Leistung. Die erste Ebene wird *pinya* (Ananas) genannt. Sie besteht aus vielen Körpern und Händen, die dicht gedrängt die Hochkletternden (und eventuelle Stürze) ertragen müssen. Die Spitze wird von zwei mutigen, aber schmächtigen Kindern gebildet, dem *aixecador* (Vorletzter, der sich oben quer hinlegt) und dem *anxaneta* (der Letzte, der auf den Liegenden klettert und sich aufrichtet). Den Stamm bilden kräftige Männer, entweder richten sich auf jeder Etage vier oder aber nur zwei auf, immer auf den Schultern der jeweils unter ihnen Stehenden. Jeder muss das Gleichgewicht halten und das Gewicht der folgenden Etage tragen. Ein ganz besonders diffiziler Turm ist ein **torre de cinc**, bei dem fünf Etagen entstehen, aber jeweils nur eine Person eine Etage bildet. Diese Formation gilt aber als äußerst schwierig.

Normal wären **quatre de vuit** (mehrere Etagen mit je vier Personen), wobei die

La Mercè in Barcelona

Wenn La Mercè den Sommer verabschiedet, tobt die ganze Stadt ab dem 24. September für fünf Tage auf den Straßen. Es ist der Tag der gnadenreichen Jungfrau, Nuestra Señora de Merced, auf Katalanisch „La Mercè" genannt. Für gewöhnlich beginnt die Fiesta ein oder zwei Tage zuvor gegen 18 Uhr mit der Verkündung des Beginns der Feierlichkeiten vom Balkon an der Plaça Sant Jaume [L11].

Dieses Spektakel wird **El Toc d'Inici** („Moment des Beginns") genannt und wird mit Glockengeläut und Umzügen von Gegants (s. u.) eingeleitet.

Die Fiesta weist zwei unterschiedliche Elemente auf. Neben der **traditionellen Festwoche** ziehen viele Menschen es vor, ausgiebig zu feiern, sich gehen zu lassen oder ganz einfach das Ende der sommerlichen Hitze zu begrüßen. Die traditionelle Fiesta besteht aus **Umzügen von Gegants** und überdimensionalen Puppenköpfen (span. *cabezudos*), wird aber auch von *correfocs* (s. u.) begleitet. Ausgehend von der Kathedrale 7 ziehen die Gruppen in verschiedene Stadtteile.

Schließlich finden auch noch diverse **Konzerte** statt, Castellers (s. S. 211) dürfen auch nicht fehlen. Während der Festwoche stellen sich diese Menschentürme immer am Sonntagvormittag vor dem Rathaus auf, wo sich die besten Truppen Kataloniens zum Wettstreit versammeln.

untere Ebene, die alles stützt (die *pinya*) als erste Ebene zählt. Dann folgen vier Ebenen, auf denen jeweils vier Personen stehen. Die sechste wird aus zwei Personen gebildet *(les dosos)*, die schließlich den *aixecador* (siebente Ebene) tragen. Die Krönung ist der *anxaneta*, der ganz oben steht, immerhin in gut 10 Meter Höhe.

Die zweite Version gilt als noch schwieriger und wird **Castell dos de nou amb folre i manilles** genannt. Dabei trägt die *pinya* (Basis) eine zweite *pinya*, die *folre* genannt wird und nur etwas dünner ausfällt. Eine dritte *pinya* wird *manilles* genannt. Erst darauf, ab der vierten Etage, stehen dann einzelne Personen als Stamm, in diesem Fall aber nur jeweils zwei. Die Krönung wären auch hier wieder die beiden Kinder an der Spitze. Perfekt ist die Figur, wenn die Beteiligten nach der Vollendung der Figur wieder hinunterklettern können.

Correfoc

Bei manchen Feierlichkeiten wird ein *correfoc* veranstaltet (wörtlich: „Lauffeuer"), eine Art **Feuerwerk auf Rädern.** Feuerspeiende Figuren, Drachen oder Teufel ziehen dann durch die Straßen, werfen Knallkörper oder lassen bengalische Feuer sprühen und veranstalten einen Heidenkrach. Dann erscheint Sant Jordi, der Drachentöter, und macht den Krawallbrüdern den Garaus.

Gegants

Die **Riesen** *(gegants)* sind weit verbreitet, es gibt kaum eine Ortschaft, in der man sie nicht bei bestimmten Festen durch die Straßen tanzen lässt. Es handelt sich um riesige Figuren von teilweise vier Metern Höhe, die wichtigen lokalen Persönlichkeiten nachempfunden sind. Oft werden auch nur die Köpfe überdimensional groß gestaltet, was besonders surreal aussieht, wenn die körperlosen Gestalten durch die Straßen schweben.

016bl-sm

Die Figuren der Gegants werden tänzerisch bewegt, was eine mühsame Arbeit bedeutet. Immerhin können die Träger nur durch eine kleine Öffnung in „Bauchhöhe" gucken, müssen das Gleichgewicht der Figur halten und dabei auch noch halbwegs sinnvolle Bewegungen machen – wahrlich keine leichte Aufgabe.

Sardana

Eine Sardana ist weit mehr als ein Volkstanz, sie ist, ebenso wie *els castellers* (s. S. 211), ein Symbol für den katalanischen Gemeinsinn. Bei dem **Gemeinschaftstanz** stellen sich die Tänzer im Kreis auf, fassen sich an den Händen und tanzen eine bestimmte Schrittfolge. Die Arme werden zumeist in Kopfhöhe gehalten, wandern aber auch mal im Takt mit nach unten, was wiederum Einfluss auf die Schrittfolge hat. Man bewegt sich dabei ganz langsam im Kreis. Die Füße tippen in einer genau festgelegten Abfolge auf den Boden, werden übereinander gesetzt, einen Schritt weiter platziert, immer im Rhythmus der Musik. Eine Kapelle *(cobla)* gehört auch dazu, in ihr dominieren Blasinstrumente. Der Tanz sieht leicht und spielerisch aus, wird aber absolut ernsthaft betrieben. Diktator Franco war der Tanz einst so suspekt, dass er ihn verbieten ließ, so wie alles, was ihm katalanisch vorkam. Aber natürlich wurde die Tradition trotzdem bewahrt. Heute finden Sardana-Tänze auf fast jedem Dorffest in Katalonien statt und natürlich auch in der Weltstadt Barcelona, nämlich jeden Sonntag ab 12 Uhr für zwei Stunden vor der Kathedrale 7.

Sonntägliche Sardana-Tänzer vor der Kathedrale 7

BARCELONA VERSTEHEN

005bl-sm

Barcelona ist die zweitgrößte spanische Stadt und vor allem wegen der hohen Dichte an Sehenswürdigkeiten auf relativ kleinem Raum ein äußerst lohnendes Reiseziel. In den letzten einhundert Jahren hat sich die Metropole aber deutlich über das eigentlich doch recht kleine Zentrum hinaus ausgedehnt. Die Historie und die Stadtentwicklung von einer kleinen Römersiedlung bis zum heutigen Touristenmagneten faszinieren und die stolzen Bewohner der katalanischen Hauptstadt sind einzigartig.

Barcelona – ein Porträt

Die Stadt blickt auf eine dokumentierte **Stadtgeschichte von etwa 2000 Jahren** zurück, deren Anfänge auf eine Römersiedlung namens **Barcino** zurückgehen. Zuvor sollen hier die Karthager gelebt haben, was bislang unbewiesen blieb. Und noch frühere Spuren deuten auf einen Stamm hin, der Laie genannt wurde und etwa im 3. Jh. v. Chr. am Fluss Riu Llobregat ein bescheidenes Dorf angelegt hatte. Viel ist nicht bekannt, aber immerhin erinnert die viel befahrene Straße Via Laietana noch an dieses Volk.

Doch zurück zu den Römern: Sie errichteten eine ummauerte Stadt, deren Kern sich in der heutigen Altstadt bei der Plaça de Sant Jaume [L11] befand. Sowohl von der Stadtmauer als auch von den Gebäuden und Straßen der damaligen Zeit ist heute nicht mehr allzu viel erhalten, einiges kann noch im Museu d'Història de Barcelona im Palau Reial Major 9 besichtigt werden. Bis zum 12. Jh. wechselten sich dann die Herrscher ab, aber das Ur-Stadtgebiet veränderte sich nicht sehr. Da sich Barcelona aber dank des Hafens und des Mittelmeerhandels gut entwickeln konnte, lockten die Aussichten immer mehr Menschen an. Die Stadt war aber zu klein und so mussten im 12. Jh. etwa 80 % der 35.000 Bewohner außerhalb der engen Stadtmauern wohnen. Daher beschloss man, eine neue Stadtmauer zu errichten. **Barcelona wuchs** also und erweiterte sein Stadtgebiet. Ende des 15. Jh. änderte sich dann die politische Großwetterlage für Barcelona und für ganz Katalo-

⊲ *Vorseite: Die engen Gassen der Altstadt wirken wie die Kulisse eines Krimis*

099bl ©Pere_Sanz, stock.adobe.com

nien, was auch teilweise wirtschaftliche Folgen hatte. Durch die Heirat von Fernando von Aragón und Isabella von Kastilien entstand das neue Großreich Kastilien-Aragón. Dieses umfasste mehrere kleinere Grafschaften, Katalonien geriet durch komplizierte Verknüpfungen ebenfalls unter diese Regentschaft und **verlor seine Eigenständigkeit.** Zweimal versuchten die Katalanen, sich zu wehren, zweimal wurde dieser Versuch niedergeschlagen. Nach dem letzten gescheiterten Aufstand ließ Spaniens König Felipe V. eine Festung mitten in der Stadt bauen, um die Bevölkerung besser kontrollieren zu können.

Ärgerlicher war aber eine andere Verordnung aus dem fernen Madrid. 1492 hatte Kolumbus Amerika entdeckt. Nur wenige Jahre später erkannte man den Wert seiner Entdeckung und die Spanier versuchten nun, die Gold- und Silberschätze aus den amerikanischen Kolonien ins Heimatland zu verschiffen. Umgekehrt blühte der Seehandel aus Spanien nach Amerika auf. Die spanischen Könige verhängten aber schon frühzeitig ein Monopol, dass jeglicher Handelsverkehr ausschließlich über den Hafen von Sevilla in Südspanien laufen sollte. **Barcelona war komplett von den neuen Märkten in Übersee abgeschnitten.** Dieses Monopol wurde erst 300 Jahre später aufgehoben.

In der Zwischenzeit pflegten die katalanischen Seefahrer den **Mittelmeerhandel** so, wie sie es schon immer taten. Das genügte, damit die Stadt wirtschaftlich durchaus gut dastand – was wiederum genügend Spanier aus den ärmeren Regionen anlockte.

Im 19. Jh. wandelte sich Barcelona dann in eine **stark prosperierende Industriemetropole**, der Strom an Zuwanderern vor allem aus Südspanien schwoll deutlich an. Die Folge: Wohnraum musste dringend geschaffen werden. Mehrfach wurde angebaut, bevor ein großer städtebaulicher Entwurf umgesetzt wurde. Der Plan sah ein ganz neues Viertel vor, streng nach geometrischem Muster gebaut. So entstand das Viertel **L'Eixample** („Erweiterung"), ein Blick auf den Stadtplan zeigt deutlich das Grundmuster. Neben dieser strengen Stadt-

Im Abendlicht entfaltet Barcelona seinen ganzen Glanz

planung schufen aber auch einige äußerst kreative Architekten (allen voran Antoni Gaudí) Gebäude im Stil des Modernismus, die heute noch das Stadtbild prägen.

Der **Zustrom an Neubürgern** ebbte nicht ab, weitere Stadtviertel mussten erschlossen und Wohnraum geschaffen werden. Bislang weit außerhalb der Stadt gelegene Dörfer wurden nach und nach eingemeindet. Barcelona wuchs beträchtlich. Aber die Stadt scheute sich auch nicht, auffällige neue Gebäude zu errichten.

1929 fand eine **Weltausstellung** in Barcelona statt. Prächtige Gebäude wurden am Berg Montjuïc errichtet, allen voran der heute noch beeindruckende Palau Nacional (s. S. 113).

Dann folgten die **Franco-Jahre** (1939–1975). Barcelona erlebte zunächst bittere Jahre der Isolation, erholte sich dann aber schneller als viele andere spanische Städte. Die erneute Folge: Sehr viele Spanier kamen vor allem aus dem deutlich ärmeren Süden auf der Suche nach Arbeit. Erneut entstanden Schlafstädte, mittlerweile schon sehr weit vom Urkern der Stadt entfernt.

1992 wurden die **Olympischen Spiele** in Barcelona gefeiert und abermals wurden große städtebauliche Projekte verwirklicht. Das Olympische Dorf am Hafen entstand, ein Strand vor dem alten Fischerviertel Barceloneta 38 wurde aufgeschüttet und auf dem Berg Montjuïc (s. S. 109) baute man großartige Sportstätten. Noch einmal gut 10 Jahre später wurde abermals im großen Stil gebaut: Als im Jahr 2004 für ein halbes Jahr das **Forum der Kulturen** eröffnet wurde, entstanden wie aus dem Nichts im nordöstlichen Barcelona neben dem Forum-Gelände auch neue Apartmentanlagen, Hotels und ganze Straßenzüge. Es gibt dort einen sehr schönen Strand mit einer Vielzahl von Lokalen, sodass diese Zone zu einem – neuen – Viertel wurde, dass von der Bevölkerung sehr gut angenommen wird. All diese neuen Großprojekte prägten das Bild der Stadt und die meisten liegen sogar im erweiterten innerstädtischen Bereich.

KURZ & KNAPP

Barcelona in Zahlen

- **Gegründet:** ca. 200 v. Chr.
- **Einwohner:** ca. 1,64 Mio.
- **Einwohner/km²:** ca. 16.000
- **Fläche:** 102 km²
- **Höhe ü. M.:** 9 m
- **Partnerstadt:** Köln

100bl-sm

Blick auf den Hafen vom Montjuïc (s. S. 109)

Das **touristisch interessante Kerngebiet** liegt heute zum einen in der **Altstadt** (wo schon die Römer siedelten), in der großen Erweiterungszone **L'Eixample** (s. S. 78) und am **Berg Montjuïc** (s. S. 109). Barcelona hat sich jedoch vor allem im Laufe des letzten Jahrhunderts deutlich ausgedehnt und mittlerweile viele einstmals eigenständige Orte „geschluckt".

Aber auch innerstädtische Viertel, die in der Vergangenheit im Dornröschenschlaf gelegen haben, werden touristisch immer interessanter. **El Raval** 27 zum Beispiel, das überschaubare Viertel südwestlich der Rambles, hatte vor gar nicht so langer Zeit einen schlechten Ruf. Es gab Drogen, Prostitution, Kleinkriminelle fanden hier ein Exil, aber auch Lebemänner und ganz einfache Bürger, die sich keine anderen Wohnungen leisten konnten oder wollten. Denn das Viertel hatte natürlich auch seinen Charme, dem sich viele Menschen nicht entziehen konnten. Raval wurde allerdings in den letzten Jahren ziemlich aufgehübscht, die verruchte Zone ist stark geschrumpft. Heute leben hier viele Einwanderer, die dem Viertel wieder einen neuen Reiz gaben. Außerdem findet man hier zwei moderne Kunstmuseen sowie eine kleine Flaniermeile (Rambla del Raval [J10]) und die ersten besseren Hotels sind auch bereits entstanden.

Seit ein paar Jahren versucht man auch den **innerstädtischen Verkehr** zu beschränken. So wurden breite, mehrspurige Straßen umgestaltet, großzügige Fahrradwege abgeteilt und teilweise auch Grünstreifen angelegt. Parkplätze wurden umfunktioniert und vor allem im Viertel L'Eixample (s. S. 78) wurden sogenannte Verkehrsinseln angelegt.

Von den Anfängen bis zur Gegenwart

Katalonien pochte schon immer auf seine Eigenständigkeit, nur widerwillig ließ man sich ins spanische Reich integrieren. Nicht ganz zu Unrecht weisen die Katalanen immer gerne darauf hin, dass Katalonien schon sehr viel länger bestünde als Spanien. Während España als Königreich erst 1469 durch eine Heirat entstand (Vereinigung zweier sehr großer Herrschaftshäuser), galt Katalonien bereits seit 988 als unabhängig.

Aber mit eben dieser Heirat wurde auch Kataloniens Unabhängigkeit aufgehoben, denn durch etwas komplizierte Verwicklungen gerieten die Katalanen ebenfalls unter die spanische Herrschaft. So sehr sie sich in den folgenden Jahren auch dagegen wehrten, es sollte nicht zum letzten Mal passieren. Zwar konnten die Katalanen wiederholt **Sonderrechte** für sich beanspruchen, diese wurden aber jedes Mal bei ernsthaften Schwierigkeiten auch prompt wieder einkassiert. Heute hat sich Katalonien als eine der wohlhabendsten Regionen Europas mit einem weitreichenden Autonomiestatus im spanischen Königreich eingerichtet. Spannungsfrei war das Verhältnis nie, oft piesacken katalanische Politiker die ferne Zentralregierung in Madrid mit neuen Sonderforderungen, beispielsweise im Steuerwesen, welche ihnen auch häufig gewährt werden und dann regelmäßig zu einigem Zähneknirschen in „Rest-Spanien" führen.

Um das 3. Jh. v. Chr. Mindestens zwei Stämme siedeln im Gebiet der heutigen Stadt, auch eine kleine griechische Kolonie ist durch Münzfunde belegt. Ebenso liegt eine kleine römische Garnison beim Berg Montjuïc.

218 v. Chr. Der Karthager Hannibal und seine Truppen besetzen die Zone, nachdem sie den Ebro-Fluss überschritten haben. Für manche Historiker gilt dies als Datum der Stadtgründung.

133 v. Chr. Die Römer gründen eine befestigte Siedlung namens Barcino am Wasser. Es entsteht ein Hafen, der einzige römische zwischen Narbonne und Tarragona. Diese Siedlung kommt durch den Hafen und ihre Lage an der Fernstraße Via Augusta, die nach Rom führt, rasch zu einem gewissen Wohlstand.

um 300 Barcino wird von einer starken Mauer mit insgesamt 78 Türmen umgeben.

4. Jh. Die ersten christlichen Gemeinden bilden sich, werden aber teilweise stark verfolgt. Ende des Jahrhunderts entsteht die kleine Basílica de la Santa Ursula.

um 415 Westgotische Stämme erreichen Spanien und besetzen Barcino (im Weiteren nun: Barcelona).

711 Araber betreten im Süden bei Gibraltar spanischen Boden und gelangen sehr schnell auch nach Norden.

713 Die Araber erreichen Barcelona, sie bleiben 83 Jahre. Verglichen mit dem restlichen Spanien ist dies eine kurze Zeitspanne.

801 Truppen des Frankenkönigs Karl des Großen erobern die Stadt.

9. Jh. Mehrmals (827, 852, 861) versuchen die Araber, die Stadt zurückzuerobern.

877 Guifré el Pilós („Wilfred, der Behaarte") wird Graf von Barcelona und führt mehrere Grafschaften mit Barcelona zusammen.

985 Barcelona wird tatsächlich noch einmal von arabischen Heeren unter Almanzor erobert. Er macht viele Gefangene und verwüstet die kleine Stadt völlig. Die Araber werden allerdings kurze Zeit später endgültig vertrieben.

988 Der siegreiche Herrscher Borrell II. proklamiert die Unabhängigkeit. Seitdem gilt das Jahr 988 als Gründungsdatum von *Catalunya* („Katalonien").

1096–1131 Ramon Berenguer III., genannt El Gran („der Große") herrscht als Graf von Barcelona und integriert fast alle katalanischen Grafschaften in sein Reich.

1137 Ramon Berenguer IV. vereinigt die Königreiche Katalonien und Aragón durch Heirat mit Petronila, Infantin von Aragón.

13. Jh. Das Herrschaftshaus Aragón-Katalonien entwickelt sich zur starken Mittelmeermacht, Barcelona profitiert wirtschaftlich als Hafenstadt enorm von diesem Umstand.

1214 Katalanische Fürsten versammeln sich in Lleida. Grund: König Pedro II. stirbt, sein Sohn Jaume I. ist noch minderjährig. Die Versammlung beschließt, dem jungen König zur Seite zu stehen und ihn zu beraten. Dies gilt vielen als Beginn der *Corts Catalans,* der katalanischen Ständeversammlung. Ähnlich zugeschnitten, tritt in Barcelona der *Consell de Cents* („Rat der Einhundert") später zusammen.

1410 Martí I. stirbt als letzter aus dem Herrscherhaus Barcelonas ohne Nachfolger. Die Herrschaftsansprüche gehen 1412 an das kastilische Königshaus. Mit Fernando I. besteigt damit ein Nicht-Katalane den Thron.

1469 Isabel, Königin von Kastilien, und Fernando II., König von Aragón, heiraten, dadurch werden beide Reiche vereint. Ab diesem Moment spricht man von einem Königreich „Spanien". Katalonien fällt ebenfalls unter die neue Zentralmacht. Die bisherigen Sonderrechte werden nicht weiter gewährt.

1492 Kolumbus entdeckt Amerika, die spanischen Könige stecken alle Energie in die Ausbeutung der neuen Kolonien, der Mittelmeerhandel wird vernachlässigt. Barcelonas Interessen treten in den Hintergrund. Der Hafen darf keinen Handel mit Amerika treiben.

16. Jh. Die Nachfolger von Isabel und Fernando setzen die Politik der Dominanz aus dem fernen Madrid fort. Zeitweise wird sogar ein Vizekönig eingesetzt, was sonst nur in Überseekolonien üblich ist.

1640 Ein Aufstand der *Els Segadors* („Die Schnitter") gegen die kastilische Herrschaft scheitert. Der Aufstand wird später (1931) Grundlage der katalanischen Nationalhymne.

1714 Katalonien hat im Spanischen Erbfolgekrieg den Falschen unterstützt. Felipe V. belagert daraufhin Barcelona 18 Monate lang. Die Katalanen ergeben sich am 11. September, dieser Tag wird später zum katalanischen Nationalfeiertag. Die katalanischen Sonderrechte werden aufgehoben, Katalonien bis auf das Kernland zerschlagen.

1778 Barcelona erhält fast 300 Jahre nach der Entdeckung von Kolumbus die Erlaubnis zum Überseehandel mit Amerika.

19. Jh. Nach der überstandenen französischen Besatzung Anfang des Jahrhunderts blühen Katalonien und insbesondere Barcelona wirtschaftlich auf. Industrie, Eisenbahn und Textilwirtschaft werden stark gefördert.

1888 Die Weltausstellung findet in Barcelona statt.

1897 Barcelona wächst, sechs Gemeinden schließen sich der Stadt an, u. a. auch der relativ zentral gelegene Stadtteil Gràcia.

1924 Beginn des Baus der Metro

1929 In Barcelona findet eine zweite Weltausstellung statt, diesmal unterhalb des Berges Montjuïc. Die dortige Zone um die Plaça d'Espanya 68 wird neu gestaltet.

1932 Lluís Companys wird erster Präsident des katalanischen Parlaments.

1936–1939 Spanischer Bürgerkrieg. Katalonien und insbesondere Barcelona werden erbittert aber vergeblich verteidigt. 1939 erobern Francos Truppen die Stadt.

1939–1975 Franco regiert. Die katalanische Sprache und katalanische Institutionen sind verboten. Wirtschaftlich geht es der Stadt nicht schlecht, viele kommen aus dem ärmeren Süden hierher. Auch dadurch verliert die Sprache und Kultur an Gewicht. Viele Katalanen sind im Exil, so auch die letzte Regierung.

1975 Franco stirbt.

1977 Am 11.9. fordern eine Million Katalanen bei einer Demonstration ihre alten Rechte zurück, Spaniens König Juan Carlos akzeptiert. Die *Generalitat* (Regionalregierung) kehrt wieder zurück, mit ihr auch der Exil-Präsident.

1988 Katalonien feiert sein 1000-jähriges Bestehen.

1992 In Barcelona finden die Olympischen Spiele statt.

um 2000 Barcelona erlebt einen wirtschaftlichen und touristischen Boom.

2006 Katalonien erhält ein neues Autonomie-Statut und kann zukünftig einen höheren Steueranteil einbehalten.

2010 Mehr als 1 Mio. Menschen demonstrieren in Barcelona für mehr Autonomie, nachdem das spanische Verfassungsgericht Teile des 2006 erlassenen Autonomie-Statuts für ungültig erklärt hat. Besonders eine Entscheidung empört die Katalanen, dass der Begriff „Nation" keinen rechtlichen Rang genieße.

2012 Katalonien erbittet finanzielle Hilfe von Madrid. Am 11. September demonstrieren 2 Mio. Menschen in Barcelona für die Unabhängigkeit Kataloniens.

2013 Am 11.9. bildet sich eine 400 km lange Menschenkette quer durch Katalonien als Demonstration für eine staatliche Unabhängigkeit.

2015 Seit Juni ist die katalanische Aktivistin Ada Colau Bürgermeisterin von Barcelona.

2016 Carles Puigdemont, ein starker Verfechter des Unabhängigkeitskurses und ehemaliger Bürgermeister von Girona, tritt im Januar das Amt des Ministerpräsidenten Kataloniens an.

2017 Am 17.8.kommt es zu einem Terroranschlag auf den Rambles, bei dem ein Attentäter einen Lkw in die Menschen steuert. 14 Personen sterben, 118 werden verletzt.

Am 1.10. wird in Katalonien ein Unabhängigkeitsreferendum abgehalten, das von der

Regierung in Madrid als illegal angesehen wird. Bei geringer Wahlbeteiligung spricht sich eine Mehrheit für die Unabhängigkeit aus, diese wird erklärt. Madrid setzt die Regionalregierung ab und löst das Regionalparlament auf. Außerdem werden neun ehemalige Regionalregierungsmitglieder wegen Rebellion ins Gefängnis gesteckt, Puigdemont flieht mit vier Mitstreitern nach Brüssel. Am 21. 12. 2017 folgen Neuwahlen, die Befürworter der Unabhängigkeit erringen knapp die Mehrheit.

2021: Am 21. Mai wird Pere Aragonès zum Präsidenten der Regionalregierung Katalonien gewählt. Er gilt als moderat. Am 22. Juni werden die inhaftierten Politiker begnadigt. Laut Pedro Sánchez, dem Ministerpräsident von Spanien, handelt es sich um „ein Angebot der Versöhnung“. Substantiell hat sich an der Frage nach einer möglichen Unabhängigkeit Kataloniens nichts geändert.

KURZ & KNAPP

Die Legende der vier Streifen

Das katalanische Wappen und die katalanische Flagge zeigen jeweils vier rote Streifen auf gelbem Hintergrund. Wie aber kam es zu diesem ungewöhnlichen Symbol? Eine Legende erklärt es so: Graf Guifré el Pilós („Wilfred, der Behaarte“) war im Kampf verwundet worden. Sein Herrscher, Luis Pidadoso („Ludwig, der Fromme“) besuchte ihn auf seinem Krankenlager. Der König entdeckte dabei, dass Guifré noch kein Wappen auf seinem Schild hatte. Kurzentschlossen steckte Luis vier Finger in die Wunde und zog nun vier blutige Streifen über das hellgelbe Schild. So sollen die „quatre barres“, die vier Streifen, entstanden sein, die dann zur katalanischen Landesfahne wurden.

Leben in der Stadt

Rund 1,6 Mio. Menschen leben in Barcelona, aber nur ein Bruchteil wohnt auch im innerstädtischen Bereich. Im Gegenteil, sehr viele Menschen haben ihren Lebensmittelpunkt weit außerhalb des Zentrums in den Randbezirken und Vororten, sie besuchen die Rambles ❷ *oder den Hafen nur sporadisch, zumeist, wenn Besuch kommt.*

Eine gute Freundin des Autors, geboren und ihr Leben lang ansässig in Barcelona, wohnt in Gràcia. Nicht am mondänen Passeig de Gràcia, sondern weiter oben im **Stadtteil Gràcia** (s. S. 101). Dieses war einst ein eigenständiges Dorf, das weit außerhalb der Stadtmauern von Barcelona lag. Dann aber kamen mehrfache Erweiterungsbauten und eines Tages wurde Gràcia eingemeindet. Oder „geschluckt“, ganz wie man es sehen möchte. Auf jeden Fall dehnte sich Barcelona deutlich aus, was auch zu einem signifikanten **Bevölkerungsanstieg** führte.

Touristen verirren sich eher selten nach **Gràcia**, denn dort gibt es sehr wenig zu entdecken. Es sei denn, jemand wollte ganz normales, **alltägliches Großstadtleben** weitab der Rambles ❷ kennenlernen. Gràcia ist nämlich im Kern ein kleines Dorf geblieben. Dort gibt es alles, was man zum Leben benötigt: sehr viele kleine Geschäfte, eine Markthalle, Bars, öffentliche Plätze und damit Treffpunkte und auch eine Metrostation – falls man dann doch mal ins Zentrum fahren muss. Was aber kaum jemand freiwillig macht. Warum auch, es gibt ja alles vor der Tür. Das Zentrum ist touristisches Revier. Ins Barri Gòtic (s. S. 29) oder gar auf die Rambles gehen die Bewohner aus Gràcia höchst selten, es ist zu voll, zu teuer.

Meist machen sie es noch, wenn Besuch kommt, dann lässt es sich kaum vermeiden. Oder wenn man mal wieder an den Strand will, dann geht es per Bus oder Metro an den schönen Stadtstrand vor Barceloneta 39.

Mit dieser Einstellung stehen die Bewohner von Gràcia nicht alleine da. Die meisten Bewohner von Barcelona leben **außerhalb des überschaubaren historischen Viertels.** Ihre Lebens- und Arbeitswelt spielt sich entsprechend in anderen Gegenden der Stadt ab. Vielleicht fahren sie noch mal bis zur Plaça de Catalunya 1, um im Kaufhaus El Corte Inglés (s. S. 202) einzukaufen oder um die Läden am Passeig de Gràcia 46 auf Schnäppchen abzugrasen. Aber Filialen vom Corte Inglés gibt es mittlerweile auch in anderen Stadtteilen. Nun kann man zwar nicht sagen, dass die Bevölkerung Barcelonas die Rambles meidet, es gehört aber auch nicht zu ihren hauptsächlichen Sonntagsvergnügungen, dort zu flanieren.

Überhaupt ist die **Bevölkerung** ziemlich heterogen. Von den 1,6 Mio. Einwohnern (im erweiterten Ballungsraum spricht man sogar von 4,8 Mio. Einwohnern) sind längst nicht alle Katalanen, etwa 15 % sollen Ausländer sein. Vor allem sprechen längst nicht alle Katalanisch. Eine Zahl: In ganz Katalonien sollen 95 % der Bewohner Katalanisch verstehen, 75 % können es sprechen, aber nur 45 % auch schreiben. Es gibt Spanier mit andalusischen Wurzeln, die in Barcelona geboren sind, ihr Leben lang dort wohnen und doch kein *català* sprechen. Manche weigern sich auch schlichtweg und halten ihrer Heimat auch sprachlich eisern die Treue. Obwohl nicht wenige diese mittlerweile nicht einmal mehr im Urlaub aufsuchen.

Das **Verhältnis zwischen Katalanen und Nicht-Katalanen** ist in der Tat nicht ganz unproblematisch. Der Stolz auf ihre Kultur und ihre Sprache ist bei den meisten Katalanen sehr stark ausgeprägt. Man kann auch sagen: extrem ausgeprägt. Es sind nicht wenige, die auf dem Standpunkt beharren: „Wer hier lebt, hat gefälligst Katalanisch zu lernen." Und diese Einstellung wird auch mit großer Konsequenz umgesetzt. In der Schule wird auf Katalanisch unterrichtet, Spanisch ist eine Art erste Fremdsprache. Zu Hause und auf der Straße spricht man ausschließlich *català*.

Schilder, Hinweise auf Spanisch? Fehlanzeige. Katalanische Sprachkenntnisse sind ein Einstellungskriterium für den öffentlichen Dienst, denn ein Bürger hat das Recht, sein Anliegen auf *català* vortragen zu können, sogar ein Angeklagter vor Gericht kann sich der Sprache bedienen. TV- und Radiosender senden teilweise ihr gesamtes Programm auf Katalanisch. Das alles fördert nun nicht so recht das Zusammenleben, aber viele Katalanen leben jetzt ihren Stolz um so mehr aus, nachdem alles Katalanische unter Franco verboten war.

Und da Katalonien zu den **vier wirtschaftlich stärksten Regionen Europas** gehört, werden weiterhin viele Menschen kommen, vor allem nach Barcelona. Heute sind es weniger arme Tagelöhner aus Andalusien, sondern vielmehr kreative, junge Menschen aus aller Welt. Angezogen von der Dynamik, der Kreativität, der Lebenslust und nicht zuletzt vom angenehmen Klima. Barcelona ist in diesem Sinne auch eine internationale Stadt geworden, was kein Widerspruch sein muss. Katalanische Kultur nach innen ausleben, aber durchaus offen sein und über den Tellerrand gucken, das konnten die Barceloner schon immer sehr gut.

Katalanen gelten nämlich auch als die Preußen Spaniens: arbeitsam, eher kopfgesteuert und ohne jegliche Mañana-Mentalität. **Katalanischer Charakter** wird auch gerne mit *„seny i rauxa"* umschrieben, was sich nicht ganz einfach übersetzen lässt. Vielleicht mit „Realitätssinn und Überschwang" oder mit „Vernunft und Unvernunft". Oder anders ausgedrückt: hart arbeiten, aber auch das Leben genießen und manchmal eine Verrücktheit einschieben, ohne dabei das Morgen gänzlich zu vergessen.

In Barcelona lässt es sich vortrefflich leben. Die Stadt beeindruckt in kultureller Hinsicht und durch ihre **Lage.** Strände gibt es beispielsweise sowohl im Norden (Costa Brava) als auch im Süden (Costa Daurada) im Überfluss, jeder hat hier seinen Lieblingsstrand, zu dem man dank der Küstenautobahn auch rasch gelangt. Aber auch die Berge sind nicht weit entfernt, in gut zwei Stunden (je nach Ziel etwas länger) werden die Pyrenäen erreicht. Im Sommer wird dort gewandert oder mit dem Mountainbike gefahren, im Winter Ski gelaufen.

Auch den **leiblichen Genüssen** ist der Katalane nicht abgeneigt. Die Küche ist ein kreativer Mix aus allem, was Berge, Felder und Meer so hergeben. Barcelona ist gesegnet mit guten Restaurants und hatte mit Ferran Adrià einen der anerkannt weltbesten Köche, der aber heute hier kein Restaurant mehr besitzt.

Zusammengefasst kann vielleicht gesagt werden, dass das dauerhafte Leben in Barcelona eine **Vielzahl von Anregungen** bietet, von Genüssen und Vorteilen, aber man sollte sich der katalanischen Sprache und Kultur öffnen. Natürlich wird das aber nicht von einem Touristen erwartet, der nur übers Wochenende die Stadt besucht. Da wird sich jeder Katalane charmant zeigen und jedem Besucher, der eine Frage im vielleicht etwas holprigen Spanisch stellt, höflich antworten. Selbstverständlich auf Spanisch. Oder auch auf Englisch, denn Barcelona entwickelt sich immer mehr zu einer **internationalen Metropole**, zumindest im innerstädtischen Kern. In den Außenbezirken mag das anders aussehen, aber dort halten sich die Wochenend-Besucher ja auch nicht auf.

Die Bewohner und ihr Alltag

Barcelona verfügt über eine Fläche von 101 km², auf der 1,6 Mio. Menschen leben. Das bedeutet, dass die **Bevölkerungsdichte** immerhin 15.992 Einwohner je km² beträgt. Zum Vergleich: Hamburg ist mit seinen 1,75 Mio. Einwohnern ähnlich groß, kommt aber auf eine deutlich größere Fläche von 755 km², die Bevölkerungsdichte liegt bei 2300 Einwohner je km². Auch in Berlin (3800/km²) oder München (4500/km²) leben deutlich weniger Menschen pro Quadratkilometer. In Barcelona teilen sich also relativ viele Menschen einen eher engen Raum. Darin allerdings sind die Menschen geübt: Bis zum 19. Jh. war die **Stadtfläche** ziemlich klein und nur auf das Gebiet begrenzt, das heute in etwa die Altstadt zwischen Barri El Raval 27 und Parc de la Ciutadella 25 darstellt. Die Wohnverhältnisse waren entsprechend beengt.

Erst mit dem **Abriss der Stadtmauer** Mitte des 19. Jh. und der groß angelegten Stadterweiterung änderte sich die Situation. Allerdings ist die Stadtflä-

101bl-sm

che auch heute noch relativ klein. Das bedeutet auch, dass die meisten Menschen in **Mehrparteienhäusern** leben, Einzelhäuser oder auch nur Reihenhäuser sind sehr selten. Speziell in den Randgebieten stehen immer noch einige wenig ansehnliche Hochhausblocks, die in den Boomjahren errichtet wurden, um schnell preiswerten Wohnraum für die in die Stadt strömenden Arbeitsuchenden zu schaffen. Aber auch in anderen Gebieten lebt man meistens in einem Mehrparteienhaus. Das hat zur Folge, dass die Bewohner über ein hohes Maß an Toleranz verfügen müssen. So richtig alleine ist man selten in Barcelona, aber das wollen die Menschen auch gar nicht sein. Wenn man ständig von anderen umgeben ist, muss man sich zwangsläufig ein wenig zurücknehmen und kann sich nicht über jede Kleinigkeit aufregen.

Parkplätze sind nun mal rar, die Schlange im Supermarkt ist nun mal lang, in einer Bar steht man eben manchmal in der zweiten Reihe am Tresen und die Busse sind sowieso immer voll. All das ist unvermeidbar und die Barceloner ertragen vieles ziemlich gelassen. Es fällt aber umgekehrt schon auf, dass der mitmenschliche Umgang von einem gewissen Respekt und einer freundlichen Nachsicht im Miteinander geprägt ist. Man pocht nicht unbedingt auf sein vermeintliches Recht und geht einen Schritt zur Seite, wenn es eng wird. Ein kurzer Plausch beim Bäcker ist immer drin, auch wenn hinter einem weitere Kunden warten. Der **menschliche Umgang** ist hier mehr von einem Miteinander als von einem Gegeneinander geprägt. Vielleicht ist dieser Umstand einer der Grundpfeiler des katalanischen Charakters.

⌃ *Die Menschen in Barcelona sind Enge gewohnt*

Katalonien ist im internationalen Maßstab klein, also muss man zusammenhalten. Dieses Miteinander drückt sich beispielhaft im **Sardana-Tanz** (s. S. 214) aus, der ein Gemeinschafts- oder Reigentanz und kein Paartanz ist. Oder noch stärker in den **Menschentürmen**, den Castellers (s. S. 211). Der Einzelne ist zwar wichtig beim Bau dieses Turms, aber nur, indem er sich als Teil der Gemeinschaft versteht, ein Einzelspieler hätte hier nichts verloren.

Dieses Gemeinschaftsgefühl durchdringt die Gesellschaft und lässt die Menschen wohl auch die Enge der Stadt besser ertragen, wobei die Barceloner das Gedränge der touristischen Zonen auf den Rambles 2 oder im Barri Gòtic (s. S. 29) meiden, wenn irgend möglich. Dort ist es selbst ihnen zu voll. Aber schon ein Stückchen außerhalb dieser touristischen Zonen spielt sich ein ganz alltägliches, nachbarschaftliches Leben ab.

Besonders deutlich ist das im **Barri de Gràcia** 65 zu spüren. Gràcia wirkt noch immer wie ein Dorf, was es ja auch sehr lange war. Es liegt aber immerhin nur fünf Minuten Fußweg von der luxuriösen und touristisch sehr gefragten Flaniermeile Passeig de Gràcia 46 entfernt. Welten trennen diese beiden Zonen!

Aber auch in anderen Gegenden kann man **kleinstädtisches Leben mitten in der Metropole** erleben. Da werden Kinder zur Schule gebracht, Büroangestellte kaufen sich beim Zeitungsmann an der Ecke ihr Lieblingsblatt und kippen einen Kaffee in der Eckbar, bevor es zur Arbeit geht, und ein Reinigungstrupp säubert die Straßen stoisch gegen den Verkehr an. Das ist ganz normaler Alltag – wie überall in Spanien–, aber nur fünf Blocks entfernt von den touristischen Zonen. Die meisten Barceloner haben sowieso nichts zu tun mit den Touristen. Sie leben in ihrem Bezirk, haben dort ihre Markthalle, ihre Eckbar, müssen aber nicht selten durch die halbe Stadt zur Arbeit fahren.

Wohnraum in der City ist teuer, am Stadtrand findet man eher bezahlbare Häuser. Aber auch dort ist die Nachfrage nicht gerade gering, denn Barcelona ist beliebt. Auch viele Nicht-Katalanen kamen schon auf der Suche nach Arbeit in die Stadt, teilweise vor Jahrzehnten. Manche haben sich gut eingelebt und sprechen sogar **Katalanisch**, andere lehnen diese für sie fremde Sprache strikt ab und bleiben lieber unter sich. Praktisch überall findet man deshalb auch Treffpunkte für Andalusier, Basken oder Menschen aus anderen spanischen Regionen.

Auch viele **Ausländer** leben in der Stadt. Angelockt werden sie von den guten Job-Möglichkeiten, dem milden Klima, dem generellen Reiz der Stadt. Barcelona bietet mit den Stränden in der Stadt und ihrer Umgebung eine hohe Lebensqualität und auch die Berge der Pyrenäen sind nicht weit. Dass dies alles auch alljährlich Millionen von Touristen anlockt, nimmt man zur Kenntnis, aber für den Alltag der meisten Barceloner ist es unerheblich, es sei denn, man wohnt im touristischen Kerngebiet, dann sieht es sicher schon etwas anders aus.

Die meisten Bewohner aber leben ihr Leben in ihrem Bezirk, flanieren am Samstag mit der Familie durch den Parc de la Ciutadella 25 und besuchen am Sonntag den Strand oder treffen sich in großer Runde zum Mittagessen in den Restaurants und Lokalen der Stadt.

Katalonien – ein neuer Staat in Europa?

Am katalanischen Nationalfeiertag, dem 11. September, demonstrierten ab 2012 jedes Jahr Hunderttausende in Barcelonas Zentrum für eine katalanische **Unabhängigkeit.** Das Ausland rieb sich etwas verwundert die Augen und fragte sich, was das denn jetzt wieder soll. Den Katalanen aber ist die Sache durchaus ernst. Sie verweisen gerne darauf, dass Katalonien sehr viel älter sei als Spanien. Katalonien wäre bereits vor etwas mehr als 1000 Jahren gegründet worden, während Spanien erst auf gut die Hälfte der Zeit käme. Nur durch unglückliche geschichtliche Fügungen verlor man seine Unabhängigkeit und scheiterte mehrfach dabei, diese zurückzuerkämpfen. Seitdem wird Katalonien von Madrid aus misstrauisch beäugt – und umgekehrt. Insbesondere in den wirtschaftlich momentan schwierigen Zeiten, was auch als Grund für die Größenordnung der genannten Demonstration zu sehen ist.

Katalonien trägt durch seine **unbestrittene Wirtschaftskraft** einen gewaltigen Teil zum spanischen Bruttosozialprodukt und damit auch zum Steueraufkommen bei. Das war schon immer so und dieser Umstand wurde von den Katalanen in der Vergangenheit bereits mehrfach genutzt, um Madrids Zentralregierung **Zugeständnisse** abzutrotzen. Was meist gelang und wiederum „Rest-Spanien" ergrimmte. Auf diesem Level pendelte sich das Verhältnis einigermaßen stabil ein.

Tatsächlich zählt Katalonien zu den vier wirtschaftlich stärksten Zonen in Europa, ein unabhängiger Staat hätte wohl beste Chancen gehabt, auf vergleichsweise hohem Niveau zu existieren. Doch dann kam die Finanzkrise 2008 und damit einhergehend die **europäische Wirtschaftskrise,** die Spanien mit voller

102bl-sm

> Die Fahne der Befürworter einer Unabhängigkeit Kataloniens hängt aus vielen Fenstern

Die Fahne der Befürworter einer Unabhängigkeit Kataloniens hängt aus vielen Fenstern

Wucht erfasst hat – mit drastischen Folgen: Das Land leidet seit geraumer Zeit unter einer enorm hohen Arbeitslosigkeit. Dieser Umstand hat sich auch auf die wirtschaftlich so starke Region Katalonien ausgewirkt: Die autonome Gemeinschaft ist trotz aller wirtschaftlichen Potenz ziemlich hoch verschuldet und musste sogar einen Hilfsantrag über 5 Milliarden Euro an die Zentralregierung in Madrid stellen. Was eigentlich eine mittelschwere Demütigung wäre, wurde hier zu einer forschen Forderung. Denn die katalanische Regionalregierung behauptet, dass sie nur deshalb so stark verschuldet sei, weil man zu viel Geld an Madrid abführen müsse. Dieses Geld flösse dann in andere Regionen und versickere dort, Katalonien habe davon nichts. Zum wiederholten Male forderte man, die Steuerverteilung zwischen den spanischen Regionen neu zu verhandeln, andernfalls könne man sich auch gleich eine staatliche Unabhängigkeit vorstellen und würde damit sogar sehr viel besser fahren – so in etwa lautet die katalanische Argumentation. Die Madrider Zentralregierung verweist aber diesbezüglich auf die spanische Verfassung, die einen einseitigen Austritt einer Region nicht vorsieht.

Um der Forderung nach Unabhängigkeit Nachdruck zu verleihen, kommt es alljährlich am Nationalfeiertag, dem 11.9., zu riesigen **Demonstrationen.** So bildete sich 2013 eine 400 km lange Menschenkette quer durch Katalonien. Rest-Spanien war empört, aber auch etlichen Katalanen ging das zu weit. Anderen wiederum nicht, sie hingen jetzt erst recht voller Stolz die „Estelada", die Fahne der katalanischen Unabhängigkeitsbewegung, aus dem Fenster.

Ab Januar 2016 führte **Carles Puigdemont**, ein Verfechter der Unabhängigkeit, das katalanische Regionalparlament an. Für den 1.10.2017 planten die Katalanen ein **Referendum** zu der Frage, ob Katalonien unabhängig werden solle. Madrid verbot dies umgehend und verwies auf die Verfassung – vergebens. Am Wahltag kamen spanische Polizisten nach Katalonien, um die Wahl zu verhindern. Es kam zu unschönen Szenen. Bei geringer Wahlbeteiligung erhielten die Befürworter einen hohen Stimmenanteil. Vermutlich waren die meisten Gegner gar nicht erst zur Wahl gegangen. Es folgten große **Demonstrationen** und erst ganz allmählich protestierten auch die Gegner einer Unabhängigkeit, denn die gibt es sehr wohl auch. Die **Regionalregierung** wurde schließlich **abgesetzt**, Puigdemont floh nach Brüssel und neun Ex-Regierungsmitglieder kamen ins Gefängnis, wurden aber 2021 begnadigt.

Die Unabhängigkeitsbestrebungen könnten bittere Folgen haben: Angeblich haben bereits **3000 Firmen ihren juristischen Sitz jenseits der katalanischen Grenzen verlegt.** Und auch die erhoffte sofortige Aufnahme in die **EU** und die Beibehaltung des **Euro** als gesetzliches Zahlungsmittel sind nicht in Sicht, das wurde von Brüssel klar signalisiert.

Das alles hat bei vielen Katalanen, die ernsthaft auf eine Unabhängigkeit gehofft hatten, zu einer riesigen **Enttäuschung** geführt. Nach einer Unabhängigkeit Kataloniens sieht es derzeit überhaupt nicht aus. Die spanische Regierung signalisiert Gesprächsbereitschaft, aber die katalanische Seite beharrt weiter auf ihrer Position. Der Ausgang ist völlig offen.

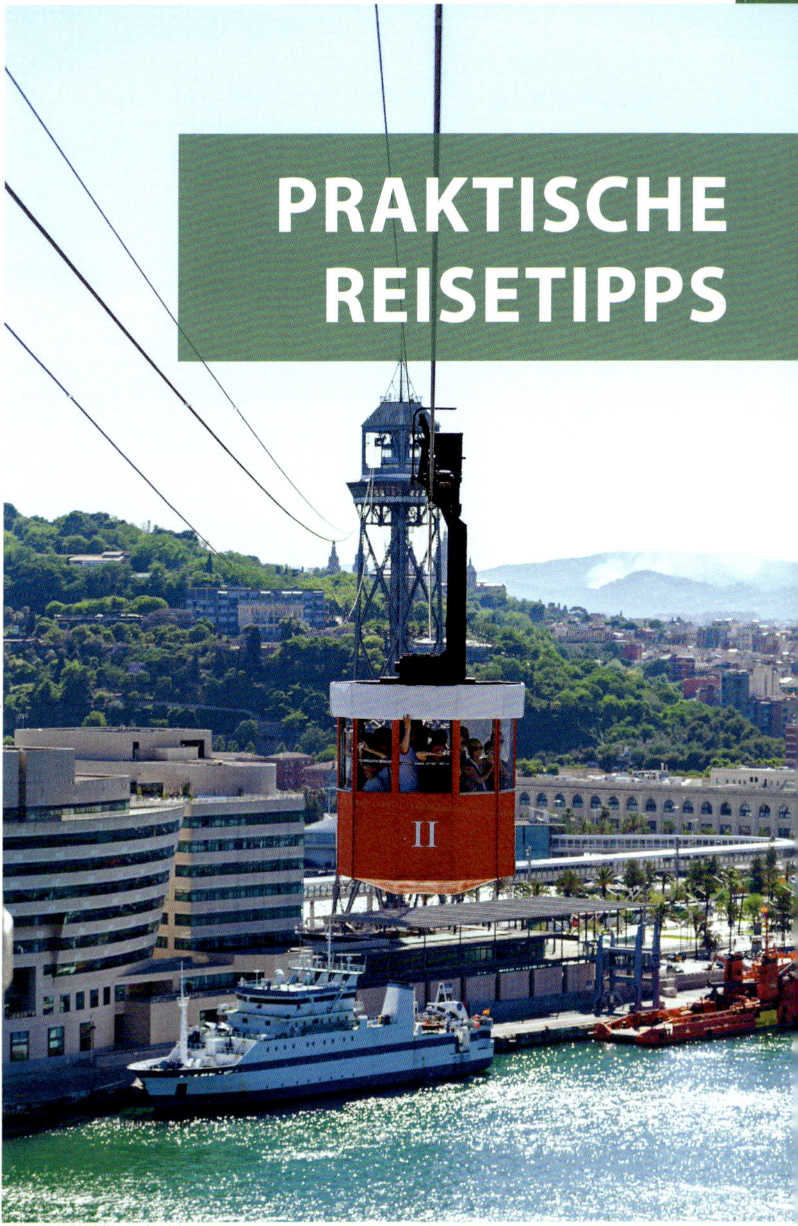

PRAKTISCHE REISETIPPS

144bl ©LALSSTOCK, stock.adobe.com

An- und Rückreise

Mit dem Flugzeug

Der **Flughafen** El Prat befindet sich in Prat de Llobregat (ca. 18 km außerhalb von Barcelona). Er verfügt über zwei Terminals. Das neuere Terminal (T-1) liegt etwa 4 km vom alten (T-2) entfernt, beide sind aber durch einen Shuttlebus miteinander verbunden. Am Terminal T-1 verkehren heute die meisten großen Fluggesellschaften, am Terminal T-2 meist Low-Cost-Flieger wie Ryan Air, easyJet und Eurowings.

- **Info:** Aeroport Internacional de Barcelona El Prat, Tel. 932983838, www.aena.es
- Eine **Taxifahrt ins Stadtzentrum** kostet etwa 30 €.
- Sowohl vom alten als auch vom neuen Terminal fährt ein **Bus** in die Stadt zur zentralen Plaça de Catalunya ❶. Beide Buslinien sind blau und tragen die seitliche Aufschrift „Aerobus", nur vorne sind die Unterschiede mit „T-1" oder „T-2" vermerkt. Da beide an der Plaça de Catalunya an der gleichen Stelle halten, muss man aufpassen, dass man bei der Rückfahrt zum Flughafen nicht den falschen Bus erwischt. Frequenz: alle 5 Minuten zw. 5.30 Uhr und Mitternacht, Fahrtzeit: ca. 35 Min., Preis: einfach 5,90 €, hin und zurück: 10,20 €, Tickets beim Fahrer erhältlich oder am Automaten, das Rückfahrticket ist 90 Tage gültig.
- Der **Stadtbus Nr. 46** fährt alle 15–20 Min. von T-1 und T-2 bis zur Plaça Espanya (die Haltestelle befindet sich genau vor dem Einkaufszentrum Arenas, der ehemaligen Stierkampfarena, s. S. 202), Dauer: ca. 30–40 Minuten, Preis: 2,40 €.
- Beide Terminals haben einen Bahnhof und sind an das **Metronetz** angeschlossen. Der Bahnhof von Terminal T-2 liegt außerhalb des Flughafengebäudes und wird über eine Fußgängerbrücke erreicht. Von hier gibt es zwei Möglichkeiten, in die Stadt zu gelangen: zum einen mit der **Metrolinie L9 Sud Richtung Zona Universitària.** Diese Metro fährt aber nicht durchs Zentrum, man muss also umsteigen, beispielsweise an der Station Torrassa in die rote Linie L1 in Richtung Fondo, die dann durch das Zentrum führt. Für diese Verbindung gibt es ein spezielles Ticket („Bitllet Aeroport") für 5,15 €, das Zehnerticket T-Casual ist hier nicht gültig. Zum anderen fährt vom Bahnhof des Terminals T-2 auch die **Linie R-2 „Nord Aeroport-Maçanet-Massanes"** der Nahverkehrslinie Rodalies. Diese stoppt im Stadtgebiet an drei Stationen, von denen die beste Wahl zum Umsteigen „Sants" ist, wo man direkten Anschluss an die Metro hat (Dauer der Fahrt bis „Sants": 18 Min., Frequenz: alle 20–30 Min.). Das Einzelticket bis Sants kostet 4,60 €.

  Vom Terminal T-1 fährt ebenfalls die **Metrolinie L9 Sud.** Der Bahnhof befindet sich unterirdisch im Flughafengebäude und ist ausgeschildert. Ticketautomaten stehen an den Eingängen beider Bahnhöfe zur Verfügung.

Mit dem Zug

Der **Hauptbahnhof Barcelona Sants** befindet sich etwas außerhalb des Zentrums an der Plaça dels Països Catalans. Hier enden die meisten nationalen und internationalen Züge. Es besteht direkter Anschluss ans Metronetz.

- Infos: Tel. 902432343, www.renfe.com

Vorseite: Mit der Seilbahn (s. S. 255) kann man über den Hafen schweben

Mit dem Bus

Offiziell heißt der zentrale Busterminal **Estació Central de Autobuses Vilanova-Nord,** aber jeder kennt ihn nur unter **Estació del Nord.** Zu finden ist er an der c/ Alí Bei 80 unweit der Metrostation Arc de Triomf etwas außerhalb vom Barri Gòtic. Hier enden die internationalen und sehr viele nationale Verbindungen. Eurolines Touring bietet einen Linienbusservice von verschiedenen Städten nach Barcelona.

› Infos: www.eurolines.de

Autofahren

Wenn es nicht unerlässlich ist, sollte man auf seinem Barcelona-Trip aufs Autofahren verzichten, in der Altstadt benötigt man es sowieso nicht, **Parkplätze** sind rar und wer verbotenerweise parkt, wird gnadenlos abgeschleppt. Fahrzeuge mit ausländischen Kennzeichen werden bevorzugt aufgebrochen. Man braucht auch kein Auto zu mieten, mit der Metro und Nahverkehrszügen kommt man bequem überall hin und Taxifahren ist relativ günstig (siehe Verkehrsmittel S. 253).

Einige Straßen sind durch versenkbare Poller nur für den Lieferverkehr oder für Anwohner stundenweise freigegeben. Mal eben am Straßenrand zu parken, klappt selten. Wer einen freien Platz findet, muss auf die Linienfarbe auf der Straße achten. Gelbe Linien bedeuten: Parken verboten bzw. der Bereich ist nur zum Be- und Entladen für kurze Zeit vorgesehen. Grüne Linien weisen auf Anwohnerparkplätze hin, blaue Linien stehen für Parken gegen Gebühr (Ticket aus einem Automaten). Die Parkhaustarife liegen bei ca. 4 €/Std. bzw. 20–26 €/24 Std. oder gar 37 €/Tag in zentralen Parkhäusern.

Bei uns nicht bekannte **Zeichen** sind gelbe Zickzack-Linien am Seitenrand, dort dürfen nur bestimmte Fahrzeuge halten, meist gilt dies für Busse. Und dann gibt es noch an einigen Kreuzungen eine Art gelbes Rechteck, das mit Streifen ausgefüllt ist und zumeist mittig auf der Kreuzung platziert ist. Hier darf man auf keinen Fall stehen bleiben, auch nicht im Stau, da man sonst den Gegenverkehr blockieren könnte, falls die Ampel umspringt.

155bl-hj

Innerstädtisch gilt Tempo 30 auf vielen Straßen

Parken

P185 [L10] **Frances Cambó,** Av. de Francesc Cambó 10, zentral bei der Kathedrale

P186 [L11] **Moll de la Fusta,** Passeig de Colom 1, vor dem Hafen bei der Skulptur „Cap de Barcelona“

P187 [L9] **Parkplatz Plaça de Catalunya,** Plaça de Catalunya 17, unmittelbar vor den Rambles und dem Hard Rock Café

Umweltzone in Barcelona

Die Stadt Barcelona hat eine Umweltzone eingerichtet und festgelegt, welche Fahrzeuge hineinfahren dürfen und welche nicht mehr. Diese Zone wird **ZBE** genannt: „Zona de baixes emissiones“ („Zone der niedrigen Emissionen“). Sie umfasst praktisch das **gesamte Stadtgebiet** innerhalb der Ringstraßen Ronda de Dalt (B-20) und Ronda Litoral (B-10), inklusive des Nachbarorts L'Hospitalet de Llobregat. An den Einfahrtsgrenzen stehen Hinweisschilder, die Einfahrt wird durch Kameras überwacht. Diese Regelung gilt von Montag bis Freitag zwischen 7 und 20 Uhr. Welche Fahrzeuge die Zone befahren dürfen, erfährt man hier: https://zberegistre.ambmobilitat.cat/en. Dort gibt es auch Hinweise, wie im Ausland zugelassene Fahrzeuge eine **Einfahrtsberechtigung** bekommen.

Abgeschleppt, was nun?

- An der Stelle, an der das Auto ursprünglich stand, prangt aufgeklebt ein rotes Dreieck mit einer **Telefonnummer.** Diese muss man anrufen (Sprache unter anderem Englisch) und erfragen, wo der Wagen steht. Mit Ausweis und Wagenpapieren muss man dann dort hinfahren, die Strafe bezahlen, das Auto auslösen und (wahrscheinlich) einen Aufkleber von der Vorderscheibe kratzen. Alternativ kann man Infos und den Standort online erfragen, auch auf Englisch.
- Tel. 937065250, https://gruamunicipal.ajuntament.barcelona.cat, Kosten: 173 € fürs Abschleppen, 25 €/Tag bzw. 2,50 €/Stunde für die Aufbewahrung

Barrierefreies Reisen

Ganz einfach ist ein Besuch in Barcelona für Menschen mit einer Gehbehinderung nicht, aber er ist auch nicht unmöglich. Unbestritten hat sich in der Stadt bereits eine ganze Menge getan. In den **Straßen** kann man sich als Rollstuhlfahrer insgesamt recht gut fortbewegen, viele Bürgersteige sind im Übergang abgesenkt. Selbst durch die Altstadt können Rollstuhlfahrer heute fahren. Unüberwindbare Treppen oder zu steile Straßen wird man hier kaum noch finden. Viele **Ampeln** geben neben grünem Licht mittlerweile auch ein gut hörbares Signal, sodass auch sehbehinderte Menschen die Grünphase einer Ampel erkennen.

In den modernen oder neu gestalteten **Museen** wurden überall Rampen verlegt, breite Fahrstühle eingebaut und ganz allgemein hat man auf barrierefreie Zugänge geachtet. Das gilt glücklicherweise für viele Einrichtungen, aber leider noch nicht für alle, einige ältere Gebäude müssen noch nachgerüstet werden.

Auch die **öffentlichen Verkehrsmittel** können in den meisten Fällen genutzt werden, beispielsweise verfügt eine große Anzahl von Bussen über Rampen, die Rollstuhlfahrern einen problemlosen Zugang ermöglichen. In der Metro sieht es dagegen unterschiedlich aus. Auch hier lassen sich ausreichend viele Bahnhöfe nutzen (mithilfe von Fahrstühlen) und auch viele Züge wurden bereits mit Rampen ausgestattet. Leider gibt es aber immer noch einige Umsteigestationen, in denen Treppen bewältigt werden müssen. Bei den Sperren an den Zugängen braucht es ein wenig Geduld: Zumeist gibt es einen speziellen Zugang für Passagiere mit Rollstuhl und Reisende mit Kinderwagen, dieser muss aber erst auf Nachfrage vom Stationspersonal geöffnet werden.

Infos

- **www.barcelona-access.com.** Auf dieser englischsprachigen Seite finden Interessierte viele detaillierte Infos zum Aufenthalt und zum Transport in Barcelona.
- **Verband aller Körperbehinderten Österreichs (VAKÖ),** Schottfeldgasse 29, 1070 Wien, Tel. 01 5123661460
- **Mobility International Schweiz,** Rötzmattenweg 51, 4600 Olten, www.mis-ch.ch, Tel. 062 2126740

Bekleidung

Bequeme Schuhe gehören unbedingt ins Reisegepäck. Sie werden viel zu Fuß unterwegs sein und die Füße danken es Ihnen hinterher. Am Abend, wenn es ins Restaurant oder ins Konzert geht, darf es aber etwas formeller sein. Da wären sportliche Schuhe unpassend.

Man sollte **nicht zu freizügig** gekleidet sein. Davon abgesehen, dass bei der Besichtigung von Kirchen legere Kleidung nicht gern gesehen wird, gilt in der Stadt ein Verbot, das sich gegen allzu knappe Garderobe richtet. Wer in Badebekleidung durch die Straßen läuft, dem droht ein Bußgeld zwischen 120 € und 500 €, je nach Grad der „Freizügigkeit". Einzige Ausnahme bildet die Strandpromenade.

Diplomatische Vertretungen

- •188 [P12] **Generalkonsulat der Bundesrepublik Deutschland,** Torre Maptre, c/Marina 16–18, 30. Stock, Metro: Ciutadella-Vila Olímpica, Tel. 0043 932921000, Notfall-Tel. 0043 915579000, www.spanien.diplo.de, Sprechzeiten nur mit Termin
- •189 [L4] **Österreichisches Honorargeneralkonsulat,** c/Marià Cubí 7, Metro: Fontana, www.bmeia.gv.at/oeb-madrid, Tel. 0043 933686003, Parteienverkehr: Mo., Mi., Fr. 10–12 Uhr
- •190 [E4] **Schweizer Generalkonsulat,** Edificio Trade, Gran Via de Carles III. 94, 7. Stock, Metro: Maria Cristina, Tel. 0043 934090650, www.eda.admin.ch/barcelona, Sprechzeit: Mo.–Fr. 9–12 Uhr. Das Konsulat befindet sich im mittleren der drei schwarzen Türme hinter dem Kaufhaus El Corte Inglés.

Elektrizität

In Spanien werden 220 Volt Wechselstrom verwendet, generell sollte niemand Probleme mit den Steckern haben, zumindest nicht in den Hotels und Apartments. Selbst ältere Wohnungen, die früher abweichende Flachstecker-Verbindungen hatten, wurden mittlerweile größtenteils nachgerüstet.

Geldfragen

Geldautomaten gibt es fast an jeder Ecke und die Menüführung wird meist auch auf Deutsch angeboten. Kleines Manko: Je nach Automat gibt es manchmal recht niedrige Obergrenzen beim Geldabheben, sodass man mitunter gezwungen ist, häufig zum Automaten zu gehen, was jedes Mal mit Gebühren verbunden ist.

Banken haben in der Regel Mo.–Fr. von 9 bis 14 Uhr geöffnet, einige auch samstags.

In vielen Geschäften kann man mit der **Debit-(Giro-)Karte** oder **Kreditkarte** bezahlen, selbst in den meisten kleineren Läden und Lokalen, und in der Regel werden alle gängigen Karten akzeptiert.

Das generelle **Preisniveau** in Barcelona ähnelt dem in Mitteleuropa. Sicher gibt es genügend Dinge, die in Barcelona günstiger zu bekommen sind und auch ein Bummel durch die Bars in der Altstadt dürfte kein übergroßes Loch in die Kasse reißen, aber ein richtig günstiges Reiseziel ist die Stadt nicht.

EXTRATIPP

Rebaixes (Schlussverkauf)

Es gibt zwei Zeiträume, in denen an jedem Schaufenster eines Geschäftes ganz groß die Schilder „Rebajas" (Spanisch) oder „Rebaixes" (Katalanisch) kleben. Beim Schlussverkauf kann man in Spanien teilweise ganz erstaunliche Schnäppchen machen. Im Winter beginnt diese Zeit gleich nach dem 6. Januar, wenn die Weihnachtsgeschenke am Tag der Heiligen Drei Könige verteilt sind, und endet etwa Ende Februar. Im Sommer gibt es einen zweiten Schlussverkauf, der im Juli beginnt und in einigen Geschäften bis Ende August andauert.

Hotels wissen um ihre Lage und haben entsprechende Preise, ein Zimmer im Zentrum wird man selten richtig günstig bekommen. Überall, wo man unter 100 € für ein Doppelzimmer bezahlt, kann man von einem günstigen Preis sprechen. Viele Hotels passen die Preise auch den lokalen Festen und den immer häufiger stattfindenden Messen an. Wer nur ein verlängertes Wochenende in Barcelona verbringt, sollte sich ein Hotel im Zentrum gönnen, um nach einem anstrengenden Altstadtbummel Siesta machen zu können und vor allem, um abends noch eine zweite Runde durch die Altstadt drehen zu können. Dazu rafft man sich dann doch eher nicht auf, wenn man weit außerhalb wohnt.

Lebensmittel, die man auf dem Markt oder in einem kleinen „Tante-Emma-Laden" einkauft, sind eher günstiger als in Deutschland.

Einen Kaffee zwischendurch, ein kleines Bier, ein Gläschen Wein mit einer Kleinigkeit zu Essen in einer Bar am Tresen zu nehmen, ist für einen Spanier das Normalste der Welt. Die **Tapas-Preise** in den Lokalen der Altstadt sind allerdings nicht zu unterschätzen. Wer hier eine Tapas-Tour macht und sich durch die Leckereien futtert, zahlt am Ende wahrscheinlich sogar mehr, als wenn er sich ein Menü gegönnt hätte.

Wer sich draußen vor einem Lokal auf die **Terrasse** setzt, darf andere, nämlich höhere Preise zahlen, denn in Spanien gelten generell in allen Lokalen drei Preissegmente: Am Tresen ist es am günstigsten, am Tisch schon etwas teurer, draußen auf der Terrasse dann am teuersten.

Barcelona preiswert

*Einige **Museen** bieten an bestimmten Tagen freien Eintritt:*

- *Museu Nacional d'Art de Catalunya 69: erster So. im Monat freier Eintritt sowie Sa. nach 15 Uhr*
- *Museu d'Història de Catalunya 37: erster Sonntag im Monat 10–14.30 Uhr*
- *Museu Frederic Marès (s. S. 180): erster So. im Monat sowie jeden So. ab 15 Uhr*
- *Museu Marítim de Barcelona 32: jeden So. ab 15 Uhr*
- *Museu Picasso 21: erster So. im Monat und jeden Do. ab 16 Uhr*
- *Museu d'Història de Barcelona im Palau Reial Major 9: erster So. im Monat und jeden So. ab 15 Uhr*
- *Palau Güell 31: April–Okt. So. 17–20 Uhr, Nov.–März 14.30–17.30 Uhr, es gibt aber nur ein begrenztes Kontingent an Tickets!*
- *Museu d'Arqueologia de Catalunya 79: letzter Di. im Monat zwischen Oktober und Juni*
- *El Born Centre Cultural 24: So. 15–20 Uhr und an jedem So. im Monat den ganzen Tag lang*
- *Recinto Modernista de Sant Pau 63: erster So. im Monat*
- *Monestir de Santa María de Pedralbes 85: So. ab 15 Uhr*
- *Castell de Montjuïc 78: So. ab 15 Uhr*
- *Museu de Cultures del Món 20: So. nach 15 Uhr und jeden ersten So. im Monat den ganzen Tag*
- *Museu del Disseny 42: So. ab 15 Uhr und jeden ersten So. im Monat den kompletten Tag*
- *Wissenschaftsmusuem Cosmocaixa 80: erster So. im Monat*

*Statt jeweils Einzelkarten (2,40 €) für die **Metro** oder den **Bus** zu kaufen, kann man die Zehnerkarte T-Casual (11,35 €) erwerben. Oder gleich das Touristenticket Hola BCN, das es für zwei, drei, vier oder fünf Tage zu kaufen gibt und in dem alles enthalten ist, auch der Transfer vom und zum Flughafen (s. S. 253).*

*Die **Barcelona Card** gibt es für einen Zeitraum von drei bis fünf Tagen, sie kostet zwischen 45 € (Kinder 4–12 Jahre 21 €) und 60 € (32 €) und bietet freie Fahrt in öffentlichen städtischen Verkehrsmitteln, gewährt ermäßigten oder freien Eintritt in vielen Museen und zu kulturellen Einrichtungen und Ermäßigungen in Geschäften, Theatern, Restaurants und Nachtclubs. Zu beziehen ist die Barcelona Card in den Informationsbüros von Turisme Barcelona (s. S. 236).*

*Mit dem **Bus Turístic** kann man zum Festpreis alle wichtigen Sehenswürdigkeiten der Stadt ansteuern und sooft aus- und einsteigen, wie man möchte. Außerdem sind mit dem Erwerb des Tickets **diverse Vergünstigungen** verbunden (s. S. 245).*

*Das **articketBCN** gewährt für einmalig 38 € die Möglichkeit, sechs Kunstzentren zu besuchen, darunter das Museu Nacional d'Art de Catalunya 69, die Fundació Joan Miró 76, die Fundació Tàpies, das Museu Picasso 21 und das Museu d'Art Contemporani. Erhältlich ist es in den Infostellen der Stadt und bei der Bank Caixa Catalunya (Infos: www.articketbcn.org).*

Ein **Tagesgericht** (*menú del día*), das es immer nur zum Mittag und generell nur von Montag bis Freitag gibt, wird noch für etwa 10–18 € angeboten. Darin enthalten sind zwei Gänge, ein Nachtisch, ein Getränk und ein Kaffee. Abends à la carte zu speisen wird dann schon teurer.

Taxifahren ist ein recht günstiges Vergnügen. Noch günstiger kommt man mit Metro und Stadtbussen voran, je nach Ziel und Fahrkartentyp schon für ab 1,40 € pro Fahrt. Nur bei weit entfernten Zielen wird es etwas teurer.

Die **Eintrittspreise** für Museen liegen schon recht hoch, 10 € sind schnell bezahlt und die modernistischen Häuser am Passeig de Gràcia (46) kosten mittlerweile über 20 € Eintritt.

105bl-sm

Info-Kioske der Touristinformation sind über das ganze Zentrum verteilt

Informationsquellen

Infostellen in Barcelona

Neben den Filialen der Touristinformation finden sich über die Stadt verteilt kleine Info-Buden, die Touristen in allen Lagen weiterhelfen können.

- **191** [L9] **Touristinformation Barcelona,** Plaça de Catalunya 17 (im Untergeschoss, schräg gegenüber vom Kaufhaus El Corte Inglés), Tel. 0034 932853834, www.barcelonaturisme.com, geöffnet: tägl. 8.30–20.30 Uhr. Allgemeine Auskünfte, Hotelbuchungen, Souvenirs, Geldautomat.
- **192** [L10] **Touristinformation Barcelona Catedral,** Placita de la Seu s/n, geöffnet: Mo. 9–16, Di.–Do. 9–19, Fr., Sa. 9.30–15.30, So. 9–14 Uhr. Am Vorplatz direkt links von der Kathedrale (Blickrichtung auf die Kathedrale).
- **Touristinformation vor der Metrostation des Flughafens** (s. S. 230), geöffnet: tägl. 8.30–20.30 Uhr. Infos und Hotelbuchungen.

Barcelona im Internet

- **www.barcelona.de:** deutschsprachiges Portal mit vielen Tipps und der Möglichkeit, Hotels oder Tickets für Spiele des FC Barcelona zu buchen
- **www.barcelona.cat:** Homepage der Stadtverwaltung mit vielen Infos für Bewohner, aber auch mit einer touristischen Seite (Spanisch, Englisch)
- **www.barcelonaturisme.com:** Die offizielle Website der Tourismusinformation bietet neben einer Reihe von praktischen Informationen auch die Möglichkeit, Hotels und sogar einen Tisch in bestimmten Restaurants zu reservieren (Spanisch, Englisch, Französisch)
- **www.barcelonaconnect.com:** viele praktische Tipps, auch zum Nachtleben (Englisch)

- **www.barcelona.com:** viele praktische Tipps, Buchungsservice für Hotels sowie Fußballtickets (Englisch, Deutsch)
- Die Websites von Time Out **(www.timeout.com)** und Metropolitan Barcelona **(www.barcelona-metropolitan.com)** bieten auf Englisch viele Tipps zum Besuch der Stadt und speziell zum Nachtleben.

Publikationen

- **El País:** Spaniens größte überregionale Zeitung hat einen eigenen Bereich für Nachrichten aus Barcelona sowie für Veranstaltungen in der Region.
- **El Periódico** heißt eine der angesehensten katalanischen Zeitungen. Es gibt sie auf *català* (mit blauem Schmuckband) und mit identischen Artikeln auf Spanisch (rotes Schmuckband). Sie verfügt über einen großen Teil mit Veranstaltungstipps.
- Frühmorgens werden an den Eingängen zur Metro kostenlose spanischsprachige Zeitungen verteilt **(„Metro“, „20 minutos“)**, die man auch mit geringen Spanischkenntnissen lesen kann, da die tagesaktuellen Artikel bewusst knapp gehalten werden.
- **Deutschsprachige Presse** vom selben Tag gibt es an vielen innerstädtischen Kiosken an der Rambla, aber auch im Kaufhaus El Corte Inglés (s. S. 202). Letzteres ist eine Ausnahme, da spanische Kaufhäuser sonst keine Zeitungen oder Zeitschriften verkaufen.

Apps

- **Barcelona Bus Turístic:** Die App bereichert die Rundfahrt mit dem Touristenbus (kostenlos für iOS und Android).
- **Hola Barcelona:** begleitender Führer für Sightseeing und Routenfinder vom städtischen Transportunternehmen speziell für Touristen (kostenlos für iOS und Android)
- **Tibidabo:** Begleitapp für den Besuch des gleichnamigen Vergnügungsparks 88 (kostenlos für iOS und Android)
- **TMB App (Metro Bus Barcelona):** App für die Nutzung der öffentlichen Verkehrsmittel (kostenlos für iOS und Android)
- **Zoo Barcelona:** Begleitapp für den Besuch des Zoos 26 (kostenlos für iOS und Android)

Neben jeder Menge touristischem Nippes gibt es an den Kiosken der Rambles auch Zeitungen

Meine Literaturtipps

- *Ruiz Zafón, Carlos: **„Der Schatten des Windes“.** Das Buch spielt im Barcelona der Zeit kurz nach dem spanischen Bürgerkrieg. Dort gibt es in der Altstadt einen Friedhof der vergessenen Bücher und dorthin wird Daniel, der Held der Geschichte, von seinem Vater als Kind gebracht, um sich ein Buch auszusuchen und zu „adoptieren“. Der Roman ist atmosphärisch sehr dicht und eindrucksvoll geschrieben und spielt vor realen Gebäuden und Orten.*
- *Brühl, Daniel: **„Ein Tag in Barcelona“.** Der bekannte Schauspieler, in Barcelona geboren und aufgewachsen, wandert einen Tag und eine Nacht bis zum Morgengrauen durch seine Heimatstadt. Er besucht alte Freunde, erzählt von Begebenheiten, Bekanntschaften, beschreibt Stadtteile und dringt auch tief in die eigene Vergangenheit ein. Das Buch ist mit Humor und dem Blick des Kenners fürs Details geschrieben, erzählt von normalen Menschen, die in dieser faszinierenden Stadt leben und vermittelt Lesern so ein stimmungsvolles Stadtporträt jenseits von Rambla und Barri Gòtic.*
- *Rodoreda, Mercè: **„Auf der Plaça del Diamant“.** Die Lebensgeschichte von Colometa, einer einfachen Frau aus dem Volk, wird erzählt – angefangen bei der ersten Verliebtheit auf der tatsächlich existierenden Plaça del Diamant im Stadtteil Gràcia über Heirat und Mutterschaft bis zur Hochzeit der Kinder.*
- *Ribas, Rosa und Hofmann, Sabine: **„Das Flüstern der Stadt“.** Barcelona-Krimi, der in den 1950er-Jahren spielt, also zur Hochzeit der Franco-Diktatur. Die ehrgeizige Journalistin Ana Martí will über den Mord an einer Witwe schreiben, wird aber durch die Zensur und die Polizei ausgebremst. Ana gibt aber nicht so leicht auf. Dieses Buch ist der Auftakt einer dreibändigen Krimiserie (weitere Bände „Die große Kälte“, „Auf der anderen Seite der Ramblas“), in der die bedrückenden zeitlichen Umstände sehr eindringlich beschrieben werden.*
- *Mendoza, Eduardo: **„Die Stadt der Wunder“.** Der Roman beschreibt den unaufhaltsamen Aufstieg des „Nobodys“ Onofre Bouvila aus dem Nichts zu einem Industriemagnaten in Barcelona um 1900. Der heimliche Protagonist aber ist die Stadt selbst, deren Geschichte hier als Bühne für die Handlung ausführlich ausgebreitet wird, ganz besonders die Phase um die erste Weltausstellung.*
- *Montalban, Manuel Vázquez: Die **Krimis um den Privatdetektiv Pepe Carvalho** sind vom Wagenbach-Verlag neu aufgelegt worden. Sie spielen in der Übergangszeit zwischen Franco-Ende und Demokratie-Aufbruch und spiegeln sehr gut den damaligen Zeitgeist wieder. Obendrein vermitteln sie einen intimen Einblick in das Viertel Barri Raval* 27*, in dem die Figur Carvalho zu Hause ist, genau wie der im Jahr 2003 verstorbene Autor selbst.*

LGBT+

Barcelonas LGBT-Community ist im „Gayxample“ zu Hause, einem überschaubaren Teil des „linken“ Eixample, das sich südwestlich, also vom Zentrum kommend links vom Passeig de Gràcia 46 im Umfeld der Straßen c/Balmes und c/Consell de Cent befindet. Dort gibt es einige Lokale und auch ein Hotel, das speziell für Homosexuelle konzipiert wurde. Die knapp 40 km südlich gelegene Stadt Sitges (s. S. 153) hat einen landesweiten Ruf als Gay City.

› **https://gaybarcelona.com:** allgemeine Informationen und sehr viele praktische Tipps zu Treffs, Bars, etc.

193 [K7] **Aire,** c/València 233 Do.–Sa. 23–3 Uhr. Diskothek für Lesben und heterosexuelle Frauen.

194 [K8] **Arena,** c/Balmes 32, Tel. 934878342, tägl. ab Mitternacht Bar. Sehr beliebt in der Gay-Szene.

195 [J8] **Hotel Axel** €€€€€, c/Aribau 33, www.axelhotels.com, Tel. 933239393. Ein schönes Eckhaus in recht ruhiger Zone. Modern und komfortabel eingerichtete Zimmer. Es gibt eine Reihe von Angeboten und Komplettpaketen.

196 [H8] **TWO Hotel Barcelona by Axel** €€€€, c/Calabria 90–92, Tel. 935392313, www.axelhotels.com. Hotel im Gay-Viertel Eixample mit Dachterrasse mit Pool und Bar. Moderne, komfortable Zimmer im klaren Design.

Medizinische Versorgung

Mitgliedern **gesetzlicher Krankenkassen** ist die Abrechnung einer nötigen Behandlung in Spanien möglich. Dazu benötigt der Patient die **Europäische Gesundheitskarte,** die auf der Rückseite der Karte der heimischen Krankenkasse abgedruckt ist. Im Krankheitsfall besteht grundsätzlich ein Anspruch auf eine ambulante oder sogar stationäre Behandlung in den staatlichen Krankenhäusern oder beim zugelassenen Arzt der *Seguridad Social,* des staatlichen Gesundheitsinstituts. Es kann aber sein, dass bestimmte Leistungen nach spanischem Recht nicht kostenlos sind, dafür muss dann sofort bezahlt werden. Dazu zählt auch die zahnärztliche Behandlung, die nicht in der spanischen Sozialversicherung enthalten ist. Reicht man nach Rückkehr die Rechnung zu Hause bei seiner Krankenversicherung ein, erhält man die Kosten meistens anteilig erstattet. Wer Zweifel hat, sollte lieber vor der Reise nachfragen. Allerdings kommen auch immer wieder Fälle vor, bei denen die Europäische Gesundheitskarte nicht akzeptiert wird (obwohl sie es müsste), der selten ausgesprochene Grund ist, dass die ärztliche Einrichtung teilweise sehr lange auf die Begleichung der Kosten warten muss und man lieber doch gleich beim Patienten kassieren wolle.

Da es im Krankheitsfall zu finanziellen Überraschungen kommen kann, wird zusätzlich der Abschluss einer **Auslandsreisekrankenversicherung** angeraten.

Im Krankheitsfall kann man sich nur an bestimmte medizinische Einrichtungen wenden: an eine *Ambulatorio* (Ambulanz), *Centro de salud* (Gesundheitszentrum) oder auch an bestimmte *Hospitales* (Krankenhäuser). Das System der freien Arztwahl kennt man in Spanien so nicht. Wer direkt zu einem Arzt geht, z. B. gezielt zu einem deutschsprachigen, muss sich darüber im Klaren sein, dass man hier praktisch als privat zahlender Patient auftritt.

Apotheken *(Farmàcia)* erkennt man an dem grünen Kreuz.

Eine Liste mit **Adressen von deutschsprachigen Ärzten** ist über das deutsche Konsulat (s. S. 233) erhältlich und im Download-Bereich von www.barcelona.diplo.de abrufbar (unter „Bürgerservice").

Notfälle

Notrufnummern

- **Guardia Urbana** (s. S. 242): Tel. 092
- **Mossos d'Esquadra (katalanische Polizei):** Tel. 088
- **Feuerwehr:** Tel. 080
- **Guardia Civil:** Tel. 062
- **Notruf allgemein:** Tel. 112
- **Ambulanz:** Tel. 061

Kartensperrung

Bei **Verlust der Debit-(Giro-), Kredit-** oder **SIM-Karte** gibt es für Kartensperrungen eine **deutsche Zentralnummer** (unbedingt vor der Reise klären, ob die eigene Bank bzw. der jeweilige Mobilfunkanbieter diesem Notrufsystem angeschlossen ist). **Aber Achtung:** Mit der telefonischen Sperrung sind die Bezahlkarten zwar für die Bezahlung/Geldabhebung mit der PIN gesperrt, nicht jedoch für das **Lastschriftverfahren mit Unterschrift.** Man sollte daher auf jeden Fall den Verlust zusätzlich **bei der Polizei zur Anzeige bringen,** um gegebenenfalls auftretende Ansprüche zurückweisen zu können.

In **Österreich** und der **Schweiz** gibt es keine zentrale Sperrnummer, daher sollten sich Besitzer von in diesen Ländern ausgestellten Debit- oder Kreditkarten vor der Abreise bei ihrem Kreditinstitut über den zuständigen Sperrnotruf informieren.

Generell sollte man sich immer die **wichtigsten Daten** wie Kartennummer und Ausstellungsdatum **separat notieren,** da diese unter Umständen abgefragt werden.

- **Deutscher Sperrnotruf:** Tel. +49 116116 oder Tel. +49 3040504050
- **Weitere Infos:** www.kartensicherheit.de, www.sperr-notruf.de

Öffnungszeiten

- **Läden und Geschäfte** öffnen meist um 9 oder 10 Uhr, ab 14 Uhr beginnt die Mittagspause, dann werden die Läden rigoros geschlossen. Ab 16 oder 17 Uhr öffnen sie erneut bis etwa 20 oder 21 Uhr. Ausnahmen sind die großen Kaufhäuser, die durchgehend geöffnet sind. Auch einige schicke Modegeschäfte in der Altstadt haben recht lange geöffnet, bis 21 oder gar 22 Uhr, manche öffnen sogar am Sonntag. Speziell im Barri Gòtic werden die meisten kleinen Lebensmittelgeschäfte *(Supermercat)* von Pakistanern geführt und schließen sehr spät in der Nacht. Die Supermarktkette Opencor betreibt mehrere Läden in Barcelona, die sehr lange geöffnet sind.
- **Banken** sind ab 8.30/9 Uhr bis meist 14 Uhr geöffnet – danach nicht mehr. Einige Banken öffnen auch am Samstagvormittag.
- **Museen** haben montags und sonntagnachmittags geschlossen, allerdings gibt es Ausnahmen. Manche haben durchgängig ab 9 oder 10 Uhr geöffnet, aber einige schließen auch über Mittag.
- **Kirchen** sollten eigentlich den ganzen Tag über geöffnet sein, was aber nur in der Theorie zutrifft. Die Gottesdienste kann jeder besuchen, muss sich aber natürlich diskret verhalten und sollte nicht „wie ein Tourist" herumlaufen.

Post

Ein Standardbrief und eine Postkarte kosten jeweils 1,65 €. Briefmarken (span. *sellos)* sind nicht nur auf der Post, sondern auch in einigen Kiosken und vor allem in kleineren Tabakgeschäften erhältlich. Briefkästen sind in der Regel gelb und sehen ein wenig aus wie eine mittelgroße Tonne.

✉**197** [L11] **Hauptpost,** an der Plaça Antonio López, schräg gegenüber vom Hafen, geöffnet: Mo.-Fr. 8.30-14.30, 15.30-20.30 Uhr

✉**198** [K9] **Post,** Ronda de Universitat 23, im Zentrum unweit der Plaça de Catalunya, geöffnet: Mo.-Fr. 8.30-14.30 Uhr

Radfahren

Radfahren ist in Barcelona gerade sehr angesagt. In kaum einer anderen spanischen Stadt dürften so viele Radfahrer unterwegs sein. Das schlägt sich auch in der Straßenführung nieder. Immer mehr spezielle Radwege entstehen – eine Tatsache, die noch vor gar nicht langer Zeit in Spanien undenkbar war, denn ein Spanier sieht ein Fahrrad eigentlich immer noch nicht als adäquates Transportmittel an – nur die Barceloner ticken hier anders.

Mittlerweile hat die Stadtverwaltung ein hocheffektives **Ausleihsystem** entwickelt, das von den Bewohnern gerne in Anspruch genommen wird. Dieses System ist aber eher auf die lokale Bevölkerung ausgelegt. Aber auch für Touristen gibt es Fahrradverleihstationen, außerdem werden organisierte Stadtführungen per Rad angeboten:

•**199** [J11] **Bike Rental Barcelona,** c/Montserrat 8, Tel. 666057655, www.bikerentalbarcelona.com. Zentrale Lage in einer Nebenstraße der Rambles. Verleih von Rädern, es werden auch täglich geführte Touren angeboten.

•**200** [L10] **biketours barcelona,** c/Montsia 10, Tel. 935480457, www.biketoursbarcelona.com, März-Nov. tägl. 10.30-17.30, Dez.-Febr. 10.30-14 Uhr. Fahrradverleih und Tourenveranstalter. Klassische Räder, Kinderräder und E-Bikes auf stündlicher oder täglicher Basis. Angeboten werden u. a. auch dreistündige Stadttouren auf dem Fahrrad in englischer Sprache (tägl. 11 Uhr, April-Mitte Sept. Fr.-Mo. zusätzlich 16.30 Uhr).

•**201** [K9] **Color Bikes,** c/Tallers 45, www.color-bikes.com, Tel. 940555287 geöffnet: tägl. 10-21 Uhr. Zentral gelegene Fahrradvermietung im Barri El Raval.

107bl-sm

▷ *In Barcelona entstehen immer mehr von der Fahrbahn abgetrennte Radwege*

Sicherheit

Barcelona ist keine unsichere Stadt. Aber dennoch sollte jeder Besucher die elementarsten Grundregeln beachten. Barcelona zieht sehr viele Besucher an, und das wiederum lockt auch **Taschendiebe** an, vor denen ausdrücklich gewarnt werden muss. In der engen Altstadt, einer Warteschlange, einer vollen Tapasbar, überall könnte ein geschickter Dieb auf seine Chance lauern. Besonders aufpassen sollte man auf den Rambles 2 und abends rund um die Plaça Reial 4. Auch rechts der Rambles (Blickrichtung Meer) gibt es im Viertel El Raval (s. S. 56) eine kleine Zone, die „chinesisches Viertel" genannt wird und lange Zeit einen sehr schlechten Ruf hatte. Die Situation hat sich aber schon merklich entspannt, seit im Raval 27 viel gebaut wurde. Aufpassen sollte man aber immer noch im Bereich c/ Nou de la Rambla [H–J11].

Hier einige **Verhaltenstipps:**

- Ein Bummel über die **Rambles** und ein Streifzug durch das **Barri Gòtic** gehören unbedingt zu einem Barcelona-Besuch dazu. Man sollte jedoch generell auf seine **Wertsachen** aufpassen, es mischen sich immer wieder äußerst geschickte Taschendiebe unter die Besucher. Taschen sollten nicht einfach lässig über die Schulter gehängt werden, die **Geldbörse** sollte man nicht in die Gesäßtasche stecken und das Smartphone immer fest im Griff behalten, wenn man es nutzt.
- Falls es im Hotel einen **Zimmersafe** gibt, sollte man diesen mieten und die wichtigsten Wertsachen dort einschließen. Werden Pass, Personalausweis (bzw. Identitätskarte) oder die Kreditkarte nicht benötigt, sollte man diese ebenfalls im Zimmersafe einschließen und nur eine Kopie des Ausweises mit sich führen.
- **Geldautomaten** an einer belebten Straße sollte man nicht aufsuchen. In vielen Banken stehen die **Geldautomaten** in einem kleinen Vorraum, sodass man nicht direkt auf der Straße Geld abheben muss. Die Tür zum Vorraum kann zugezogen werden. Wer das außerhalb der Öffnungszeiten der Bank macht, muss manchmal eine Klingel drücken oder seine Geldkarte durch einen markierten Schlitz ziehen.
- Im Falle eines **Diebstahls** im Zentrum können Sie hier Anzeige erstatten:

202 [K11] **Guardia Urbana de Ciutat Vella,** La Rambla 43. Die Beamten handeln routiniert, es liegen mehrsprachige Fragebögen aus. Das Konsulat kann auch einen Reiseausweis für die Rückkehr ausstellen, aber nicht außerhalb der Dienstzeiten, da die deutschen Behörden dazu kontaktiert werden müssen.

Sport

Schwimmen

Schwimmen kann man am einfachsten im Meer vor dem Strand bei Barceloneta 38, aber es gibt auch ein Freibad hoch oben auf dem Montjuïc knapp hinter dem Museum der Fundació Joan Miró 76.

S **203** [D10] **Piscines Bernat Picorell,** Avinguda de l'Estadi 30–38, Tel. 934234041, www.picornell.cat, geöffnet: generell zwischen 7 und 24 Uhr, Freibad: April–Nov. ab 10 Uhr. Die ehemalige olympische Sportstätte hat ein 50-m-Freibad mit Sprungturm und ein überdachtes Bad, ebenfalls 50 m lang, außerdem auch einen Fitnessbereich und eine Sauna.

Freibad mit Blick über die Stadt oben auf dem Berg Montjuïc

Joggen

In Barcelona kann man gut an der **Promenade am Stadtstrand** vor Barceloneta 39 entlanglaufen. Das klappt aber nur früh morgens gut, denn ab Mittag füllt sich der Strand und damit auch die Promenade und Jogger müssen dann regelrecht Slalom laufen, genau wie am Abend, wenn viele Menschen dort unterwegs sind. Eine andere Möglichkeit bietet sich ambitionierteren Läufern, dafür kann man dort aber relativ ungestört laufen. Ausgehend von der Plaça d'Espanya 68 kann man den **Berg Montjuïc** hoch am Olympiastadion 74 vorbeilaufen. Wer Kraft hat, schafft es sogar hoch bis zur Festung Castell de Montjuïc 78. Der Anstieg ist nicht von schlechten Eltern, aber vielleicht erinnern Sie sich an die Olympischen Spiele 1992. Die Marathonläufer drehten damals eine Runde von 40 Kilometern durch die Stadt und durften dann den Berg Montjuïc hochasten, um schließlich durchs Marathontor ins Olympiastadion einzulaufen. Damals gewann der Deutsche Stefan Freigang die Bronzemedaille, und der musste hier auch hoch. Das sollte doch ein kleiner Ansporn sein, oder ...?

Im März findet ein **Marathon** statt, der auch viele internationale Teilnehmer anzieht, da das Wetter meist zu dieser frühen Jahreszeit schon recht ordentlich ist. Und im April findet der 10,6 km lange Volkslauf Cursa El Corte Inglés (s. S. 210) statt, der von der Plaça de Catalunya 1 hoch auf den Berg Montjuïc (s. S. 109) führt und auf der anderen Seite wieder hinunter verläuft. Stadtbesucher können gerne daran teilnehmen.

108bl-sm

Sprache

In Barcelona sprechen die Katalanen untereinander im Alltag **Katalanisch**. Spanier aus „Rest-Spanien", die privat oder beruflich in der Stadt zu tun haben, beklagen genau dies immer wieder. Aber da sind die Katalanen sehr eigen. Wer hier lebt, muss die Sprache lernen, so in etwa lautet ihr Standpunkt. Selbstverständlich sprechen alle Katalanen auch **Spanisch**, aber niemals untereinander. Wer sich als Ausländer mit einer Frage auf Spanisch an einen Katalanen wendet, wird aber in aller Regel eine freundliche spanische Antwort bekommen, keine Angst also. **Englische Sprachkenntnisse** verbreiten sich auch immer mehr, allerdings darf man in Bars, auf den Märkten und von Bus- und Taxifahrern nicht zu viel erwarten.

Als **Tourist** kann man ruhig mal eine Konversation auf **Spanisch** versuchen. Man muss schon sehr viel Pech haben, wenn ein eingefleischter Nationalist gegenüber dem Ausländer nur auf *català* antwortet. Aber das ist eigentlich nicht zu erwarten.

Hinweisschilder gibt es nur auf Katalanisch, spanische Schilder sind nirgends zu finden – und wenn doch einmal, sind sie binnen 24 Stunden überschmiert. Die Sprachhilfe im Anhang des Buches listet wichtige Vokabeln auf Katalanisch und Spanisch auf (s. S. 258).

En català, si us plau! – Bitte auf Katalanisch!

Unter Franco war die **katalanische Sprache verboten.** Wie aber verbietet man eine Sprache? Zum Beispiel, indem spanische Lehrer in die Schulen nach Katalonien geschickt werden und die Kinder geschlagen werden, wenn sie, wie von zu Hause gewohnt, Katalanisch antworten.

Das ist alles tatsächlich passiert. Und es wirkt noch nach, denn eine bestimmte Generation von Katalanen kann zwar Katalanisch sprechen, aber nicht schreiben. Nach Francos Ende reagierten die Katalanen sofort. Systematisch haben sie erst alles Frankistische aus dem öffentlichen Leben getilgt, dann sogar alles Spanische. Heute dominiert nur eine Sprache: *català.*

Katalanisch ist (neben Spanisch) **Amtssprache in Katalonien.** 1976 kam die erste Zeitung (Aviu) auf den Markt, viele weitere sollten folgen. Es gibt sogar eine **Zeitung,** die jeden Tag in einer identischen Doppelausgabe erscheint, eine auf *español,* die andere auf *català.* Damit das auch optisch auffällt, trägt die spanische ein rotes Schmuckband, die katalanische Ausgabe ein blaues. Außerdem gibt es jede Menge rein katalanischsprachige Radio- und TV-Sender.

Angestellter bei einer **Behörde** kann man nur noch mit Katalanischkenntnissen werden, denn jeder Bürger hat nun das Recht, sein Anliegen auf *català* vorzutragen. Das gilt sogar vor Gericht, ein Verbrecher muss auf Wunsch auf Katalanisch verurteilt werden. Aber eigentlich ist ein derartiges Gesetz gar nicht notwendig, denn Katalanen sprechen sowieso nur noch Katalanisch untereinander.

90 % des **Schulunterrichts** erfolgt auf „català“, Kinder lernen erst in der Grundschule die spanische Sprache. Erste Autokennzeichen tragen auch nicht mehr das Länderkürzel E für „España“, sondern CAT für „Catalunya“. Folgerichtig gibt es auch eine eigene Top-Level-Domain im Internet, nämlich „.cat“.

Immerhin sprechen **ca. 12 Millionen Menschen** Katalanisch, wenn man die sprachlichen Varianten auf den Balearischen Inseln, in der Region Valencia und in Andorra berücksichtigt. Das ist immerhin mehr, als die Anzahl der Dänischsprecher, wie gerne betont wird. Katalanisch ist kein Dialekt der spanischen Sprache, sondern eine eigene Sprache, worauf sehr viel Wert gelegt wird.

Spanier, die aus nichtkatalanischen Regionen stammen oder Lateinamerikaner verstehen *català* in etwa so gut oder so schlecht wie Italienisch oder Portugiesisch. Oder um einen Vergleich zu unserer Muttersprache zu bringen: Der sprachliche Unterschied ist nicht etwa wie der zwischen Österreichisch und Deutsch, sondern eher wie der zwischen Deutsch und Niederländisch. Und genau hier liegt eine große Schwierigkeit für **Spanier**, die aus anderen Regionen stammen und vielleicht beruflich in Barcelona zu tun haben. Viele bauen eine Abwehrhaltung auf und verweigern sich dieser doch recht fremden Sprache mit dem schlichten Argument: „Wir sind in Spanien und hier spricht man Spanisch!". Da die Katalanen dies genau anders sehen, verfestigen sich leider schnell die (sprachlichen) Fronten.

Stadttouren

Bustouren

Der städtische **Bus Turístic** bietet auf drei Routen (zwei Haupt- und eine Nebenroute) die Möglichkeit, alle wichtigen touristischen Sehenswürdigkeiten der Stadt abzufahren. Man kann jederzeit ein- und aussteigen, um sich unterwegs die jeweilige Sehenswürdigkeit anzuschauen. Danach fährt man einfach mit dem nächsten Bus weiter.

Die **Nordroute** ist blau gekennzeichnet und führt von der Plaça de Catalunya 1 an Gaudí-Sehenswürdigkeiten wie Sagrada Família 64 und Park Güell 81 vorbei und passiert den Berg Tibidabo sowie schließlich das Fußballstadion des FC Barcelona 84, bevor es zurückgeht zur Plaça de Catalunya.

Die **südliche Route** (rot) beginnt ebenfalls an der Plaça de Catalunya, schlägt einen Bogen über die Einkaufsstraße Passeig de Gràcia 46, führt dann über die Plaça Espanya zum Olympiastadion 74 und weiter zum Poble Espanyol 73, um zum Schluss am Hafen vorbei die Rambles 2 hochzufahren.

Die **dritte Route** (grün) wird nur in der Touristensaison (April–Okt.) befahren und führt am Meer entlang in das Gebiet des ehemaligen Kulturforums

› **Preise:** Ticket für einen Tag 30 €, Kinder 4–12 Jahre 16 €, Ticket für zwei aufeinan-

Mit dem Bussen von Barcelona Bus Turístic kann man bequem viele Sehenswürdigkeiten ansteuern

142bl-hj

derfolgende Tage 40/21 €, ab 65 Jahren 25/35 €. Mit dem Ticket erhält man ein Büchlein mit Ermäßigungskarten. 10 % Rabatt bei Buchung übers Internet (www.barcelonabusturistic.cat).

- **Abfahrtszeiten:** Der erste Bus startet an der Plaça de Catalunya um 9 Uhr, der letzte ca. 20 Uhr. Etwa alle 5–25 Minuten kommt ein Bus.
- Bus Turístic bietet auch einen speziellen **Nachtbus** zu den wichtigsten, meist beleuchteten Sehenswürdigkeiten an (Juni–Sept., Abfahrt: Fr.–So. 21.30 Uhr ab Plaça de Catalunya, Preis: 22 €, Kinder 10 €, Dauer: 2½ Std.).

Barcelona City Tours bietet eine ähnliche Tour wie der Bus Turístic an. Die Busse des Anbieters starten alle an der Ronda Universitat 5 [K9], passieren aber unter anderem auch die zentrale Plaça de Catalunya ❶ und den Hafen in Höhe des Kolumbusdenkmals ㉝.

- Preise: Tagesticket 30 €, Kinder (4–12 Jahre) 16 €, für zwei Tage 40/21 €, Senioren 25/15 €, 10 % Rabatt bei Buchung übers Internet (www.barcelona.city-tour.com). Der Bus startet um 9 Uhr. Der letzte Bus fährt im Sommer um 20 und im Winter um 19 Uhr.

Geführte Stadtrundgänge

Das Touristenbüro bietet verschiedene geführte **Stadtspaziergänge an.** Der Treffpunkt ist meist an der Plaça de Catalunya vor der Touristeninformation (s. S. 236), hier eine Auswahl:

- **Barcelona Walking Tour Modernisme:** Führung zu verschiedenen Gebäuden des Modernismus, u. a. auch zum Palau de Mùsica (2 Std., auf Englisch: Di., Do., Sa. 18 Uhr, Preis: 27 €
- **Tour durchs nächtliche Barri Gòtic:** Zuerst geht es über die Rambles, dann rein ins Gassengewirr des Barri Gòtic (3 Std., auf Englisch: Do. 19 Uhr, 40 €).
- Die **Barcelona Walking Tours Gòtic** führt ebenfalls durch das historische Altstadtviertel Barri Gòtic. (2 Std., auf Englisch: April–Okt. tägl. 9.30 Uhr, Preis: 23,75 €, Treff an der Touristeninformation Catedral (s. S. 236).
- Die **Tour Literario** führt zu Schauplätzen verschiedener Romane (Sa. 18, So. 17 Uhr, ab 15,50 €, Spanisch und Englisch).

Hafenrundfahrten

- Ungefähr halbstündlich zwischen 11.30 und 19 Uhr starten die sogenannten **Golondrinas** („Schwalben") zu Hafenrundfahrten. Es gibt verschiedene Touren, deren Preise variieren, beispielsweise eine halbstündige Tour durch den Hafen (7,50 €) oder eine längere Tour entlang der Küste nach Norden bis zum ehemaligen Forum der Kulturen (15 €). Gestartet wird vom Anleger direkt hinter der Kolumbussäule ㉝. Infos: www.lasgolondrinas.com.

Segway-Tour

•**204** [L11] **Segways,** c/Sots-tinent Navarro 26, 50 Meter von der Metrostation Jaume I, Tel. 935504890, www.barcelonasegwayfun.com. Täglich bis zu drei Touren von 1½ Std. (45 €). Um 10 und 17 Uhr starten zweistündige Touren (55 €), es gibt auch eine dreistündige Tour (75 €).

Touren per Rad

Die unter der Rubrik „Radfahren" (s. S. 241) aufgeführten Verleiher führen auch Stadttouren mit dem Fahrrad durch.

Telefonieren und Internet

In Spanien sind die Vorwahlen in die jeweilige Anschlussnummer integriert, d. h., eine Ortsvorwahl gibt es nicht. Alle spanischen Telefonnummern sind neunstellig. Spanische **Festnetznummern** beginnen mit einer 9, **Handynummern** mit einer 6 oder 7. Nummern, die mit einer 900 beginnen, können kostenlos angerufen werden, während Nummern zwischen 901 und 905 besondere Tarife haben, ähnlich verhält es sich mit 803, 806 und 807.

Da es in der EU **keine Roaminggebühren** mehr gibt, ist das Telefonieren und Surfen mit dem Handy so günstig wie zu Hause – es sei denn, man nutzt das Handy im Ausland über einen längeren Zeitraum hinweg, dann können je nach Anbieter Nutzungsobergrenzen gelten.

Die Stadtverwaltung hat ein Projekt mit Namen **Barcelona WiFi** initiiert, bei dem ca. 2000 **WLAN**-Hotspots über die ganze Stadt verteilt eingerichtet wurden. Erkennbar sind diese am blauen Schild mit dem Großbuchstaben W und kleiner darunter „Barcelona WiFi". Aktiv sind die Hotspots zwischen 8 und 1 Uhr.

› https://ajuntament.barcelona.cat/barcelonawifi

Außerdem gibt es WLAN in praktisch allen Unterkünften, vielen **öffentlichen Gebäuden** und in manchen **Museen.** Eine große öffentliche WLAN-Zone befindet sich im **Maremagnum** (s. S. 202).

Telefonvorwahlen

- **Deutschland:** 0049
- **Österreich:** 0043
- **Schweiz:** 0041
- **Spanien:** 0034

Toiletten

Öffentliche Toiletten sind in Barcelona sehr selten, man sollte in dringenden Fällen in einer Bar oder in einem Café nachfragen, ob man das WC nutzen kann, oder am besten die Gelegenheit nutzen, wenn man in einem solchen einkehrt. Große Einkaufszentren wie El Corte Inglés (s. S. 202) und das Maremagnum (s. S. 202) sind ebenfalls ein guter Tipp.

Unterkunft

Preise und Unterkunftstypen

Wer Barcelona besucht, sollte sich ein Hotel im **Zentrum** gönnen. Es gehört einfach dazu, abends auch mal durch die Bars zu ziehen oder durch die Altstadt zu stromern oder ganz einfach die etwas mildere Nachtluft am Hafen zu genießen. Und genau das macht man eher nicht, wenn man weit entfernt wohnt. Die **Preise** im Zentrum sind leider etwas hoch, ein Doppelzimmer unter 70 Euro kann man zwar finden, aber diese Häuser sind natürlich sehr beliebt und daher oft ausgebucht.

Im **Hochsommer** ist die Stadt voller Touristen, sodass man sich entsprechend rechtzeitig um eine Unterkunft bemühen muss. Aber auch für die restliche Zeit des Jahres gilt Barcelona als beliebtes Reiseziel. Speziell im Frühjahr und im frühen Herbst reisen viele Touristen für ein verlängertes Wochenende in die katalanische Metropole. Unter der Woche kommen dann noch die vielen Geschäftsreisenden dazu.

Fazit: Wer eine Reise nach Barcelona plant, sollte sich wirklich rechtzeitig (!) um sein Quartier kümmern.

Die Vermittlung von privaten Wohnungen über **Buchungsportale** (s. u.) ist in Barcelona in Verruf geraten. Viele Besitzer einer Wohnung vermieten lieber kurzfristig an Touristen als langfristig an Einheimische, nicht selten sogar schwarz, also ohne Steuern abzuführen. Dadurch entsteht natürlich in einer Hausgemeinschaft Unruhe und wenn feierfreudige Kurzzeitgäste übers Wochenende kommen und wenig Rücksicht nehmen, dann darf man sich über eine ablehnende Haltung der Einheimischen nicht wundern. Genau dies passierte besonders heftig bereits im Hafenviertel **Barceloneta** 38, wo aus vielen Fenstern lange Zeit sogar Protestplakate gegen Touristen hingen

EXTRAINFO

Buchungsportale

Neben Buchungsportalen für **Hotels** (z. B. www.booking.com, www.hrs.de oder www.trivago.de) bzw. für **Hostels** (z. B. www.hostelworld.com) gibt es auch Anbieter, bei denen man **Privatunterkünfte** buchen kann. Portale wie www.airbnb.de oder www.wimdu.de vermitteln Wohnungen, Zimmer oder auch nur einen Schlafplatz auf einer Couch. Diese oft recht günstigen Übernachtungsmöglichkeiten sind nicht unumstritten, weil manchmal normale Wohnungen gewerblich missbraucht werden. Einige Regierungen greifen deshalb regulierend ein.

und es auch schon mehrfach handfeste Demonstrationen von Nachbarn gab, die ein energisches Einschreiten der Behörden forderten. Tatsächlich reagierte man, glich Internetportale mit Steuerdaten ab und fischte so etliche Sünder heraus.

Die genannten Hotel-Preise sind die offiziellen Preise, von denen es manchmal Abweichungen gibt. Dies gilt eher nicht für das Wochenende, denn seit Barcelona ein derart beliebtes Wochenendziel geworden ist, fallen hier nun auch nicht mehr am Freitag die Preise, wie es in anderen Städten durchaus der Fall sein kann. Natürlich hat Barcelona auch einige exklusive **Fünf-Sterne-Häuser.** Diese befinden sich, mit einigen Ausnahmen, nicht unmittelbar im Zentrum. Außerdem richten sie sich doch überwiegend an eine andere Klientel, nämlich an Geschäfts- oder Kongressreisende. Wer nur ein Wochenende in der Stadt verbringt, wird sein Budget wahrscheinlich doch anders einsetzen wollen, weshalb hier auf die Nennung von hochpreisigen Häusern verzichtet wird.

Unterhalb der Hotelkategorie existiert die einfachere Unterkunftsform der **Hostales.** Generell geht es in einem Hostal familiärer zu, man muss sich aber gelegentlich das Bad mit anderen Gästen teilen (nicht immer!) und es gibt mitunter auch Mehrbettzimmer, was aber nicht die Regel ist.

Die Stadt verfügt über etliche Unterkünfte, die sich **„Jugendherberge“** nennen, aber sehr oft nicht so organisiert sind. Das bedeutet, dass man meist keinen Jugendherbergsausweis benötigt und auch nicht die Herberge zu einer bestimmten Uhrzeit geschlossen wird.

Es sind mehr sehr legere Unterkünfte, die gezielt für jüngere Gäste mit schmalem Geldbeutel konzipiert sind. Doppelzimmer gibt es, aber eben meist auch Mehrbetträume. Wer sich damit zufrieden gibt, kann sehr günstig und zentral wohnen.

Die Preise müssen in jeder Unterkunft an der Rezeption aushängen. Sie gelten grundsätzlich für ein **Doppelzimmer.** Einzelzimmer sind seltener und werden meist für etwa 70 % des Doppelzimmerpreises angeboten. Ein **Frühstück** ist nicht immer im Preis inbegriffen. Teilweise werden dafür relativ happige Zusatzkosten verlangt, dafür kann man dann auch gleich in die nächste Bar gehen.

Fast alle Hotels in Barcelona verfügen über eine **Klimaanlage** auf den Zimmern.

Wer an der Rezeption nach einem Doppelzimmer fragt, bekommt oft als Gegenfrage *dos llits?* („zwei Betten?") zu hören. Wer das verneint, erhält dann ein sogenanntes *llit de matrimoni*, also ein „Ehebett", womit ein etwas schmaleres Bett gemeint ist, etwa das, das manche als „französisches Bett" kennen.

Alle Besucher der Stadt müssen zusätzlich zum Preis für die Unterkunft eine **Touristensteuer** („Taxa turística") bezahlen. Die Höhe ist abhängig von der gewählten Unterkunft und der Dauer des Aufenthaltes, sie wird für höchstens sieben Nächte erhoben. Für Barcelona gelten übrigens höhere Sätze als im restlichen Katalonien:

- Hotels mit fünf Sternen und Appartements: 6,25 € pro Nacht
- Hotels mit vier Sternen: 4,45 € pro Nacht
- sonstige Hotels, Pensionen, Jugendherbergen, Campingplätze: 3,75 € pro Nacht

Unschlagbar günstig

205 [K11] **Hostal Fernando** €€-€€€, c/Ferran 31, Tel. 933017993, https://hfernando.com. **Preisgünstig und doch zentral:** Das kleine Haus hat schlicht, aber funktional eingerichtete Zimmer und befindet sich in der Nähe der Rambles in einer belebten Straße. Es gibt Zimmer für bis zu vier Personen.

206 [L14] **Sea Hostel Barcelona** €, Plaça del Mar 1–4, Tel. 634354499, www.seahostelbarcelona.com. **Direkt am Strand gelegen:** Fast schon eine privilegierte Lage, denn das legere Haus steht unmittelbar am Stadtstrand. Ins Zentrum zur Altstadt sind es vielleicht 15 Minuten Fußweg, aber ein Bus fährt fast von der Haustür bis zu den Rambles. Schlafräume mit 4, 6 oder 8 Betten, unten gibt es eine Bar.

Gut und günstig

207 [K7] **HCC Taber** €€€, c/Aragó 236, Tel. 934873887, www.hcchotels.es. **Für Fans von Modernismus-Bauten:** Ein Dreisterner in guter Lage, nur zwei Blocks vom Passeig de Gràcia entfernt, also ideal für Interessierte an den Modernismus-Bauten. Die 92 Zimmer in dem historischen Haus sind nicht sonderlich groß, aber zweckmäßig eingerichtet. Angeschlossen ist eine Bar.

208 [J9] **Hotel BCN 40** €€-€€€, c/ Joaquim Costa 40, Tel. 933181500. **Nur 10 Minu-**

Die Preiskategorien gelten für ein Doppelzimmer und sind die offiziellen Preise (keine Sommer- oder Wochenendtarife).

€	bis 70 €
€€	70–100 €
€€€	100–130 €
€€€€	über 130 €

ten Fußweg von den Rambles entfernt: relativ zentral im quirligen Raval-Viertel gelegen. Die Zimmer sind klein, aber funktional.

209 [L9] **Hostal Goya** €€€, c/Pau Claris 74, Tel. 933022565. **Gepflegtes, schlankes Haus:** im Viertel Eixample, aber nur ca. 5 Gehminuten von der zentralen Plaça Catalunya entfernt. Die Zimmer sind unterschiedlich groß. Neben den eher normal großen Doppel- und Dreibettzimmern gibt es auch extra kleine DZ. Die Räume zum Innenhof sind ruhiger. Insgesamt sehr modern eingerichtet, hell und im schicken Design, sogar mit Holzböden.

210 Ibis Barcelona Meridiana €€, Passeig Andreu Nin 9, Tel. 932768310, www.ibishotel.com. **Abseits der touristischen Zone:** Etwas außerhalb der City (acht Metrostationen bis „Fabra i Puig") gelegenes, großes Haus der bekannten Kette mit 143 zweckmäßig eingerichteten Zimmern. Die Fenster lassen sich nicht öffnen. Direkt nebenan befindet sich das große Einkaufszentrum Heron City.

211 [R11] **Travelodge Barcelona Poblenou** €€, c/Llull 170, Tel. 936241802, www.travelodge.es. **Nicht zentral, aber preiswert:** Das Travelodge ist ein großes Haus in der Budget-Kategorie mit 250 Zimmern auf neun Etagen. Die Zimmer sind einfach und ohne besonderen Komfort, aber zweckmäßig eingerichtet. Die Fenster sind schallisoliert, man kann sie jedoch nicht öffnen. Das Haus liegt in Poblenou, mehrere Buslinien halten vor der Tür, die nächste Metrostation Llacuna befindet sich 500 m entfernt.

Für die ganze Familie

212 [R11] **4Barcelona** €€-€€€, c/Doctor Trueta 164, Tel. 933290954, www.hotel4barcelona.com. **Nahe am Strand und außerhalb der City:** Großes Haus mit recht schicken und modernen Zimmern, die ohne große Schnörkel eingerichtet sind. Es gibt ein Restaurant, eine Cocktailbar und einen Fitnessraum. Das Hotel liegt in Poblenou, zur Metrostation „Llacuna" sind es etwa 400 Meter, ebenso weit entfernt liegt der Strand.

213 [J11] **Andante** €€€-€€€€, Av. Drassanes 23–25, Tel. 934412545, www.andantehotel.com. **Funktional und gut gelegen:** Drei-Sterne-Haus mit 134 Zimmern (auch Dreier- und Familienzimmer) verteilt auf 10 Etagen. Die Einrichtung ist funktionell und kommt ohne überflüssigen Schnickschnack daher. Auf der 11. Etage gibt es einen Pool und eine Terrasse mit schönem Blick über die Stadt.

214 [J10] **Sant Agustí** €€€, Plaça Sant Agustí 3, Tel. 933181658, www.hotelsa.com. **Zentral und altbewährt:** Das Haus befindet sich relativ ruhig vor einem größeren Platz unweit der Rambles. Es gilt als ältestes Hotel der Stadt (1840) und ist in einem ehemaligen Konvent untergebracht. Insgesamt 77 gute Zimmer, auch Dreier- und Familienzimmer.

Wohlfühlen und genießen

215 [F8] **B Hotel** €€€€, Gran Via de les Corts Catalanes 398–391, Tel. 935529500, www.b-hotel.com. **Schickes Hotel mit Pooldach:** Das B Hotel verfügt über ein schickes und modernes Interieur und sehr funktionelle, geräumige Zimmer. Außerdem gibt es einen modernen Restaurantbereich, oben auf dem Dach in der achten Etage einen Pool mit Sonnenterrasse und einer schönen Aussicht auf die Stadt. Das Hotel liegt bei der Plaça d'Espanya, der Flughafenbus hält fast vor der Tür.

216 [L10] **Catalonia Magdalenes** €€€€, c/de les Magdalenes 13, Tel. 934813517, www.cataloniahotels.com. **Mitten im Altstadtviertel Barri Gòtic:** Das Viersternehaus liegt in einer schmalen Straße nur wenige Gehminuten von der Kathedrale entfernt und verfügt über modern eingerichtete Zimmer. Oben auf dem Dach gibt es eine Terrasse mit Pool, innen einen Wellnessbereich.

217 [K11] **Catalonia Port** €€€, c/Ample 1, www.cataloniahotels.com, Tel. 933424244. **Modernes Hotel im historischen Haus:** Das Haus liegt am Rande des Barri Gòtic, etwa 5 Minuten Fußweg von der Hafenmeile und der Rambla entfernt, also schon etwas ruhiger. In dem Haus aus dem 18. Jh. sind die Zimmer modern und relativ großzügig gestaltet, es gibt ein Restaurant und einen kleinen Pool auf der Dachterrasse.

218 [S8] **Hotel Four points by Sheraton Barcelona** €€€€, Av. Diagonal 161–163, Tel. 934868800, www.fourpointsbarcelonadiagonal.com. **Etwas raus aus der Stadt:** Großes, modernes Haus, das im Viertel Poblenou liegt, also nicht zentral. Allerdings hält die Straßenbahn vor der Tür und auch die Metro wird schnell erreicht, die Rambla del Poble Nou mit ihren vielen Lokalen und Geschäften beginnt vor der Haustür. Zum Strand sind es etwa 15 Minuten Fußweg. Die Zimmer sind zweckmäßig, aber nicht allzu groß und gut eingerichtet. Oben im elften Stock gibt es einen Fitnessraum, von dem man gleichzeitig einen tollen Blick über die Stadt hat. Außerdem sind ein Restaurant und eine Bar angeschlossen.

219 [R11] **Ilunion Barcelona** €€€, c/Ramon Turró 196, www.confortelbarcelona.com, Tel. 932438800. **Rückzugsort nach dem City-Bummel:** Das Confortel ist in einem großen, modernen Gebäude mit viel Glas untergebracht. Es bietet recht geräumige und helle Zimmer. Auf der Dachterrasse gibt es einen kleinen Pool. Das Haus liegt in Poblenou, nur einen Straßenblock von der Rambla de Poblenou (nicht verwechseln mit der „berühmten" Rambla) entfernt, zur Metrostation „Poblenou" sind es ca. 10 Minuten Fußweg, genau wie zum Strand.

Ruhig und persönlich

220 [K10] **El Jardí** €€€, Plaça Sant Josep Oriol 1, www.eljardi-barcelona.com, Tel. 933015900. **Haus mit Geschichte** in schöner Lage vor dem schönen, gleichnamigen Platz. Ein historisches Gebäude, dessen Wurzeln sich bis 1620 zurückverfolgen lassen. Die Zimmer sind nicht sehr groß, aber Liebhaber von stimmungsvoll-lauschigen und fast schon familiären Häusern werden sich hier wohlfühlen.

Besonders gut gelegen

221 [K10] **Atlas** €€€, c/Cardenal Casañas 11, Tel. 933041889. **Einmal ums Eck der Rambles:** Sehr schmales Haus fast gegenüber der Metrostation Liceu. Das Haus hat 21 zweckmäßig eingerichtete Zimmer, die keinen übermäßig großen Komfort bieten, aber

166bl-hj

Zentrale Lage im Barri Gòtic: das Hotel Catalonia Avinyó (s. S. 252)

alles Notwendige aufweisen, wenngleich hier natürlich vor allem die Lage punktet.

222 [K7] **Balmes** €€€-€€€€, c/Mallorca 216, Tel. 934511914, www.derbyhotels.com. Das Balmes steht **im Modernismus-Viertel L'Eixample** zwei Querstraßen vom Flanierboulevard Passeig de Gràcia entfernt. Größeres Haus mit 102 Zimmern. Modern und funktional eingerichtet, wenn auch nicht übermäßig groß. Ein kleiner Pool ist auch vorhanden.

223 [K11] **Catalonia Avinyó** €€€-€€€€, c/Avinyó 16, Tel. 932702170, www.cataloniahotels.com. **Mitten in der Altstadt:** Untergebracht in einem historischen Haus, aber sehr modern und ohne jeglichen Schnörkel eingerichtet. Allerdings sind die Zimmer etwas klein. Insgesamt eine sehr zentrale Lage im Barri Gòtic. Kleiner Pool oben auf dem Dach.

111bl-sm

224 [J11] **Gaudí** €€€-€€€€, Nou de la Rambla 12, Tel. 933179032, www.hotelgaudi.es. **Altbewährtes Haus unweit der Rambles:** Das Hotel liegt knapp 100 m von den Rambles entfernt im Viertel El Raval. Es existiert schon über 50 Jahre, wurde aber mehrfach komplett renoviert. Heute ist es modern und in klaren, hellen Farben eingerichtet.

225 [K9] **Hotel Jazz** €€€, c/de Pelai 3, Tel. 935529696, www.hoteljazz.com. **Modernes, größeres Haus, sehr zentral nahe der Plaça Catalunya:** Die Zimmer sind recht modern und hell eingerichtet, einige weisen zum Innenhof, dort ist es ruhiger. Auf der 8. Etage gibt es einen kleinen Pool und eine Sonnenterrasse.

226 [L11] **Suizo** €€€, Plaça de l'Àngel 12, Tel. 933106108, www.hotelsuizo.com. **Zwischen den Altstadtvierteln:** An der Fassade steht: „1858 erbaut". Ein ehrwürdiges Haus also, das an der stark befahrenen Via Laietana steht. Insgesamt 60 Zimmer, die sich auf vier Etagen verteilen. Eine Metrostation (Jaume) befindet sich direkt vor der Tür und ins Barri Gòtic sind es nur wenige Schritte.

Ausgefallene Konzepte

227 [J10] **Barceló Raval** €€€€, Rambla del Raval 17–21, Tel. 933201490, www.barcelo.com. **Modern-stylish mit Superblick:** Rundbau mit 186 Zimmern, kaum 10 Minuten Fußweg von der Rambla entfernt. Es gibt drei Zimmertypen, das Ganze ist sehr modern, stylish und funktional eingerichtet, u. a. mit ergonomisch geformten Möbeln und großer Fensterfront in den Zimmern. Die Farbe Weiß dominiert. Oben im 11. Stock befindet sich eine 360°-Panorama-Terrasse mit Bar.

228 [K11] **España** €€€-€€€€, c/Sant Pau 9 (nahe Rambles), Tel. 935500000, www.hotelespanya.com. **Nächtigen in einem Modernismus-Gebäude:** Das glanzvolle Hotelgebäude wurde von Lluís Domènech i Montaner, einem der Stars der Modernismus-Szene, kreiert. Es hat insgesamt 82 Zimmer. Das Haus hat eine frische, moderne Note, ohne den historischen Charme missen zu lassen. In der obersten Etage befindet sich die elegante Terrassenbar Alaire Ramblas und auf der Dachterrasse gibt es einen Pool.

229 [L6] **Hotel Praktik Bakery** €€€, c/Provença 279, Tel. 934880061, www.hotelpraktikbakery.com. **Das erste Bäckerei-Hotel der Welt** – zumindest nach eigener Aussage. Ein modernes Hotel, unweit der Modernisme-Häuser des Passeig de Gràcia gelegen. Die kleinen Zimmer sind in hellen Farben gehalten und sehr funktional, aber auch etwas puristisch eingerichtet. Unten befindet sich eine beliebte Bäckerei, der Duft der Backwaren strömt durch das Haus. Dort befinden sich auch die Rezeption und der Frühstücksbereich.

230 [K10] **Petit Palace Boquería Garden** €€€€, c/Boqueria 10, www.petitpalaceboqueriagarden.de, Tel. 933020092. **Nur 50 Meter von den Rambles entfernt:** Dieses zentral gelegene Hotel ist in einem historischen Gebäude untergebracht. 61 Zimmer mit moderner Einrichtung sowie ein lichtdurchfluteter, sehr schön begrünter Innenhof.

231 [L9] **Room Mate Pau** €€€-€€€€, c/Fontanella 37, Tel. 933436300, www.room-matehotels.com. **Wie bei Freunden:** Äußerst zentral gelegen, keine zwei Minuten Fußweg von der Plaça de Catalunya. Das Room Mate Pau bietet in einem Haus mit denkmalgeschützter Fassade 66 modern und fast ein wenig futuristisch eingerichtete Zimmer von Standard bis zur Suite, darunter auch Zimmer mit Terrasse.

Das Hotel Suizo ist in der Altstadt gelegen

Verkehrsmittel

Metro

Am einfachsten zu durchschauen ist wohl das U-Bahn-Netz, die Metro. Insgesamt **11 Linien** verkehren zwischen 5 und 24 Uhr, freitags bis 2 Uhr, und samstags die ganze Nacht durch. Die Metrolinien tragen Nummern von L1 bis L11. Oft wartet man kaum länger als fünf Minuten. Einziger Haken: In einigen Umsteigestationen läuft man teilweise sehr weite Wege von 3 bis 6 Minuten, so vor allem an der Station „Passeig de Gràcia", etwas weniger lang, aber auch mehrere Minuten an den Stationen „Diagonal", „Sants Estació", „Espanya", „Catalunya" und „Urquinaona".

Beim **Ticketkauf** kann man neben Einzeltickets auch preiswerte Zehnerkarten (T-Casual) oder extra auf Touristen ausgerichtete Mehrtageskarten, die bis zu fünf Tage Gültigkeit haben, erstehen. Vor dem Betreten eines Bahnsteigs muss die Karte vor der Sperre in einen Schlitz gesteckt werden, erst danach öffnet sich die Sperre. Die Karte flutscht am anderen Ende wieder heraus. Man sollte sie aber nicht gleich danach wegwerfen, an einigen Stationen gelangt man nur auf diese Weise auch wieder ins Freie. Tickets gibt es am Automaten, an manchen Stationen auch am Schalter, per Internet oder in der App (s. S. 237).

› **Preise:** Einzelticket 2,40 €, Zehnerkarte **T-Casual** 11,35 € (das Ticket ist personengebunden). Außerdem gibt es noch Mehrtagestickets, z. B. das speziell auf Touristen zugeschnittene Ticket **Hola BCN,** das für zwei bis maximal fünf Tage gilt (16,40 €–38,20 €, Rabatt bei Onlinekauf möglich). Dieses Ticket hat den Vorteil, dass es bereits ab bzw. bis

112bl-sm

zum Flughafen gilt, man also nicht das teure Extraticket kaufen muss. „Hola BCN" kann vorab online oder auch an Automaten direkt am Flughafen gekauft werden.

- www.tmb.cat
- www.holabarcelona.com

Stadtbus

Es fahren mehrere Linien vertikal durch die Stadt, was in etwa einer Süd-Nord-Richtung entspricht und übersetzt mit „vom Meer in die Berge" bezeichnet wird. Diese Busse tragen vor der Busnummer den **Buchstaben V.** Weitere Linien fahren horizontal, also etwa in West-Ost-Richtung, und tragen zusätzlich den **Buchstaben H.** Drei Linien fahren diagonal und haben den **Buchstaben D.** Die Frequenz liegt bei 5 bis 8 Minuten. Einige touristisch interessante Strecken sind:

Barcelona verfügt über ein engmaschiges Metronetz

- **H16** (Fórum-Pg. Zona Franca) befährt die Küstenlinie zwischen Kolumbussäule 33, Olympiahafen, Poblenou (s. S. 72) und Fórum 45.
- **V15** (Barceloneta-Av. Tibidabo fährt vom alten Viertel Barceloneta 38 über die Via Laietana zur Plaça de Catalunya 1 und weiter nach Norden über den Passeig de Gràcia 46.
- **Nr. 24** fährt von der Plaça de Catalunya 1 bis knapp unterhalb des Park Güell 81 in Richtung Carmel.
- **Nr. 55** fährt von der Plaça Urquinaona [L9] hoch zum Montjuïc (s. S. 109) bis fast zur Seilbahn, die über den Hafen schwebt.
- **Nr. 59:** vom Passeig Marítim [M-O13] am Hafen entlang den Rambles 2 zur Plaça de Catalunya 1.
- **V17:** vom Hafen hoch ins geerdete Viertel Grácia 65
- **V21:** vom Passeig Marítim Richtung Montbau an der Sagrada Família 64 vorbei
- **Nr. 150** fährt von der Plaça d'Espanya hoch zum Montjuïc bis zum Castell de Montjuïc 78 an vielen Sehenswürdigkeiten (Fundació Miró 76, Olympiastadion (s. S. 116), Poble Espanyol 73) vorbei.

In den Bussen gelten sowohl die Zehnerkarten der Metro als auch alle Tageskarten. Sie müssen bei Fahrtantritt an einem Automaten im Bus abgestempelt werden.

Nahverkehrszüge und Straßenbahnen

Das **Kürzel R** steht für *Rodalies* und bezeichnet Nahverkehrszüge. Es gibt die Linien R1 bis R7. Wichtig ist für Besucher die Linie R2 Nord zum Flughafen. Ein guter Zustieg wäre der Bahnhof Sants. Von Sants fährt auch der Nahverkehrszug nach Sitges und zur Weinregion Sant Sadurní d'Anoia. Vom unterirdischen Bahnhof Plaça de Catalunya [K9] fahren Nahverkehrszüge in die nähere Umgebung, beispielsweise an die Costa Brava. Hier kreuzen sich auch mehrere Metrolinien. Ebenso fahren Vorortzüge vom Bahnhof Plaça d'Espanya [F8] ab, u. a. nach Montserrat 103 und zur Colònia Güell 90. Auch dieser Bahnhof ist ans Metronetz angeschlossen.

Außerdem fahren noch **Straßenbahnen**, allerdings nur in den westlichen und östlichen Außenbezirken.

Die **Ausflugsziele** Figueres, Girona und Tarragona können mit Zügen der **Renfe**, der spanischen Eisenbahn, ab Bahnhof Sants Estació erreicht werden.

Weitere Transportmöglichkeiten

- Verschiedene **Seilbahnen** erleichtern den Weg auf den Hausberg Montjuïc (s. S. 109). Eine Standseilbahn (*Funicular*) fährt von der Avinguda del Paral·lel (gleichnamige Metrostation) hoch zum Montjuïc. Die Drahtseilbahn ist in das Tarifsystem der Metro eingebunden. Oben angekommen, befindet sich gleich gegenüber die Station der **Seilbahn** *(Telefèric)*, die ganz nach oben zur Festung Castell de Montjuïc 78 fährt. Gondeln einer anderen **Seilbahn** *(Transbordador Aéri del Port)* schweben von Barceloneta über den Hafen hoch zum Montjuïc (s. S. 112).
- **Tramvia blau,** die letzte historische Straßenbahn der Stadt, fährt von der Avinguda del Tibidabo bis zur Seilbahnstation an der Plaça Doctor Andreu, von wo es mit einer Zahnradbahn hoch auf den Berg Tibidabo geht. Zuletzt (Stand Mitte 2023) war sie wegen Modernisierungsarbeiten nicht in Betrieb, als Alternative fährt die Buslinie 196.

Taxi

Freie Taxis fahren wie überall in Spanien mit einem eingeschalteten **grünen Lämpchen auf dem Dach** herum. Man muss einfach winken, um sie anzuhalten, ansonsten stehen sie sowieso an allen touristisch wichtigen Orten. Taxifahren ist in Barcelona generell noch relativ günstig. Taxis sind immer schwarz-gelb.

Die Dienste des Unternehmens **Uber** (www.uber.com) sind in Barcelona ebenfalls verfügbar, besonders beliebt ist aber der spanische Ridesharing-Anbieter **Cabify** (https://cabify.com).

Wetter und Reisezeit

Mittlerweile gilt Barcelona als **Ganzjahresreiseziel.** Eine echte Nebensaison gibt es nicht mehr. Rund ums Jahr kommen immer mehr Besucher für ein verlängertes Wochenende. Das hat auch dazu geführt, dass im Zentrum immer mehr Unterkünfte entstanden und deren Preise nicht gerade am Boden liegen – auch nicht am Wochenende.

Im **Hochsommer** ist die Stadt sehr voll. Neben der Hitze, die sich dann auch über Barcelona senkt, wird die Stadt von sehr vielen Sprachstudenten bevölkert und generell von sehr vielen jungen Reisenden aus ganz Europa und Übersee. Die Rambles❷ und das Barri Gòtic haben in dieser Phase fast schon das Flair von Touristenhochburgen an der Küste, soll heißen: Party- und Urlaubsstimmung rund um die Uhr. Das hält teilweise bis zum September an, bevor es dann doch entspannter wird. Das Wetter ist dann in der Regel noch immer sehr angenehm, die Besucherzahlen bleiben hoch, aber es sind jetzt vermehrt Kultur- und Wochenendtouristen, die kommen. Im **November und Dezember** kann es schon kühler werden, der Besucherstrom geht noch etwas zurück, aber richtig „leer" ist die Stadt dann auch nicht.

Das **Frühjahr** ist in jedem Fall eine sehr schöne Reisezeit. Während es in der Heimat noch ziemlich kühl ist, strahlt in Barcelona schon die Frühlingssonne. Die ersten Besucher kommen, aber noch bleibt es meist recht entspannt. Ostern selbst leert sich die Stadt spürbar, denn viele Barceloner nutzen dieses Wochenende zu einem Kurzurlaub, was dann immer dazu führt, dass sich auf den Einfallstraßen spätestens am Montag riesige Staus bilden. Mai und Juni sind sehr gute Monate zum Besuch der Stadt. Das Klima ist warm, aber noch nicht heiß. Die Anzahl der Besucher steigt zwar spürbar, bleibt aber noch deutlich von den sommerlichen Massen entfernt. Im Juli dagegen wird es sehr heiß und sehr voll, Gleiches gilt für den August. Dazu kommt, dass der August der klassische Urlaubsmonat für die Katalanen ist. Demzufolge verlassen viele Einwohner die Stadt, was sich doch zumindest in den Randgebieten durch geschlossene Geschäfte und eingeschränkten Service bemerkbar macht. Davon wird man aber im Zentrum nichts spüren.

Barcelona ist auch eine **beliebte Messestadt.** Wenn Aussteller und Besucher die Hotels lange im Voraus buchen, kann es für kurzentschlossene Wochenendurlauber schon mal eng werden – oder teuer. Daher empfiehlt sich eine lange Vorausplanung, was übrigens auch für Flüge gilt.

Wetter in Barcelona

Durchschnitt	Jan	Febr	März	Apr	Mai	Juni	Juli	Aug	Sept	Okt	Nov	Dez
Maximale Temperatur	13°	14°	16°	18°	21°	25°	28	28°	25°	21°	16°	13°
Minimale Temperatur	6°	7°	9°	11°	14°	18°	21°	21°	19°	15°	11°	8°
Regentage	5	5	8	8	8	6	4	6	8	9	5	6
Wassertemperatur	13°	12°	13°	14°	16°	19°	22°	24°	22°	20°	16°	14°

ANHANG

008bl-sm

Kleine Sprachhilfe Katalanisch

Wichtige katalanische Vokabeln und Redewendungen speziell für den typischen Reisealltag findet man im Kauderwelsch-Sprachführer „Katalanisch – Wort für Wort“, der ebenfalls im REISE KNOW-HOW Verlag erschienen ist.

Ein paar Hinweise zum Katalanisch

- Worte werden so **ausgesprochen,** wie sie geschrieben sind, das gilt auch für fremdsprachig anmutende Begriffe.
- Die **Betonung** liegt auf der vorletzten Silbe, wenn das Wort auf einen Vokal oder auf -s endet. Sonst wird die letzte Silbe betont. Ausnahmen: Steht vor einem Endvokal ein i, wird immer das i betont. Steht ein **Akzent** auf einem Buchstaben, wird diese Silbe betont.
- Unbekannt dürfte die **Buchstabenkombination l·l** sein, hier wird das L lang ausgesprochen und nicht zum LJ zusammengezogen.
- Die **spanische ñ** wird durch ny ersetzt und nj ausgesprochen.
- **tx** wird zu tsch, wie in Matsch
- Ähnlich hören sich **eig, aig, uig** und **oig** an. Sie werden tsch gesprochen, also *Passeig* = *Passetsch*
- **ç** wie in *Plaça* (Platz) wird wie ß gesprochen, also: *Plassa*
- **tge** oder **tja** wie in *Platges* (Strände) oder *Platja* (Strand) werden wie dsch gesprochen, also wie *Pladsches* oder *Pladscha*

Wörter, die weiterhelfen

Wer etwas Spanisch spricht, wird sprachlich in Barcelona klarkommen. Dennoch kann es nicht schaden, auch den jeweiligen Begriff auf *català* zu kennen. Hier eine Übersicht der wichtigsten Wörter:

Spanisch	Katalanisch	Deutsch
Begrüßung		
Hola	Hola	Hallo
Buenos días	Bon dia	Guten Tag
Adiós	Adéu	Auf Wiedersehen
Buenas noches	Bona nit	Gute Nacht
Hasta luego	Fins després	Bis später
¿Cómo te llamas?	Com et dius?	Wie heißt Du?
Me llamo ...	Em dic ...	Ich heiße ...
¿Cómo estás?	Com estàs?	Wie gehts?
Muy bien, gracias	Molt bé, gràcies	Sehr gut, danke
Wichtige Begriffe		
Por favor	Si us plau	Bitte
Muchas gracias	Moltes gràcies	Vielen Dank
De nada	De res	Gern geschehen, macht nichts
sí	si	ja
no	no	nein
Vale	Val, d'acord	In Ordnung

+++ Die wichtigsten Wörter mit dem Bonus-Audiotrack des Kauderwelsch-

Zeitbegriffe

ahora	ara	jetzt
tarde	tard	spät
más tarde	més tard, després	später
mañana	matí	(der) Morgen
tarde	tarda	Nachmittag
noche	nit	Nacht
ayer	ahir	gestern
hoy	avui	heute
mañana	demà	morgen
día	dia	Tag
semana	setmana	Woche
més	mes	Monat
año	any	Jahr

Wochentage

lunes	dilluns	Montag
martes	dimarts	Dienstag
miércoles	dimecres	Mittwoch
jueves	dijous	Donnerstag
viernes	divendres	Freitag
sábado	dissabte	Samstag
domingo	diumenge	Sonntag

Monate

enero	gener	Januar
febrero	febrer	Februar
marzo	març	März
abril	abril	April
mayo	maig	Mai
junio	juny	Juni
julio	juliol	Juli
agosto	agost	August
septiembre	setembre	September
octubre	octubre	Oktober
noviembre	novembre	November
diciembre	desembre	Dezember

Straßen

calle	carrer	Straße
plaza	plaça	Platz
avenida	avinguda	Prachtstraße, Allee
paseo	passeig	Promenade

Touristisch relevante Begriffe

servicio	serveis	Toiletten
baño	bany	Bad
hombres	homes	Männer
señoras	dones	Frauen
habitación doble	habitació doble	Doppelzimmer
habitación simple	habitació senzilla	Einzelzimmer
habitación con baño	habitació amb bany	Zimmer mit Bad
habitación con ducha	habitació amb dutxa	Zimmer mit Dusche
aeropuerto	aeroport	Flughafen
puerto	port	Hafen
estación de tren	estació de tren	Bahnhof
terminal de autobús	estació d'autobusos	Busterminal
precio	preu	Preis
cerrado	tancat	geschlossen
abierto	obert	geöffnet
entrada	entrada	Eintritt
billete	bitllet	Eintrittskarte
billete de ida y vuelta	bitllet d'anada i tornada	Rückfahrkarte

Wichtige Phrasen

¿Cuánto vale?	Quant val?	Wie teuer ist das?
¿Cómo podría ir a ...?	Com puc anar a ...?	Wie kann ich nach ... gehen?
¿Dónde está ...?	A on està ...?	Wo liegt ...?
¿Qué hora es?	Quina hora és?	Wie spät ist es?
Estoy buscando ...	Cerco ...	Ich suche ...
Necesito ...	Necessito ...	Ich benötige ...
Quiero ...	Vull ...	Ich möchte ...
Querría ...	Voldría ...	Ich hätte gerne ...
Déme ...	Doni'm ...	Geben Sie mir ...
¿Tiene ...?	Té ...?	Haben Sie ...?

Nichts verstanden?

No entiendo	No entenc	Ich verstehe nichts
¿Habla Usted alemán?	Parla alemany?	Sprechen Sie Deutsch?
¿Habla inglés?	Parla anglès?	Sprechen Sie Englisch?
Lo siento, no hablo español	Ho sento, no parlo espanyol	Tut mir leid, ich spreche kein Spanisch
Lo siento, no hablo catalán	Ho sento, no parlo català	Tut mir leid, ich spreche kein Katalanisch

Zahlen

zero	zero	0
un/una	un/una	ein/eine
uno	uno	1
dos	dos	2
tres	tres	3
cuatro	quatre	4
cinco	cinc	5
seis	sis	6
siete	set	7
ocho	vuit	8
nueve	nou	9
diez	deu	10
once	onze	11
doce	dotze	12
trece	tretze	13
catorce	catorze	14
quince	quinze	15
dieciséis	setze	16
diecisiete	disset	17
dieciocho	divuit	18
diecinueve	dinou	19
veinte	vint	20
treinta	trenta	30
cuarenta	quaranta	40
cincuenta	cinquanta	50
sesenta	seixanta	60
setenta	setanta	70
ochenta	vuitanta	80
noventa	noranta	90
cien	cent	100
doscientos	dos-cent	200
trescientos	tres-cent	300
cuatrocientos	quatre-cent	400
quinientos	cinc-cent	500
seiscientos	sis-cent	600
setecientos	set-cent	700
ochocientos	vuit-cent	800
novecientos	nou-cent	900
mil	mil	1000
dos mil	dos-mil	2000

Zugspitze, Foto: Aneta Niemitz

Register

A

B

C

Liebe Leserin, lieber Leser,

ein unabhängiger Verlag für unabhängig Reisende – das sind wir, der Reise Know-How Verlag aus Bielefeld, eines der letzten Familienunternehmen in der Branche. Obwohl wir zu den größten Reiseführerverlagen Deutschlands gehören, ist der familiäre Umgang miteinander in allen Bereichen des Verlagslebens zu spüren: In der Geschäftsführung in zweiter Generation, in einer wertschätzenden Arbeitsatmosphäre, in der Nähe zu unseren frei arbeitenden Autorinnen und Autoren, im engen Austausch mit unseren Leserinnen und Lesern – und auch in der Zusammenarbeit mit Druckereien in Deutschland, in denen wir ausschließlich und regional unsere Bücher produzieren. Die sollen schließlich erst mit Ihnen auf große Reise gehen.

Alles, was wir in unsere Bücher und Landkarten stecken, soll Ihnen eines ermöglichen: Auf Ihre ganz eigene, individuelle Weise die Welt zu entdecken. Wir wünschen Ihnen viel Freude und unvergessliche Erlebnisse mit diesem Reiseführer.

Es grüßen herzlich
Peter Rump & Wayan Rump

Der Autor und die Fotografin

Hans-Jürgen Fründt ging 1984 als Student nach Madrid. Seitdem spricht er fließend Spanisch und bezeichnet das Land als seine zweite Heimat. Seit den 1980er-Jahren schreibt er regelmäßig über *España*, mittlerweile sind 25 Bücher zu Spanien entstanden (und weitere zu seiner ersten Heimat Schleswig-Holstein). Das Katalanische und Barcelona zogen ihn immer wieder an. Mittlerweile bezeichnet er die Stadt als seine spanische Lieblingsstadt, was er allerdings in Madrid niemandem erzählen darf …

Susanne Muxfeldt begleitet den Autor seit vielen Jahren auf dessen Rechercheereisen durch Spanien. So hat sich seit Langem eine produktive Arbeitsteilung ergeben. Während der Autor tagsüber die Fakten sammelt, sucht sie frühmorgens oder spätabends das beste Licht für ein gelungenes Foto. Barcelona zählt auch für sie zu den spannendsten Städten in Spanien.

Schreiben Sie uns

Dieses Buch ist gespickt mit Adressen, Preisen, Tipps und Daten. Unsere Autoren recherchieren unentwegt und erstellen alle zwei Jahre eine komplette Aktualisierung, aber auf die Mithilfe von Reisenden können sie nicht verzichten. Darum: Teilen Sie uns bitte mit, was sich geändert hat oder was Sie neu entdeckt haben. Gut verwertbare Informationen belohnt der Verlag mit einem Sprachführer Ihrer Wahl aus der Reihe „Kauderwelsch“.

Kommentare übermitteln Sie am einfachsten, indem Sie die Web-App zum Buch aufrufen (siehe Umschlag hinten) und die Kommentarfunktion bei den einzelnen auf der Karte angezeigten Örtlichkeiten oder den Link zu generellen Kommentaren nutzen.

Wenn sich Ihre Informationen auf eine konkrete Stelle im Buch beziehen, würde die Seitenangabe uns die Arbeit sehr erleichtern. Unsere generellen Kontaktdaten finden sich im Impressum.

Impressum

Hans-Jürgen Fründt

CityTrip^PLUS Barcelona

3., neu bearbeitete und aktualisierte Auflage 2023

ISBN 978-3-8317-3684-3

Druck und Bindung:
mediaprint solutions GmbH, Paderborn

Herausgeber: Klaus Werner
Layout: amundo media GmbH (Umschlag, Inhalt), Wayan Rump (Umschlag)
Lektorat: amundo media GmbH
Karten: Ingenieurbüro K. Wendler, amundo media GmbH
Anzeigenvertrieb: KV Kommunalverlag GmbH & Co. KG, Alte Landstraße 23, 85521 Ottobrunn, Tel. 089 928096-0, info@kommunal-verlag.de
Kontakt: Osnabrücker Str. 79, 33649 Bielefeld, info@reise-know-how.de

Bildnachweis
Umschlagvorderseite: ©gatsi, stock.adobe.com | Umschlagklappe rechts: Hans-Jürgen Fründt | Umschlagrückseite: Susanne Muxfeldt | Seite 276, Seite 284: Hans-Jürgen Fründt
Soweit ihre Namen nicht vollständig am Bild vermerkt sind, stehen die Kürzel an den Abbildungen für die folgenden Fotografen, Firmen und Einrichtungen. Susanne Muxfeldt: sm | Hans-Jürgen Fründt: hj

CITYATLAS

009bl-sm

0 1 cm = 75 m 150 m

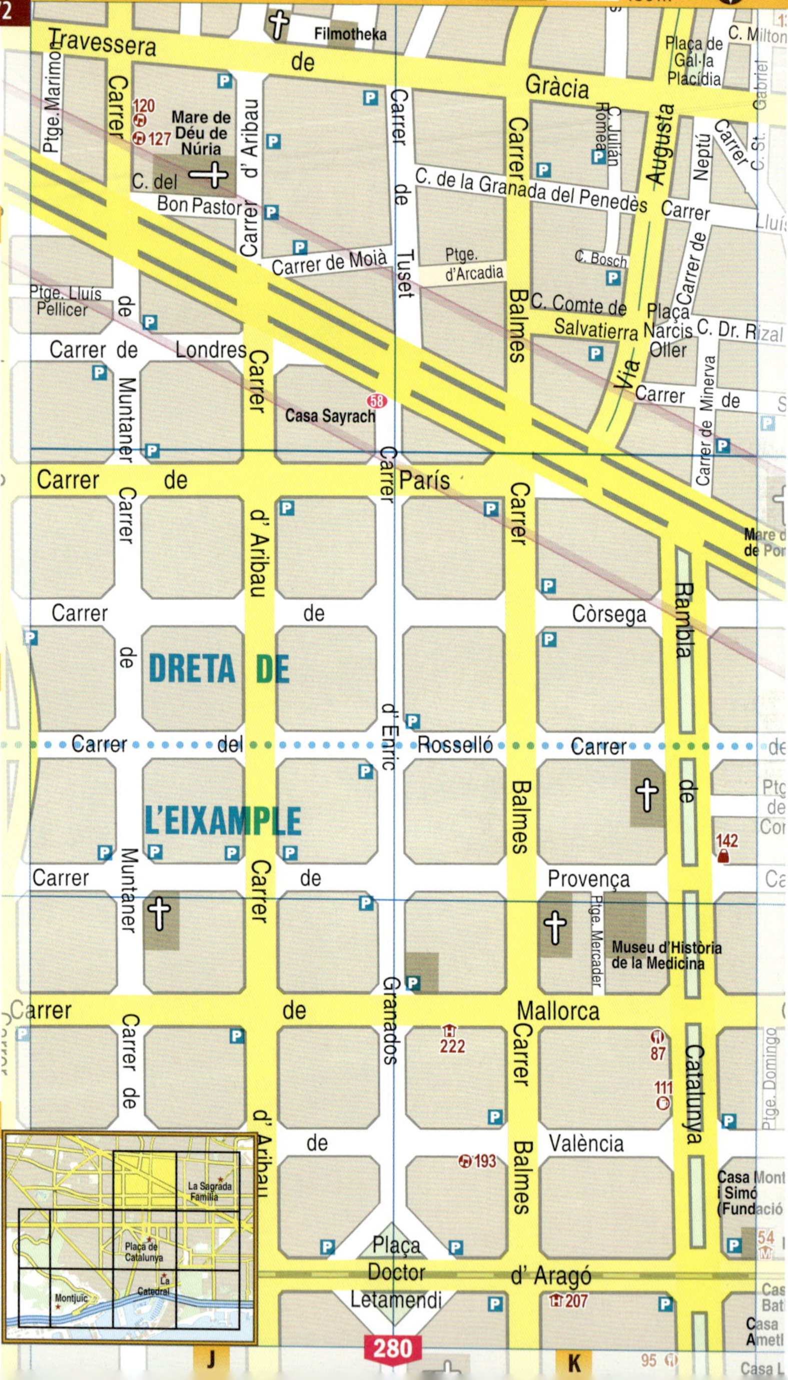

280

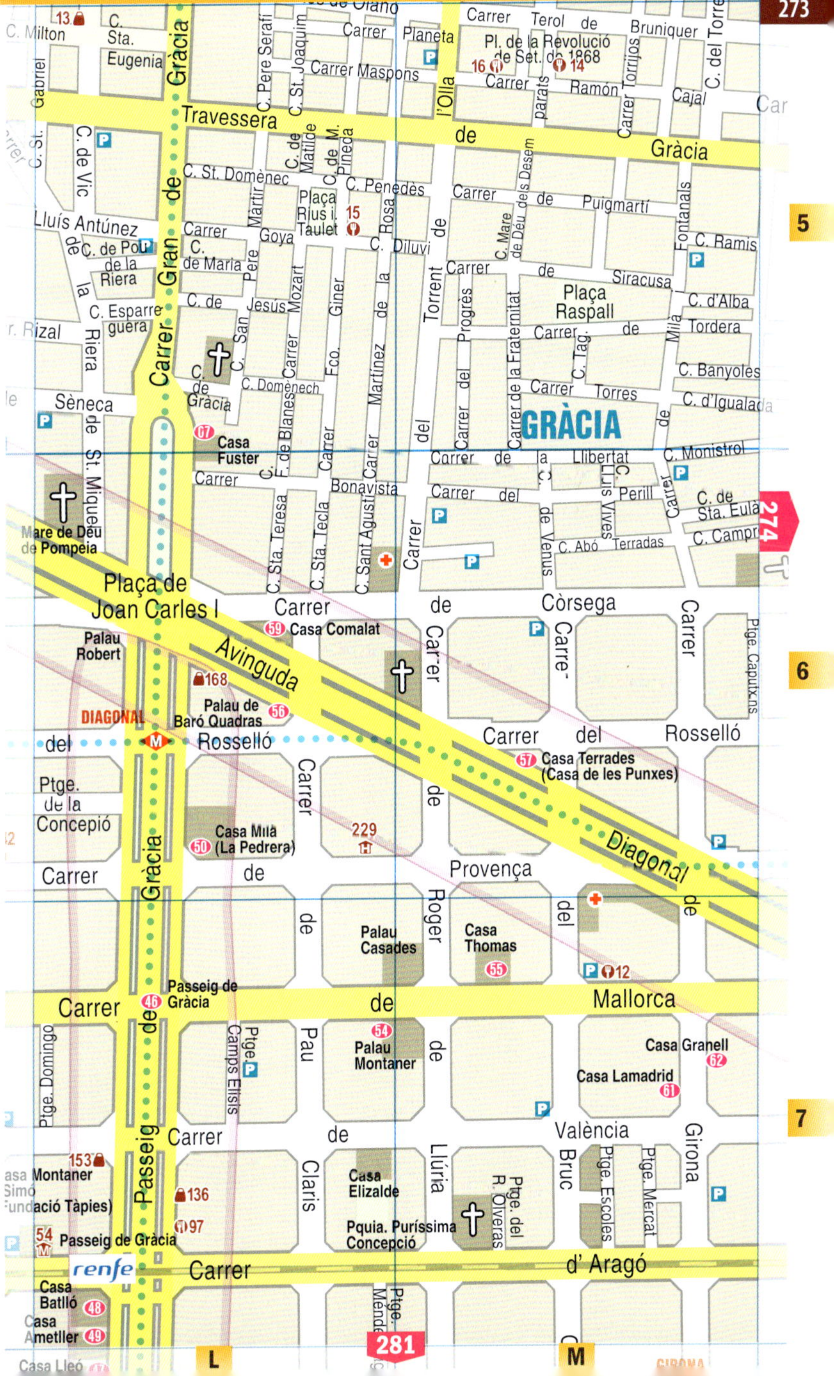
Travessera de Gràcia
Carrer Gran de Gràcia
GRÀCIA
Plaça Rius i Taulet
Plaça Raspall
Pl. de la Revolució de Set. de 1868
Casa Fuster
Mare de Déu de Pompeia
Plaça de Joan Carles I
Avinguda Diagonal
Casa Comalat
Palau Robert
Palau de Baró Quadras
DIAGONAL
Carrer del Rosselló
Casa Terrades (Casa de les Punxes)
Casa Milà (La Pedrera)
Carrer de Provença
Palau Casades
Casa Thomas
Passeig de Gràcia
Carrer de Mallorca
Palau Montaner
Casa Granell
Casa Lamadrid
Carrer de València
Casa Montaner i Simó (Fundació Tàpies)
Casa Elizalde
Pquia. Puríssima Concepció
Carrer d' Aragó
renfe
Casa Batlló
Casa Ametller
Casa Lleó
Carrer de Còrsega
Carrer de Pau Claris
Carrer de Roger de Llúria
Carrer del Bruc
Carrer de Girona
274
281
L
M
5
6
7

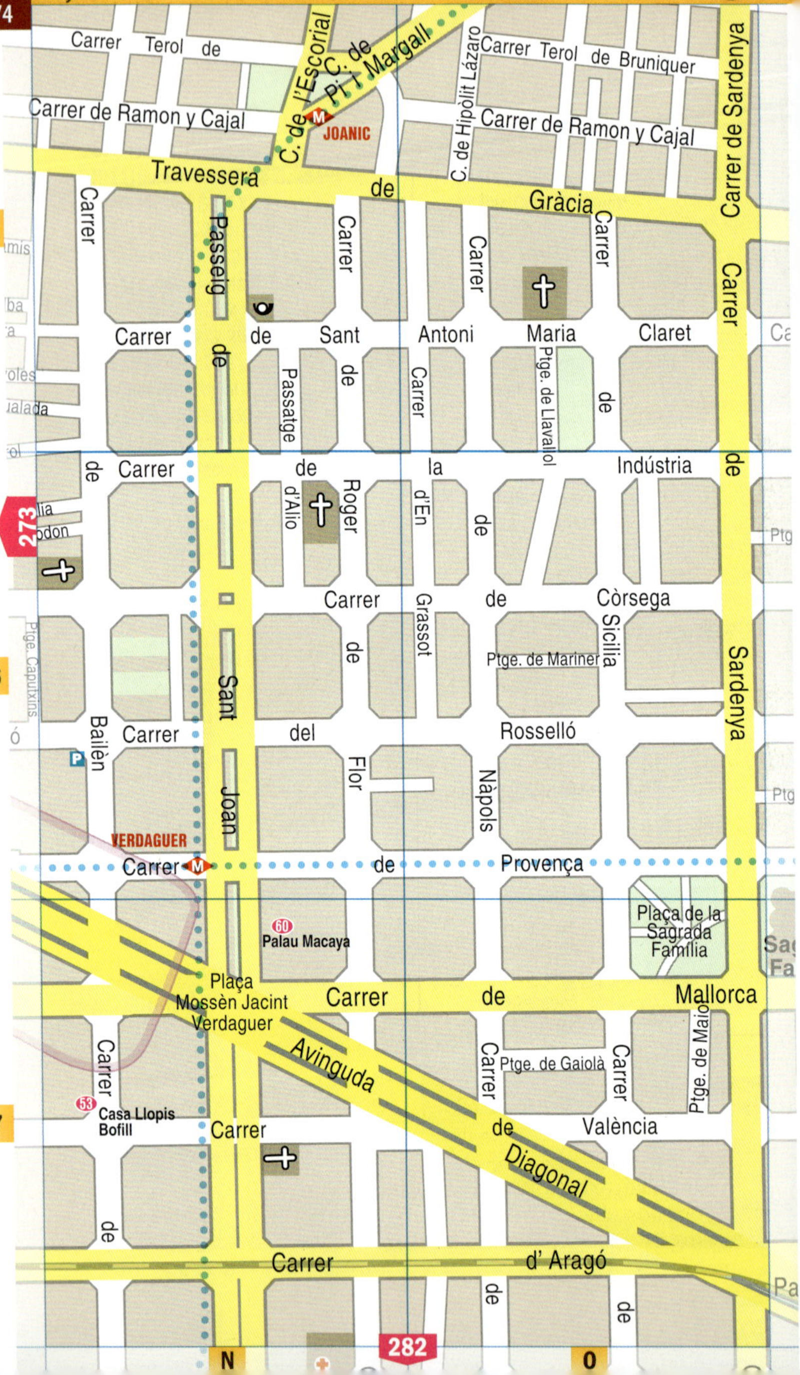
1 cm = 75 m
0
150 m
Carrer Terol de Bruniquer
Carrer de Ramon y Cajal
C. de l'Escorial
C. de Pi i Margall
JOANIC
C. de Hipòlit Lázaro
Carrer de Sardenya
Travessera de Gràcia
Carrer de Sant Antoni Maria Claret
Passeig de Sant Joan
Passatge de Sant
Carrer de la Indústria
Ptge. de Llavallol
Carrer de Roger de Flor
Carrer d'Alió
Carrer d'En Grassot
Carrer de Nàpols
Carrer de Sicília
Carrer de Còrsega
Ptge. de Mariner
Carrer del Rosselló
Carrer de Bailèn
Ptge. Caputxins
VERDAGUER
Carrer de Provença
Plaça de la Sagrada Família
Palau Macaya
60
Plaça Mossèn Jacint Verdaguer
Carrer de Mallorca
Avinguda Diagonal
Ptge. de Gaiolà
Ptge. de Maió
Casa Llopis Bofill
53
Carrer de València
Carrer d'Aragó
5
6
7
273
282
N
O

Carrer de Llorens
Carrer de Santa
Carrer de Rosalia d
Carrer de Padilla
Jardins del Princep de Girona
Carrer de la Marina
Carrer de Lepant
Travessera de Gràcia
Recinto Modernista de Sant Pau
La Sagrada Família
Plaça de Catalunya
La Catedral
Montjuïc
Carrer de Sant Antoni Maria Claret
C. d
HOSPITAL DE SANT PAU
Carrer de la Indústria
Dos de Maig
Avinguda de Gaudí
Avinguda del
Carrer de Còrsega
Passatge Canadell
Carrer de los Castellejos
Carrer de Cartagena
Ptge. Torres
SAGRADA FAMÍLIA
Carrer de Rosselló
Ptge. de Simó
Carrer de Provença
Passatge
Plaça de Gaudí
Sagrada Família
64
Carrer de Mallorca
Carrer de Vilaret
Ptge. de Font
Carrer de València
ENCANTS
Plaça de Pablo Neruda
Carrer d' Aragó
Carrer dels Enamorats
Plaça d
283
5
6
7

MUSEU D'ART
1000 ANYS D'ART
DUCHAMP, MAN RAY, PICABIA

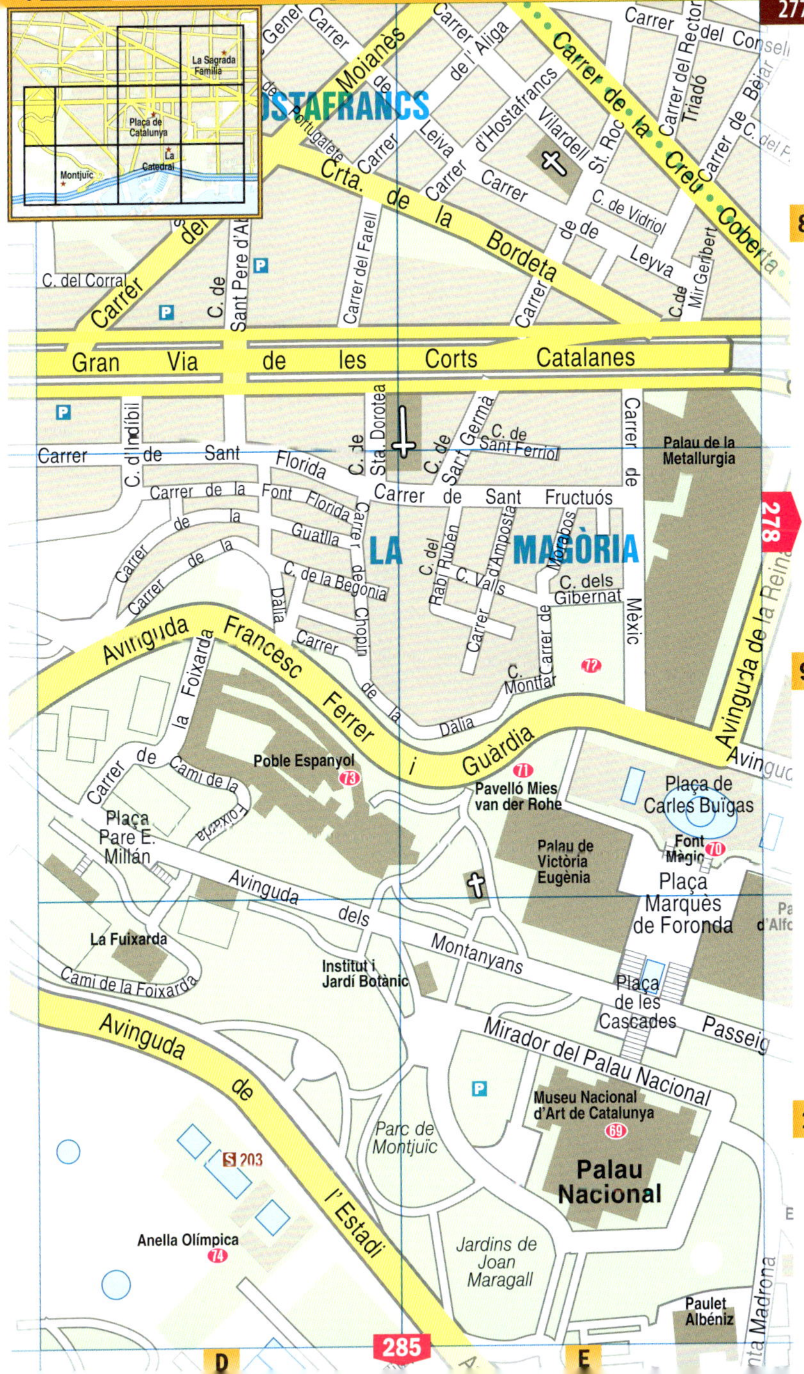
La Sagrada Família
Plaça de Catalunya
La Catedral
Montjuïc
HOSTAFRANCS
LA MAGÒRIA
Gran Via de les Corts Catalanes
Crta. de la Bordeta
Carrer de la Creu Coberta
Carrer Moianès
Carrer de Leiva
Carrer d'Hostafrancs
Carrer de l'Àliga
Carrer del Consell
Carrer del Rector Triadó
Carrer de Béjar
C. del Corral
C. de Sant Pere d'Abanto
Carrer del Farell
C. de Vidriol
C. de Mir Geribert
Carrer de Sant Fructuós
Carrer de Sant Florida
Carrer de la Font Florida
C. d'Indíbil
C. de Sta. Dorotea
C. de Sant Germà
C. de Sant Ferriol
Palau de la Metallurgia
Carrer de Mèxic
Carrer de la Guatlla
C. de la Begònia
Carrer de Chopin
Carrer de la Dàlia
C. del Rabí Rubèn
C. Valls
C. d'Amposta
C. dels Gibernat
C. Montfar
Avinguda Francesc Ferrer i Guàrdia
Avinguda de la Reina
Carrer de la Foixarda
Camí de la Foixarda
Poble Espanyol 73
Pavelló Mies van der Rohe 71
72
Plaça de Carles Buïgas
Font Màgica 70
Palau de Victòria Eugènia
Plaça Marquès de Foronda
Plaça Pare E. Millán
Avinguda dels Montanyans
La Fuixarda
Institut i Jardí Botànic
Plaça de les Cascades
Passeig
Mirador del Palau Nacional
Museu Nacional d'Art de Catalunya 69
Palau Nacional
Parc de Montjuïc
Avinguda de l'Estadi
S 203
Anella Olímpica 74
Jardins de Joan Maragall
Paulet Albéniz
8
9
10
278
285
D
E

0 1 cm = 75 m 150 m
ESQUERRA DE L'EIXAMPLE
Parc Joan Miró
Carrer del Consell de Cent
Consell de Cent
C. del Príncep Jordi
Carrer de Tarragona
Carrer de la Diputació
Carrer de Vilamarí
Carrer d' Entença
Carrer de Rocafort
Carrer de Llançà
146
215
ROCAFORT
Plaça d'Espanya
ESPANYA
68
Gran Via de les Corts Catalanes
Avinguda de la Reina Maria Cristina
Avinguda del Paral·lel
Carrer de Sepúlveda
Avinguda Mistral
Carrer de Floridablanca
Carrer de Tamarit
Palau Número I
Fira de Mostres
Plaça de l'Univers
Palau de Cinquantenari
Palau de Congressos
Palau Número XIII
LA FRANCA
Avinguda de Rius i Taulet
Lleida
C. de Olivera
Font Honrada
Ptge. Pruneria
Pl. Sta. Madrona
C. de Vallhonrat
Carrer de Ricart
C. Teodor Bonaplata
POBLE SEC
Palau d'Alfons XIII
Carrer de la Guàrdia Urbana
C. de Joaquim Blume
Palau Municipal d'Esports
C. Segons Jocs Mediterranis
Carrer de Grases
C. D. del Remei
Carrer de la França Xica
Pl. de Navas
Carrer Jaume Fabra
C. de la Bòbila
C. de l'Olivera
C. de les Pedreres
Carrer de la Concòrdia
Carrer de Radas
130
Plaça M. Xirgu
C. de la Concòrdia
C. de la Purissima Concepció
132
Carrer de les Cascades
Palau de les Arts Gràfiques
Museu Etnològic
Museu d'Arqueologia de Catalunya
79
Passeig de Santa Madrona
Sta. Madrona Passeig de l'Exposició
Carrer de Julià
Ptge. Martras
Carrer d'Annibal
Carrer de Magalhães
Carrer de la Creu dels Molers
C. Murillo
C. d'Elkano
Plaça de Blasco de Garay
277
286
8
9
10
F
G

La Sagrada Família
Plaça de Catalunya
La Catedral
Montjuïc
Carrer del Consell de Cent
San Josep Oriol
Pquia. Mare del Déu del Rosari
Casanova
Diputació
Carrer del Comte Borell
Villarroel
Casa Golferichs
EIXAMPLE
URGELL
Gran Via de les Corts
196
Carrer de Sepúlveda
SANT ANTONI
Carrer de Floridablanca
Ptge. de Sant Antoni Abat
Carrer del Comte d'Urgell
Plaça del Pes de la Palla
Carrer de Tamarit
Markthalle Mercat de Sant Antoni 29
Ronda de Sant Antoni
C. Príncep de Viana
C. de la Cendra
C. Nou de Dulce
C. de Sant Erasme
C. Sant Gil
C.de la Riera Alta
C. del Bisbe Laguarda
C. Erasme de Janer
Carrer de Manso
SANT ANTONI
Carrer de Sant Antoni Abat
Plaça Pedró
Carrer de Calàbria
San Domènec de Guzmán
Viladomat
Ptge. del Parlament
Carrer del Parlament
C. dels Salvador
C. Sant Climent
C. Botella
Carrer de la Cera
Avinguda del Paral·lel
Ronda de Sant Pau
C. Vistalegre
Carrer de la Reina Amàlia
Carrer de les Carretes
Carrer de la Riereta
C. de l'Aurora
Carrer del Marquès de Campo Sagrado
Carrer Molers
Carrer de Blasco de Garay
Carrer de Margarit
Carrer Lleialtat
C. de Sant Pacià
Carrer Aldana
Plaça Josep. Ma Folch i Torres
C. de l'Hort de la Bomba
C. Santa Elena
C. d'Elkano
Tapioles
280
287
8
9
10
H
I

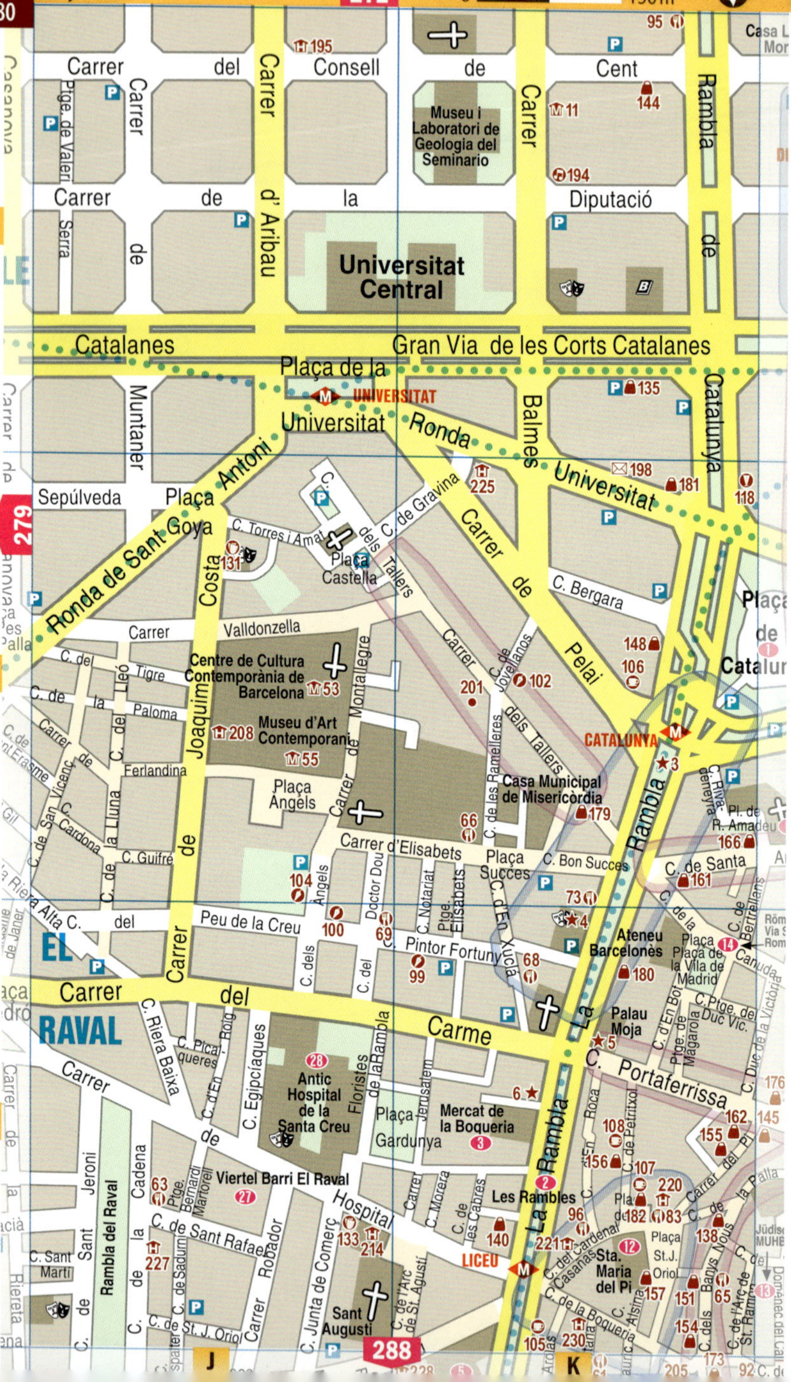
272
0 1 cm = 75 m 150 m
Carrer del Consell de Cent
Carrer de la Diputació
Carrer d' Aribau
Carrer Balmes
Rambla de Catalunya
Museu i Laboratori de Geologia del Seminario
Universitat Central
Gran Via de les Corts Catalanes
Plaça de la Universitat
UNIVERSITAT
Ronda Universitat
Carrer Muntaner
Sepúlveda
Plaça Goya
Ronda de Sant Antoni
C. Torres i Amat
C. dels Tallers
C. de Gravina
Plaça Castella
Carrer de Pelai
C. Bergara
Plaça de Catalunya
Carrer Valldonzella
C. del Tigre
C. de la Paloma
Ferlandina
Centre de Cultura Contemporània de Barcelona
Museu d'Art Contemporani
Plaça Àngels
Carrer de Montalegre
Carrer de Joaquim Costa
Carrer dels Tallers
C. de Jovellanos
C. de les Ramelleres
Casa Municipal de Misericòrdia
CATALUNYA
La Rambla
Pl. de R. Amadeu
C. Rivadeneyra
C. de Santa Anna
C. Bon Succes
Plaça Succes
Carrer d'Elisabets
C. Guifré
C. de la Lluna
C. de San Vicenç
C. Cardona
Riera Alta
C. del Peu de la Creu
C. dels Àngels
C. del Doctor Dou
C. Notariat
Ptge. Elisabets
C. d'En Xuclà
Pintor Fortuny
Ateneu Barcelonès
Plaça de la Vila de Madrid
Canuda
Palau Moja
C. Portaferrissa
EL RAVAL
Carrer del Carme
Carrer de l'Hospital
C. Riera Baixa
C. Picalqueres
C. Egipcíaques
Antic Hospital de la Santa Creu
Floristes de la Rambla
Plaça Gardunya
Mercat de la Boqueria
Jerusalem
Viertel Barri El Raval
Rambla del Raval
C. de Sant Rafael
Carrer Robador
C. Junta de Comerç
Sant Agustí
LICEU
Les Rambles
Sta. Maria del Pi
Plaça St.J. Oriol
C. de la Boqueria
C. del Cardenal Casañas
288
J
K
8
9
10
279

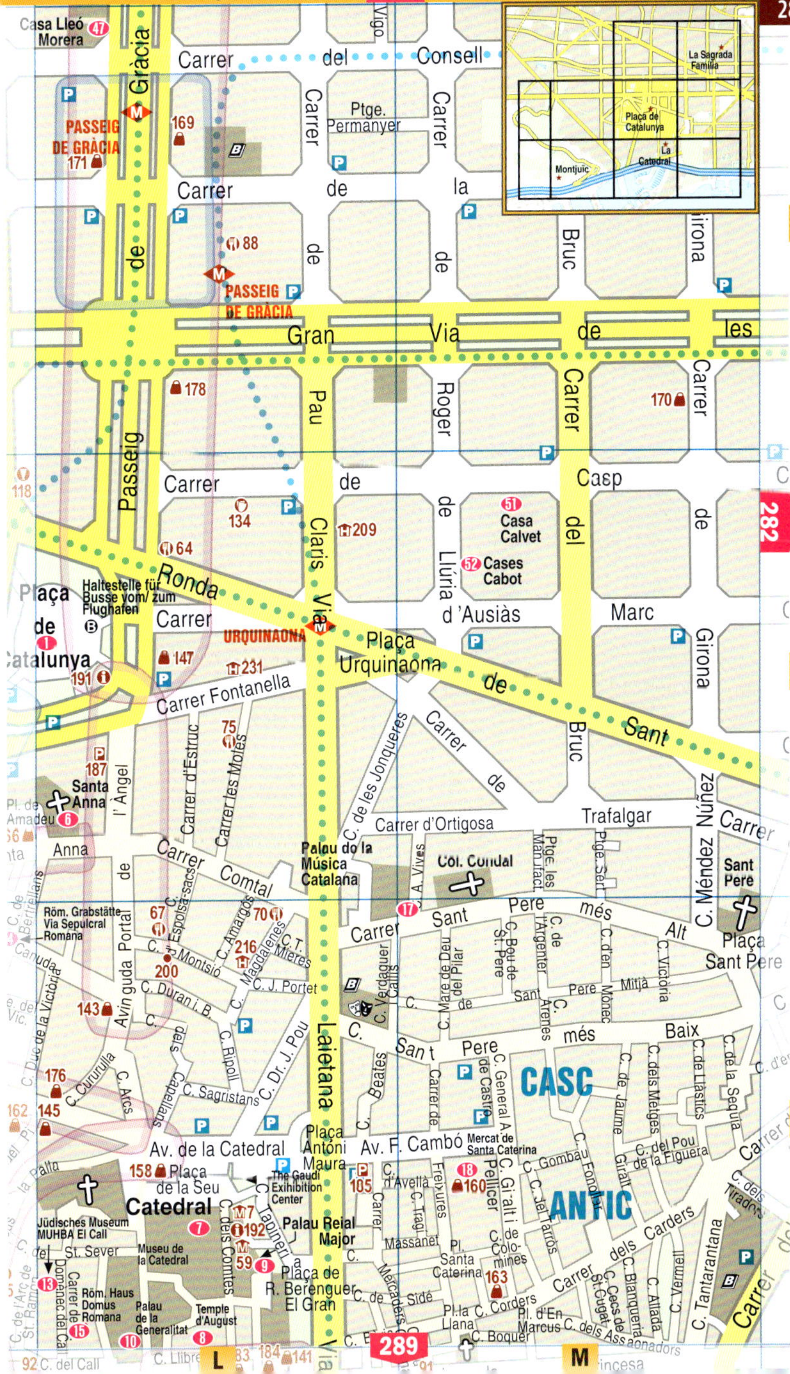
273
La Sagrada Família
Plaça de Catalunya
La Catedral
Montjuïc
Casa Lleó Morera 47
Passeig de Gràcia
PASSEIG DE GRÀCIA
169
171
Carrer del Consell
Ptge. Permanyer
Carrer de la
Carrer de
Carrer de
Bruc
Girona
88
Gran Via de les
178
170
Pau Claris
Roger de Llúria
Carrer Casp
Carrer del Bruc
118
Carrer de
134
209
51 Casa Calvet
52 Cases Cabot
64
Ronda de Sant
Haltestelle für Busse vom/zum Flughafen
Plaça de Catalunya
1
Carrer
URQUINAONA
d'Ausiàs Marc
Via
Plaça Urquinaona
147
231
191
Carrer Fontanella
75
Carrer de Trafalgar
187
Santa Anna
Pl. de Amadeu
6
Carrer d'Estruc
Carrer les Moles
C. de les Jonqueres
Carrer d'Ortigosa
Palau de la Música Catalana
Col. Condal
Sant Pere
C. Méndez Núñez
Carrer
Ptge. les Manufact.
Ptge. Sert
l'Àngel
Anna
de
Carrer Comtal
Röm. Grabstätte Via Sepulcral Romana
67
70
17
Carrer Sant Pere més Alt
Plaça Sant Pere
C. Amargós
C. Magdalenes
C. T. Mieres
216
C. Montsió
200
C. J. Portet
C. Duran i B.
C. Verdaguer i Callís
C. Mare de Déu del Pilar
C. Bou de St. Pere
C. de l'Argenter
C. d'en Mònec
C. Victòria
C. de Sant Pere Mitjà
143
Avinguda Portal de l'Àngel
Canuda
C. Duc de la Victòria
C. Ripoll
C. Dr. J. Pou
Laietana
C. Sant Pere més Baix
Beates
Carrer de Castro
C. General Àlvarez de Castro
CASC ANTIC
C. de Jaume Giralt
C. dels Metges
C. de Llàstics
C. de la Sèquia
176
C. Cucurulla
C. Arcs
Capellans
C. Sagristans
162
145
Av. de la Catedral
Plaça Antoni Maura
Av. F. Cambó
Mercat de Santa Caterina
C. Gombau
C. del Pou de la Figuera
158
Plaça de la Seu
The Gaudí Exhibition Center
105
18
160
C. d'Avellà
Freixures
Pellicer
C. Giralt i
C. Fonollar
C. Tantarantana
Catedral
Jüdisches Museum MUHBA El Call
7
192
Palau Reial Major
C. Tragí
Massanet
Pl. Santa Caterina
C. de Colomines
C. Jaume
Carrer dels Carders
C. Tiradors
C. del Call
St. Sever
Museu de la Catedral
59
9
Plaça de Berenguer El Gran
C. de Sidé
163
C. Blanqueria
C. Allada
C. Vermell
Carrer
13
Röm. Haus Domus Romana
Palau de la Generalitat
Temple d'August
C. dels Comtes
C. de Mercaders
Pl. la Llana
C. Corders
Pl. d'En Marcus
C. Cecs de St. Cugat
C. dels Assaonadors
15
10
8
C. Boquer
C. Llibre
92
183
184
141
289
L
M
8
9
10
282

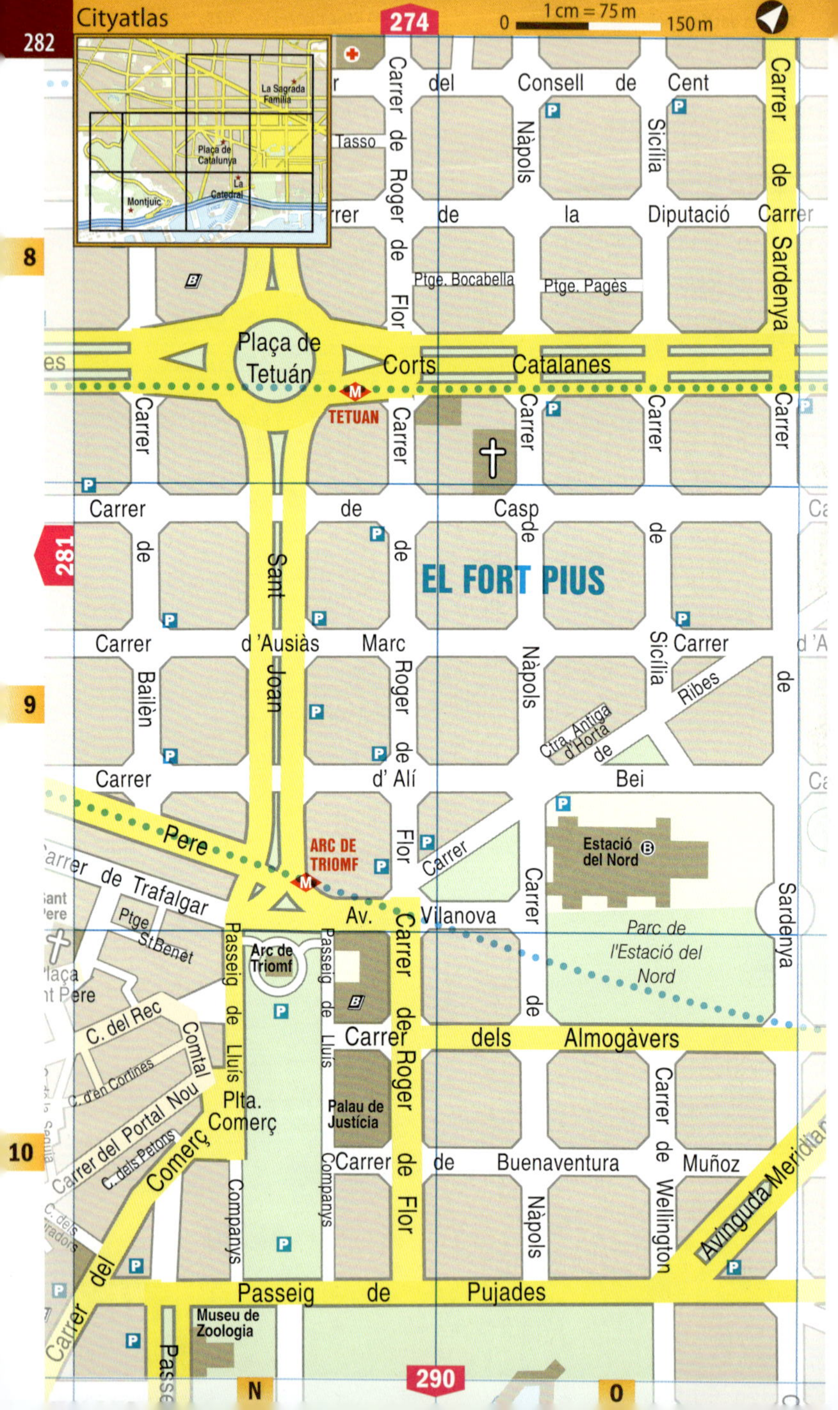
274
0 1 cm = 75 m 150 m
La Sagrada Família
Plaça de Catalunya
La Catedral
Montjuïc
Carrer del Consell de Cent
Tasso
Carrer de Roger de Flor
Nàpols
Sicília
Carrer de Sardenya
Carrer de la Diputació
Ptge. Bocabella
Ptge. Pagès
Plaça de Tetuán
Corts Catalanes
TETUAN
Carrer
Carrer de Casp
EL FORT PIUS
Sant Joan
Carrer de Bailèn
Carrer d'Ausiàs Marc
Carrer de Ribes
Ctra. Antiga d'Horta
Carrer d'Alí Bei
Pere
Carrer de Trafalgar
Ptge StBenet
ARC DE TRIOMF
Av. Vilanova
Carrer
Estació del Nord
Parc de l'Estació del Nord
Passeig de Lluís Companys
Arc de Triomf
Carrer dels Almogàvers
C. del Rec
Comtal
C. d'en Cortines
Carrer del Portal Nou
C. dels Petons
Plta. Comerç
Carrer del Comerç
Palau de Justícia
Carrer de Buenaventura Muñoz
Carrer de Wellington
Avinguda Meridiana
Passeig de Pujades
Museu de Zoologia
281
290
8
9
10
N
O

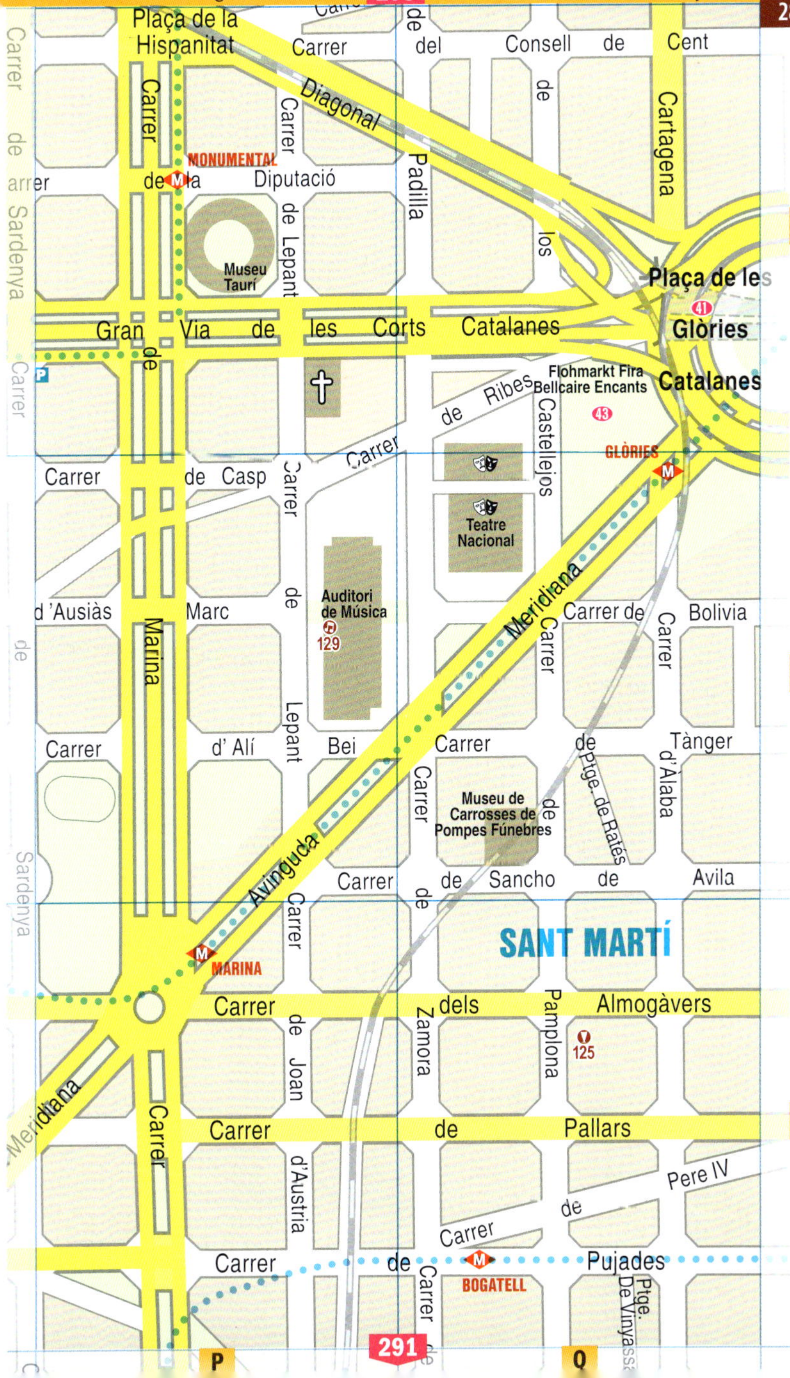
Plaça de la Hispanitat
Diagonal
Carrer del Consell de Cent
Carrer de Cartagena
Carrer de Padilla
MONUMENTAL
Carrer de la Diputació
Museu Taurí
Carrer de Lepant
Gran Via de les Corts Catalanes
Plaça de les Glòries Catalanes
41
Flohmarkt Fira Bellcaire Encants
43
GLÒRIES
Carrer de Ribes
Carrer de Castillejos
Carrer de Casp
Teatre Nacional
Auditori de Música
129
Carrer d'Ausiàs Marc
Carrer de Marina
Avinguda Meridiana
Carrer de Bolivia
Carrer d'Alí Bei
Carrer de Tànger
Carrer d'Àlaba
Ptge. de Ratés
Museu de Carrosses de Pompes Fúnebres
Carrer de Sancho de Avila
SANT MARTÍ
MARINA
Carrer dels Almogàvers
Carrer de Zamora
Pamplona
125
Carrer de Joan d'Austria
Carrer de Pallars
Carrer de Pere IV
Carrer de Pujades
BOGATELL
Ptge. De Vinyassa
Carrer de Sardenya
8
9
10
P
Q

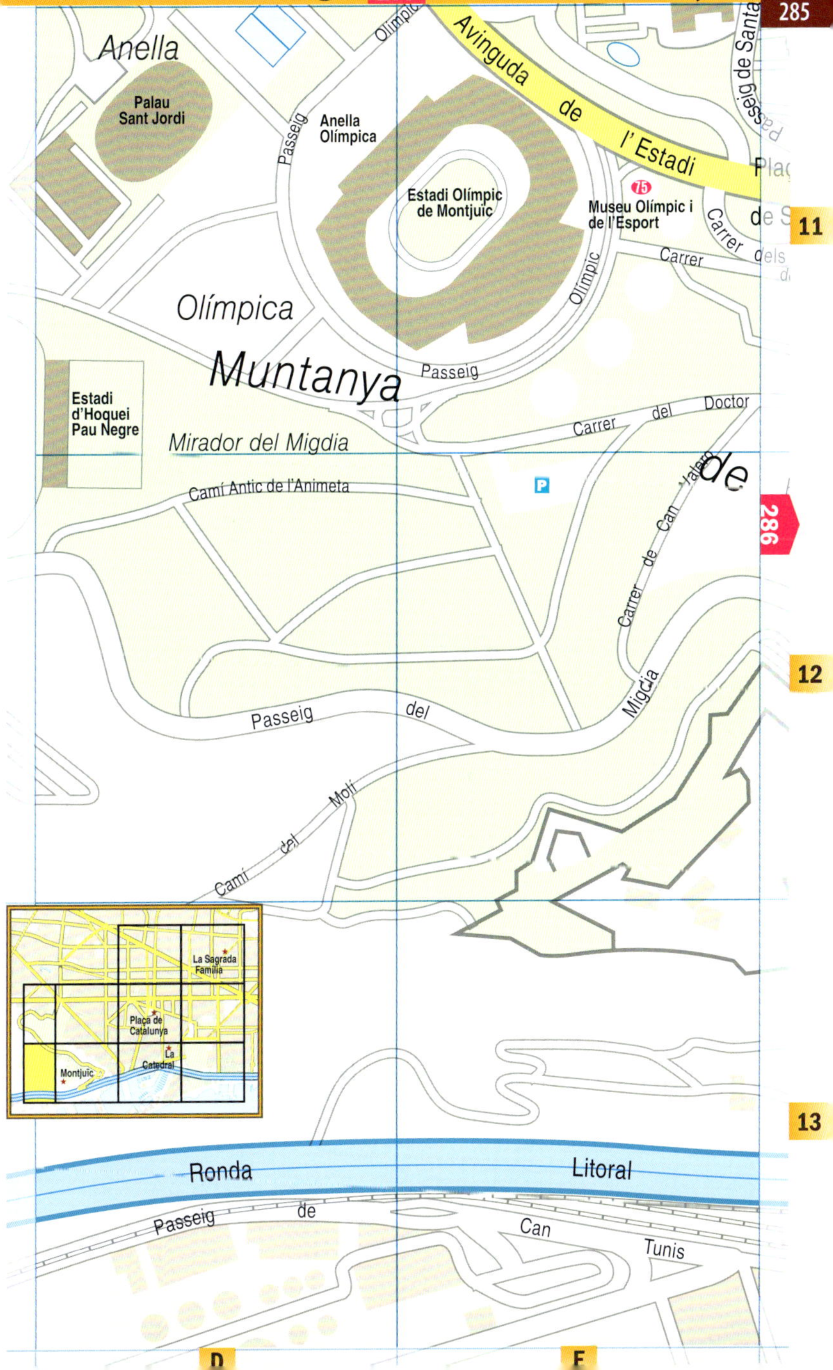

Anella
Palau Sant Jordi
Passeig
Anella Olímpica
Olímpic
Avinguda de l'Estadi
Estadi Olímpic de Montjuïc
Museu Olímpic i de l'Esport
75
Carrer dels
Carrer
Olímpica
Muntanya
Passeig
Estadi d'Hoquei Pau Negre
Mirador del Migdia
Carrer del Doctor
Camí Antic de l'Animeta
de
Carrer de Can Valero
Passeig del Migdia
Camí del Molí
La Sagrada Família
Plaça de Catalunya
La Catedral
Montjuïc
Ronda Litoral
Passeig de Can Tunis
11
12
13
D
E
286

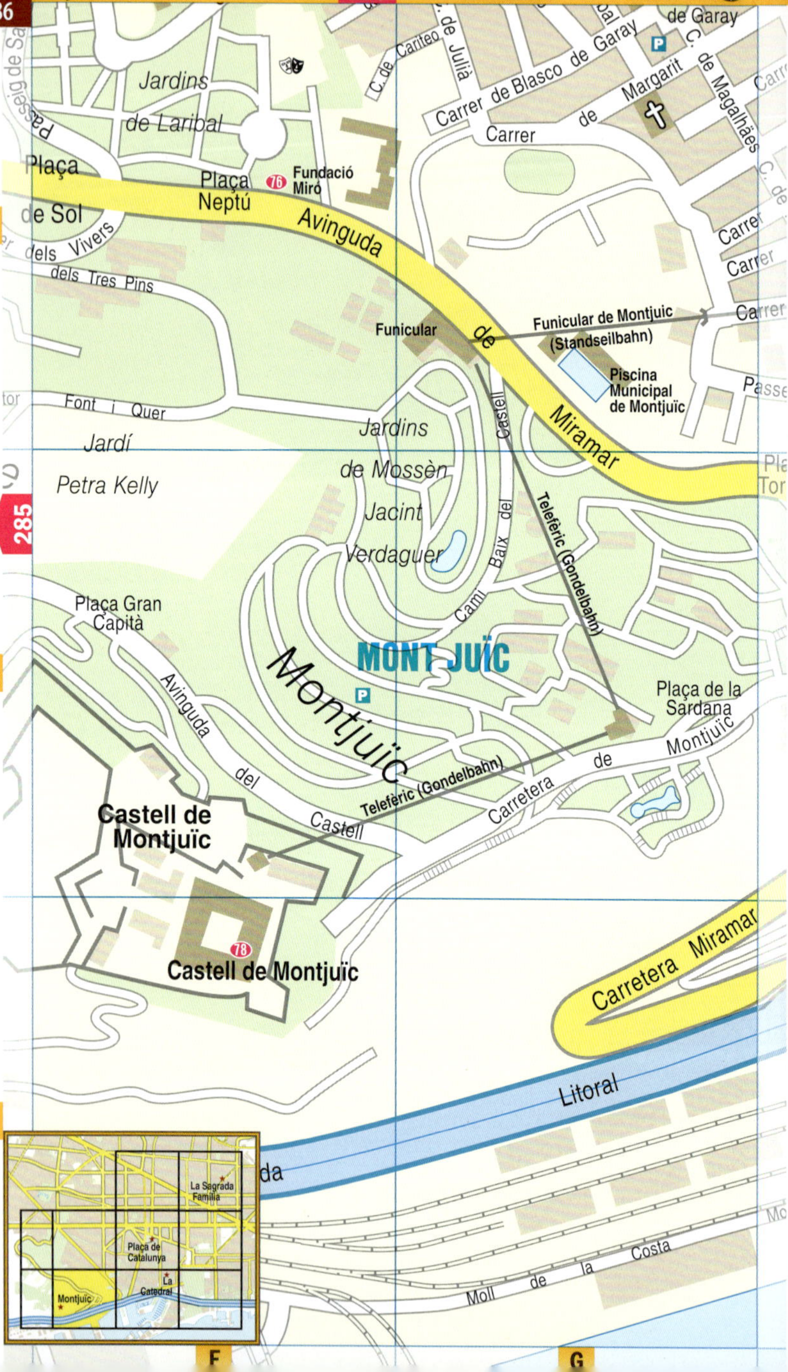
Jardins de Laribal
Passeig de Sa
Plaça de Sol
Plaça Neptú
76 Fundació Miró
C. de Cariteo
C. de Julià
Carrer de Blasco de Garay
de Garay
Carrer de Margarit
C. de Magalhães
Avinguda de Miramar
dels Vivers
dels Tres Pins
Font i Quer
Funicular
Funicular de Montjuïc (Standseilbahn)
Piscina Municipal de Montjuïc
Jardí Petra Kelly
Jardins de Mossèn Jacint Verdaguer
Camí Baix del Castell
Telefèric (Gondelbahn)
Plaça Gran Capità
MONTJUÏC
Montjuïc
Avinguda del Castell
Plaça de la Sardana
Carretera de Montjuïc
Castell de Montjuïc
78 Castell de Montjuïc
Carretera Miramar
Litoral
Moll de la Costa
11
12
13
285
F
G
La Sagrada Família
Plaça de Catalunya
La Catedral
Montjuïc

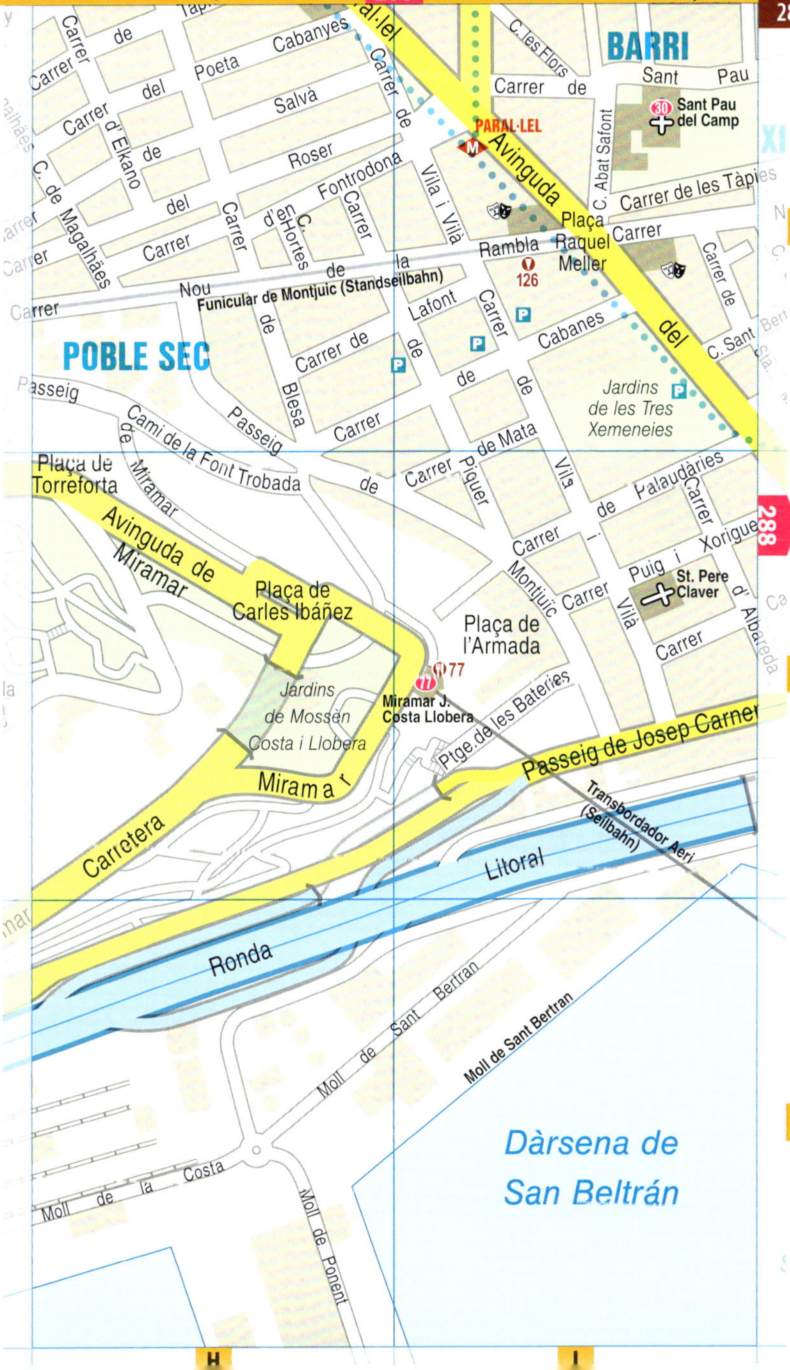
BARRI
POBLE SEC
PARAL·LEL
Sant Pau del Camp
30
Carrer de Sant Pau
Carrer de les Tàpies
C. les Flors
C. Abat Safont
Avinguda del Paral·lel
Plaça Raquel Meller
126
Carrer del Poeta Cabanyes
Carrer de Salvà
Carrer del Roser
Carrer d'Elkano
C. de Magalhães
Carrer de Fontrodona
C. d'en Hortes
Carrer de la Rambla
Carrer de Vila i Vilà
Carrer Nou de la Rambla
Funicular de Montjuïc (Standseilbahn)
Carrer de Lafont
Carrer de Blesa
Carrer de Cabanes
Carrer de Mata
Jardins de les Tres Xemeneies
Passeig de Miramar
Camí de la Font Trobada
Plaça de Torreforta
Avinguda de Miramar
Carrer de Piquer
Carrer de Palaudàries
Carrer de Vila i Vilà
Carrer de Puig i Xoriguer
Carrer d'Albareda
St. Pere Claver
Carrer de Montjuïc
Plaça de Carles Ibáñez
Plaça de l'Armada
77
Miramar J. Costa Llobera
Jardins de Mossèn Costa i Llobera
Ptge. de les Bateries
Passeig de Josep Carner
Miramar
Carretera
Transbordador Aeri (Seilbahn)
Ronda Litoral
Moll de Sant Bertran
Moll de la Costa
Moll de Ponent
Dàrsena de San Beltrán
C. Sant
Carrer de
11
12
13
288
H
I

280
0 1 cm = 75 m 150 m
11
12
13
287
I
K
XINES
Plaça Salvador Seguí
Carrer de Sant Pau
C. de Marquès de Barberà
Carrer Unió
Gran Teatre del Liceu
La Rambla
Rambla de la Nou
Avinguda de les Drassanes
Carrer del Arc del Teatre
Palau Güell
Plaça del Teatre
Plaça Reial
Carrer de Ferran
Carrer dels Escudellers
C. Nou de Sant Francesc
Museu de Cera
Carrer Ample
C. de Josep Anselm Clavé
Passeig de Colom
DRASSANES
Museu Marítim de Barcelona
Plaça Portal de la Pau
Monumento Colom
Port Autònom/ Junta d'Obres
Moll de Bosch i Alsina
Dàrsena Nacional
Moll de les Drassanes
Rambla de Mar
Estació Marítima
Reial Club Marítim
Moll d'Espanya
Port Vell
Maremagnum
Port de Barcelona
Moll de Barcelona
Torre de Jaume I
Transbordador Aeri (Seilbahn)
Moll de les Balears
Dàrsena de la Industria
Paral·lel
Basílica de la Mercè
La Sagrada Família
Plaça de Catalunya
La Catedral
Montjuïc

BARRI GÒTIC
RIBERA
BORN
LA BARCELONETA
Ajuntament
Pl. de Sant Jaume
Pl. St. Miquel
Galeria del Catalans Il·lustres
Museu Picasso
Museu de Cultures del Món
Carrer de Montcada
El Born Centre de Cultura i Memòria
Plaça del Comerç
Via Laietana
JAUME I
B. de Santa Maria del Mar
Llotja de Mar
Basílica de la Mercè
Plaça d'Antoni López
Pg. d'Isabel II
Plaça de Palau
Av. Marquès de l'Argentera
Estació de França
Skulptur Cap de Barcelona
BARCELONETA
Palau de Mar
Plaça de Pau Vila
Museu d'Història de Catalunya
Mirador del Port Vell
Moll d'Espanya
Reial Club Nàutic
Plaça del Ictineo
Dàrsena del Comerç
L'Aquàrium
Moll de la Barceloneta
Moll del Rellotge
Moll dels Pescadors
Carrer de l'Escar
Passeig de Joan de Borbó
Plaça Barceloneta
Plaça de la Font
Plaça Poeta Boscà
Barceloneta
11
12
13
290
I
M

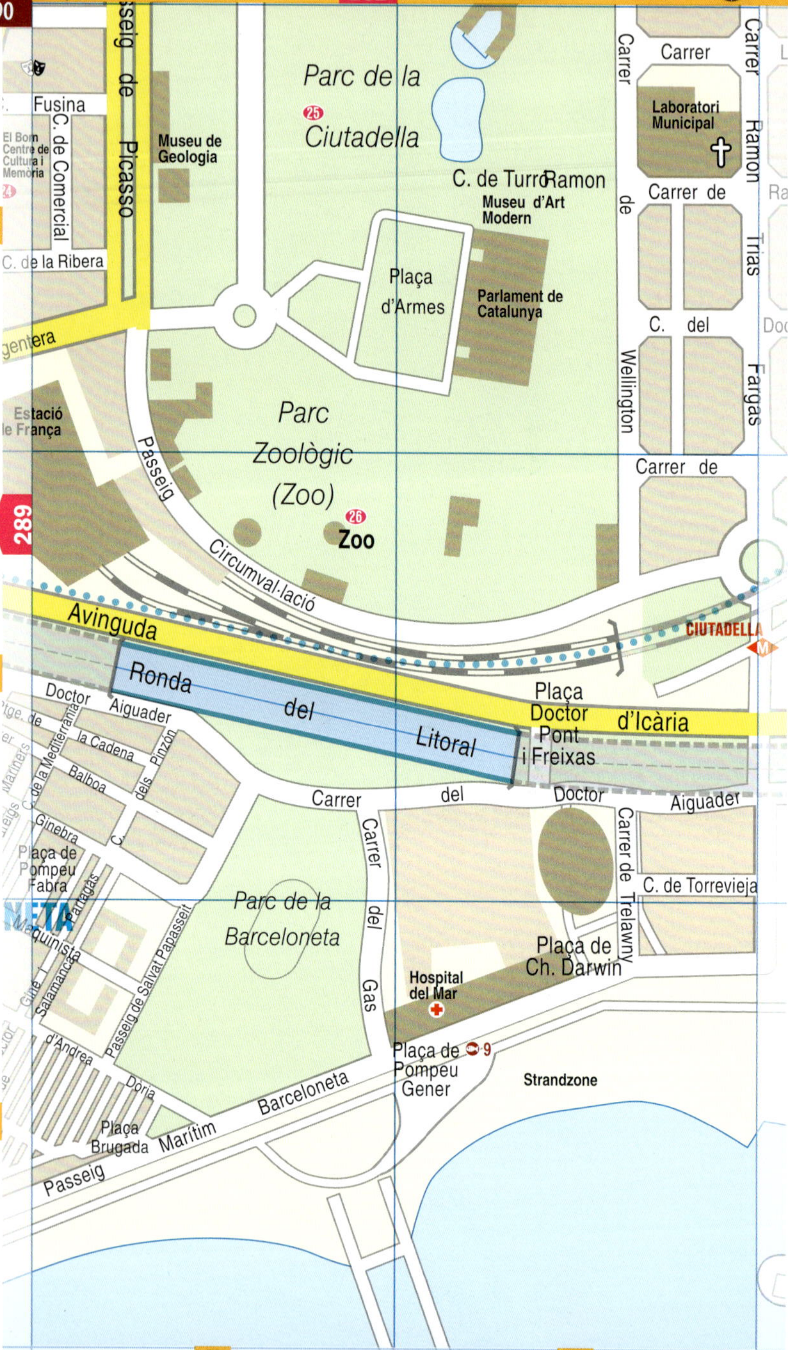

11
12
13
289
N
O

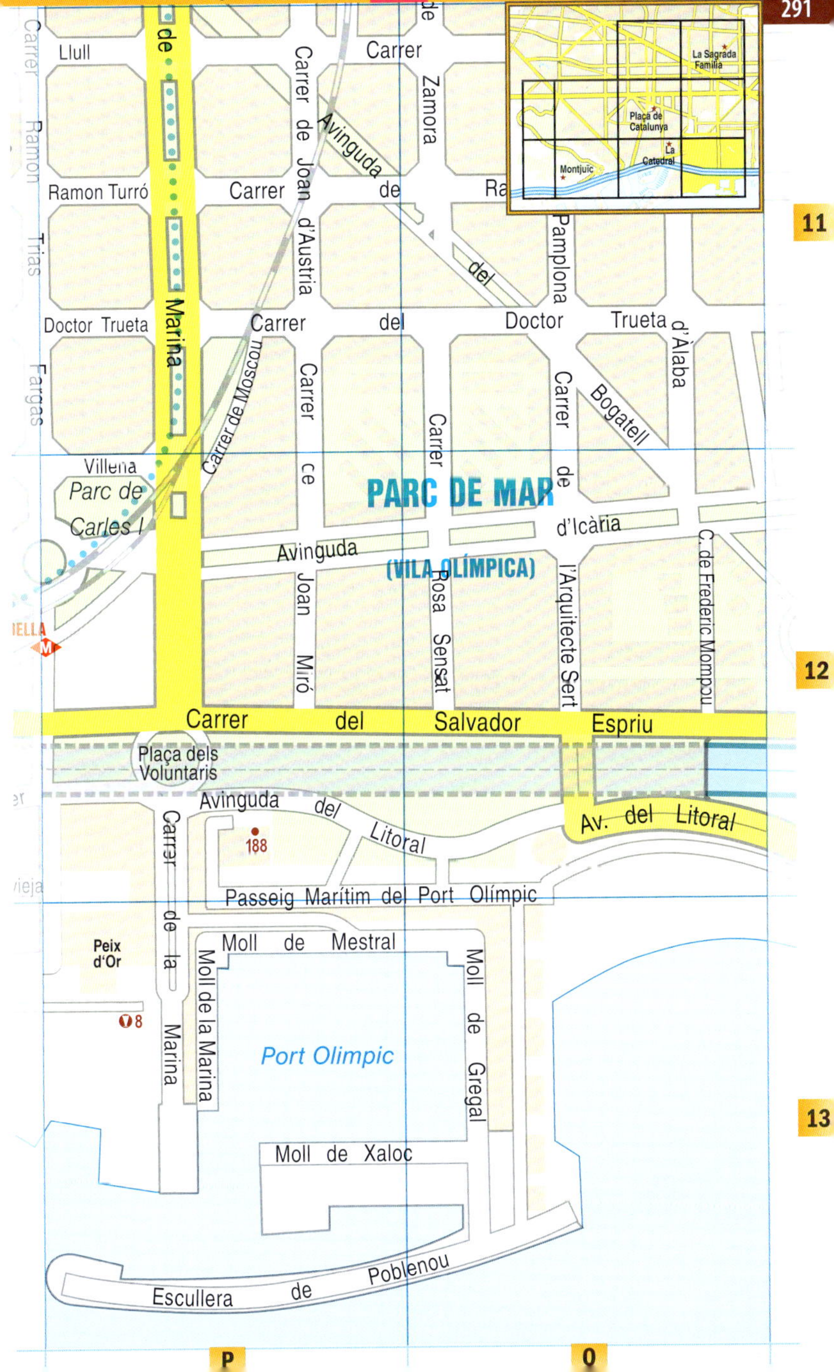

Llull
Ramon Turró
Doctor Trueta
Villena
Parc de Carles I
Carrer Ramon Trias Fargas
Carrer de Marina
Carrer de Joan d'Austria
Avinguda de Icària
Carrer de Zamora
Carrer de Pamplona
Carrer de Moscou
Carrer del Doctor Trueta
Carrer de Bogatell
d'Àlaba
PARC DE MAR
(VILA OLÍMPICA)
Avinguda d'Icària
Joan Miró
Rosa Sensat
l'Arquitecte Sert
C. de Frederic Mompou
Carrer del Salvador Espriu
Plaça dels Voluntaris
Avinguda del Litoral
Av. del Litoral
188
Passeig Marítim del Port Olímpic
Carrer de la Marina
Peix d'Or
8
Moll de Mestral
Moll de la Marina
Moll de Gregal
Port Olimpic
Moll de Xaloc
Escullera de Poblenou
La Sagrada Família
Plaça de Catalunya
La Catedral
Montjuïc
11
12
13
P
O

1 cm = 350 m   500 m

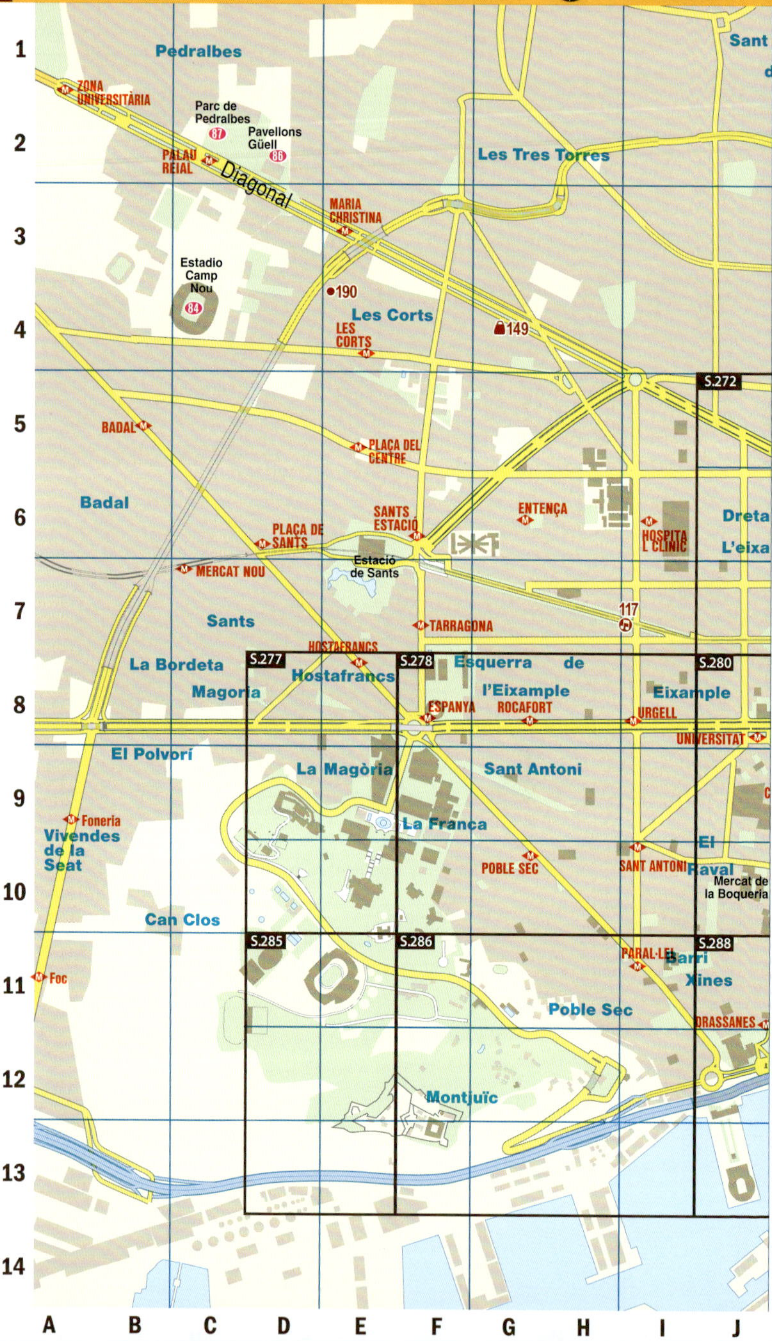

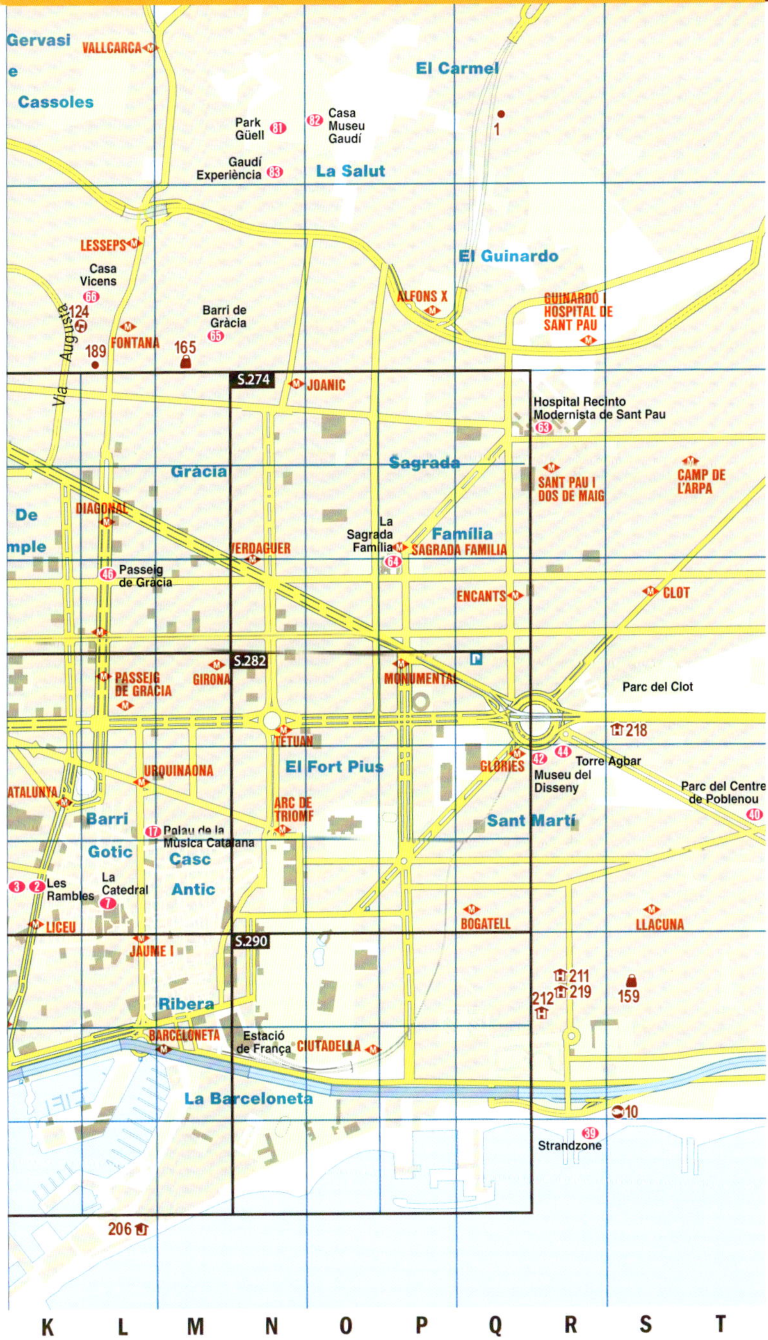
Gervasi
e
Cassoles
VALLCARCA
El Carmel
Park Güell 81
82 Casa Museu Gaudí
1
Gaudí Experiència 83
La Salut
LESSEPS
El Guinardo
Casa Vicens 66
124
189
Via Augusta
FONTANA
165
Barri de Gràcia 65
ALFONS X
GUINARDÓ I HOSPITAL DE SANT PAU
S.274
JOANIC
Hospital Recinto Modernista de Sant Pau 63
Gràcia
Sagrada
SANT PAU I DOS DE MAIG
CAMP DE L'ARPA
De
mple
DIAGONAL
La Sagrada Família 64
Família
SAGRADA FAMILIA
VERDAGUER
Passeig de Gracia 46
ENCANTS
CLOT
S.282
PASSEIG DE GRACIA
GIRONA
MONUMENTAL
Parc del Clot
218
TETUAN
URQUINAONA
El Fort Pius
GLÒRIES
42 44 Torre Agbar
Museu del Disseny
ATALUNYA
Parc del Centre de Poblenou 40
Barri
ARC DE TRIOMF
17 Palau de la Música Catalana
Sant Martí
Gotic
Casc
Antic
3 2 Les Rambles
La Catedral 7
LICEU
BOGATELL
LLACUNA
S.290
JAUME I
211
219
212
159
Ribera
BARCELONETA
Estació de França
CIUTADELLA
La Barceloneta
10
39
Strandzone
206
K L M N O P Q R S T

Liste der Karteneinträge

141 [L11] La Colmena S. 201
142 [K6] Pastisseria Mauri S. 202
143 [L10] Planelles Donat S. 202
144 [K8] Sampaka Cacao S. 202
145 [L10] Xarcuteria La Pineda S. 202
146 [F8] Arenas S. 202
147 [L9] El Corte Inglés S. 202
148 [K9] El Triangle S. 202
149 [G4] L'Illa Diagonal S. 202
150 [K13] Maremagnum S. 202
151 [K10] Artesania Catalunya S. 202
152 [K11] Arts Escudellers S. 202
153 [L7] Bulevard dels Antiquaris S. 202
154 [K10] Espai Povo S. 202
155 [K10] La Nostra Ciutat S. 203
156 [K10] Sala Parés S. 203
157 [K10] Mercat de Pintura S. 203
158 [L10] Mercat Gòtic Antiquitats S. 204
159 [S11] Mercat Poblenou S. 204
160 [M10] Mercat Santa Caterina S. 204
161 [K9] Aragaza (1) S. 204
162 [K10] Aragaza (2) S. 204
163 [M10] Colmillo de Morsa S. 204
164 [M11] Desigual S. 204
165 [M4] Green Lifestyle S. 204
166 [K9] Guantería y Complementos Alonso S. 204
167 [K11] La Manual Alpargatera S. 204
168 [L6] Macson S. 204
169 [L8] Mango S. 204
170 [M8] Mango Outlet S. 204
171 [L8] Max Mara S. 205
172 [M11] Nu Sabates S. 205
173 [K11] Obach S. 205
174 [L11] Ójala S. 205
175 [M11] Ozz Barcelona S. 205
176 [L10] System Action S. 205
177 [M11] Vialis S. 205
178 [L8] Zara S. 205
179 [K9] Diskos Revolver S. 205
180 [K10] Barça Store Canaletas S. 205
181 [K9] FC Botiga S. 205
182 [K10] Ganiveteria Roca S. 205
183 [L11] Papirum S. 205
184 [L11] Pauli Subirá S. 205
185 [L10] Frances Cambó S. 232
186 [L11] Moll de la Fusta S. 232
187 [L9] Parkplatz Plaça de Catalunya S. 232
188 [P12] Generalkonsulat der Bundesrepublik Deutschland S. 233
189 [L4] Österreichisches Honorargeneralkonsulat S. 233
190 [E4] Schweizer Generalkonsulat S. 233
191 [L9] Touristinformation Barcelona S. 236
192 [L10] Touristinformation Barcelona Catedral S. 236
193 [K7] Aire S. 239
194 [K8] Arena S. 239
195 [J8] Hotel Axel S. 239
196 [H8] TWO Hotel Barcelona by Axel S. 239
197 [L11] Hauptpost S. 241
198 [K9] Post S. 241
199 [J11] Bike Rental Barcelona S. 241
200 [L10] biketours barcelona S. 241
201 [K9] Color Bikes S. 241
202 [K11] Guardia Urbana de Ciutat Vella S. 242
203 [D10] Piscines Bernat Picorell S. 242
204 [L11] Segways S. 246
205 [K11] Hostal Fernando S. 249
206 [L14] Sea Hostel Barcelona S. 249
207 [K7] HCC Taber S. 249
208 [J9] Hotel BCN 40 S. 249
209 [L9] Hostal Goya S. 250
211 [R11] Travelodge Barcelona Poblenou S. 250
212 [R11] 4Barcelona S. 250
213 [J11] Andante S. 250
214 [J10] Sant Agustí S. 250
215 [F8] B Hotel S. 250
216 [L10] Catalonia Magdalenes S. 250
217 [K11] Catalonia Port S. 251

218 [S8] Hotel Four points by Sheraton Barcelona S. 251
219 [R11] Ilunion Barcelona S. 251
220 [K10] El Jardí S. 251
221 [K10] Atlas S. 251
222 [K7] Balmes S. 252
223 [K11] Catalonia Avinyó S. 252
224 [J11] Gaudí S. 252
225 [K9] Hotel Jazz S. 252
226 [L11] Suizo S. 252
227 [J10] Barceló Raval S. 252
228 [K11] España S. 252
229 [L6] Hotel Praktik Bakery S. 253
230 [K10] Petit Palace Boquería Garden S. 253
231 [L9] Room Mate Pau S. 253

156bl ©ekaterina_belova, stock.adobe.com

Zeichenerklärung

- Hauptsehenswürdigkeit
- Bar, Club, Treffpunkt
- Bibliothek
- Pub, Kneipe
- Busstation
- Café
- Fischrestaurant
- Geschäft, Kaufhaus, Markt
- Hotel
- Imbiss, Bistro
- Informationsstelle
- Hostel
- Kirche
- Krankenhaus, Arzt
- Museum
- Musikszene, Disco
- Parkplatz
- Pension, Bed & Breakfast
- Polizei
- Post
- Restaurant
- Sehenswürdigkeit
- Sonstiges
- Sport-/Spieleinrichtung
- Strand
- Theater
- U-Bahn-Station
- Vegetarisches Restaurant

- Shoppingareal
- Gastro- und Nightlife-Areal
- Spaziergang

Hier nicht aufgeführte Nummern liegen außerhalb der abgebildeten Karten. Ihre Lage kann aber wie die von allen Ortsmarken im Buch mithilfe der Web-App angezeigt werden (s. S. 299).

Barcelona mit PC, Smartphone & Co.

QR-Code auf dem Umschlag scannen oder **www.reise-know-how.de/citytrip-plus/barcelona23** eingeben und die **kostenlose Web-App** aufrufen (Internetverbindung zur Nutzung nötig)!

★**Anzeige der Lage und Satellitenansichten aller** beschriebenen Sehenswürdigkeiten und touristisch wichtigen Orte
★**Routenführung** vom aktuellen Standort zum gewünschten Ziel
★**Exakter Verlauf** der empfohlenen Stadtspaziergänge
★**Audiotrainer** der wichtigsten Wörter und Redewendungen
★**Aktuelle Infos** nach Redaktionsschluss

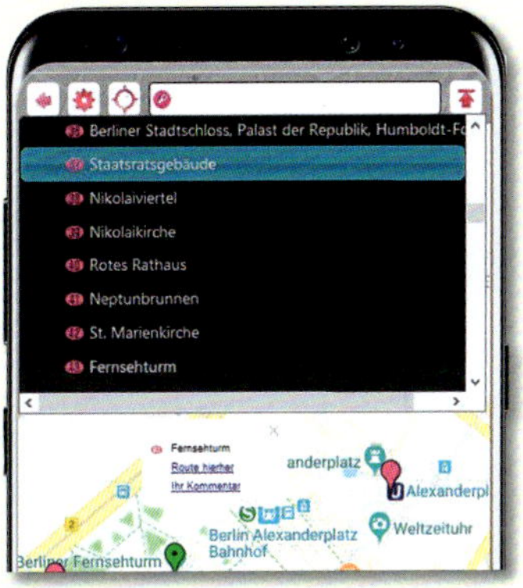

GPS-Daten zum Download

Die GPS-Daten aller Ortsmarken und Spaziergänge stehen auf der Produktseite des Titels auf www.reise-know-how.de zum Download zur Verfügung.

Stadtplan für mobile Geräte

Um den Stadtplan auf mobilen Geräten nutzen zu können, empfehlen wir die App „Avenza Maps" der Firma Avenza™. Über die Funktion „Store" kann die „Citymap Barcelona PLUS 2023" kostenlos geladen und dann mit vielen Zusatzfunktionen genutzt werden.

Unsere App-Empfehlungen zu Barcelona

- **TMB App (Metro Bus Barcelona):** App für die Nutzung des ÖPNV (kostenlos für iOS und Android)
- **Tibidabo:** Begleitapp des gleichnamigen Vergnügungsparks 88 (kostenlos für iOS und Android)
- **Zoo Barcelona:** Begleitapp für den Besuch des Zoos 26 (kostenlos für iOS und Android)
- **Barcelona Bus Turístic:** Die App bereichert die Rundfahrt mit dem Touristenbus (kostenlos für iOS und Android).
- **Hola Barcelona:** Begleitender Führer für Sightseeing und Routenfinder vom städtischen Transportunternehmen speziell für Touristen (kostenlos für iOS und Android)

Die Information über und die Bereitstellung von digitalen Zusatzinhalten (z. B. Web-App, Links, GPS-Tracks o. Ä.) ist eine freiwillige Zusatzleistung des Verlages, auf die kein Anspruch besteht und für deren Richtigkeit aufgrund der Veränderlichkeit solcher Informationen auch nicht gehaftet werden kann. Insbesondere behält sich der Verlag deshalb vor, die Bereitstellung und die Zugriffsmöglichkeit zeitlich zu befristen und den Zugriff hierauf auch vorfristig abzuschalten.

0 1 cm = 9 km 18 km

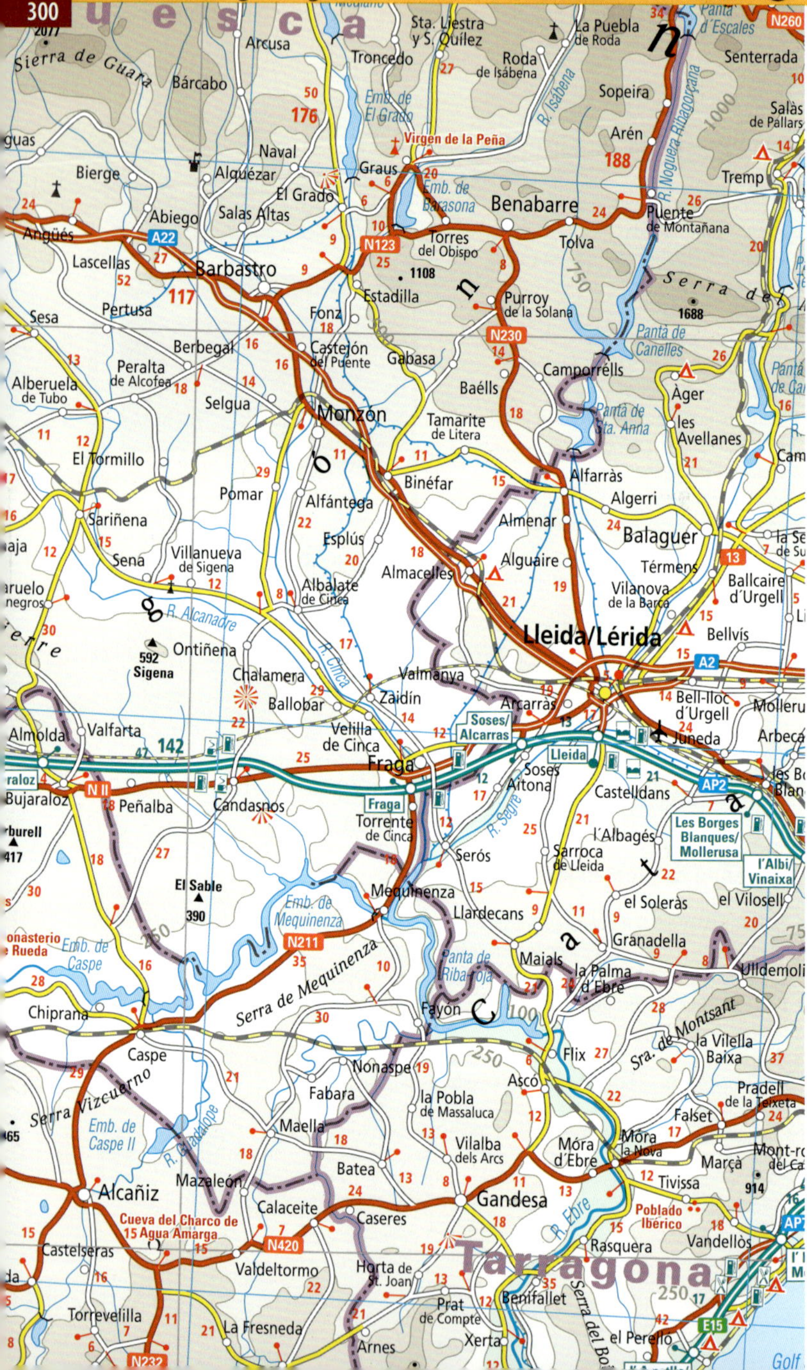